叶圣陶研究会主办

葉聖陶研究年刊

2022年

开明出版社

目 录 | Contents

传承先进教育理念
提升教书育人本领

叶圣陶先生曾任民进中央主席，他留给我们的精神财富是民进优良传统的重要组成部分，也是叶圣陶思想的重要内容；民进的主界别——教育、文化、出版，也与叶圣陶先生的工作研究领域高度吻合。

1989年成立的叶圣陶研究会，三十多年来一直致力于整理、研究、宣传和践行叶圣陶先生的学术思想和道德风范，不断挖掘其时代价值，服务我国教育、文化、出版事业发展。共同的研究领域、共同的使命任务，使叶圣陶研究会工作与民进工作有着天然的联动基础，此次在石家庄举办的叶圣陶语文教育思想实践活动暨民进石家庄市委“同心大讲堂”就是很好的探索和实践。

今年是叶圣陶先生从教110周年。1912年3月，叶圣陶先生从苏州草桥中学毕业后，因家境贫寒不能继续升学，到苏州言子庙初等小学二年级任教，开始了他对教育理想的一生追求。叶圣陶先生是我国语文教学的一代宗师，是新中国教材的奠基人和开拓者，整整影响、培育了几代人。他提出的“语文这门功课是学习运用语言的本领的”“教师最重要的是帮助学生得到做人做事的经验”“教是为了达到不需要教”等一系列观点和主张，对我国教育事业发展始终具有深远影响和指导意义。

我们纪念叶圣陶先生从教110周年，最重要的是要像叶圣陶先生那样，对“教师”和“教育工作”有个明确的定位，把“教书育人”作为箴言铭刻在心里。

希望各位会员、各位同志以叶圣陶先生为楷模，坚守初心，坚持理想，传承先进教育理念，提升教书育人本领，为努力办好人民满意的教育、加快推进教育现代化作出更大贡献。

蔡达峰

2022年5月27日·石家庄

（本文为蔡达峰会长在叶圣陶语文教育思想实践活动暨民进石家庄市委“同心大讲堂”上的书面致辞，略有删减）

纪念叶圣陶从教110周年

叶圣陶研究年刊

作为教育家的叶圣陶

——纪念叶圣陶先生从教 110 周年

■ 商金林

各位老师、各位朋友：

今天我们在叶圣陶先生的“娘家”集会，纪念圣陶先生从教 110 周年。1912 年 3 月初，圣陶先生从苏州草桥中学毕业后来到苏州中区第三初等小学（简称言子庙小学）执教，这一年他 18 岁。言子庙小学有四位教师。除圣陶先生外，还有丁梦冈、钱选青和潘森伯。丁梦冈任校长兼四年级主任，钱选青任三年级主任，潘森伯任一年级主任。圣陶先生任二年级主任，教授二年级修身课（每周 2 课时）、算术课（每周 5 课时），以及二、三、四年级三个班的国文课（每周 17 课时），教学任务相当繁重，虽说有时上课也“敷衍”（1913 年 4 月 9 日日记），觉得当教师“最苦”（1914 年 1 月 12 日日记），但心里有理想，有追求，可点可圈之处相当多，表现得最突出的有以下三个方面：

一是有“教育救国”的使命感，从执教之日始，就要求自己忠于职守，勤奋工作，自觉地承担起作为教师的责任。

1912 年 3 月 31 日，圣陶先生第一次收受薪金，得番佛（墨西哥银元）二十枚，后曾在《薪工》一文中谈到当时的心情：

> 校长先生把解开的纸包授给我，说：“这里是先生的薪水，二十块，请点一点。”
>
> 我接在手里，重重的。白亮的银片（银元）连成一段，似乎很长，仿佛一时间难以数清片数。这该是我收受的吗？我收受这许多不太僭越吗？这样的疑问并不清楚地意识着，只是一种模糊的感觉通过我的全身，使我无所措地瞪视手里的银元，又抬起眼来瞪视校长先生的毫无感情的瘦脸。

“一切的享受都货真价实，是大众给我的，而我给大众的也能货真价实，不同于肥皂泡儿吗?”不难看出，圣陶先生从执教第一天开始，就认真思索如何回报社会和大众。这之后，每月领薪水时总有一种“僭越之感”，这种“僭越之感”贯穿了他长长的一生。抗战期间在乐山武汉大学执教，月薪300元。圣陶先生在1938年11月29日给上海朋友的信中说：“大学教师任课如是其少，而取酬高出一般水准，实同劫掠。于往出纳课取钱时，弟颇有愧意，自思我何劳而受此也!”也正是这种总觉得“收受”这许多“太僭越”了的反思，促使他始终牢记作为一个教师和编辑的职责，多学习、多思考，敢于探索教学的路径，立志做一个无愧于时代、无愧于人民、无愧于学生的好老师、好编辑。

二是把教育的使命感落实到教学实践中，真正做到胸中有书，心里有人，教无止境，学永不怠。每讲一课，圣陶先生都会认真总结，不断充实教学内容，改进教学方法，让学生“真的受益”。

这里援引他讲“修身课”的一些日记：

1912年4月9日　第一时讲修身，专言“博爱”两字，然颇少生发语，……诸生听之，亦无欣起之状态，一则由余之短于口才，再则由余之不能作至浅显之语故也。

1912年4月11日　第一时修身，讲“自立”之要旨，自以为较上次讲修身略有次序，而学生之听讲似亦稍有趣味矣。

1912年4月15日　第二时修身，讲“勿畏难”，诸生听讲时颇能静谧，似乎均能领会，唯恐其如过耳之风，不用之于事实耳。

1912年4月18日　第一课修身，讲“学校之容”，随时校正学生容体之不端正者。此时课堂颇静谧，可喜也。

1912年4月22日　第二课修身，讲“知耻”一节，学生之兴味，余察其不如前次之勃发，良以余今日体颇倦乏，讲解不免少精彩也。

1912年4月25日　第一课修身，讲“整肃之学生”，述远足及旅行之状，颇动学生之注意，甚多趣味也。

1912年5月13日　第二课修身讲“戒游荡”，自以为亦能具有精神。

这之后，讲“亲和”，讲“勤学”，讲“独立性质”，讲“戒迷信”，讲“进取”，讲“自治”等，日记中记的是“自以为颇有精彩”（1912年5月23日日记），“诸生聆之笑口咸开，闻所未闻，趣味弥永”（1912年6月10日日记）。

1913年4月14日　第一课修身，为讲范仲淹塾中事，诸童多笑口齐开，愿为其所为。

1913年4月17日　第一课修身，为讲“自治”两字，讲时诸生颇能明白……

1914年1月8日　晨课修身，为述野事一则。小儿女同遇沉舟之难，而儿则救女而没已。其事见于某小说家之著作，情趣斐然，可生爱意慈心。……听之者果浮气立祛，此虽一时之感，然亦其效已。

1914年2月16日　晨至校极早。修身课为讲美总统林肯轶事，颇足兴起童稚之仰慕。吾辈为教师者，固必以鼓人情志为务也。

给小学初年级学生讲“修身”，讲的是立志为学做人，做现代中国人必须具备的思想品德，这种教育是学得到用得上的“活教育”。为了把“修身”课讲得生动有趣，圣陶先生要求自己讲课要有“精气神”，讲课时精神“勃发”，力求讲得很“精彩”，有“情趣”，学生听了真能产生“爱意慈心”和“仰慕之情”，这是一种循循善诱的教育、“润物无声”，学生是真正的“受教育”，而不是“受教材”，这才是教育之根本。

三是眼光远大，胸怀博大，认定教育的目的是“育人”，把“使醇醇诸稚，展发神辉”作为生命中唯一的乐趣。

圣陶先生认为教师是教学的主体。“学生之勤勉学课，多由教师之精神换来”（1912年5月27日日记）、“学生与教师之精神固互相提携互相竞进者也，其一方面失精神，双方斯俱失之矣”（1912年6月1日日记）。而学生的精神面貌也会影响到教师的心态。他在1913年2月25日的日记中写道：

> 阳光放暖，胸随舒快，学生意趣亦勃勃有生气。气候感人，盖不期然而然者也。上课五小时，精神尚未觉疲倦，此盖纯与学生精神相辅而行者。学生无春气，教师乃形萎靡矣。

因而在教学过程中很注重调动学生的学习积极性。1913 年 5 月 18 日，圣陶先生到苏州市公所参加市公所总董潘君召集的全体小学教师茶话会。他在当天的日记中写道：

> 潘公有一语至为精确，曰“务望诸君导儿童于乐为研习之境”。诚以教一字一物而能记忆一字一物，则所知仅此而已。苟能乐为研习，则将来几许事业皆此研习而出，岂不重哉？

这“乐为研习之境”，正是圣陶先生追求的境界。他在次日日记中写道：“到校犹早。有感昨晚潘君之语，颇提起余之精神，所呈现象较之往日为佳。然不可谓即其效果也。”1913 年 10 月 12 日《致顾颉刚》的信中说：“唯念于教师职务，得少尽精力，使醇醇诸稚，展发神辉，亦此生一乐。顾力不逮思，实难从玄，今日所呈现象，每不满昨日所怀。所幸心存希望，即是一缕动机，此机勃发，或有美满光明之时也。”这可以说是圣陶先生在言子庙小学执教期间坚定不移的信念。

1914 年 7 月 11 日，校方以缩减班次的理由将圣陶先生排挤出校，因为他没有后台。圣陶先生当天日记记：“批校中考卷。我事必尽为之，以将去而敷衍了事，又所未敢也。”1914 年 7 月 13 日，学期结束，到校勉励学童，当天日记记：“至校中，诸同事及学童均先集，即向孔子设位行礼。私念以后如弗为教师，则我与孔先生从此无缘矣。礼毕，将散学生，顾之颇有惜别意。念相处两岁，虽无善状，却颇注心力；或则近有所进，或则斐然可观，间有顽劣，然绝无可憎，而转而可怜，方思有以化之，乃今朝一面，便是分离，能弗黯然？若语以吾弗再来，学生对我何如固未可料，而自己别泪且将夺眶而出；因弗以相告，仅谓之功课无荒，行检无卑。此盖例语耳，然吾今后则弗再为此语矣。”可见圣陶先生对教育工作真的是尽忠职守，对爱学生充满爱心。

1915 年 4 月初，圣陶先生到上海商务印书馆附设的尚公学校担任代幼稚园和高等小学教师，后来到上海吴淞中国公学、杭州浙江第一师范，乃至北大国文系等高校执教，成了我国现代教育史少有的从初等小学和幼稚园教起一直教到顶级学府的教育家，从初等小学教材编起一直编到大学教材和课外读物的大学者；是从中学年级小报编起最终成为出版界领军人物的大出版家。新中国成立前，圣陶先生是商务印书馆台柱、开明书店的灵魂，他编纂的小学用的“国语课本”、中学用的“国文课本”，在现代语文教育史上具有划时代的意义，他主编的《中学生》杂志是那个年代青年的良师益友，他主编的《国文杂志》促进了我国现代语文教育的改革。1949 年春，圣陶先生到北平（北京）后担任华北人民政府教育部教科书编审委员会主任。新中国成立后，圣陶先生担任出版总署副署长、教育部副部长，同时兼人民教育出版社社长和总编辑，除了编辑教科书，还写了许多关于教育尤其是语文教育方法和理论的文章。“文革”结束后担任教育部顾问、中央文史馆馆长、中国民主促进会主席、全国政协副主席等许多重要职务，可他的心从来没有离开过教育，至老勤学不倦，晚年改革教育之心尤为热切，不一次地说过“虽邻夕死，犹欲朝闻”。我在这里列举四个事例：

一是提出“教是为了达到不需要教”，指明教育的目的不是学会一堆知识，而是学会一种思维；教育贵在培养学生批判性独立思考的能力，为终身学习打下基础。

1977 年 12 月，圣陶先生把他的教育思想归纳为一句话：“教是为了达到不需要教”。他在 1977 年 12 月 26 日为武汉师院所办的《中学语文》写的题词中说：

> 我想，教任何功课，最终目的都在于达到不需要教。假如学生进入这样一种境界：能够自己去探索，自己去辨析，自己去历练，从而获得正确的知识和熟练的能力，岂不是就不需要教了吗？而学生所以要学要练，就为要进入这样的境界。
>
> 给指点，给讲说，却随时准备少指点，少讲说。最后做到不指点，不讲说。这好比牵着手走，却随时准备放手。我想，在这上头，教者可以下好多功夫。

圣陶先生多次说到“凡为教，目的在于达到不需要教”，强调现代教育就是要从教转到学。教育不是教师施教于受教育者，而是学习者自己学习、亲身体悟。教育的根本目的在于“教人自立”，教会学生“自己学习”“自己去生活，自己去工作，自己去做人”。在圣陶先生看来，不知自修自学而只知有学校教育的人，是教育上的依赖主义。

1979 年，《教育研究》杂志连续三期发表了圣陶先生的《语文教育书简》，引起了全国广大语文教师的注意和兴趣。这些为来信来访的语文教师

“传道”“授业”“解惑”的书信，总的精神是培养学生自我提高的能力。圣陶先生认为：教育的重点在“育”；所谓“育”，就是培养良好的习惯。德育，就是要培养优良的品德和行为的习惯；智育，就是要养成不断探求知识的好习惯；体育，就是要养成注意卫生和锻炼身体的习惯。“教育的目的是为了指导学生学”。“各种学科的教学都一样，无非教师帮着学生学习的一串过程”。换句话说，教学，教学，就是“教”学生“学”，主要的不是把知识交给学生，而是把学习方法教给学生，学生就可以受用一辈子。“教是为了达到不需要教”，“讲”都是为了达到用不着“讲”。所谓“不需要教”“用不着讲”，指的是学生经过训练，达到这样一种境界：能够自己去探索、去辨析、去历练，从而获得正确的知识和熟练的能力。

圣陶先生说：“以其欲达到不需要教，故随时注意减轻学生的依赖性”“给指点、给讲说，却随时准备少指点、少讲说，最后做到不指点、不讲说。这好比牵着手走，却随时准备放手。我想在这上头，教者可以下好多功夫”。叶圣陶不主张搞“全盘授予”。他认为：“一篇文章，学生也能粗略地看懂，可是深奥些的地方，隐藏的字面背后的意义，他们就未必能够领会，老师必须在这些场面给学生指点一下，只要三言二语，不要啰里啰嗦，能使他们开窍就行。”圣陶先生指出：总的教育原则必须贯穿着一个“导”字。教师“相机诱导，必令学生运其才智，勤其练习，领悟之源广开，纯熟之功弥深，乃为善教者也”。这就需要教师自然而然地站在学生一边，让学生处于主动的地位，教会学生以教材和范例去举一反三，触类旁通；去求规律，从而能真正做到“疑难能自决，是非能自辨，斗争能自奋，高精能自探”，“自能读书，自能作文，自为研索，自求解决”。这种“自决”“自辨”“自奋”“自探”，以及“自能”“自为”“自求”的能力，这才是“读书”和“授业”的根本目的。学会学习、学会思想，这是作为一代新人必备的素养，也是我国教育的宗旨。圣陶先生的这些熠熠生辉的教育理念，堪称当代教育宝库中的精髓。

二是发表辞意恳切的《我呼吁》，至今读来仍振聋发聩。

1981 年 11 月 26 日，圣陶先生在《人民日报》发表他写的辞意恳切的《我呼吁》。这篇“呼吁”是有背景的。10 月 31 日，圣陶先生收到中国青年出版社寄来的《中国青年》杂志第 20 期，请求他对这一期上的调查摘要《来自中学生的呼声》发表意见。《来自中学生的呼声》说的是片面追求升学率给中学生造成的痛苦和伤害。圣陶先生在当天的日记中写道：“我要家里人念给我听。念的人声音越来越哽咽，我越听越气闷难受”；“片面追求高考升学率造成的不良影响我不是不知道，但是没想到影响竟这样严重”。于是连夜就写了《我呼吁》，针对社会上片面追求升学率，采用“题海战术”“统考统测”

种种做法，一摞摞试卷使得学生不得不“加班加点”“秉烛夜读”，身心健康受到严重损害的现象，要求教育界和社会各界一同来纠正这种背离党的教育方针的不良风气。叶圣陶认为：僵化的“应试教育”，片面追求升学率不仅忽视了德育、体育，也忽视了智育（“应试教育”造成在校的小学和中学生无暇读书，阅读视野狭窄，甚至发生厌学不想读书的可悲情形）；德、智、体三个方面是相互作用、相辅相成的，忽视其中任何一种教育都会导致学生的畸形发展。片面追求升学率，其实是以“智”害德，以“智”害体，以“题”害智。他大声疾呼：“爱护后代就是爱护祖国的未来。中学生在高考的重压下已经喘不过气来了，解救他们已经是当前急不容缓的事，恳请大家切勿等闲视之。”这之后，圣陶先生继续“呼吁”。1981年11月30日，五届人大四次会议所作的题为《当前的经济形势和今后经济建设的方针》的“政府工作报告”中，高度评价了圣陶先生的这一提议。“政府工作报告”中说：

在中学教育方面，要逐步改变普通高中过多、职业中学太少的状况，积极发展中等专业学校，大量培养技术工人和中级专门人才，以利于劳动就业和提高职工队伍的文化技术与政治思想水平。同时要注意保护学生的身心健康和关心他们学业上的成长，不能片面追求升学率。最近，叶圣陶代表发表了题为《我呼吁》的文章，词意恳切，表达了学生、教师、家长和广大人民群众的心声。希望有关各方面认真注意这个问题，切实加以改正。

赵朴初赞赏圣陶先生的《我呼吁》，是“一言作雷鸣，针石中时病”。

三是提出“教育的性质类似农业”的思想，是真正懂得教育的“全才”式的教育家。

1983年1月，圣陶先生在《文汇报》发表了一篇短论，题为《吕叔湘先生说的比喻》。文章开头写道：

最近听吕叔湘先生说了个比喻，他说教育的性质类似农业，而绝对不像工业。工业是把原料按照规定的工序，制造成为符合设计的产品。农业可不是这样。农业是把种子种到地里，给它充分的合适的条件，如水、阳光、空气、肥料等等，让它自己发芽生长，自己开花结果，来满足人们的需要。

圣陶先生说“吕先生这个比喻说得好极了，办教育的确跟种庄稼相仿”；

“办教育决不类似办工业，因为受教育的人绝对不是工业原料”，“工业原料”没有生命，做泥人的师傅把泥团往预先设计好的模子里一按，“产品”就做成了，“教育的人决非没有生命的泥团”。进而又敏锐地指出“把办教育跟种庄稼相比，有相同也有不相同”：

> 相同的是工作的对象都有生命，都能自己成长，都有自己成长的规律。不同的是办教育比种庄稼复杂得多。种庄稼只要满足庄稼生理上生长的需要就成，办教育还得给受教育者提供陶冶品德、启迪智慧、锻炼能力的种种条件，让他们能动地利用这些条件，在德智体各方面逐步发展成长，成为合格的建设社会主义的人才。
>
> 对受教育者提供充分的合适的条件，让他们各自发挥能动作用，当然比把他们往模子里按难得多。但是既然要办教育，就不怕什么难，就必得把这副难的担子挑起来。

其实，类似“对受教育者提供充分的合适的条件，让他们各自发挥能动作用”的思想，圣陶先生很早就提出来了，例如1945年年初写的《政治家》中说：

> 彼名实相符之教育家，决不视学子为土坯，可以抟塑随心，亦不拟学子于空瓶，唯事灌注充塞。固知人各有能，始于孩提，因势利导，则其能如木抽条，如水导流，畅然沛然，莫之能御。又知习成于群，群积自人，非善群无以养良习，习弗良即为群之玷。而己之所务，端在善导其能，利养其习于善群之中。不忮不求，不为助长，纯任自然，若无所施者。教育家不当若是乎？彼固不欲有所蕲，有所取，而唯以役于学习，为之辅佐为乐者也。①

《政治家》的核心思想也是在提倡因材施教，激发潜能，只不过“教育的性质类似农业”说得更清晰简洁，妇孺皆懂，雅俗共赏，影响更为深远。

四是依依不舍的“赠别”：“有诸己而后求诸人，无诸己而后非诸人”。

1987年6月5日，93岁高龄的圣陶先生在民进全国代表会议上恳切要求辞去中国民主促进会中央委员会主席职务。6月9日，他抱病来到京西宾馆，

---

① 叶至善、叶至美、叶至诚编：《叶圣陶集》（第6卷），江苏教育出版社2004年版，第108页。

同与会代表会面，向大家致敬意，用《礼记·大学》中的两句话“有诸己而后求诸人，无诸己而后非诸人”，寄语教育、文化、出版界同人更加严格要求自己，从“正己”“正身”起步，去描绘文化教育和出版事业的宏伟愿景。再次强调“教育工作者的全部工作就是为人师表”，“教师本身的行为就是标准和规范”。半年后，圣陶先生远行，时为1988年2月16日。

圣陶先生离开我们已经三十多年了，我们非但没有忘记他，有时反倒更怀念他，称赞他是一个近乎“完美”的人。圣陶先生的“完美”是怎样建构起来的，或者说最值得我们学习的是什么，我以为最重要的有两点：一是他有渊博的学识，二是他遵从做人的道德。我们今天学习圣陶先生，最重要的是要像圣陶先生那样爱学习，把学问做好做大，与此同时拓宽视野，健全和完美我们的人格。我在这里列举圣陶先生让我很感动的两件事：

一是关于《不怕鬼的故事》。

1961年初，中国科学院文学研究所遵照毛主席指示，从我国历代典籍中选出七十则不怕鬼的故事，汇编成书。这本《不怕鬼的故事》中的主人公对于普遍认为可怕的鬼，表示不敬，并且敢于骂鬼、驱鬼、打鬼、捉鬼，表现了古代人民的大无畏精神。这在当年对于提高觉悟，破除迷信，解放思想，摧垮“美帝苏修”的“反华大合唱”有着重大意义。书出版后，文学研究所送请圣陶先生审阅。圣陶先生3月18日日记记：

> 此书（《不怕鬼的故事》）盖文学研究所所编，取笔记小说中言鬼之篇，汇而刊之，由何其芳作长序，各篇皆作注释，为不习文言者助。前在文联礼堂看川剧，遇何其芳，嘱为提意见，尤望注意于注释。前数日已略看十数页，并批注意见，今日则续看之。所作注释相当粗疏，于原文作句读亦有未尽善处，余为之批出，不能周详也。
>
> 此书之辑，闻系出毛主席之意。所谓鬼者，盖以喻敌人，亦以喻困难。传播不怕鬼之故事，欲以励人民，期其藐视、鄙视敌人与困难耳。何之序文中竭力发挥此意。然余以为读者苟不能善读此书，或且致弊。各篇所叙，固明言鬼怪为实有，且能为厉作祟，则是导于迷信矣。此书出版未久，而影响速于置邮。报章杂志之文章，已有以鬼为敌人与困难之同义语矣。

3月19日记：“今日续看《不怕鬼的故事》，迄傍晚看毕，明日即可送还何其芳。仅一百有余面，看之批之殊不费事，脑子不觉其胀也。意见虽尚粗疏，或可使重版本略有改进。”在给何其芳写的“书面意见”中说：

> 观所作注，似为不甚习文言者着想。若所料不误，则颇嫌不够。我有如是印象，一篇之中往往难者失注，而注其较易者。亦有全句不通晓，而仅注句中一词一语者。全句解释处，多用串讲办法。串讲之法，仅能使读者知此句相当于今语如何说法，而不能使读者明晓原句之组织结构，如是理解，第含糊之理解耳。来示云将修改注释，敢希设身处地为读者着想，凡料知读者将感觉其难通者，悉为注释，其道不一，因此而施，简明扼要，务求其谛。如是则读者称便矣。
>
> 所选皆笔记文，作者选词遣词比较随便，未必尽合法度。亦有简略朦胧，须为补充点明乃可通晓者。注释似宜注意此等处，庶于读者之理解本书各篇与增进文言知能，两有裨益。
>
> 建议请王伯祥先生看一过有关典章制度与地理沿革之注释。王伯祥先生于此方面颇熟，或将有所补益。

圣陶先生的意见涉及了古籍注释中容易出现的问题：（一）当注不注。注释的目的，就是要把难懂的地方注释出来，而有的注释却避难就易，难解之处却偏偏没有注，造成古籍注释中的缺陷。（二）注得含糊，不准确。注释者用串讲的方法来解释，把自己不够清楚或者根本就不明白的地方一带而过，只讲个大概意思，原文的深层含义好像是解释通了，其实并没有触及到，甚至完全解释错了，就更谈不到“能使读者明晓原句之组织结构”了。（三）原文中不合“法度”及“简略朦胧”之处未加补充说明。古籍注释其实是古籍整理的一部分，不是简单地将原文翻译出来就行了。一个负责任的古籍注释者，还应在注释中对原文加以补充说明，以便让读者更好地吃透原文。（四）没有广博的知识，不熟悉古代的典章制度与地理沿革，实际上很难成为合格的古籍注释者。这种能力需要常年的学习和积累。

中国科学院文学研究所遵照毛主席指示选注的这本《不怕鬼的故事》，问题这么多，“于原文作句读亦有未尽善处”，就连断句标点也有断错标错的地方，这倒并不是文学研究所的编注工作做得不认真，而是圣陶先生的学识的确渊博，是大学问家，尤其是指出“有关典章制度与地理沿革之注释”存在的缺漏，说明圣陶先生通晓多种学问，学识渊博，文史地政知之甚广，是十分难得的杂家。

二是抄读《天演论》。

圣陶先生和俞平伯晚年的通信集《暮年上娱》，可以誉为一部现代经书，学路完整，大气千秋。俞平伯在1976年5月30日给圣陶先生的信中说：

> 严译《天演论》多识前言，良为奥博，惟每羼杂己见，其论业力、遗传似混心物之辨；言瞿昙创教似一完整体系，而大小两乘实有原始后起之别，无容混为一谈者也。与吾兄共读是书诚为难得之机会，盼得攻错，释疑匡谬。(《暮年上娱》第138页)。

圣陶先生对《天演论》，真的是“好书不厌百回读”。早在草桥中学读书期间就读过《天演论》，中学毕业后又重读，这有1913年7、8月间的日记作证，不妨抄录几则：

> 7月15日　晨起后读《天演论》，顾原文殊嫌艰涩，不能畅意，则取严侯官译本读之，文义并茂，欢快弥深……

> 7月21日　读译本《天演论》“真幻篇”，严氏按语中引法人特嘉尔“唯意无幻”之说，谓疑意为妄，疑复是意，此其说固甚辨，然不疑不意而两忘之，真妄不立更何云哉？真亦一名也，妄亦一名也，由妄趋真，人之事也。所以必致辨于真妄，真妄两忘则所谓不可思议，而非人之事也，真妄固何所丽哉？

> 7月25日　晨起后阅译本《天演论》……

> 7月29日　晨起后读原本《天演论》“人为篇”，耐着性子将不解之字一一检出，意有未澈则求教于译本，至午后居然能通解全篇矣。此不过读其文耳，若求理解，观译本固便利远甚也。

> 8月1日　晨起后读《天演论》原文。

所谓“原文”，当然是文字很“艰涩”的英文版，他是“耐着性子”读的；“意有未澈则求教于译本”，实在不懂了才“求教”于严复的“译本”，这是一种严肃认真求甚解的读书方法。1923年春，圣陶先生和顾颉刚编撰《初级中学教科书国语》（以下简称《初中国语》）时，将《天演论·导言七》编入《初中国语》第二册，将《天演论·导言一》编入《初中国语》第四册，并对这两篇《导言》加了注释。这说明在编撰这套《初中国语》时，合，及其在中小学一体化教育的探索和积累。并且深刻地影响着之后国家通用语言文字教育的发展，尤其是指引我们从过去关注语文学习工具形式，转变为对工具运用的关注上，进而明确“语文”应该教什么，以及怎么教、如何学，包括编好相应的课标、课本、教参等。因此，探寻从“国文”到“国语”再到“语文”之路，总结语文教育发展规律和特点，不失为一条回归学科本意和破解教学难题的有效路径。即便是名称的变动过程及其起因、时间、地点、人物等，对“语文人”和全社会来说也都是一个有意义的话题。

1949 年新中国成立前夕，及时供应学校课本实为一件大事。为此，中央成立教科书编审委员会，由叶圣陶任主任，周建人、胡绳任副主任，领导新中国教科书的编订工作，审读各个版本的课本，目录由中央宣传部于 1949 年 7 月发布。从中可以看出，当年秋季学期开学的“国文”“国语”版式、内容焕然一新，但课程名称则一如既往。中央人民政府成立后，教科书编审委并入出版总署编审局，继续由副署长叶圣陶、周建人等负责，并新编了初、高中和大学的语文课本。在 1950 年 2 月公布的教科用书选用表中，小学仍称“国语”，中学仍称“国文”。在当年 7 月由教育部、出版总署共同发布的关于全国秋季中小学教科用书的决定中，才第一次出现“语文课本”的字样。其中，《初级中学语文课本》(六册）由叶圣陶领导的教科书编审局语文组（之前叫国文组）的宋云彬、朱文叔等编写，《高级中学语文课本》(六册）由北京大学中文系教授魏建功、周祖谟等编写，由叶圣陶、宋云彬约稿，并由编审局撰写了“编辑大意”。两书均由新华书店于 1950 年 8 月初版（1951 年后改由人民教育出版社修订出版），并从 1951 年开始被确定为全国初、高中语文科推荐的唯一通用教材。其中《初级中学语文课本》第一册的“编辑大意”宣称：“说出来是语言，写出来是文章，文章依据语言，‘语’和‘文’是分不开的。语文教学应该包括听话、说话、阅读、写作四项。因此，这套课本不再用‘国文’或‘国语’的旧名称，改称‘语文课本’。”

最早出版的初、高中“语文课本”（1950）和小学“语文课本”（1952）

随后，1951 年出版了华东人民革命大学附设工农速成中学毛效同等编写的《工农速成中学语文课本》(四册，华东人民出版社 1951 年 2 月初版，人民教育出版社 1952 年 7 月修订版）与王泗原、吴若正编写的《工农速成中学语文课本》(二册，人民教育出版社 1951 年 11 月初版)。1952 年出版了朱文叔、刘御等编写的《小学课本语文》(三册，人民教育出版社 1952 年 5 月初版）与鲍永瑞、张星五等编写的《农民语文课本》(四册，林汉达、辛安亭校订，人民教育出版社 1952 年 7 月初版)。此后，“语文”一词通行全国，再无更改。

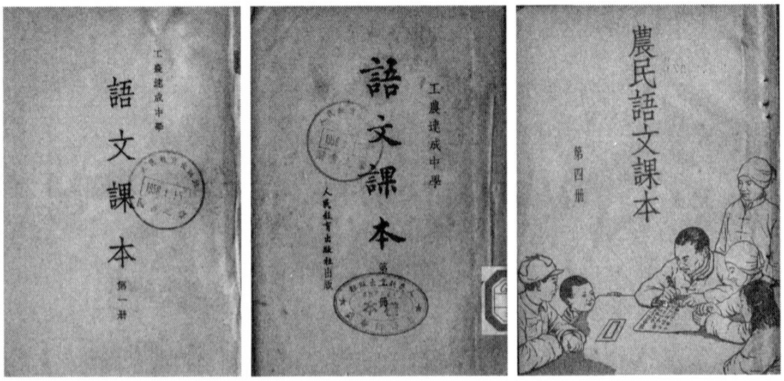

最早出版的工农速成中学“语文课本”（1951）和农民“语文课本”（1952）

极为巧合又似乎是有意为之的是，1950 年 8 月，教育部同时颁布的《小学语文课程暂行标准（草案)》(1950 年 7 月《小学课程暂行标准初稿》中还称“小学国语”)和《中学暂行教学计划（草案)》，也分别提出了“小学语文”和“中学语文”的课程方案。但大学的情况则比较特殊，大学语文仍叫“国文”，即新编的《大学国文》“现代文之部”与“古典之部”，分别由新华书店 1949 年、1950 年出版，均由叶圣陶亲自主持编写和作序，并多次同北京大学、清华大学国文系商议后选定了教材目录。以上便是官方机构正式发布和权威出版单位出版的有关情形。

再看看叶圣陶本人是怎么说的。开国大典前后，完成了 1949 年秋季学期开学教学用书编审任务的叶圣陶便回过头来，开始编订指导教科书编写的中小学课程标准，既做了《中小学课程标准总纲草案》(分别由朱智贤、蒋仲仁起草初稿)，又做了《中小学语文课程标准草案》(分别由宋云彬、朱文叔起草初稿)。对于后者，《叶圣陶日记》1949 年有多处记载，如：

10 月 6 日，上午　重行审订中小学语文课程标准。会谈者五人，朱文叔、宋云彬、叶蠖生、蒋仲仁及余。决以所谈结果，修改初稿，予以发表，发表之时不名“草案”，而曰“课程标准初步意见”，以征各方面之反应。

10月17日　竟日治杂事，修改余所拟之中学语文课程标准，依据前此众人公商之意见。

12月6日，上午　第一处开处务会议，余往参加。处中现分语文、史地、教育三组，各为报告。明年拟编小学中学语文课本全部。

12月8日，下午　与少数同人会谈，讨论着手编定初中语文课本之目录，及如何拟定大学国文古典文之部之目录，以与北大清华两校同人共商。①

1964年2月1日，叶老在给友人的信中进一步回忆了“语文”的由来：

“语文”一名，始用于1949年华北人民政府教科书编审委员会选用中小学课本之时。前此中学称“国文”，小学称“国语”，至是乃统而一之。彼时同人之意，以为口头为“语”，书面为“文”，文本于语，不可偏指，故合言之。亦见此学科“听”“说”“读”“写”宜并重，诵习课本，练习作文，固为读写之事，而苟忽于听说，不注意训练，则读写之成效亦将减损。原意如是，兹承询及，特以奉告。其后有人释为“语言”“文字”，有人释为“语言”“文学”，皆非立此名之原意。第二种解释与原意为近，惟“文”字之含意较“文学”为广，缘书面之“文”不尽属于“文学”也。课文中有文学作品，有非文学之各体文章，可以证之。第一种解释之“文字”，如理解为成篇之书面语，则亦与原意合矣。②

此外，是当时语文课本主要编写者和现在研究者的记载和结论。宋云彬在日记中，多次记载叶圣陶终审语文课本，他在1950年3月1日写下：“语文课本修改完毕六篇，请圣陶作最后之审阅。”③ 人教社语文教材编研专家刘真福在《记新中国首套中小学语文课本》(2018) 一文中说：“1950年版新编

---

① 叶圣陶：《叶圣陶日记(中)》，商务印书馆2018年版，第1138、1140、1148页。

② 叶圣陶：《答滕万林》(1964年2月1日)，刘国正主编：《叶圣陶教育文集》(第3卷)，人民教育出版社1994年版，第506页。

③ 宋云彬：《宋云彬文集》(第4卷)，中华书局2015年版，第205页。

语文课本参与编写的人员有些是来自解放区的教育工作者，有些是来自国统区的学者、编辑等。其中有个人在这套语文课本的编写工作中功劳最大，但未署名，那就是叶圣陶。”①

综上所述可以确定，中小学“国文”“国语”改为“语文”是新中国成立之前在叶圣陶亲自领导下开始进行的，由他领衔的全国教科书编审委研究提出，并由教育部、出版总署于 1950 年夏正式发文作出的决断。

中央人民政府成立后，叶圣陶先后出任出版总署副署长兼编审局局长、教育部副部长，部、署联合教科书编审委员会主任，并兼任人教社社长、总编辑，成为新中国教科书的主要负责人和语文教育革新的领导人。当时参与中小学语文课本编写和课程标准起草的大都是其部下，其中不少是其亲密战友，如：宋云彬是教科书编审委委员、编审局一处处长，兼语文组长，1950 年 12 月任人教社副总编辑兼语文组长；魏建功是北大中文系教授、原系主任，在教科书编审委、编审局和人教社兼职工作多年，是新华辞书社社长、人教社领导班子成员，也是叶圣陶与北大中文系沟通合作的联系人；朱文叔是教科书编审委、编审局小学语文的负责人，后长期担任人教社副总编辑；蒋仲仁始终是语文组的骨干，人教社成立后先后任总编室、中语室主任，1955 年接任刘御为小学语文编辑室主任；刘御 1951 年秋接替宋云彬担任人教社语文组组长，后改任小学语文编辑室主任。叶蠖生是教科书编审委委员、编审局一处副处长，也是叶圣陶的女婿。如果再扩大当事人或知情人范围，此时与叶圣陶交往较多的“语文人”还有北大的王力、清华的吕叔湘、教育部小教司司长吴研因以及教科书编审委国文组的孙起孟、孟超、杜子劲和毕业分配来的平润斋、王忠祥、王一铭、王绮等。

截止到“文化大革命”之前，追随叶圣陶先生或与其共同从事教材编审工作的有一大批人，大致说来，有“开明系”的编辑，也有来自商务印书馆、中华书局、国立编译馆和高等学校的学者，还有来自各大行政区和老解放区的“红色”教材专家。其中的“语文人”，除了上面提到的宋云彬、魏建功、吕叔湘、朱文叔、蒋仲仁之外，还有 50 年代初到人教社工作的辛安亭、王微、蔡超尘、王泗原、隋树森、计志中、黎明、杜子劲、李光家、孙功炎、姚韵漪、张中行、张传宗、周石华、王琦、平润斋、丁酉成、张翠英等，也有 50 年代中期因为国家统编教材第一次会战而被选调到人教社的吴伯箫、张志公、张毕来、陈伯吹、陆静山、袁微子、霍懋征、董秋芳、刘国正、张田

① 刘真福：《记新中国首套中小学语文课本》，《中华读书报》2018 年 9 月 26 日第 14 版。

若、鲍永瑞、张星五、洪心衡、陈治文、郭翼舟、刘诗圣、钱琴珠、张葆华、徐萧斧、周振甫、余文、钟华、冯惠英、韩书田、文以战、刘永让、周同德、杜草甬、黄秀芬、何慧君、梁俊英、徐慤、张文焯、张荄、梁伯行、庄杏珍、王秀合、邓散木等，以及60年代到人教社工作的刘松涛、张凌光、黄光硕、王少阁、朱堃华、陈国雄、刘国城、吴家谟、冲斌、章士勉、徐枢、吕梅影、陈竺英、叶桂萱、李耀宗、杨道松、黄重添、熊燕辉、李享顺等。且不说旧中国，光新中国的“语文人”，就是一个庞大的群体，以上列举的仅新中国前十七年在人教社工作从事中小学和工农语文教材编写的“人教语文人”就有七十多人，既有学科专家、著名学者，又有一线名师或教研员，还有专业编辑、教材编审，乃至报刊人员、领导干部等。这是一拨特殊的群体，即编舟渡海的“语文人”，过去对编辑语文课本的他们的关注是很不够的。

随着“语文”的发展和拓展，现在“语文人”也是一个大概念，可以装下与“语文”发生关系的任何人。“语文”二字是语文教育界和教材出版界在新中国诞生时的一个发明和贡献，最早专指语文学科和语文教育工作者。经过半个多世纪的演化，已经被界说为“语言文字”或“语言文学”（20世纪50年代中期的汉语、文学分科教学改革说明“语言文学”概念似乎更接近“语文”二字）的缩写或简称，凡是从事语言、文字、文学，包括古典汉语、现代汉语、文学创作、文学研究的，或与之与密切相关者，都可以称之为“语文人”。如此说来，本与语文无关的，却由叶圣陶邀请来手书新中国第一套统编小学语文（1955）课文和封面“语文”二字的书法家、篆刻家邓散木，以及参与新中国初期语文课本装帧设计和插图的著名画家古元、丁井文、刘继卣、戴泽、靳尚谊、阿老、鲁少飞、王叔晖等，也就成了那个时代的“语文人”了。

同声相应　同气相求

——叶圣陶和陶行知为爱国民主进步的教育事业共同奋斗

■ 刘立德

叶圣陶与陶行知是我国近现代爱国民主进步的教育事业的伟大战士，他们一生亲历沧桑巨变，年龄相近，教育思想互相影响、异曲同工，教育贡献的重点领域各有侧重、各有千秋。他们心心相印，心灵相通，与时俱进，始终走在时代的前列，站在历史的正确一边。叶圣陶的朋友圈中，陶行知是他可以信赖的朋友。他们同舟共济、肝胆相照，同声相应、同气相求，为中国早期文化教育现代化共同奋斗。叶圣陶一生特别重视与陶行知的朋友情谊、战友情谊。叶圣陶的朋友圈中，像鲁迅、杨贤江、朱自清、陶行知等，从一定意义上说都是英年早逝、壮志未酬。邵燕祥在《叶圣陶之哭》一文中谈道：旧说丈夫有泪不轻弹，但叶老“曾为杨贤江哭，为陶行知哭，那是为往日的情谊，为他们在当时社会条件下赍志以殁，未尽其才”。本文仅谈谈叶圣陶与陶行知交往的点滴事例，以窥两人献身我国教育事业的事迹和精神。

一、共同参与文教界民权保障事业

叶圣陶和陶行知都是中国近代新教育运动的先驱。陶行知于1917年秋留学回国后，曾任南京高等师范学校、东南大学教授。他先后参与发起成立中华教育改进社、中华平民教育促进会。他主张反对帝国主义文化教育侵略，呼吁收回教育主权。几乎与陶行知同时，叶圣陶先后在上海商务印书馆附属尚公小学、江苏苏州甪直吴县第五高等小学执教，进行课程教材教法改革。叶圣陶还参加和创办新潮社及文学研究会，为推动文教变革不遗余力。他们两人都受到杜威实用主义教育思想的深刻影响。陶行知是杜威的学生，这自不待言。而叶圣陶也与杜威有过直接联系，见过杜威。叶圣陶在苏州听过杜威的演讲，并写过一篇小说《欢迎》，表现杜威到苏州的盛况。叶圣陶除了编辑出版和教学工作外，还积极参加文化教育界的进步活动。1923年初，叶圣陶到商务编译所国文部任编辑，在商务编译所与中共党员杨贤江等相识。1925 年五卅惨案发生后，叶圣陶撰写了《五月卅一日急雨中》，揭示五卅惨案的血腥，讴歌为中国带来希望和光明的人。叶圣陶又参加了由沈雁冰、杨贤江等发起的上海教职员救国同志会，进一步表明坚决和学生与各界共同反帝、合力救国的立场。他参加市民反帝大会，支持学生正义斗争。1926 年 5 月，叶圣陶的几个好朋友沈雁冰、杨贤江等共同发起成立了中国共产党领导的外围组织中国济难会，主要任务是营救革命者和救济被捕革命者的家属。叶圣陶受杨贤江委托，创办和主编中国济难会机关刊物《光明》半月刊。在他主编《光明》期间，为营救共产党人和革命同志作出了积极的努力。

1927 年 2 月 16 日，叶圣陶和郑振铎、胡愈之等一起组织成立“上海著作人公会”，并由叶圣陶起草《缘起》，支持周恩来领导的上海工人运动。3 月，上海工人第三次武装起义成功后，叶圣陶积极参加临时革命政权组织上海市民代表会议的活动。在主编《小说月报》期间，叶圣陶写出了谴责“清党”大屠杀的短篇小说《夜》。同年 3 月，陶行知在南京创办晓庄师范学校。1930 年 4 月，国民党反动派以“勾结叛逆，阴谋不轨”为借口，武力封闭晓庄师范学校，陶行知因从事革命教育活动也被通缉，被迫流亡日本。

1931 年 2 月，叶圣陶与鲁迅、茅盾等 129 名爱国人士列名发表《为抗议日军进攻上海屠杀民众宣言》。1931 年九一八事变后，叶圣陶与夏丏尊、周建人等二十余人参加发起上海文化界反帝抗日大联盟。叶圣陶被推选筹备出版该盟机关刊物《文化通讯》。1932 年“一·二八”上海抗战爆发后，叶圣陶和鲁迅、茅盾等 43 人列名发表《上海文化界发告世界书》，揭露和抗议日本帝国主义侵略中国的暴行。

陶行知从日本返回上海后继续从事进步教育活动。1932 年 12 月中国民权保障同盟成立时，因陶行知尚在被通缉之中，所以不便公开参加同盟的活动。但是同盟的活动，宋庆龄、杨杏佛与陶行知曾长谈研究；在酝酿成立同盟时期，陶行知经常与宋庆龄会面，讨论时局和政治问题。① 叶圣陶与陶行知一样主张保障民权，反对国民党的独裁统治。叶圣陶与鲁迅等正式参加了中国民权保障同盟。上海鲁迅纪念馆至今还保存着一份《中国民权保障同盟上海会员名单》，上面有叶圣陶的名字。②

① 马荫良：《捧着一颗心来，不带半根草去：〈申报〉与陶行知》，中共上海市委党史研究室编：《上海党史资料汇编》，上海书店出版社 2018 年版。

② 商金林：《叶圣陶年谱长编》（第 1 卷），人民教育出版社 2004 年版，第 491 页。

二、携手推动大众语运动和新文字运动

1934 年 6 月，叶圣陶和陶行知、陈望道等名家针对文教界的“读经运动”和“复兴文言”逆流，提出“倡导大众语”，发起和组织了“大众语”运动大讨论。7 月 1 日，陶行知发表了《大众语文运动之路》①。叶圣陶在 11 月 1 日出版的《中学生》杂志第 49 号上发表《关于文字的改革》，指出：“要促进我国大众文化程度，非改革我国的文字不可。”又说，大众是欢迎简笔字的，因为它容易识，容易写；报纸杂志和教科书都应该采用简笔字；本杂志的记者“跟几个杂志的编辑者正在计划，选定若干简笔字，制成铜模，浇出铅字，来排印大家的杂志。这个计划若能实现，可以说是改革文字的第一步”②。

1935 年 1 月，陶行知、叶圣陶与蔡元培、陈望道、郭沫若、胡愈之、邵力子、朱自清、巴金、老舍等文化教育界知名人士 200 人，以及叶圣陶主编的《中学生》杂志等 15 个杂志联名发起手头字运动。手头字即简体字。2 月 24 日起，在《申报》和其他报刊签名发表了《推行手头字缘起》和《第一批手头字表》，选出第 1 期推行的手头字 300 个，成立“手头字推行委员会”，公开宣传推广。在《推行手头字缘起》中，陶行知、叶圣陶等指出：“我们日常有许多便当的字，手头上大家都这么写，可是书本上并不这么印。识一个字须得认两种以上的形体，何等不便！”“现在我们主张把‘手头字’用到印刷上去，省掉读书人记忆几种字体的麻烦，使得文字比较容易识，容易写，更能够普及到大众。”③ 但后来陶行知、叶圣陶等又认为，手头字、简体字是方块汉字的化身，不能解决根本问题，而根本出路在于创制新文字，倡导中文拉丁化。

1935 年 2 月起，陶行知在《生活教育》杂志上发表多篇文章，主张文字只有容易认、容易写，才能普及而成为大众的文字。叶圣陶在《中学生》第 53 号（3 月 1 日）刊布了《推行手头字缘起》以及“手头字”的第 1 期推行的字汇。叶圣陶在 4 月 1 日出版的、自己主编的《中学生》杂志第 54 号上发表了《关于“手头字”》一文。他在文中指出，《推行手头字缘起》以及“手头字”的第 1 期推行字汇，在上海已有许多报刊发表，复印的数量约在 50

---

①《大众语文运动之路》，《生活教育》第 1 卷第 10 期。

② 叶至善、叶至美、叶至诚编：《叶圣陶集》（第 17 卷），江苏教育出版社 2004 年版，第 177—178 页。

③《推行手头字缘起》，《中学生》第 53 号，1935 年 3 月 1 日。

万份以上。这不能不说是上海文化界的一件大事。他同时代表《中学生》杂志表态说："本杂志将同许多报纸、杂志一样，等铅字浇齐了，排字工友练习得纯熟了，就使用这第 1 期推行的字汇。"① 6 月 4 日，行政院开会通过了教育部推行简体字的办法，随后教育部公布第 1 批简体字表，收字 324 个，与陶行知、叶圣陶等上海文化教育界推出的第一期 300 个手头字大致相同。这说明上海手头字运动得到政府的认可。6 月 9 日，叶圣陶在《申报》发表了《文字的几种改革》，再次对推行手头字给予肯定。②

1935 年 11 月，邹韬奋在上海创办并主编《大众生活》，陶行知和叶圣陶等是重要支持者和撰稿人。12 月，陶行知等在上海发起成立中国新文字研究会，同月，中文拉丁化研究会草拟了《我们对于推行新文字的意见》，其中指出："中国已经到了生死关头，我们必须教育大众组织起来解决困难。但这教育大众的工作，开始就遇着一个绝大难关。这个难关就是方块汉字，方块汉字难认难识难学……我们觉得这种新文字值得向全国介绍。我们深望大家一齐来研究它，推行它，使它成为推进大众文化和民族解放运动的重要工具。"③ 陶行知、叶圣陶与蔡元培、鲁迅、郭沫若、茅盾、陈望道、邹韬奋、沈钧儒、章乃器、李公朴、胡愈之等六百多人在这份文件上签名。这个签名书在《中国语言》《生活教育》等报刊上发表，影响广泛。1936 年 1 月 16 日，陶行知在《生活教育》第 2 卷第 22 期发表《白话文与大众文》。陈望道、陶行知、叶圣陶等以《申报·自由谈》为阵地发表一系列文章，推动了大众语运动的开展。

1936 年 2 月 23 日，国难教育社成立，陶行知当选理事长。5 月 31 日，全国各界救国联合会在上海成立，陶行知与宋庆龄、何香凝、章乃器、李公朴、王造时、沙千里、史良等 15 人当选为常务委员。11 月 22 日，国民党政府以"危害民国"罪在上海逮捕了沈钧儒、章乃器、邹韬奋、李公朴、沙千里、史良、王造时等全国各界救国联合会领袖，史称"七君子事件"。陶行知因当时受救国会委托，趁出席世界新教育会议之便在国外宣传抗日救国而幸免被捕，但仍被通缉。叶圣陶与谢六逸、胡愈之、夏丏尊、艾思奇、欧阳予倩等文化界名人百余人，联名要求国民党政府恢复七君子的自由，并撤销对陶行知等人的通缉令。

---

① 叶至善、叶至美、叶至诚编：《叶圣陶集》(第 17 卷)，江苏教育出版社 2004 年版，第 179 页。

② 叶至善、叶至美、叶至诚编：《叶圣陶集》(第 17 卷)，江苏教育出版社 2004 年版，第 180 页。

③《我们对于推行新文字的意见》，《生活教育》第 3 卷第 5 期（1936 年 5 月 1 日）。

叶圣陶和陶行知为弘扬鲁迅精神做了不少工作。1936 年 10 月 19 日，鲁迅先生逝世。22 日，叶圣陶前往万国殡仪馆瞻仰鲁迅先生遗容，参与送殡，与郁达夫、郑振铎、王统照等数十人执绋走在前面。爱国人士纷纷撰文呼吁大家学习鲁迅先生的精神，可是学习从哪里着手呢？叶圣陶认为，鲁迅之所以对于中华民族的观察和认识非常深刻，是因为他对中华民族有真诚的态度。他锲而不舍，爱憎分明。叶圣陶于 10 月 22 日撰写《鲁迅先生的精神》一文，发表在《生活星期刊》22 号（1936 年 11 月 1 日）。文中评价鲁迅说："他伟大，他坚强。中华民族将来真个得到解放，必然由于人人有了他那样的精神。"① 11 月 15 日，叶圣陶在《作家》第 2 卷第 2 号上发表《挽鲁迅先生》，诗云："星陨山颓万众悲，感人岂独在文辞。暖姝夙恨时流态，刚介真堪后死师。岩电烂然无不照，遗容穆若见深慈。相濡以沫沫成海，试听如潮继志词。"② 当时正在国外宣传中国抗日的陶行知于 1936 年 12 月 26 日、翌年 1 月 2 日分两次在《先锋报》上发表《十二月运动一周年纪念》一文，文中特别提到："鲁迅先生是中国民族大众解放的导师，我们要遵照他的指示，拿着真理的火把照着整个民族向前进。"③ 1937 年 7 月 18 日，陶行知当选为鲁迅纪念委员会委员。1938 年 10 月 19 日，陶行知在《新华日报》发表诗作《鲁迅先生逝世两周年纪念》，诗云："百战争真理，两年死犹生。名著如秋月，照人造乾坤。"叶圣陶、陶行知传承并发展鲁迅的斗争精神和民主精神，所作所为无不体现着鲁迅先生的遗志。

三、在四川积极从事抗战教育事业，一起呼吁和平、反对内战

1937 年全面抗战开始后，叶圣陶主编的《中学生》《新少年》相继停刊。1938 年，陶行知、叶圣陶等文化教育界人士辗转撤退到四川等地，继续开展抗日救亡运动，互相策应，互相支持。1938 年初，叶圣陶先后在重庆巴蜀学校、国立戏剧学校和复旦大学任教，并担任《抗战文艺》和《国讯》旬刊编委。同年 11 月，叶圣陶应邀到内迁于乐山的武汉大学任教。几乎同时，陶行知先后创办生活教育社和育才学校，并以国民参政员的合法身份进行抗战教育活动。1939 年 5 月，《中学生》杂志改名为《中学生战时半月刊》，在桂林

---

① 叶至善、叶至美、叶至诚编：《叶圣陶集》（第 5 卷），江苏教育出版社 2004 年版，第 442 页。

② 叶至善、叶至美、叶至诚编：《叶圣陶集》（第 8 卷），江苏教育出版社 2004 年版，第 135 页。

③ 陶行知著：《陶行知全集》（第 12 卷），四川教育出版社 2005 年版，第 269 页。

复刊，叶圣陶任社长兼主编。1940 年 6 月，叶圣陶去成都任四川教育厅教学科学馆专门委员，从事教育理论研究，并担任《文史教学》《国文杂志》和《笔阵》编委、主编等职务。1942 年，开明书店在成都设立编译所办事处，叶圣陶辞去教育科学馆职务，回开明办事处主持工作。1943 年，叶圣陶被选为中华全国文艺界抗敌协会成都分会理事，此后一直主持《中学生战时半月刊》《中学生》的编辑工作。1945 年 2 月，陶行知与郭沫若、茅盾、夏衍、巴金、老舍、柳亚子、马寅初等三百多人在《新华日报》发表《文化界对时局进言》，呼吁废除国民党一党专政、实行民主。这一时期，叶圣陶与陶行知交往不少。如 1945 年 6 月 3 日，叶圣陶曾应陶行知之约，在滋美餐馆共进早餐。①

1945 年 8 月 31 日，在爱国民主运动潮流中，叶圣陶、黄炎培、章伯钧、姚绍华等作为《东方杂志》《新中华》《中华论坛》《民主世界》《民宪》《国讯》《中学生》等重庆十大杂志负责人，在张家花园中华职业教育社集会，决定筹办“十大杂志《联合增刊》”，单独出版发行，以反对国民党对报刊的压制。叶圣陶在《联合增刊》发表多篇文章，表达要和平、反内战、争民主的心声。9 月 6 日，叶圣陶等文艺界人士二百多人发表宣言，呼吁和平，反对国民党独裁统治。同日，重庆 28 个杂志在重庆青年会举行茶会，宣告正式成立“重庆杂志界联谊会”。该联谊会成为“陪都各界反对内战委员会”的重要组成部分。陶行知、叶圣陶参与发起成立该联谊会。叶圣陶（开明书店）、黄炎培（中华职业教育社）和金兆梓（中华书局）被推为联谊会召集人。9 月 29 日，陶行知在重庆创刊《民主星期刊》（中国民主同盟机关刊物）并题写刊名。应陶行知之邀，10 月 12 日，叶圣陶作《看报偶谈》，发表在《民主星期刊》第 4 期上，呼吁用“人民的世纪”取代“专制世纪”和“法西斯世纪”。

1945 年 11 月，陶行知创办《民主教育》月刊，发表《民主》《民主教育》两篇文章。1945 年 11 月 4 日，叶圣陶应陶行知之邀赴育才学校，叶圣陶在日记中记载：“到者二十余人，食饭不设酒，客自己盛饭，颇见朴素之风。其宴客之意，盖为其所办《民主教育》半月刊拉文稿。此刊本名《战时教育》，今改斯名，方出第 1 期。吴研因谈菲列滨教育甚多，余与邓初民亦略有所言，八时散。”②

叶圣陶和陶行知声应气求，积极参加反独裁、争民主及反内战、求和平的运动。1945 年 12 月 1 日，国民党当局罔顾国内空前高涨的民主和平运动，

① 周洪宇、刘大伟撰著：《陶行知年谱长编》（第 4 卷），人民教育出版社 2021 年版，第 303 页。

② 商金林撰著：《叶圣陶年谱长编》（第 2 卷），人民教育出版社 2004 年版，第 361 页。

在昆明制造了暴力镇压反内战爱国民主运动的“一二·一”惨案。陶行知、叶圣陶与张澜、沈钧儒、黄炎培、郭沫若、茅盾、柳亚子、马寅初、李公朴、侯外庐、翦伯赞、胡厥文、章乃器等共同在《召开重庆各界追悼昆明“一二·一”反内战死难师生大会发起书》上签名，筹备追悼活动。12 月 9 日在重庆长安寺开始举行连续三天的公祭大会。12 月 15 日，叶圣陶与郭沫若、茅盾、巴金等 10 人在《民主》周刊第 1 卷第 10 期发表《为声援昆明学生反内战争民主的要求致昆明各学校函》。①

1945 年 12 月 17 日，叶圣陶作《赠参加政治协商会议诸君》，25 日发表在《中学生》等十大杂志《联合增刊》第 6 号（政治协商会议特辑），希望政协代表切实协商，把公众的事办得有进步、上轨道。12 月 28 日，叶圣陶坐船启程回上海。在 1946 年 1 月 9 日，在政治协商会议开幕前夕，陶行知等共同出席在重庆白象街西南实业大厦召开的陪都七团体（陪都文化界文艺界人士座谈会、重庆杂志界联谊会、新出版业联合总处、学术工作者联谊会、中国电影戏剧界人士座谈会等）人士欢迎政治协商会议代表茶话会。五百多人出席会议，陶行知代表七团体主持会议并在大会上发言。② 出席会议的政协会议代表有沈钧儒、梁漱溟、郭沫若、吴玉章等。陶行知、茅盾、李公朴、马寅初、侯外庐等组成茶话会主席团。叶圣陶虽然已不在重庆，但仍被列为主席团成员。

四、从四川回到上海后在文教战线团结奋斗

1946 年 2 月 9 日，叶圣陶从四川回到上海。2 月 10 日，陶行知、郭沫若、马寅初、章乃器等参加庆祝政治协商会议成功大会的六十多人在国民党反动派制造的“较场口惨案”中被打伤。2 月 11 日，叶圣陶代表《中学生》杂志社撰写的《我们的态度》一文刊登在“争取人权，抗议陪都凶案”联合特刊上。该文认为陶行知、郭沫若、马寅初、章乃器等几十人被殴打受伤的事件，是继去年昆明惨剧后又一幕大惨剧，表示要争取国家和平民主和人民自由幸福。4 月 12 日，陶行知从重庆飞抵南京，17 日到达上海。抵达上海后，在上海人民反独裁、争民主，反内战、求和平运动的浪潮中，陶行知在一百天的时间里，到学校、工厂、街头发表一百多场演说。在中共地下党的指导和组

---

① 商金林撰著：《叶圣陶年谱长编》（第 2 卷），人民教育出版社 2004 年版，第 368—369 页。

② 华中师范大学教育科学研究所主编：《陶行知全集》（第 8 卷），湖南教育出版社 1992 年版，第 584 页。

织下，上海广大小学教师成立了小学教师联合进修会，简称小教联。陶行知、叶圣陶与黄炎培、马叙伦、陈鹤琴、俞庆棠、沈百英、周建人、陈伯吹等被聘为小教联顾问，呼吁停止内战，要求和平。

1946 年 4 月 8 日，王若飞、秦邦宪、叶挺、邓发、黄齐生等在由重庆飞往延安途中，因飞机失事罹难。4 月 29 日，叶圣陶、陶行知共同出席“四八”烈士追悼大会筹备会。4 月 30 日上午，叶圣陶与陶行知、黄炎培、左舜生、马夷初、章乃器等，赴上海槟榔路玉佛寺，参加王若飞、秦邦宪、叶挺、邓发、黄齐生诸烈士追悼大会。追悼大会主席团由 24 人组成，陶行知、叶圣陶在列。作为筹备会成员之一，叶圣陶与宋庆龄、左舜生、黄炎培、柳亚子、马寅初、马叙伦、章乃器、王绍鏊、许广平、郑振铎、舒新城、周建人、夏衍、华岗、潘梓年等人联名发表《上海各界追悼王秦叶邓黄诸先生大会筹备会启事》和《祭文》。① 叶圣陶在当日日记中记载：“余仅与王若飞晤数面，余皆不相识。九时开会，黄任老、左舜生、陶行知、马夷初、章乃器诸人演说，皆力言争取民主、巩固团结之要。”② 陶行知撰写了《敬挽“四八”死难烈士》一文。1946 年 5 月 4 日，叶圣陶主持文协上海分会庆祝抗战胜利后第一届文艺节大会及文艺欣赏会，并致辞说：“文艺工作者要有所爱，有所恨，有所为、有所不为；和广大的人民，为同一个目标而奋斗。”5 月 7 日，叶圣陶与郭沫若、茅盾、田汉、郑振铎、许广平、周建人、马叙伦等 35 人联名发表公开信表示“大后方收复区的人民始终与解放区的人民一样地要求和平团结与民主”。

1946 年 6 月初，上海人民团体联合会发起上海各界知名人士上书行动，陶行知、叶圣陶与马叙伦、王绍鏊、马寅初、茅盾、巴金、许广平、周建人、唐弢、周予同等 164 人联名上书蒋介石、马歇尔和中共代表团以及各民主党派及社会贤达，呼吁和平，反对内战。蒋介石置之不理。中共代表团周恩来、董必武、陆定一、邓颖超则于 6 月 11 日复信表示赞同。

1946 年 6 月 20 日，叶圣陶与陶行知、郭沫若、茅盾、马寅初、马叙伦、郑振铎、翦伯赞、胡绳、蔡尚思等 24 人，发起组织全国学术工作者协会上海分会。③ 陶行知和叶圣陶等知名人士还受邀到上海的一些学校讲学作报告，宣传民主进步思想。6 月 21 日，叶圣陶等十余人应董必武的邀请到上海周公馆出席座谈会，听取关于国共谈判和反内战的形势通报。

1946 年上半年，全面内战一触即发。为了揭穿国民党反动派打内战的阴

① 参见《“四八”被难烈士纪念册》和 1946 年 4 月 30 日《新华日报》。

② 商金林撰著：《叶圣陶年谱长编》(第 2 卷)，人民教育出版社 2004 年版，第 388 页。

③ 商金林撰著：《叶圣陶年谱长编》(第 2 卷)，人民教育出版社 2004 年版，第 396 页。

谋，中共地下党组织决定组织上海各界呼吁和平反内战。马叙伦等被推举组成上海人民团体联合会赴南京和平请愿代表团，到南京请愿。6月23日，上海一百五十多个人民团体在北火车站广场召开反内战大会，并欢送代表赴南京请愿，各界群众五万多人赶到上海北火车站开欢送大会。欢送大会主席团由王绍鏊、陶行知、林汉达三人组成。送走代表后，数万人举行反内战示威大游行。当天，陶行知、叶圣陶与沙千里、林汉达、王绍鏊、田汉、吴晗、许广平、孙起孟、周建人、赵朴初等到火车站送行，并参加了大游行，走在队伍的前列。陶行知在这次集会上发表演说："和平民主不可分，我们不但要停止内战，而且要争取民主。""下关惨案"发生后，针对国民党反动派攻击马叙伦等是"自称人民代表"，叶圣陶于6月24日撰写《我就是推选他们的一个》，与傅彬然、周予同、王伯祥等联名发表在6月26日《大公报》上。6月25日，《民言》半月刊在上海创刊，叶圣陶与陶行知、柳亚子、郭沫若、茅盾等21人担任该刊"特约撰述"。① 同日，陶行知代表中国民主同盟召开记者招待会，要求"美军立即撤离中国，美国停止对国民党政府的一切援助，直待停战及联合政府之实现"。

1946年7月11日、15日，李公朴和闻一多相继被国民党特务杀害。叶圣陶在日记中愤而写下："当局以此手段对付呼号民主之人，岂复有存立之道！"全国人民义愤填膺，掀起反对法西斯的高潮。7月19日，叶圣陶与郭沫若、茅盾、洪深、郑振铎、田汉、许广平、周建人、胡风、巴金等13人，代表上海文化界，联名向联合国人权委员会发出电函，呼吁道：被暗杀的李、闻两先生都是以献身抗战和争取人民权利与基本自由而驰名的，为避免中国思想言论自由面临暴力灭绝的威胁，请求联合国立即派团调查。陶行知、叶圣陶与董必武、马叙伦、郭沫若、梁漱溟、黄炎培、周建人、张申府、潘光旦、田汉、郑振铎等数十人在7月21日出版的《群众》杂志"沉痛的悼念　悲愤的抗议"特大号（即第11卷第12期）上发表控诉文。叶圣陶的控诉文同时刊发在7月20日出版的《民主》第40期。这篇文章写于7月17日，名为《多说没有用，只说几句》。文中对国民党特务暗杀李、闻表示愤慨，说："暗杀是最卑怯无耻的行为"，这种卑劣残暴、灭绝人性的事件"是全中国人民的耻辱，也是全人类的耻辱。我要向全中国全世界的人控诉。大家要用行动来洗雪这种耻辱"。②

1946年7月23日晚，叶圣陶与陶行知等应郭沫若之招，至其寓所，听取

---

① 商金林撰著：《叶圣陶年谱长编》（第2卷），人民教育出版社2004年版，第397页。

② 叶至善、叶至美、叶至诚编：《叶圣陶集》（第6卷），江苏教育出版社2004版，第232页。

周恩来关于争取和平民主、反对内战的时局分析。叶圣陶在当日日记中写道："到者二十余人，多数为熟友。听周君谈近局，剖析极详。" 8月和10月，国民党当局查禁进步报刊《周报》和《民主》。叶圣陶与郭沫若、沈钧儒、马叙伦、王绍鏊、周建人、许广平、郑振铎、茅盾、巴金、柳亚子、史良等39人联名发表《我们要求政府切实保障言论自由》。

五、叶圣陶追悼陶行知

李闻惨案后，陶行知自称"准备挨第三枪"。他在上海更加紧张地从事爱国民主进步活动，终因积劳成疾，于1946年7月25日突发脑溢血辞世。7月26日，叶圣陶到上海殡仪馆吊唁陶行知，同日作诗《挽陶行知先生》，刊发在《联合日报·晚报》7月28日第一版。该诗云："惨恻方殷又此悲，李闻骨烬未寒时。脑充血复何为者？心沸腾堪想见之。欲杀乃酬大盗愿，云亡弥动万人思。汇为巨力致民主，庶几精诚报导师。"①

1946年七八月间，叶圣陶、陶行知与宋庆龄、郭沫若、胡风、茅盾、冯雪峰、郑振铎、夏衍、徐悲鸿等共同支持"抗战八年木刻展览会"，受筹备小组聘请担任木刻展赞助人。但到9月18日展览会在上海开幕时，陶行知已经去世。会后，开明书店出版了《抗战八年木刻选集》，由叶圣陶主持编辑并亲笔作序。序中说道："八年的抗战是我国历史上没有前例的大事件"，"我国人民以生命写下历史，而这本选集就是那历史的缩影"。

叶圣陶在1946年7月25日日记中记述："饭后，仲华来，言陶行知先生今晨以脑充血逝世，闻之愕然。前日之夕，犹与晤面。陶坐一椅上，未甚开口，精神似不佳。近日上海盛传黑名单，某人某人将被杀，而陶居其首。今突以病死，真将为仇者所快，而同气之人益深悲痛矣。"在7月26日日记中，叶圣陶写道："九时后，与彬然、三官（即叶至诚）至上海殡仪馆，吊陶行知先生。是即丏翁殡殓之所，不意数月之间，两度来此送丧。公祭入殓以下午四时，此时到者尚不太多。然泣下者颇有其人，且有出声而哭者。翦伯赞扶病而来，亦流泪不止。遗体藏于一室，吊众自纱门外望之，掩白绸，未能详见，然反身走者皆掩泪。陶先生以事业与热忱感人，宜其致此。……三官往观陶先生入殓，与祭者满堂，皆哭泣尽哀。夜间作一诗挽陶先生，冯仲足所嘱，将刊于《联合晚报》。" 10月23日，叶圣陶作《"生活教育"——怀念陶

① 叶至善、叶至美、叶至诚编：《叶圣陶集》(第8卷)，江苏教育出版社2004年版，第205页。

行知先生》，刊发在《中学生》11 月号，总第 181 期，又刊发在汉口《星报》12 月 25 日。

叶圣陶为陶行知追悼大会筹备委员会成员之一。1946 年 10 月 27 日上午，由叶圣陶与李济深、周恩来、孔祥熙、孙科、沈钧儒、马叙伦等各界名流 288 人发起的陶行知追悼大会，在上海震旦大学礼堂举行，叶圣陶与沈钧儒、史良、俞庆棠、章乃器、华岗、郭沫若、孔祥熙、陈鹤琴、翦伯赞、洪深、田汉、江问渔、朱经农、王绍鏊等三十余人担任追悼大会主席团成员。

在陶行知去世后，叶圣陶本着陶行知的精神继续不懈奋斗。他在 1948 年 8 月 30 日上海各界举行的朱自清追悼会上致词，强忍悲痛勉励众人："倒下去的人一个一个倒下去了。没有倒下去的，应该赶紧做一点事。"① 他对别人是这样说的，他自己也是这样做的，最终涓泉归海，汇入建立新中国文教事业的洪流之中，成为新中国教育出版事业的开拓者和奠基人。

综上所述，叶圣陶和陶行知在近代民主革命中始终站在人民立场上，他们相濡以沫、互相支持，共同为爱国民主进步的教育事业大声疾呼、不懈战斗，成为文化教育界的两面鲜艳的旗帜，交相辉映。他们的献身精神和事迹至今仍是激励我们为加快教育现代化、建设教育强国而奋斗的宝贵资源。

① 叶至善、叶至美、叶至诚编：《叶圣陶集》（第 6 卷），江苏教育出版社 2004 年版，第 313 页。

叶圣陶日记选刊

叶圣陶研究年刊

叶圣陶日记：一九五一年

一月一日，星期一。

晨七时半始起，较平日为甚迟。同院诸君来闲谈。既而中华书局蔡同庆君来。同事高尔松、王次青二君来。（卢）芷芬已前来，午刻留渠共饮。二时，访（王）伯祥，渠近日稍有不适，休居在家。谈约两小时，知其次子滋华于昨日结婚，概不举动，仅偕新娘往天津一行，宿一宵即返，谓是旅行结婚。

六时，偕（胡）愈之、乔峰至中南海勤政殿，参加中央政府之新年团拜聚餐。亦无所谓团拜，各自找其相识之人，握手一阵，互道恭喜而已。席次先经排定，毛主席为主人之第一席居殿之正中。余在第七席，周总理为主人，同座者为老舍、萧三、钱三强、陈援庵、（郑）振铎、罗隆基、梁漱溟、徐悲鸿。毛主席首举杯，祝贺新年，愿大家多做些工作。既而全堂诸人互找对象敬酒碰杯，颇热闹。余之一席间曾谈及文字改革，周总理亦颇留恋汉字。八时散，径归。寒甚，飘雪。

【注：（　）中由选文者添加人物之姓或名。】

一月二日，星期二。

一夜之雪不大，积屋面不觉其肥。到署，看（田）世英之地理稿。午后一时半，与语文组诸君会谈，共商编辑工作。至四点半散。

一月三日，星期三。

续看地理稿，毕。又看语文教材数篇。选材不易得，往往选翻译文字。以本国语文教本而多用翻译文字，其讽刺性之强可见。余恒欲避免此途，苦于不能。

午后一时半起，与历史组诸君会谈。（王）芝九重编高中外国历史。（丁）晓先修改其所编之中国近代史，并编参考书。又商如何与他处联络，多所请益。亦谈至四点半而散。

一月四日，星期四。

上午看教育组所编《小学教材教法研究》之一部分稿子。同人中于编辑少经验，文字训练亦差，殊觉看不顺眼。中学教本有六七种尚未发齐稿子，排齐样张，而春季开学即在二月中旬，距今仅一月有馀。赶速印制，或者北京上海还可及时，其他地区必已无及。初意教育出版社成立而后，至少可以争取及时供应，今并去秋且不如矣。往者不可谏，唯期今年秋季可以免此病耳。

午后一时半起，与地理组诸君会谈。地理书半数约外间人士编辑，而以田世英为之联络。将来收到来稿，亦倚田君为之整理。三点半，会毕。

下午天下雪，渐下渐大，及晚归，街上已铺白矣。

一月五日，星期五。

雪仍未止。晨到署即开署务会议，讨论工作计划之修正草案，至十二时毕，仅原则通过，尚须加以改正。

午后与自然组诸君会议。算学、理化、生物、生理卫生均将有新编之稿。算学由（刘）薰宇执笔，自是老手。其外诸君皆未曾编过书，恐未必能合适也。

一月六日，星期六。

上午看语文教材。与（魏）建功谈辞书社事。诸君所书之稿，曾以一部分油印本发送各方评论，回来之意见颇多。须汇合而考校之，择其善者，以改良我社之编撰方法。总期将来出书，于一般人之语文学习有所助。

午后一点半，与教育组诸君会谈。此组编两种书稿，一为教育年刊，一为教育资料丛刊。诸君皆初业编辑，于业务尚须学习，余拟随时予以助力。

文物局副局长王冶秋新自苏联归，来我署讲苏联图书馆情形。彼处有一中央书库，自一九二〇年起，所有书刊均保藏一份。我署之版本图书馆，即师其意。王谓中央书库不仅保藏，且为全国之图书馆与读者服务。编印图书馆所用之书目卡片发售，他馆即不需各自编卡。又发印各种书目，分周分月编排，最后则有图书年鉴。我署版本图书馆固亦宜为此种种，然人力不逮，恐未能尽学也。

今日仍下雪，署中庭前树枝缀玉，望之如白梅盛开。

一月七日，星期日。

雪仍时时飘洒。十时，至松竹园理发洗澡。午后，计剑华来闲谈一时许。后与宁宁、小妹妹二人闲扯，他们唱儿歌，余和之。今日满子生日（阴历十一月底），夜间吃面。余与小墨饮山东黄酒一斤许。

一月八日，星期一。

晨起仍下雪。昨日庭中已扫净，今晨又满铺矣。过午雪始止。余在署看曾次亮所撰初中本国地理第二册之下半册。又看杂件数起，与人谈事数起。

一月九日，星期二。

上午，（吉）少甫、芷芬来，谈社事甚多。我人于出版界颇为熟悉，而环顾能手，实属无多，欲于其中选择适当人物，为我社增进能力，竟难其选。本年教科书之供应，将顾及全国，苟无长才，殊未易为也。

午刻，至（叶）蠖生处小饮，灿然来共叙。下午，看语文教材数篇。

下午放晴，阳光照积雪，明耀可喜。

一月十日，星期三。

雪晴，天气特寒。上午杂看文件与报志。午刻，在蠖生室中小饮。

二时，至新华社。新闻出版印刷工会筹备会邀请乔冠华报告赴联合国控诉美国之经过。乔随伍修权出席联合国安理会，今方归国。听者满堂。大会堂不能容，则另辟一会场，置一扩音机，俾听众共闻之。连讲三小时，大意谓由于毛主席之正确领导，及我国志愿军在朝鲜之胜利，乃于资本主义世界中造成印象，中国确有力量，其力量足以影响全世界。乔君发言甚有风趣，听者不倦。六点后返家。

今夕邀（蒋）仲仁、（计）剑华、芝九、（王）泗原四位来小叙，兼邀同居之丁、宋、朱、傅四君。满子做菜甚不恶，大家称誉。八点半散。

一月十一日，星期四。

晴而寒甚，风吹积雪，飘散成冰。上午在室中杂看书报、文件、书稿。

午后二时，开工会研究小组之会议。我署六个单位均将于近期内成立工会，而如何使工作有意义，有生气，恐亦非易。

芷芬将于明日往沈阳，视东北造纸工业，如可定货，即与成交。余托其往视冬官，问其能于阴历年底来京否。

一月十二日，星期五。

晴朗，而寒似更甚。上午，看杂件，接洽杂事。

午后二时，至教育部，高教司为大学文法学院教材之编辑问题开座谈会。到者多京中各大学教授。大致此方面之教本，其难于下笔有甚理工学院。各系任教者均有发言，均谓先从商定提纲入手。其已有条件者，固亦不妨试编。

编之而应用，用之而修改，逐步求进，当有臻于完善之一日。今日初谈，仅属开端，并无具体结果。会以五时散。

到家饮茅台酒，系愈之所赠，愈之则得自毛主席所分贻也。

一月十三日，星期六。

晨有浓雾。到署不久，即驱车至师大，为工农中学师训班第二届学员讲话。本届由李何林主持，系李所招邀。杂谈余平日所怀三小时，初未准备，信口而言，不自满意。

饭后两点，柳湜邀苏联教育家哥果里为我社同人座谈。哥氏谈苏联教科书编辑出版之认真，系我人所理想而骤未能实现者，彼国则实现之矣。此后将陆续请专家来谈，至有所助。

竟日未在室中坐定作事，殊觉匆迫。

一月十四日，星期日。

晨以七点半起，较平日为晚。上午在家闲坐。

午后两点半，偕建功访莘田，三人同应（胡）乔木之招，会于中南海。同座者尚有胡绳与陈伯达。所谈为编撰文法书籍，供一般人学习，并于中学校加文法功课，以期语言之渐入规范，减少混乱。共议以（吕）叔湘主持其事。今日本亦邀叔湘，而渠以母病回沪，俟其来后再当劝驾。乔木主语言文字以毛主席与鲁翁之作为准，余则以为二人之作尚未臻纯粹，可以目治，但不便于口耳。以彼为范式，固可以号召，但举例之时，编辑者不妨斟酌其间，择其纯粹者而用之。会以六点后散。

到家，蠖生共饮，闲谈时事。刘湖深送来其父延陵书，并赠新加坡明信片多帧，云“藉供卧游”。书中云耽懒暂不拟返国，近在一广告公司任事。

一月十五日，星期一。

上午在署看杂件。伏老偕黎季纯来，黎即将参加我社语文组工作。黎于语言文字深有研究，可得其助力甚多。

与建功、萧家霖谈辞书社事，决加添人员，加劲工作。此于语文运动颇有关涉，辞典确定语汇之意义，并示其用法与限度，当可少免语文之混乱。

午后三时，至外交部，为其工作人员讲语文问题。听者居全部人员之半数，大礼堂几满。余初无准备，仍是老的一套，观听者面容，似尚感觉兴味。讲两点有馀而毕。承留饭，饮黄酒斤许。七点归。

一月十六日，星期二。

上午看杂件，办杂事。

午后三时，至怀仁堂，听周总理报告，题目为说明本年概算之意义。周氏先从朝鲜战事说起。谓第三次世界大战已判定不致发生，美国攻扰大陆亦困难。我之抗美援朝已使帝国主义认识我之大而强，且使其阵营之内发生矛盾，美国人民与其他国家人民深感和平之必要。故我人实已干了伟大之事业，于改造世界至多贡献。次谓去年于财经方面大奏功效，必须巩固之，勿使退转。今年之概算，即据此而定。一方面将国防建设置于第一位，占百分之五十光景。另一方面经济文教建设，择其重要者而为之，次要者则不废弃而延后。如治淮工程，且特定庞大预算，为自来所未有。末言干部待遇，目前尚谈不到改善生活，仅能维持生活。然与赴朝志愿部队相比，彼辈以最艰苦之生活，干改造历史之大事，则一般干部再吃苦些时，亦复何足齿数。此一段深足动人，余为之咽涕。

周氏报告以六点半毕。余即往新华书店。彼处开工会筹备会成立大会，余讲工会之意义一小时。到家八点半，饮酒食饭，深觉疲劳。

一月十七日，星期三。

九时至师大，为教师轮训班补讲一次，讲各种文体。观测听者面貌，似颇感有所获，余为之欣然。叫喊两小时，虽疲劳亦复快适。

午后在署写信，看杂件。闻洗翁（范洗人）在沪病笃，恐不能起，为之怅惘。

一月十八日，星期四。

上午，与辞书社同人会谈，商讨小字典之编法。决定此字典以小学教师为对象，使其了解字义，并及用法与限制。逐项讨论，各有解决，谈半日而未完，俟他日续谈。

午后两点半，我署请乔冠华报告代表团赴联合国情形，余主持此会。听者有外客，凭票入场，共千四百人，可谓盛会。所言与上星期余所闻相同，而较为简要，至五点半毕。余略致辞，号召捐助朝鲜难民。朝之难民凡数百万，几乎衣食俱绝，思之可伤。到家惫甚。

一月十九日，星期五。

上午开学委会，讨论今后之学习问题。以前为强制学习，而结果不良，停顿至半年矣。今各机关尚未有统一规定，我署先自行解决。拟分两项。一为业馀学校，务使正规化。二为自修，以革命问题，马列主义基础，经济学三项为范围，各自选修，集同好成组，邀请顾问解释疑难。其有超乎此三项范围者，亦可自由，总之酿成空气，期能人人学习。

午后一时，至人民出版社，开历史小丛书座谈会。以往对于我国历史多取否定态度。毛主席谓我国如无过去之史迹，何来今日之伟大成就。本年且以号召爱国主义为重心，爱国主义自当以历史为重。于是大家珍重历史，报章刊物，均喜谈往迹。人民出版社遂有小丛书之辑。所拟目录，无非人物与史实，由到会者分认，余固未有认定也。

回家仍惫甚。

一月二十日，星期六。

风肆，寒甚。上午全署集会，由余转述周恩来总理星期二之报告，历一小时馀而毕。愈之继讲本年出版工作及总署工作之要义，至十二时一刻毕。愈之强调作事分工分层负责，各级各人需自有其计划。计划者，吾人夙所未习，尚待学习。

午后一点半起，与辞书社诸君共谈。据所写稿子为讨论，研究其字之义类与用例，颇有兴味，较之一般开会，意义多矣。五点毕。

夜间蝬生来，为余谈编译局之情况。又邀（宋）云彬共谈编写高小历史课本。

一月廿一日，星期日。

上午至松竹园理发洗澡。午后二时，偕至美及几个小孩共游北海，观滑冰。滑冰鞋皆作刀片形之底，以不习者观之，殊难稳定。而若辈来往自如，至可羡慕。其中殆无四十以上之人，可见此戏宜于青年及少年。年事稍大者，跌一跤即大成问题矣。观至五时始归，虽寒气袭衣袂，犹觉意兴不衰。

酒后，高祖文来闲谈。

一月廿二日，星期一。

到署即开我社编审部全体会议。主要为讨论工作通则。柳湜发言至通达，共以为渠思想颇见搞通。十二时散。

午后，各方洽杂事，亦复无片刻暇。写复信数件。

一月廿三日，星期二。

上午编译局汇报，谈两事甚重要。一为由局方与苏联国际出版局订合同，他们提出书籍供我们翻译，我们则分配与各出版家，编译局为包揽承译之机关。一为准备于本年内开翻译工作会议，将全国翻译家组织起来，有系统有重点的翻译外国著作。顺便研究提高翻译技术，使共趋于精密准确。至十二时毕。

午后二时，至新闻总署。新闻出版印刷工会筹备会借其处开报纸副刊座谈会，余为主席。北京有报纸四种，《人民日报》《光明日报》《工人日报》《新民报》。此四家各有副刊，多者将近二十种。到十馀人，共谈甘苦，颇可听。会以五点一刻散。一日两会，惫甚。

一月廿四日，星期三。

上午八点半，总署及人民社、教育社同人集合，又有新华北京分店及三联、国际之代表，听余讲组织工会之意义。余仍以芝九之提纲为依据，讲一小时而毕，似尚使人满意。此后各单位即将筹备成立工会，其时期视筹备程度而定。十时半散会，续开教育工会之筹备会，议定即日登记会员。

午刻小饮于蝬生所。

午后二时，新闻出版印刷工会筹备会在我署开常委会。顾炜女士报告其视察华东区工会之所得，甚有精彩。此辈搞工会工作已久，经验至丰富，思想条理亦有轨迹，自余听之，颇得益。又议会事多项，至八点始散。一会至六小时，惫矣。

一月廿五日，星期四。

上午办杂事。柳湜来，与历史组、语文组诸君会谈，商定召开座谈会，为修改历史教本、语文教本之依据。又定后日由渠来我社报告爱国主义历史教学之意义。

午后，写余自己小说集之序文，此文前日已动笔，今日仅得数百字而已。六时，我署之业馀学校放寒假，余为致勉励语。

六点半，至郭沫若家，应其招宴。到客将卅人，主要之客为赵忠尧，系原子能专家，返国经日本，为美国人留难者。赵现隶科学院。科学家为政府重视，未有如今日者。席间识叶誉虎，七十一老翁，清健而矍铄。饮啖谈叙甚欢。九点半散。

一月廿六日，星期五。

上午与语文组同人会谈，修改中学语文课程标准之初稿。谈三小时，仅修改全部之四分之一。午后治杂事，续作序文。疲甚。印度大使馆招宴，纪念其开国，余未往。

施锦芳小姐来信，谓其母已去世，家况甚窘。施太太与余家甚亲切，往时余家住上海，每年必来访，住数日。抗战初起，余家避居绍兴一月馀，即住其家。后余家自川返沪，彼携其子来，嘱为谋事。今闻其噩耗，为之深怅。

一月廿七日，星期六。

上午九点，柳湜来，为同人讲《爱国主义与历史》。渠谓爱国主义不是挂在口头讲讲的，必须在事实上使人民感觉祖国之可爱，而且须养成习惯。过去之历史观点妄自尊大。近百年来则妄自菲薄，处处自卑。新派历史著作对于过去又一切否定，以今日之目光，衡历来之事件与人物，乃觉一无是处。之数者皆非是。必须对史实还其本来面目，就其时代与环境观之，凡有进步作用者皆可褒扬，不然者加以贬抑。如是乃可以解释我国数千年历史之积累，发展以至于今日，并可以解释今日之革命成功，蔚为东亚大而强之国家。对于否定一切之观点，必须加以纠正。又谓今日中国之成就何等重大，我人往往不自知，友邦人士之感觉反而视我为敏捷而深切，此大非所宜。故了解今日之历史，亦为切要。谈三小时而毕，意甚深长，大家心服。

午后，与建功、家霖、灿然开辞书社之社务会议。芷芬来，谈印刷人民地图事。此图由曾世英主持，今年上半年可以出版，将为国内最完备之地图。

陈哲文来，介绍工作人员与我社。并谈及语文教师能力差，新分子又无自培养，中学生语文程度低落，大是隐忧。到家将六点矣。

一月廿八日，星期日。

晨间偕三午、凤祥往中山公园，途遇严大椿，即拉渠同往。严以昨日到京，由青年团送入革大学习，以后仍将为儿童书刊编辑工作。茗于柏林中，曝日光，颇感春意。政府惩治"一贯道"，法办其为首者，盲从之徒众则令登记自新。复于公园中开展览会，陈列欺人之器物及魁首豪奢之服用，并令自新之人扮演入道扶乩之情形，同时点破其诈伪之方，俾众周知。余亦颇欲一观，而观者拥挤，排队甚长，未果。邀大椿同返余家，饭毕而去。

我署近日将招待捷克文化代表团，大家派余谈我国教科书情况。余令至美起一稿，下午加以修改。三点许，沈士远夫妇来访，谈一点钟而去。入夜，文始改毕，不过二千言耳，将翻成英文。今日，墨在家竟日校对，为教科书之赶工，勤劳特甚。

一月廿九日，星期一。

上午九时，教部开中等教育会议之预备会，教育出版社须出代表二人，余与云彬往参加。此预备会须开六日，我二人不能经常出席，只能请同人轮流赴会。马夷老致辞后，由林砺老报告，希望中教会议就中等教育重点何在及普通中学应如何改进两点有所决定。语毕，即按地区分组，讨论分组会议应如何进行。余在东北、西北、华北之一组，顺便发言，谓语文教学失效，教师无法施教，今后师资愈形缺乏，为严重问题，期于中教会议中有所讨论并决定。

散会即离教部，与云彬午食于小馆子，小饮数杯。

下午在署治杂事，亦复无多休闲。

一月三十日，星期二。

上午写信数通。与历史组同人开会。陈哲文介绍张中行来我社，今日见面，请其在语文组工作。

午后两点，至文化俱乐部。编译局邀集翻译界同人六十馀人开座谈会，商量如何召开翻译工作会议，会议之重点为何。发言者甚多，大多谓翻译应按目前之迫切需要，其次要者，留待他日。结果推定十一单位集会筹备，进行筹备工作。会以五时半散。

夜间，中央政府派钟灵同志来访问，并致二百万元，供阴历过年之用。受之，但颇感愧。

一月卅一日，星期三。

晨九时，偕晓先、芝九、陈侠共往教部。今日为全体会，上午听苏联专家报告。题为苏联之中等教育。谓苏联教育目标，为建设共产主义之人。一方精神品质，一方知识技术，俱依此而进行训练。自去年始，其国民教育，城市以修满十年为准，乡村则修满七年，相当于我之高中及初中。普通学校而外，有工人青年学校，有农村青年学校，程度与普通学校齐一，供工人农民不废其业而修习文化，毕业而后，同样可以升学。又讲各科之教学，皆依正确观点，互相配合，并联系实际。讲至午后一点而毕。无多深意，然听之亦复兴奋。

即至西四同和居，进午食，茗谈自适。

两点半，听韦老报告教部之意旨。谓三月间之中教会议，拟讨论普通中学之方针任务，中学之课程改革，中学生健康之增进，以及如何贯彻爱国主义教育之问题。并谓中小学学业进程，拟取一贯，不事重复。中学仍分高初，而一贯之义不改。讲至六时毕。余坐听七小时有馀，惫甚。

二月一日，星期四。

上午作毕选集之序文，全篇亦仅三千言耳。对于自己之作，未能有所剖析评判，仅略述所以不佳之由，亦借以暗示当世之作者。

下午看杂件，治杂事。今日居然未参加任何集会，殊为难得。

入夜，与三午浴于松竹园。

二月二日，星期五。

晨九时，偕晓先、世英、仲仁至教部，参加讨论。上午讨论中等教育之方针、任务、目标，下午讨论课程，发言皆不甚深入，无多值得听者。如此之会，费时甚多，各人且自远道而来，亦大可不必。五点返署。

伊见思之子伊剡与秦梦莺结婚，二人皆在人民出版社，邀余证婚。作开会方式，五六人致辞，六点散。即至金鱼胡同某餐馆，达君之子继文与卢潄玉结婚，二人皆开明同人，亦邀余证婚。一日两证，可谓生意兴盛矣。会餐者七八十人，惜未设酒。八点散归。

二月三日，星期六。

上午，来谈话者五六人。午后，教育组开组会，柳湜亦来。决定教育资料年刊不出，以所得资料分成三册出之，一为教育法令汇编，一为教育大事记，一为教育论文索引。柳君强调学习之重要，谓今日对于教育，正需努力研习，针对实际乃可有用。以前一切，以模仿苏联为宗，今知苏联之实际不同于我国之实际。此一进步，大可记也。

夜饮后闲坐自适，聊遣累日之疲乏。

二月四日，星期日。

晨与三午、（鄂）凤祥访隆福寺街花铺。购白碧桃两盆，花蕾已有开放者，枝条蜷曲，预备放之。到家，移植于磁花盆中。

接（章）士敭电话，谓洗公于今晨四点逝世，闻之伤恻。洗公返沪后久不见康复，最近（陆）联棠往探视，归来谓经医家断定，所患系十二指肠癌，必无希望。念余与渠相识将二十年，抗战期间，尤相亲近，今日死别，如何不咽涕。

饭后，访伯祥。渠不到开明已月馀，虽云身体不佳，实则与山公怄气。山公琐屑，确有不是处。然伯祥之态度，揆诸任何原则俱难合。余亦无术以劝之，则亦不开口而已。五点归。今日阴历小除夕，全家吃年夜饭。老母本在房中独食，今夕则出外共餐。龙文夫妇亦来参加。饭罢，联棠、（顾）均正来，闲谈开明之事。

二月五日，星期一。

上午，看国文教材若干篇。看陈同新所编译之初中物理稿。其外则治杂事，看杂件。中午饮于蠖生所。所饮为法国之白兰地，甚佳。午后仍治杂事。夜间吃饺子，从北京本地人之风俗也。

二月六日，星期二。

今日始春节放假三天。晨九时半，偕大奎、凤祥往游天坛。观祈年殿、皇穹宇。规制宏大，颇足称赏。又试回音壁，确可回音，对壁试话，如通电话。一时返家。王泗原来访。下午来客陆续至，至晚始已，都四五十人，皆开明系统中人。与芷芬、至善共饮，谈出版界情况。

二月七日，星期三。

晨起念及出城访叔湘，以避新春应酬。九时，偕凤祥乘清华校车往，十时到达。与叔湘谈语法问题。叔湘招江清来，谈佩弦（朱自清）全集问题。遂共午餐，饮葡萄酒。饭后，往访佩弦夫人。有四川人五人在，其中有张志和。三时离清华。入城，逛东安市场而后归。

今日来客不少，以署中同人为多。余到家时有伯祥、薰宇、剑华、陈瘦石诸君在。留薰宇、剑华小饮，谈甚畅。云彬携归陈叔老所为八股文，黏存之。八股文为游戏文章，颇见巧思。叔老此作，至可玩赏也。

二月八日，星期四。

自晨及晚，来客至五十馀人，敷衍应酬，至感无聊，而人情世俗，不能免此，亦复随俗而已。中午，与伯祥、（高）祖文、蠖生、（徐）调孚共饮。傍晚，与伯祥共饮于晓先家。八点伯祥去，乃觉颓然。调孚示以张菊老《告存》诗，诗并不佳，而意兴颇豪。录之。

庚寅岁著告存

足云跛矣宁忘履，指不若人还自伸。
八十四翁原未老，一年一度又逢春。
积雪西陲今渐化，怒涛东海讵难平。
祈天我欲须臾缓，扶杖来观告武成。

二月九日，星期五。

上午到署，会谈十四日如何招待捷克文化代表团。

下午，始为一文，答外间批评教本之文字。材料皆各组所搜集，余不过串之成文。因颇有杂事，仅得一二千言而已。成篇当在三五日后。

今日风肆，本已春暖，又复转寒。闻（周）予同今日到京。别已两年，颇欲一晤也。

二月十日，星期六。

上午，作文，答各方评论教本之文字，将刊于《人民日报》之《书报评论》。所据为语文、历史、地理三组之拟稿，昨已动手，今日续作，未能完篇。

午刻，偕墨（胡墨林）与（宋）云彬至伯祥家午饮。饮酒两瓶，谈燕颇有春节景象。下午二时许，予同来访。风采依然。聚熟友于余室，谈一时而去。此次之来为出席教育工会常委会，乘便视其子光圻之病云。

教育部韩幽桐副司长偕部员三人来，托余完成语文课程标准之起草工作。余不得推辞，允以下星期每日开会，至起草完成而止。

云彬以今日动身赴杭州，缘任浙江省政府委员，须往开会。七时出门，余送之于门。乔峰（周建人）则任浙江省副主席，亦以今夕动身也。

二月十一日，星期日。

晨与（傅）彬然访陈叔（通）老，谈一时许。所谈多涉及土改情况。叔老至通达，谓土改亦革命，革命即不能无牺牲，故地主受些痛苦，自大处观之，实为题中应有之义。又言及经济方面现况，闻一语至新鲜而得要。渠言有人谓今中央政府确能把握新民主主义，中级干部则持社会主义，下级干部则持共产主义。共产主义不可骤冀，必通过新民主主义乃可，此种思想未易打通也。

十时后（吕）叔湘来，与偕往中南海，晤乔木、胡绳，谈语文之事。彼二人怂恿叔湘编语法书本，即留饭。两点半至孑民（蔡元培）堂，应语言研究所之约，作座谈会。谈三小时，就语法及语文教学各抒所见，发言者十馀人，并无结论。会散，会餐，凡两席。七时散。

到家，（章）元善夫妇在。元善细读毛主席之《实践论》，与余谈甚洽。九点去。

二月十二日，星期一。

晨看杂件。九时，工会研究小组集会，我署六个单位之工会筹备委员会汇报。诸单位均欲成立正式工会，但一般工作同志于工会之性质、意义尚未彻底明晓，有一一解答之需要。余亦所知甚浅，将乞全国总工会派人来作报告。我新闻出版印刷工会筹委会之顾炜同志见识颇广，于一部分问题能即时解答。如此女子，亦可谓中国之新型人物，以前不能有也。会以十二点半散。

饭后，续作答复批评教科书之文章。至于散班，剪接诸人之材料大体完毕。

人民出版社宴请著作家，余未往款待，以伤风颇剧故。回家酒后即睡。

二月十三日，星期二。

上午与同人杂谈。看许南溟所编初中物理，盖与陈同新合编者。二人之作以苏联之书为蓝本，切于实用，余以为颇佳。

午后二时，教部汤君，教师三人，来与我语文组同人为会，同修订语文课程标准。一谈三小时，仅商定目标项下之一半而已。念杂事纷集，曾无少得空闲之望，不免心烦。

夜间，陈哲文来闲谈。

二月十四日，星期三。

上午，招待捷克文化代表团。来者四人。愈之谈我国出版概况，余谈我国教科书之略史。皆由同人张君译为英语。十二时客去。

下午二时，续开会讨论语文课程标准，进展甚缓，仅勉强写定目标一项而已。惫甚惫甚。

酒后至松竹园，等待入浴者多人，余不欲久待，径归。

二月十五日，星期四。

上午接洽杂事，与诸同人洽谈，看物理学稿十馀页。下午仍与数人商语文课程标准，进行亦不能快。余所为答评论教科书之文，（金）灿然复加补充，抽空看之。我人作文，急于付排，类多草率，自余观之，殊不满意。

今日墨以伤风，在家休养。自开汤头服之，得汗而热退。墨迩来致力于校雠，殊为劳困，而意兴至佳，亦可慰也。

二月十六日，星期五。

晨开署务会议，通过本年出版计划。此是全国出版界之计划，而实现此计划，乃出版总署之责也。十时先退，开社务会议，讨论下月内开教科书会议，商量关于教科书之各项问题，期实现全国统一供应。柳湜主于会前先解决资金与纸张等问题，此类关键问题解决，则其他迎刃而解。柳之气魄甚大，余初不之及，唯有勉力以赴而已。十二点半散。

饭后看我社答各方面批评教本文稿之校样，刊于《人民日报》者。整理昨日谈语文课程标准之稿，清缮一通。今日停开会议，昨余戏谓今日放学也。

四点，至松竹园。理发洗浴，精神为之一爽。六时归。今日墨仍有四分热度，伤风尚未愈。余伤风而不重，大约可以对付过去矣。

二月十七日，星期六。

晨看语文教材数篇。九时半至师大，为工农中学师训班讲《民主党派宣言》，计两小时。此是学员所要求，为将来教学时之范例。其实余亦信口而谈，何足为范例。然观听者表情，似尚感满意也。

午后，看物理稿数页。二至五时，仍与诸君商量语文课程标准，计通过原稿两页。

酒后，偕三午、凤祥至青年宫，观老舍所编话剧《方珍珠》。叙解放前后北京艺人之生活。老舍与此中人至稔，所写台词最佳，不同于寻常话剧，听之甚舒适。十点半散。

二月十八日，星期日。

墨仍有热度，十一时，与往王恩普大夫处求诊。王七十二岁，自谓行医五十载，殆颇有声誉。诊脉后谓湿热内蕴，并无大患。墨言眉宇间不舒，王则为行针治术。于右太阳穴刺一针，逾数分钟拔出，然后挤血。殆因微血管亦未破，竟无血挤出。王言经此针刺，头部即可少舒。径归。

偕彬然往开明。开明以邵力子名义请客，欢宴予同，兼开董事会。商谈结果，总经理由邵力子以董事长暂兼。协理雪山，主营业方面，参加五联。另聘彬然为协理，主生产方面，每周到店三个半天。其外几位襄理仍旧。一点半会餐，酒菜俱佳。饭罢开董事会，余与愈之、均正、调孚诸人旁听。四点归。

夜与芷芬、至善共饮。

二月十九日，星期一。

上午与诸同人洽杂事。看物理稿将近三十页。午后仍与诸君谈语文课程标准，全稿十一纸，已商谈至第八页，大约再经四五次集会，即可完稿。

余近日身体欠佳，感冒未成大患，而形寒困倦，似终将发作。竟日工作不得闲，深感厌烦，安得排除众虑，逍遥十馀日乎。墨今日稍佳，请王大夫改方，再服其药一剂。

二月二十日，星期二。

上午新华书店汇报，议三事。（一）总店于本周内开成立大会，（二）改订店中工资标准，（三）与邮电部商洽发行问题（邮政局一年内亦做书报发行工作，颇有发展）。

午后三时，诸君仍来谈语文课程标准，成绩不多，修改原稿不到一页。

与彬然、晓先到演乐胡同，士敭、芷芬两家宴予同，伯祥、（章）雪村、薰宇、振铎亦来会。闲谈无禁，笑声时作，酒菜俱佳，甚适意。九时散。途中冒大雪乘三轮车而行。

二月廿一日，星期三。

九时，我社之工会筹委会开会，讨论两小时。近来余于午前午后身体不舒，头晕而胀，形寒，意兴不振。

一点半，至中央文学研究所。此是文联所办，专训练各方原任文艺干部之人，使其深造，为期二年。现有新文学史及文艺学两门功课，馀则请人作专题演讲。余讲三小时，仍是余之老调。观一堂听众五六十人之面部表情，似尚满意。余高声说话三小时，身出微汗，反觉舒爽。

晨间积雪已全消，斜阳照庭院，有春日之感。

二月廿二日，星期四。

上午与愈之、（黄）洛峰、蠖生诸君谈教育社资金事。午刻，饮于蠖生室中。午后二时，教部林老、吴老、方老、柳湜诸君来，与我社编辑同人谈中小学教本之修改问题。谈三小时，颇有决定。大致为既云修改，即以少所变动为原则。精心为之，如意为之，只得俟诸将来之新编本。

墨在家休养数日，今日已到社任事。专心于工作，不欲多费时日也。

二月廿三日，星期五。

上午，图书馆、编译局、人民出版社三单位汇报，至十一时毕。图书馆将仿苏联中央书库之制，为全国图书馆服务，期节人力。编译局筹备全国翻译工作会议，四五月内，应须进行之事甚多。人民出版社尚未能如计划工作，稿源不丰，干部不足，印刷力不充，皆其原因。

午后二时，应《中国青年报》社之邀，为之讲话。听者皆报社之工作人员。此报系青年团所办，方在试印，尚未发行。余就其试报四份，为言标题、撰文、校对、标点各方面应注意之处，两小时而毕。又答问约一小时。似尚能使听众满意。中午亦惫甚，讲话一通，精神复振。然余实颇怕此等招邀也。

二月廿四日，星期六。

上午八点半，我署开工会之成立大会。机关成立工会，以我署为始。选举结果，余被推为十一委员之一。余固非积极分子，而大家相推，殆以余时时谈及工会，不知余实勉强也。

午后二时，我署招待邮电部发行工作会议之全体代表，共为座谈。彼等谈发行工作之典型经验，我方由王益发言，谓出版方面如何希望与邮局配合，共同搞好发行工作。五点散会。八家书店招待此辈代表于森隆餐馆，余亦参加，与谷春帆同席。谷在邮界为老辈，邮局发行，固由渠策划者也。谈饮甚欢。

八点，至北京剧院看老舍所编话剧《龙须沟》。此沟在北京城外天桥附近，又脏又臭，居民深以为苦，去年政府加以浚导，为京市善政之一。老舍据实地调查编此剧，为歌颂人民政权之创作作一首倡，其意良可钦。余观此剧，无特殊之主人翁，专以描写性格为重，皆可佩之点。十一点散，乘三轮而归，寒甚。

二月廿五日，星期日。

晨浴于松竹园。归来惫甚，欲睡未酣。蠖生来，共为午饮。饭后睡二小时许。起来，蠖生为余谈朝鲜战况。目前我方之困难在后勤。只待空军之力生长，可以抵美方轰炸，战况即可大变。又谓此次中朝合作，朝鲜方面自我方学到不少。余谓天下军事教育，以我国之解放军为首，殆无疑矣。复共晚饮。

张允和女士来访，欲在我社工作，谈话甚多。俟与诸友共商后决定。

二月廿六日，星期一。

晨与芷芬、少甫谈社务两小时。与愈之、灿然、彬然共谈两小时。午后，文物局孙家晋、彭处长来，怂恿我署办中央书库，谈一时许。复与泗原、汤源二君商谈语文课程标准。

头晕身寒，似将发热。回家小饮，乃复无它。昨夕又下雪不少。积雪以今日融化，如南方寒令景象。

二月廿七日，星期二。

昨夕又下大雪，晨起见翻飞未已。上午汇报，谈印刷厂工作分配。目前印刷能力已感不敷，我社教科书需大量运用印刷力，如无补充，顾此即失彼。可能之办法在用卷筒机印教科书，然此亦非急切可以实现者也。

下午，仍与汤君及泗原谈语文课程标准。至于五时，居然全部完稿。即请汤君带回教部，便尔交卷。此事亦延至半月有馀矣。

夜七时，蠖生偕余与至善访朱琏女医生。朱行医于老解放区，从旧医习针灸之术，颇有成绩。近经《人民日报》宣扬，注意者众。蠖生谓余背部不舒，可请渠针刺，而为治疗。至善与余有同病，因偕往。谈话有顷，余与至善各受二针，余在背部，至善在肩部。以其避去痛点，刺入时殊无痛楚，较之打防疫针尤为轻松。针刺入约一刻钟拔出。朱女士健谈，谓针疗在激刺神经，使身体之机能活跃，因而抵抗疾病。此是辨证唯物论观点也。十时归，觉较平日为轻松。针刺部分以上，不如往日之“发板”。小墨（叶至善）亦同有此感。夜眠而后，醒来不复如往日之伸臂于外，回护头部，如小儿入睡时之作“♀”字形。此亦舒适之明证。往夕两臂自动伸出被外，盖以感觉不舒服也。若经数度针刺，背部可以不觉不舒，亦复大快。

二月廿八日，星期三。

上午与同人洽杂事。看文叔所改小学语文课本。午后二时，汇报，谈教育社资金问题。

今日狂风大作。积雪沾黄沙，随而发黄。

三月一日，星期四。

今日风仍肆，寒甚，零下十馀度。上午看杂件。与地理组诸君会议，谈最近期内之工作。少甫来，谈社事一时许。午后，看文叔、季纯二位所改小学语文课本，尽两册。写信数通，皆接洽杂事。

《人民日报》记者来，嘱撰关于鼓吹爱国主义之文章，姑应之，不自知何日可以交卷。

前日打针而后，似肩部之疲乏酸麻少解，背部则依然。背部之中心殆是不舒服感觉之根源，每逢疲累较甚，自此上展至于后脑，下延至于尾闾骨，整个后背如被抓紧，其况味难以描状矣。

三月二日，星期五。

晨到署即开署务会议。乔峰已自杭州返京，谈南下见闻。去年浙江增产粮食十七亿斤，农民生活好转，情绪高涨。西湖边满布各种树苗，三五年后，大有可观。湖底之泥将挖去，使深而清。愈之继报告中央决定至明年底止为准备期，自后年起，十年建设。就我署所属各单位而言，教育出版社供教科书，新华书店主书刊之发行，新华印刷厂领导印刷业，皆关于准备甚巨。故必以今年明年一一搞好，乃可与其他方面配合。会散已将午后一时。

二时，工会委员会初次集会，余被推为主席。推辞久之，顾炜亦言政工不分，往往无好结果。而同人均以为不妨，亦只得应之。副主席为程浩飞，固善于决策办事者也。五时散。

七时，再度至朱琏处，余于膏肓穴受二针。余向以为膏肓在胸部，不知在背部第四脊椎骨之处。又于右臂弯受一针，因余言右手指头甚麻木。针刺下而感觉甚微，反应迟钝。至善仍刺背部，忽触起胃病，打呃连连，几于呕吐。九时归。

三月三日，星期六。

上午柳湜来，挽灿然、晓先、芝九速拟订中学历史课程标准。又谈社事甚久。俟其去，余看物理教本稿两章。

午后三时，至怀仁堂，听周总理报告，题为目前局势与今后工作。就抗美援朝、土地改革、镇压反革命等项而为发挥，谓此数者皆为准备时期之主要工作。六时散。

至萃华楼。答复评论教科书之一文得稿费，与参加执笔之人共为会餐消费之。一席十三人，饮绿豆烧三瓶，畅谈无禁，甚欢。

三月四日，星期日。

上午九时，叔湘自城外来，谈血脉跳动轻重迟速不匀，医谓须得休息，而事务所迫，不可得休，实属难事。十点过，乔木来，应约与叔湘会晤，请叔湘在《人民日报》刊载文章，谈文法，供干部研习。中共中央已通知各级党委，嘱大家注意文理，并言《人民日报》不日将刊载此类文字，故索之甚急。谈论结果，决先从报纸杂志搜集材料，据材料然后为文，期于二三月内完篇。乔木事甚忙，谈毕即去。叔湘留饭。

午后二时，至青年会，为洗公举行追悼会。到者为开明同人及出版界同业，凡百馀人。发言者十馀人，余亦在内。语皆平常，情绪亦殊冷漠。五点散。与伯祥、彬然至振铎家，闲谈。既而小饮，甚欢洽。十点归。

三月五日，星期一。

上午来谈话者数人，看稿数种。午后二时，我署女同志为预祝三八妇女节，招待同人之家属及保姆。陶大镛夫人牛平青为主席，讲话甚得体。余被邀讲话，小儿杂闹，不可理思路，说得短而坏。此外发言者复数人。继之为馀兴，无非唱歌、话剧。请外来一女学生唱快板《抗美援朝》，比较好些。

晚饭后，本当至朱琏所，而昨今复背部大不舒，似打针无甚好处，遂懒往。与至善浴于松竹园。热水中仰卧良久，甚感舒适。

三月六日，星期二。

上午来谈话者亦有数人。振铎派孙家晋来，约余与渠联名发起座谈会，讨论筹建中央书库，其期定于星期四。午后倦甚，在沙发上小睡片时。云彬自杭州返，谈沪杭现况及出席省政府委员会情形。

明日，因同人之邀，余将为大家讲毛主席之《实践论》，不得不玩索之，以为准备。回家晚饭后，仍复准备，至八点而毕。

三月七日，星期三。

上午，我署预备参加明日座谈会之六七人会谈。共谓中央书库之必要，不须讨论，须讨论者为如何筹建，以何机关为主。共谓需文化部与我署共同任之。图书馆之事固文物局分内事也。

午后二时，为教育社同人谈《实践论》，以余之所见为阐说，历一点四十分钟。听者似尚以为非瞎说。

晚六时半，全署女同志举行“三八”节妇女座谈会，余以工会代表讲话。八点归。酒罢，整理三日周总理报告之记录稿，明晨将向全体同人传达。

三月八日，星期四。

晨八点半，全体同人会集，余传达周氏之报告，历一小时廿分而毕。乔峰继之，谈此次南行观感，偏重于浙江土改后之情况。愈之又继之，谈土改情况，抗美宣传，防止匪特，在署内发展各个民主党派，扩大统战工作之效。会以十二点半散。

（冯）雪峰来京，将任文学出版社社长。愈之邀渠会餐于文化俱乐部，余与洛峰、蠖生同往。谈次共谓人才难得，成立文学出版社，实颇单薄。

二时，余与蠖生至文物局，出席筹建中央书库之座谈会。共谓此库有意义，宜着手筹建。以独立为妥，不附属于任何部门，而以文化部与出版总署共同领导之。结果推出七人，我署四人，文物局三人，草拟具体之筹建计划，以便提出于文委。

会散，至文物室观书画。古董商求售，往往送来各件，局中或买或不买。观金冬心梅花册页一本，大佳。五时归。

身体惫甚，腰背俱酸。早睡，至十一点而醒。醒时想毛氏之《实践论》，乃不复成睡。

三月九日，星期五。

晨与语文组诸君开会，谈分配工作，赶于本月内将中小学语文本付印付排。又谈书上使用专名号之问题。此事不可细究，细究实甚繁复。今日共谓只能自定办法，即不甚合理，但有可解释，即亦任之。居然商定条例，今后排书稿便以此为据。

午后一点半，人民出版社工会开成立会，余以全国工会筹委会代表名义致辞。语毕即退出，参加总署工会委员会之会议，商定各种工作委员会之建立，又谈各委员会工作重点。同人俱有搞好工会之决心，余亦深望此愿不虚。会散之际颇有充实之感。

今日颇感腰酸。

三月十日，星期六。

上午与建功、（萧）家霖、（杜）子劲三位共同讨论字典稿，期于讨论中发现必须遵循之体例。因有客人来，仅讨论五六字而已。客人为宗亮寰，原在我社上海办事处帮忙，今暂来北京，助理本月下旬之教科书出版会议。另一客为新华通讯社之韦明，谓彼社因通讯稿文字不佳，发动全体社员为“练笔运动”。邀余为之顾问。并约于下星期六到彼处讲话。

午后二时，我社之工会开成立会，余为主席。同人情绪确颇热烈，于国歌声之洪亮兴奋见之。举出基层委员七人，经费审查委员三人。会以五时散。五点半聚餐，菜虽不佳，兴味自佳。餐毕即归。

三月十一日，星期日。

晨与云彬偕往松竹园洗澡。近日腰部酸痛，起立坐下，均感不便。如或咳嗽，腰部即因牵制而不舒。在热水中仰卧两回，颇觉松爽。十点归。即未复外出。偶在庭中曝日，已感春意。曾小睡半小时。夜间蝼生来谈。

三月十二日，星期一。

今日居然无集会。看文叔、季纯所改小学国语。又看物理学稿一章。

芷芬已自沈阳返，谓东北产纸量无多馀，唯馀木浆。我们如能购其木浆，令关内纸厂加工造纸，则大可供应需要。今后恐只能从此点想办法。

三月十三日，星期二。

天气又寒，上午有微雪。看国语改本一册，与少甫、芷芬谈社事。午后一点半，为同人讲《实践论》，系用国文老师之讲法，连讲三小时。自己仍不满意，似无所说明。

午后身体疲困，但大声讲说之后，转觉松爽，亦是一奇。日来面部觉肿胀，有涨紧之感觉。墨为按之，谓似略有浮肿。不知究何因也。

（江）红蕉有信来，已到天津。商量美亚厂事。本月下旬将来京。

三月十四日，星期三。

写复信数封，看国语改本一册。午后，与教育组诸君开会，谈组中工作。五点半散。

今日腰酸稍可，而背部肩部仍不舒。节近春分，身体多故，诚哉已如俗谚所谓挂上历本矣。

三月十五日，星期四。

上午在室内理杂事，比较空闲，略感舒适。午后二时，教育社工会基层委员会开第一次会议。余以筹委会主任名义为之主席。推出芝九为委员会主席，杨定远为副主席。设组织、文教、劳保、生产四个工作委员会，基层委员分别参加，另外于会员中选任委员充任之。又设秘书、妇女委员、财务委员。此一套花样，余向所不习，盖新经验也。会以五时散。

（贺）昌群自南京来京，特来见访，与偕回家中。小饮，谈毛主席《实践论》，甚欢。八点去，渠住振铎所。

三月十六日，星期五。

今日较闲，看苏联中学教本《自然地理》之译本。青年团团校两女同志来，询如何作语文方面之修养，以期辅助青年团之工作同志。柳湜来，谈下星期教部开中等教育会议，邀我处多人参加。

余腰背酸楚渐减，或者即可好转矣。

三月十七日，星期六。

上午九时，开辞书社社务会议。现编之字典期于九月底完稿。第二季之工作，一部分为搜集资料，作将来编辞典之准备。以十二点散会。

饭后一点半，至新华通讯社，为其编辑人员讲语文问题。听者二百馀人。余讲老一套两点半钟有馀，似颇能引起兴味与注意。又与社中少数人为座谈会，历一点半钟而毕，留饭。饮红葡萄酒。闲谈无禁，甚快。七点归。

三月十八日，星期日。

晨至松竹园洗澡理发。十点半归。（俞）平伯、（潘）介泉、伯祥应邀来小叙，十一时后咸集。介泉盛称土改之成绩，谓今后生产逐年发展，生活大有可乐。伯祥戏谓介泉以地主而出此言，尤为可贵。饮国产葡萄酒及白兰地，肴馔皆满子所为，颇可口。

二时后，与介泉、伯祥、墨林共游北海公园。海水解冻，复见清波。游船已下水，顾无空者，乃不获乘。徐行至濠濮涧，茗饮。其地向西，阳光照射颇舒适。坐一时许而归。

叔老与邵力子在云彬所，闲谈有顷。二公去，李儒勉夫妇来谈。李在对外文化事业联络局任事。李去，即晚饮，至善之同学李光普同坐。光普在太原铁路局任事，谈太原风物甚悉。太原工业有基础，今方加以发展。

三月十九日，星期一。

今日中等教育会议开幕。开幕日类多照例之讲演，余未往，俟讨论语文课程标准时乃去。在署亦未作甚事。

上午，巨赞和尚来访，介董秋斯与谈佛经翻译。当时佛经之翻译，反复周详，可为今日译界之楷模。

下午二时许，（朱）东润到京来访。吴祖缃介渠于文学出版社，余介渠于齐鲁大学。见面一谈，共谓往齐鲁为佳。文学出版社方面，尚当设法辞谢。与闲谈历年情形，至于放工，载与俱归。小饮闲谈，七点半乃去。

昨日平伯示余《度辽》一诗，系写抗美援朝者，录之。

幻眩鱼龙岛雾腥，连天兵气耿欃枪。
万家烟灭真平壤，百姓流离去汉城。
为援（去声）邻封纾急难，须将群力卫和平。
骞空驾海无前迹，惭愧终童说请缨。

三月二十日，星期二。

上午，与编译局诸君会谈，主要谈筹备翻译工作会议。十一点半散。

午后二时，为毛主席选集刊印事集会。毛集之正式刊印，筹备已二年，今年“七一”，中共纪念日必须出版。今年决刊印五十万册，分三次，第一次须印成二十万册。分北京、上海、沈阳三地印造。此选集约一千五六百页，洋装穿线订，工作颇不易。各部门如能各不延误，则可以印出不误。“毛选”之正式出版，为今年出版事业之一大事件也。

夜七时，至师范大学。新华书店与师大共办一业馀学校。新华出店员二百馀人，师大以四年级学生为之教师。今夕开学，双方当众签订合约，一方保证教好，一方保证学好。此场面殊开新例，为之深感。余讲话约二十分钟。其他讲话均热烈诚挚。十时散。

三月廿一日，星期三。

晨，东润来。谓昨往清华，未晤吴祖缃。与叔湘、江清商量，共谓往齐鲁为宜。因将往文学出版社辞谢，如无问题，即当买票往济南矣。坐半小时而去。

余治杂事，看报纸杂志。二时，出席新闻出版印刷工会筹委会常会。往东北之调查小组已回来，由张同志报告所得材料。属于新闻出版印刷系统之人员极大部分已参加工会。成问题者，脑力劳动与体力劳动之职工合在一起，工会应如何搞，乃有意义。据其电台之典型经验，其工会重在推动生产，即大有活气。长江同志乃谓调查有此收获，即有价值。大致工会方面即以此途为要。顾炜报告我出版总署系统中已成立五个基层工会，大致宣传不够深入，参加未免马虎。唯期今后好好地搞，能有实效，不致徒有空名。此外又讨论会务数项，以六点散。

即至老舍家，渠与李伯钊联名请客。客为各地负责文教行政之人。有夏衍、荒煤、黄源，及不相识者二三人。黄源参加革命后即入解放区，余与渠十数年未见矣。他客则有沫若、振铎、丁玲、周扬、愈之、梅兰芳诸位。饮黄酒，以种种名义干杯。酒罢，与老舍谈余赏观其《方珍珠》《龙须沟》，如此力作，深可感动。又与梅君言，希望渠选取精粹之剧数出，拍成有声电影，供人观赏。老舍言我人宜常常聚首，多谈多叙，可以有所触发。老作家非无所能，此言由老舍发之，乃觉无愧。九点半散。

三月廿二日，星期四。

上午十时，汇报，讨论教育社之资金问题。蠖生表示意见甚得要。渠谓教育社既为企业机构，打算非保本且赢利不可。如政府不赞同涨价，以为应作何折扣，即当由政府补贴。此意以前未尝明白认清，盖以今日为始。

午后一点钟，工会请政务院参事李俊龙报告中南区土改情形。余听之颇有所长进，虽历两点半而不倦。

傍晚，许广平、高祖文偕来，即共饮。许以政务院副秘书长名义，负责联系文教机关首长，慰其辛劳，问其疾苦。余实无可言，闲谈而已。八点去。

三月廿三日，星期五。

上午，工会研究小组开会，到者为总署系统内十个单位之代表。其已成立工会者凡五，为总署、人民出版社、人民教育出版社、新华总店、国际书店。其在筹备阶段者亦五，新华北京分店、三联总店、三联北京分店、科学技术出版社、中国图书发行公司。各为报告，共谈其经验与难解之问题。

下午一点半，总署基层工会开会，报告工作，解决问题，又是半天。今日全为工会事开会，亦复非往日所能预料。余固不能处理此类事，从中学习，亦颇有进益。

放工后，偕墨至伯祥家。伯祥为昌群作饯，邀我二人共饮。谈至八点半归。昌群以明日回南京。振铎拉渠来文物局任图书馆处长，未能决也。

三月廿四日，星期六。

晨到署即与语文组诸君会谈。缘《人民日报》刊载一文，评我社之中学语文课本，谓其爱国主义不足。其言有当者，而亦有未当者。因共商定要旨，请云彬起草为文答之。谈毕，与少甫、芷芬等谈下星期一开始开教科书出版会议事。此会将历一星期，各地代表已有报到者。谈毕，人民出版社汇报，（王）子野、（华）应申谈社中近况。午后一时，人民教育出版社社务会议，亦谈教科书出版会议事。

三时，民盟在总署之区分部成立筹备会，邀余以总署行政负责人名义参加。近因中共号召，各民主党派均将谋发展。在政府机关，则分别认定对象，各党派各谋发展。我署以民盟及民主促进会之分子较多，故即由此二者在署发展。愈之为民盟之组织部长。乔峰则民盟而兼民进，皆任中委。区分部筹委会之召集人则云彬也。谈话者十馀人，余以“组织起来”为题，谈约十分钟。五点半散。

蠖生得人赠茅台酒，携来我寓共饮。酒罢闲谈，九时始罢。

三月廿五日，星期日。

晨至松竹园浴。午饭后睡一觉，困倦略舒。起来亦未作何事。直至夜八点，乃起草明日讲话之提纲一小部分。

三月廿六日，星期一。

晨到署，即与少甫、芷芬商谈，写完成余讲话之提纲。一部分言教育出版社之概况，一部分言教本供应之未能满人意之情形，最后希望今次教本出版会议获有成果，能使今秋做到“调整生产，准时出版，及时供应”。又至署长室会谈，商定愈之讲话之内容。于资金、书价、版本、发行各方面各有意见，供会众考虑。十二时毕。

午后一时半，教部马、韦两部长到，又有各大行政区、各省之文教当局数位。出席代表将五十人，来宾十馀人。他则我社之全体同人。文化宫居然坐满。两点开会，余以主席致辞，讲四十分钟。继之马部长讲话，愈之又继之。次之为华东沈体兰，东北车向忱，山西某君，上海某君。会以五点散，诸人讲话皆切实而紧凑，不流于形式，开端颇好，余为心慰。六时，会餐于萃华楼。凡七席，七时散。

到家，红蕉在，今日自天津来。相见欣然。彼颇瘦削，而精神不衰。谓我妹身体尚好。又谓曾往沈阳晤冬官，工作尚积极。美亚厂营业渐好转。新疆方面颇有生意，为以前所未有。谈至九时许。留宿西屋，即彬然家前居住处。

三月廿七日，星期二。

晨至署中，少甫即以昨余之讲话记录稿嘱修改，谓将刊印，供与会同志讨论。余草草看过付之，不能工也。

八点半，即驱车至教部，参加中教会议语文课程标准之小组讨论。但上午议程有改动，先为大会，由副部长钱俊瑞报告《中学暂行规程》之修改要旨，中教司林励儒报告修改之文句。至十一时毕。继开中学语文课程标准之小组会议，由余主席。由起草者报告起草经过，继之请与会者发言。十二时休会。饭后，余在休息室憩坐一小时，闭目而坐，未获入睡。两点半续开会，仍由会众发言。此小组有八十一人，名曰小组实一大组，约十馀人发言，即至于五点五十分，乃散会。

到家惫甚，饮酒食面条。

三月廿八日，星期三。

上午在署中治杂事。午后一点半到教部，与陈哲文、金魁之诸君会谈，讨论小组会议应如何进行。结果由哲文就昨日诸君所谈，分目标及教材两项归纳为几个问题，以便据此讨论。两点半，小组会议开始，直至将近六点，仅毕目标一项。一部分会众强调思想政治，谓必须于课程标准中明文规定。草稿以达到《中学暂行规程》之第二条各项代之，此辈均嫌其不够。其实思想政治应融化于各科，此一观念为人所共有。而如何融化，以期收效，则能言者已无多，能行者尤寥寥。揣主张必须明文规定之诸君之意，似谓写入课程标准，即加一重保证，此则视规定之文为符咒矣。

驱车返署，候至七点，应民主促进会支会之邀，往贺其会之成立。支会之主持人为乔峰。余俟发言毕即返。精神疲惫，发言颇支离。

与红蕉闲谈，过十一点始睡，同于昨夕。

三月廿九日，星期四。

上午到教部，九时续开小组会议，半天工夫，仅毕教材一项。原草稿仅就文体而言，许多发言者则主张须规定教材之标准与内容，意若谓否则颇不能令人放心。又有人主张高中三年级可将课名改为文学，修习文学史及文学理论。对于文言，绝无主张不必学者。但有人谓分量不宜多，原草稿高中三学年，文言教材之篇数占三分之一，嫌其太多。

午后休息时间，听祖璋与某校生物教师谈各地植物接种情形，颇有味。世英旁坐，谓其乡当沦陷期间，日本人尝将白薯条接于梨树，结梨实特大，而不甜。祖璋与余皆不之信，谓白薯于梨树，族类相去甚远。世英谓今树虽已砍去，而其事甚确。

两点半继续开会。讨论时间、课堂教学、写作指导、课外阅读指导四项，居然至五点将近即毕。原稿于后之三项言之甚周详，皆据优良教师之平日经验。而与会诸君似于原则问题则深感兴趣，于方法问题则意见无多。故每一项经四五人发言，即可不复讨论。语文课程标准之小组会议至此完毕。所有发言，皆经记录，俟教部参考归纳，为修正之依据。小组会议固不作决议也。此次中教会议，所有记录人员，均调师范大学学生任之。讨论各科课程标准时，即以学习此科之学生任记录。此事颇有意思，特记之。

六点到家，与红蕉、伯祥、云彬三人共饮绍酒。满小姐治馔，得人赞许。曹葆华来访，谈翻译界情形。渠有志于深造，良可钦佩。俟其去，又与伯祥、云彬闲谈。伯祥去，又与红蕉谈。复迟睡，疲不可支。红蕉明日回津，下月二日返沪。

三月三十日，星期五。

红蕉以七时半离去。我妹未与偕来，余希其俟下月满子到沪省母，能与满子同伴北来，一叙久阔之情。

到署，少甫、芷芬来汇报，谓日来教科书出版会议颇有收获，各地生产情况渐就明了，资金之调度，任务之分担，亦有所解决。预期于本星期结束，今料尚不可能，大约须延至下星期二。

曾世英、李旭旦偕来，谈地图制作及印刷之事。曾制《中华人民共和国地图》，凡四十六幅，胜于渠以往所绘之《申报地图》。原定四月底出版，今缘所得纸张不佳，须另行采购适当纸张，恐至六月底尚未能出版。观印厂试印之样张，精美殊甚，可够欧美标准矣。

观（朱）文叔、（黎）季纯再度修改之小学国语三册，略提意见。下午写信数封，谈杂事。亦复忙迫。连日开会，今日无会，究觉轻松。

归家即小饮。饮罢天尚未黑。庭中海棠、丁香，皆渐发芽。花事匆匆，即不久期间之事矣。

三月卅一日，星期六。

上午九时，署中少数人会谈，讨论如何定自四月至明年年底所谓准备阶段之计划，以期后年开始，入于所谓十年建设之阶段。又讨论如何作本年第一季之总结。至十二点散。午后，看文叔重改之语文本。又写信数封。

六时，教部与我署宴请教科书出版会议之代表，兼宴请我社编审部之编辑及经理部之科长以上同志。地点在西长安街峨嵋酒家。凡八席。教部来作主人者为韦（悫）老、林老、（吴）研因、柳湜四位。欢叙至八点而散。

四月一日，星期日。

晨八时到署。我教科书出版会议之全体代表与各大行政区各省之文教行政当局开座谈会，意欲促进其注意，使明晓教科书之出版发行，皆其分内应顾之事，必须随时督促协助，乃可使学生有书可读，教育得以进行。而各地行政当局连日开中等教育会议，已甚疲惫，昨夕又参加晚会，至夜两点始散，致来者无多。候至十点，仅来华东、中南、西北、西南四人。彼此报告情况，互表意见，自于出版发行有所助益。尚须由中央教育部多所指示，乃可收我人预期之实效。会以十二点半散，即在署中与众共饭。

至理发铺理发，径归。归则昼寝两小时，连日疲劳，睡颇酣。陈叔老见访，示以汪容甫篆书条幅。以隶笔行之，非常自由，而结体谨严，笔笔舒适，大为叹赏。谈两小时，知陈叔老于理论书籍，颇多研读，思想开展，不称其年龄，可为深佩。叔老评论共党人物，于毛主席至深钦崇。又谓受毛之影响而能于实践中见功夫者，可举称陈云、钱俊瑞、陆定一数人。余皆同意。六点半，叔老去。每与叔老谈话，辄觉心胸一开。

四月二日，星期一。

今日起，晨以七点半上班，学习一小时。饭后一点半上班，六点止。到署后，少甫、芷芬来汇报，谓出版会议各项技术问题大体已得结论，明日准可结束。与愈之闲话，顺便及昨叔老所谈商务香港工厂迁回广州之问题。

午后一点半，中央团校以车来迎，往为其宣教人员研究班讲话，又是语文问题。信口谈，赓续三小时，似尚佳。五点半归。

四月三日，星期二。

上午看杂件。十一时，参加教科书出版会议之结束，不云闭幕式，盖以无甚铺张。此次会议甚有成绩。本来于教本之印造供应皆颇模糊，有此会乃了如指掌。据此了解，乃可以作各方面之布置，一切事务进于有计划有步骤。教育行政、出版机构、发行机构之必须联络，亦自此会而后大家心中有数。凡此皆值得特别记载者也。

午后二时，我社全体人员及参加出版会议之人咸集，听所闻于中教会议之报告之传达。仲仁传达乔木所讲《爱国主义的教育》。芝九传达宋劭文所讲《财经概况与技术人才》。陈侠传达韦副部长所讲《中教会议总结》及钱副部长所讲《反对教育上的客观主义和主观主义》。所言皆精要，与我社各种工作皆有至深之关系，听者皆心悦。五点半散。

芝九传达中有谓去年全国之收入，以全国之人口数除之，每人每年之平均收入为小米六百斤。以是犹未能免于穷困，距丰裕太远。此可记也。

四月四日，星期三。

余前在文学研究所讲话，昨以记录稿送来，嘱为修改。此事至可怕。今晨修改其稿，半篇而止，看下去实太乏味，只得明日再说矣。

公安部部长罗瑞卿将于下午作报告，题为《关于镇压反革命问题》，各机关均须往听。遂以十时吃午饭，十一点集合，同人整队至太和殿前。余与乔峰另有票，以二时往，登主席台，即殿前之露台。有茶几，设藤椅，太阳甚好，如在公园茗坐。而露台下数万人席地而坐，为时甚久，其困乏远甚矣。罗之报告以三点始，六时毕。镇压反革命之理由，余皆首肯。今日之会，盖欲使潜伏之反革命分子能自觉醒，坦白自陈，则可免于严惩也。

四月五日，星期四。

上午续改记录稿，仅改一页而中止。人民出版社来汇报。子野谓乔木评人民出版社之出版物多而不精，为树之风气计，宜斟酌转变方向，做到宁精毋多。余谓此非可骤冀也。

午后二时，总编室召集会议，商量今后之校对工作。三月以前，编审部赶将应改各书改出。此点未能完全做到，尚有数种教本，须延至本月中旬改毕。本月之工作将集中于校对，校对组人少不够应付，则邀各组人员临时参加，期于本月内将各书校毕，打成纸型。如是，今秋方可做到及时供应。唯各组人员皆未习校对，生手未必济事。余因谈校对之要点，在养成敏感与细心，此是习惯上之事，习惯既成，则其事殊不足奇。会至五点散，诸人共勉，务期不致后时。余又参加工会之基委会，幸程浩飞主席，处事明快，余旁听即可。七点散。

四月六日，星期五。

八时起署务会议，各单位作本年第一季之总结报告。余报告教科书出版会议之收获，大意谓于教科书供应情况如何，本不了解，经此会议而了解，可为面向全国之基础。期于一九五三年春季，我社能供应全国。各单位之报告皆有经验教训，可资研究。最后商作自今至明年年底之工作计划，即所谓准备阶段计划，决定由各单位出人组小组计议之。会以午后一点散。

饭后看杂件，理杂事。五点半，以今晚须迟归，偕墨及凤祥进食于小馆子。食面一碗，饮酒二两。

七点半，我署及人民社、教育社开联合庆祝工会成立之会。余为主席，略言庆祝之由。此外有数人演说。于是放演《宣誓》影片。斯大林于列宁逝世后宣誓之演说辞，固深可感动之名文也。此片中大体收入此篇演辞。全片故事颇不坏，自列宁之逝世直至二次大战结束，表现苏联之精神。十时散。

看电影坐位不合，颇疲劳，夜乃不得好睡。

四月七日，星期六。

晨至开明，为其同人讲话，有三联及他处人员旁听。题为《关于工会》，谈约一点四十分，不见佳。

十点到署，治杂事。午后，将余在文学研究所讲辞之记录稿改毕，即送去。他复不作甚事。

四月八日，星期日。

晨至松竹园浴。至北海，买舟泛海。凤祥划桨，尚未生疏。数月未乘舟，觉颇有清兴。绕行一周，在五龙亭前盘桓，空气澄清，舒适殊甚。有赵墨僧者，在园中表演双管齐书，买票观之。左右手同时写两行字，亦能双手合写一行字，字虽不甚佳，而行书间架尚可。

中午，为三午十岁生日，多备菜肴，饮酒食面。芷芬夫妇来，携有摄影机。因扶老母至中庭，诸人与老太太合摄数影。伯祥、(周) 勖成、剑华在晓先所闲谈，余旁听之。伯祥多谈我国历史，谓欲得材料，编写史书，需致力于钩稽。此正一般史书作者之缺也。

五时，至大华观苏联新片《阴谋》。叙欧洲某国号称统一阵线，而除共产党外，各党皆受美国之引诱，欲接受马歇尔计划。共党与人民团结一致，加以反对，卒与苏联订友好条约。宣教意味虽重，而故事不牵强，允为高级之作品。彩色极柔和，不作大红大绿。画面布置皆悦目。技术亦更见进步矣。今所观苏联片，其对白皆译成国语，语言与演员之口部态势大体相符。据闻此一工作至麻烦。

今日游散竟日，全未想到平日惯作之事，如小孩得放假，颇觉适然。

四月九日，星期一。

晨九时，编译局汇报。林老与沈老将往苏联参加其“五一”之会，拟调我方之刘群任翻译。局中同人均不满，意谓刘领导俄文翻译人员二十馀人，而翻译工作会议之筹备，刘亦为不可缺之人物。随便将刘临时抽出，于局中皆有大损。然此事实不可变更，唯有希望能多增新来之干部而已。会至十一时散。下午写复信五六通。芷芬来谈印刷方面事。

今日起，上午休息十分钟，习体操。下午休息二十分钟，习唱歌。余于下午加入唱歌，学唱《志愿军进行曲》。近有规定，“五一”节共唱五曲，《志愿军进行曲》其一也。

今日稍感不舒，似有病意。

四月十日，星期二。

上午八点半，与编审部各组组长诸君会谈，商量今后之工作计划。本年秋季供应各书，大部分已修改完竣发排，尚馀小部分，本月中旬亦可竣事。今日之计划大要，时期至明年年底止，然后于其中划定最近之一段，为第二季度之工作计划。讨论结果，到明年年底止，中学各科新课程标准实施后之教本可以全部完成，小学语文课本亦可完成四分之三。粗略估计如是，其具体细目尚待细商，如期实现尚待努力也。

十一时，少甫、宗亮寰、赵景源诸君来。宗、赵皆来参加教本出版会议，不日返沪。赵在我社上海办事处工作，宗则另有事务，余与少甫留之而未允。

午后二时，至午门门楼上，观敦煌壁画摹本之展览。风甚肆，拾级而登，灰沙入衣领。壁画摹本为常书鸿君及其同人所主持之敦煌文物研究所之成绩，常君等在敦煌将近十年，今以其成绩展览，规模远胜于其他诸家。其摹本于原本至忠实，饰色皆与今日之色相同，剥落之痕，亦皆照摹，使人如到敦煌。大殿壁上陈列遍满，此外又有两旁之两间，细观之，竟日犹嫌不足也。又据壁画所绘人物，造成将近二尺高之泥像数个，使人得立体之印象，此事大有意思。诸画若付印刷，工本至巨，为今日经济能力所不许。然选其精品而印之，实为必要。晤熟友甚众，其中有陈万里。陈今在故宫博物院，专门研究瓷器。

四时出，至开明，参加其顾问委员会之会。开明近请青年团之李庚、许立群二君为顾问委员，他则有叔湘，馀皆店中同人。谈编辑之方针之设计，七点半毕。共为小饮，两席，甚欢畅。

四月十一日，星期三。

晨治杂事。八点半起，与历史组诸君会谈，据昨日所谈，定此组今后之工作计划。余主今后编撰历史教本，必须先定大纲，取舍、轻重、详略，皆一一共同商定。然后征求各方意见，再经修改，乃由某人据大纲撰写。如此，方为集体意旨而非个人述作。商定大纲，不妨多花时力。此一层推求既详密，则著笔较易，实甚值得。晓先、芝九皆以为然。十一时会毕，少甫来谈社事种种。

午后一时，乔峰主持之民主促进会支会主办“新闻出版界控诉大会”，控诉过去反动派之罪行，为近日镇压反革命运动之响应。同人几乎全体参加。控诉者十馀人，皆自言身受之迫害。中有羊枣之夫人，《文萃》社之某君，《观察》周刊之储安平，《联合晚报》之陈翰伯，三联之邵公文，其他不悉记。直至六点半散，尚有八九人未及发言。

乔峰与云彬今夕又动身往杭州，出席浙江省人民政府之会议。云彬兼此职务，于社中编辑事务不免略荒矣。

四月十二日，星期四。

云彬作成《答复江君评我社语文教本》之文，仲仁既为修正，交余为之过目。今晨余重为修改。

十时，编译局诸君来汇报。一谈召集“五四”座谈会之问题，此会将就“五四与翻译”之中心意旨，请与会者发表意见，录之而刊于《翻译通报》。次谈刘群暂时离去，其所任职务由同人分担，总欲使其少受影响。会散，仍继续改文，至下午五时始毕。文仅五千言，而改之费一日之时间，可谓用力不少。此文将付《人民日报》刊载，缘江君之文亦刊于此报也。

余昔居乐山，作诗寿伯祥五十生日。工楷书之，伯祥裱而藏之。余谓十年后之今日，乃无能作此工楷，宜摄影而志鸿爪。伯祥心识此言，付摄影师摄影，今日即以赠余。即黏附于此，留待他日观玩。

四月十三日，星期五。

改送来校阅稿子数种。《参考消息》送到，载麦克阿瑟已由杜鲁门免职，其职由李奇微继任。此为一大事，究竟意味何种前途，尚不可知。国际间评论纷纷，或谓杜鲁门有决断，或为麦克阿瑟抱不平。麦克阿瑟颇跋扈，常常不经其政府之同意，随便发表言论，其言论且超过军事而及于政治。最近谓欲在朝鲜取胜，必须攻击我东北。杜鲁门或恐其闯下大祸，因令免职，亦未可知。我国报纸尚未登此消息，意者须俟研究有结论，乃以不甚重要之刊载地位刊布之。

午后三时，自然组开会，讨论工作计划。薰宇编辑数学教本多种，以其甚熟，进行至快，至明年春季，初高中所需各种可全部编齐。此外陈同新、许南明合编物理，亦有把握。其馀诸君，于编辑皆少经验，写成之稿是否像样，莫可预料。余劝大家先作详尽之提纲，此法亦未必即可解决写作能力之贫弱也。

竟日改稿谈话，到晚辄有颓然之感。饮酒一小时，为休息，亦属不可少矣。

四月十四日，星期六。

前日修改云彬之文，灿然看后又略有改动。其所指出皆中要害，使逻辑性严密，可以佩服。嘱同人缮抄。今日余校其缮抄稿，再加修润，亦费二小时。

张允和已自上海来京，下星期将来社工作，午后来访，谈半时许。两点半，教育组开组会。此组同人能力较弱，虽云拟编师范学校用书，恐未必能满人意。所编教育资料丛刊已出二三十种，皆采辑现成文章，目光亦多平常。开会两时许，余肝阳上升，恶心，头昏，似欲呕吐。卧休片刻，略愈。今年身体总不见佳，亦殊无聊。

回家酒罢，早睡。

四月十五日，星期日。

今晨至善夫妇携两儿，偕开明同人往颐和园。至美携宁宁，偕编译局同人，亦往颐和园。春游之兴，各界均高。我教育社同人则是以今日往八达岭。闻上星期日颐和园游人达六万，恐是向所未有也。余晨起感恍忽，似昨日曾患大病者。仍至松竹园理发洗浴，事毕即归休。午后入睡三小时。家中小儿全出门，清静特甚。庭中海棠两株、丁香一树均已有花蕾，十天左右即可盛开。五点过，出游之人归来，尘埃满身，面目俱灰。云今日颐和园游人亦挤。

四月十六日，星期一。

看字典之缮清稿十馀页，一一提出修改意见。辞书社所编字典尚非敷衍之作，一义一例，均用心思。唯不免偏于专家观点，以供一般应用，或嫌其烦琐而不明快。此则限于人力，深入浅出诚大非易事也。

十一时，语言研究所孙德宣君来谈创办语文杂志事。此事大家愿意其实现，而大家无此人力与时间。余亦乐观其成，然深知办好此种杂志实非易易，雅不欲揽在身上。仅答孙君不妨姑作座谈会一商之。

午后小睡，不足一小时，即躺于沙发上。起来看俄文字典稿。此是编译局之工作。余不通俄文，聊知其大体规模而已。

三时，柳湜来，邀编审部各组组长共谈。多言我社责任至重，必须增加人力。其道一为由各人就其相识，设法罗致。二则教部决就各大行政区征集强有力之教师二三十人，来为我社编辑上之助力。至于润色文字，使书本可以上口入耳，字斟句酌，则拟另请文字编辑若干人任之。柳约近期内往教部一谈此事云。五点过后会散。

四月十七日，星期二。

晨，仲仁转述李立三之报告，谈企业机构之公私关系，谓无论公营私营企业，俱应贯彻“公私兼顾，劳资两利”之方针。在公营企业中，行政方面代表公，工会方面代表私，双方无基本上之矛盾，而行政重在全面的久远的利益，工会重在个己的切近的利益，双方站稳立场，相辅相成，乃可推进生产。在私营企业中，劳资关系为平等的，契约的，虽不否认资本家之剥削，而私营企业亦为国家增其生产，益其财富。仲仁语言甚清晰，听者怡然心悦。写复信数件，办杂事数端。

饭后小睡片时，起来校高小语文课本。大部分教科书稿于上月发出，日来校样涌至，除墨所领导之校对组外，其他同人亦须参加校对。校对为本月内之主要工作，余因参与其事。

地理组开组会，讨论工作计划。所需新编中学地理书凡五种，其一半将约社外人士编之。又拟绘制小学用之地图，由马君、侯君二人动手。会散，仍复校对，至于放工，校毕五十面，亦可谓不慢矣。

四月十八日，星期三。

上午八点半，集编审部诸组长等会谈，讨论至教部座谈，如何发言表示我社之工作计划。决定直陈近日情形，大致谓在明年准备实施中学新课程标准之前提下，编辑各科新本子，期于明年秋季均有可供应。九点半，连余共八人，一同驱车至教部。座谈会即开始，教部有钱、韦、曾三位副部长，中等、初等司司长及部中人员多人，又有苏联专家二人。钱俊瑞言以往教部于教科书之事注意不够，今后将以大力关顾及之。诸人陆续发言，钱作结论，同意我社所称致力于新编适应新课程之书。至于增加人力，邀集各方面商定教学提纲，教部均将尽力协助。苏联人亦参加意见，彼等均欲我国从早改定学制，从早有新撰之教科书。会以午后一点散，在教部饭罢而后归。

小睡片时，起来看字典稿十馀页，批注意见亦有稿子四页。伏老（孙伏园）来谈半时许。与灿然谈旧日编辑教本之通病。灿然阅读将发排之稿，发现旧日教本之通病甚多，一经说穿，皆绝可笑。余谓宜举以遍告同人，庶几可以不重犯此病。

今夕新闻出版印刷工会筹委会又有常务会，余先往请假。一天疲累，到晚再往开会，实不克胜矣。

四月十九日，星期四。

昨夜助墨校书十馀面，至十点过睡，今晨精神不振，到署坐定，即连打呵欠。余之身体不算坏，而气力已衰，不耐久时工作。作文改稿固耗神思，而杂务纷集，亦复困惫。最好每日作半日之工，馀时则事游散，然安可得乎。

上午，人民出版社、教育出版社、编译局三单位来汇报，解决若干琐务。午后一时半，编译局邀集“五四与翻译”座谈会，余为主席。外客到者将四十人，自己同人亦三四十人，济济一堂。各位外客皆被邀发言。所言有精警者，亦有至平凡者，将录之而刊于《翻译通报》。会以五点过散。竟日时间，大半费于集会，生涯如此，非始料所及也。

海棠两树，花蕾尽出。今年视去年为稀，不悉何故。

四月二十日，星期五。

晨八点半开署务会议，共商如何配合文教委员会之要求，就出版范围内制定到明年年底之计划。何以截止于明年年底？盖至此为三年准备之阶段（自一九五〇至一九五二），以后则为十年建设之阶段矣。各方面共为配凑，知今日严重问题为印刷能力不足，排字能力除装版工作而外，尚非甚难。印刷能力之加强，固须增加机器。而合理的使用现有机器，调整印刷能力之分配，亦为当务之急。印刷技工不足，则亟须设训练班，期以一二年时间培植熟练工人。诸人谈话甚多，但一时尚不能遽定明确之计划。其次谈我署本年第二季度之计划。会议以十二点半散。

饭后，看教育组所编教育大事记。其稿殊无体例，抄辑报纸记事，异常草率。余意此类书稿不宜付印，写千馀言意见归之。若未能改使像样，竟可终于搁置。此书之编辑，出于智贤之造意。余一直未加过问，实为过失。及今成稿而不能用，人力浪费，责无可推诿。而同人能力太差，亦属无可奈何之事。

三点半，工会开会，主要议程为同人借款条例。工会现有自新华方面交来之稿费一亿元，可资运用，因即以此办贷款。决定之原则，此项贷款在解决同人临时之困难，务使人人可以申请，不问小额巨数。其他议杂事甚多。会以七点散。

墨于晚饭后复伏案校对，忠于工作，大是可佩。母亲昨今觉饱胀，少进食品。本来每夕饮葡萄酒一杯，今夕辍饮。

四月廿一日，星期六。

昨夕睡尚佳，而今晨到署，疲困特甚，呵欠连连，唯欲入睡。杂看案头书，神思皆不属。因此未作甚事。

午后，为三个工会之联合墙报，迎接"五一"者，作开首之辞，仅二百馀言耳。大字书之，凡三纸。馀则看杂件数种。工毕即归。今日老母不适渐舒，仍小饮一杯。

四月廿二日，星期日。

今日偕图书期刊司同人游昌平明十三陵，晓先、芝九、伯祥等人附载而往。雇一大卡车，国上骈列小帆布凳，较之抗战期间内地乘车，已觉舒适多多。所惜狂风甚肆，灰沙太大。车以八点一刻开，出德胜门，经清河、沙河两镇，入昌平县城之南门而出其西门。昌平南半城已与田野无殊，民屋绝少，殆是历年战乱之故。十三陵距县城殆将十里。自最前之牌坊，至于"长陵"（永乐之墓），汽车开行须二十馀分钟。墓道上华表之雕刻绝佳，其大其精，胜于天安门之华表。石兽石人之雕镂亦工，尤以石兽为佳。其地山势如一圈椅，长陵居中，最大。下首有三陵，上首应有九陵，但不能一一望见。所见者为陵上耸起之亭式建筑，以及苍翠成堆之松柏。除诸陵之松柏以外，山上固无多树木也。到长陵飨殿门外已将十二点，同人即席地进餐。所携为馒头、鸡蛋、牛肉。伯祥带酒一小瓶，共饮之。食毕，入而游览。其门曰祾恩门，殿曰祾恩殿。“祾”字从示，初不之识，伯祥谓是祭名。在台阶上拍全体照。殿之大与太和殿相仿。九间，五楹。殿柱皆楠木，两人抱之不足，三人抱之则有馀。自殿后到陵寝，陵砖砌如城堡，中通隧道，徐徐上升，又分左右两道，再反折而登亭式建筑。其处供极大之朱石碑。棺木究在何所，伯祥亦不能言也。余于此等游览无多意兴，故亦不之深究，人约游十三陵，亦取其集体出游，聊变平日之生活方式耳。出长陵，继游东首之永陵。乡人有牵驴者，余与彬然各骑一头。无踏镫，又须上坡下坡，亦颇须留意。约行二十分钟而达。永陵规模不及长陵，且未经修理，飨殿已圮（长陵于抗战前曾经修理）。他人登亭式建筑，余惮于上陟，与凤祥坐阶上候之。三点半，开车回城。余与司机并坐，较为舒适。六点一刻到家。全身灰沙，几如野人。即洗面，换衣。

今日至美三十岁生日，中午邀至熟之若干人来小饮吃面。夜间尚有均正、士敭、芷芬三人来同饮。余今日甚疲，而其疲劳另为一种，与往日疲于事务不同。九点半就睡，直至天明而醒。

四月廿三日，星期一。

上午看杂件。午后二时，邀新华各地来参加管理委员会之诸人开座谈会，谈我署办干部训练班等问题。余往听一时许，先退出，看国语修改本一册。

四月廿四日，星期二。

今晨业馀学校之政治常识班开学，举行开学典礼。参加者六十馀人，将以正规化系统化之学习，于今年年底修毕其课程。余往讲话约一刻钟。

少甫、芷芬来谈，经理部拟在石驸马大街自建房屋，供办公之用。若多建一所，即编审部与经理部可以一起办公，便利不少。计两所之建筑费用，殆在十五亿左右。余固赞同此意，然以资金不敷之今日，而以十五亿供建筑，似亦非经济之道。且俟众人共决之。

午刻，伏老邀余与墨林、至美至其寓所进餐，饮茅台酒。两点返署，瞌睡一小时。醒来看陈同新所撰初中物理稿。陈翰伯来，邀往其新闻学校讲语文方面之题目。

满小姐携小妹以今夕乘车返沪省母，并祝其母七十寿，将留三星期而回京。七点过出门，余独饮尚未毕也。

四月廿五日，星期三。

世英之母病逝，世英哀伤殊甚。其家为地主成分，一切已分完，其母死于此时，殡殓几无以为。由社中送与赙仪五十万元，聊资补助。

看杂件种种。中华金子敦、舒新城、罗文迪三位来访，谈有顷而去。伏老来，谈往事。余谓我二人生于甲午，出生即受日本之累。及其壮年，历受日本之磨折。今日反对美帝国主义武装日本，实为切身之事，非徒随人云然也。

傍晚回家，云彬已自杭归来，与共小饮。据云杭州举行土产展览，游人甚众，不输于往年之香市。又谓此次浙江省政府委员会开会，主要问题为镇压反革命。反革命分子确然有之，为巩固人民民主专政，自非以全力镇压不可。

灯下校初小国语一册，墨亦校中学教本一册。勤于工作，视之如分内事，我人固可以自慰矣。

四月廿六日，星期四。

晨间愈之向全体同人作报告，题为当前局势。大致谈抗美援朝之意义与成功，今后必须继续努力，加强抗援，保卫世界和平，反对美国武装日本。继之，余朗读和平理事会所发表之主张五大国缔结和平公约之宣言，以及对于日本问题之决议（即反对武装日本），全体同人一致举手，表示同意且拥护此两项文件。余谓此一举手，意至庄重，盖表示担负起保卫和平之责任矣。——关于此事之签名、投票、举手运动，近日普遍流行，不仅苏联与新民主国家，即资本主义国家及殖民地亦盛行。此盖和平民主力量总检阅也。会以十点散。

教育社来汇报，讨论自今迄明年底工作计划之拟订。午后，编译局汇报。继之，校对语文课本排样。夜间仍为校对，至九时半歇手。

四月廿七日，星期五。

晨间，教育社编审部同人共定爱国公约。稿系汇集各小组之意见而成，今晨再加修改讨论，举手通过，以昭郑重。约中各项皆抽象语，人人付诸实践，尚须订定具体条目也。

看杂件，理杂事。午后两点半，参加辞书社之工作会议。编辑小字典，初稿已写成，凡收六千字。今后工作为修订初稿，期其美善。叔湘曾提意见，于稿样批驳颇多，今日即据叔湘之意为讨论。同人之认识各有增进。五点半散。夜间校对中学语文课本之校样，十点歇手。

四月廿八日，星期六。

九时，署中邀各地出版行政当局来参加宣传部会议者座谈，无非报告各地情况。余不甚措意，坐一时许而退出，返室中治杂事。

饭后看书报。至三点过，出往松竹园理发洗澡。缘明日之放假移至下月二日，以便“五一”大游行之后可以休息。今年之“五一”，全世界皆将特别盛大，为人民力量之大示威，我京中正尽力发动，务期参加，人数之众，想必空前。六点归。

酒后与云彬、晓先闲谈写字。

四月廿九日，星期日。

今日仍到署。浙大陈君绘鸟瞰地图，交我社出版。将地面绘成立体的，就各方面表示。附有说明文字及各地生活之照片，用意甚佳，于观者印象至深。今日余为校阅其所注文字之错误，并修正其说明文字。半天工夫，除应付杂事而外，仅阅八幅而止。

午后二时，语文组开组会。王泗原主编工农中学语文教本，同人于作注及提问题各抒意见。蔡超尘、张中行二位重编高中语文，云彬助之，亦颇有进行编辑之办法谈出。文叔与黎季纯将新编小学语文本，究竟如何着手，尚待与教部诸君共商而后定。今日亦略有所商，决主语文本旨在令小孩学习语言，而不荒弃文学兴趣之培养。语文之规律则于“练习”课中提示之。谈至将近六点而散。

四月三十日，星期一。

晨八时，出版总署全体同人通过爱国公约，余略致辞，即朗读条文，然后全体举手，表示认可。九点半，教育社汇报，仍讨论截至明年年底为止之工作计划。房屋准备建筑，二三年内暂以石驸马大街为基础。至于将来，则在阜成门外划定地皮，将与新华书店、人民出版社、新华印刷厂，凑合一起，共为出版机构之中心所在地。

午后，看世英自然地理之改本，为之重行修正，以便付排。又看字典稿若干页。

明日“五一”大游行，将有六十万人参加。我署连带附属单位参加者一千六百人，晨五点即出发，伫立于天安门广场。会以十点开始，游行完毕，殆将在下午四五时。主持者鼓励踊跃参加，但复谓老弱幸勿参加。余本拟参加游行，一尝新趣，而同人均以为不可，因定仍上天安门，自上而观之。此次大示威，有世界意义，各地各国均将特别盛大。我家参加者有至善、至美、阿琰、凤祥，并余而为五人。彼等将于夜三四点离家。

五月一日，星期二。

至善、凤祥等三点半即早出。余以五点十分起，而平伯旋即至。平伯将附我署之车往天安门观礼。六点半到署。与平伯闲谈。余家抗战期间之一段经历，以前未与详叙，今日平伯问及，遂补述之。九点，我署同人及附属单位之观礼者出发，凡数十人。余与愈之同乘，登天安门楼。下望群众队伍齐集，红旗飘扬，与四围绿树映衬。天气晴朗，无风，景至愉快。十点，毛主席到，即鸣炮奏乐开会。彭真市长致简短之辞，群众游行即开始。今日军队皆不携武器，群众队伍不扭秧歌，亦不作其他表演，故通过较快。余凭栏觉足力乏，则入殿堂憩坐，茗饮，看报。游行队伍实亦多无可观。而伫立于场中之队伍曝于阳光中，不可动弹，大是苦事。今日见班禅喇嘛。班禅方来北京，接洽西藏之和平解放。其人殆二十左右，穿黄衣服，类一平常之高中学生。其人而与佛教佛法有关联。殊觉不可信。达赖喇嘛未来，但亦派有代表。据愈之谓但须班禅与达赖双方和谐，则西藏之局即妥，今尚须于此点下功夫耳。其他情景，与去年国庆日略同，唯人数则多至八十万。至下午三点一刻，游行完毕，大会即散。

回家进食，小睡片时。墨未外出，伏案校雠，乃心工作之精神至可敬。

五月二日，星期三。

晨至北海公园，游人尚稀，但未久即纷至沓来。初观金鱼，继之划船。绿荫已浓，四望甚悦目。划船一小时，登岸观抗美援朝照片展览。于敌之残暴而无能，中朝军人之艰苦作战，中朝人民之互相关顾，我东北人民之热烈支前，皆摄取颇为生动之镜头。摄影技术渐见进步，亦是可喜。大致文艺部门之各项目，最少进步者为文学。处此巨大事势之前，文学界殊无可观之作足以表现之者。复至自然博物馆，观动植矿各种陈列品。北海公园有此一馆，向未入观。今知其处自成一区域，以土山与湖面遮隔，有假山池馆，殊饶静趣。陈列品中，有美洲野牛及我国西南部之熊猫两标本，为夙所未见。出公园后门观什刹海。方大事兴筑，构游泳场。什刹海水波澄清，周围皆新修石岸，亦向日所无。十一时到家。

天气炎热，已有夏季之感。饭后，昼睡约两小时。起来助墨看校样。傍晚，文叔宴子敦，邀余与云彬陪饮。子敦健谈，先言中华书局情况，继谈历史分期，语滔滔不绝。十点半始去。

五月三日，星期四。

上午九时，中共总署各支部开代表会议，余应邀坐来宾席。卜明作一年来工作报告，大致谓优点少而缺点多，并提出今后改进意见。余听之颇入耳，其严肃精神，远非其他民主党派所及。唯所谈皆属抽象性，几绝无具体事例，乃不免近于说教。报告至十二时毕。

午后，观梁启迪君所译苏联某氏心理学稿。梁君之译文又殊粗劣，观之似懂非懂，文句多莫可剖析，辄为皱眉，一一记之于纸。此类文稿最难处理。照其原稿，决不能出版。若请精通俄文及心理学者为之校改，且不言其人难觅，即得之，彼既有兴校改，何不径自译之，径自译之爽利多矣。

方宗熙君校订世英之自然地理，指出错误数处，为之重写，皆甚切要。世英于天文、物理、生物皆不甚知，抄集而成书，自既不明，下笔当然模糊。其贻误学生，思之实感疚心。以往通过书稿太随便，今后宜取严格。然如何得人审阅，实为最难解决。方君毕业于英国，得博士，系愈之避地南洋时之友人。近来总署，以后将请其转入教育社，主持生物一组。我社向无生物组，今从自然组分出。所馀者改名数理化组。——今日与仲仁拟议如此。

五月四日，星期五。

八点半始，开署务会议。灿然报告宣传部宣传会议之结论，谓各地方报纸必须有供农民阅读者。编撰之际，务须求说法之浅显，语言之上口，以便读与文盲听之。工业集中之地，必须有工人之报纸。其他书刊，亦宜力求易晓，注意实用。宣传部注意此事，实为得要。一切依靠工农，自宜提高工农之知能。唯编撰适于工农之报纸书籍，大非易事。写作者殆须弃其旧习，从头学习，乃有希望也。

灿然报告毕，余即偕渠及仲仁驱车至石驸马大街经理部，商自建房屋事。经理部办公房屋不敷，将新建三层楼房一所。编审部与经理部分处两地，诸多不便，复拟稍稍拆去旧屋，建四层楼房一所。请一石姓工程师来共谈，托其设计。经理部之屋图样已打好，即将招人投标。有十数建筑家已将其工程证件交来，准备投标。所谓工程证件者，系一小手册，逐页编号，承担一次工程，即逐项登记其上。俟工程完毕，业主与市政府工务局各书评语其上。工程之精粗，期限之准否，皆须详评。故此一小手册即可见此建筑家之工作态度与工作能力，其用意亦在督促建筑家对人负责，唯求精进。设想之周，亦唯今日之人民政府始克办也。十二时返署。

饭毕，偕墨往问调孚病。调孚近又发病，吐血。然观其神色，尚非甚疲。云吐血已止，医嘱休养。殆尚不见严重。

午后二时半，吴研翁来，与语文组诸君共谈小学语文课程及语文课本。谈一时有馀，无甚要领。

散工后，偕云彬、灿然、仲仁、文叔、泗原五人至峨嵋酒家小叙，系吃《人民日报》酬我们之稿费。闲谈至畅。到家，新城在，坐谈约半点而去。

五月五日，星期六。

晓先所撰高小历史课本第二册已排校，而文字尚草率，须加修整。因就其校样与晓先共商改正。张允和、苗孕华二人旁听，亦略为参加意见。自上午八点半起，饭后休息一时半，至五点而毕，亦不过十四课耳。

六点，至西总布东口小馆子小酌，墨、至美、薰宇、蝬生及三午等三小孩同坐。

七点半，三工会联合开红五月庆祝晚会。构台于场中，观众皆露坐。余略致辞，即表演各种文娱节目。无非唱歌、相声、话剧之类，皆同人自己任之，虽平常，亦复可观。两个节目之间，往往耽搁颇久，故散场已十一点一刻，大家倦甚矣。

五月六日，星期日。

竟日未出。去年托伯祥自上海带来此大本稿本两册，月初需用时遍觅不得，因买荣宝斋小本用之。今日墨理衣物，乃得之于衣箱中，因将前数日之日记缮录于此册。诚所谓吃饱饭没事做。至美谓我必须用此种本子，未免保守。录日记毕，忽复乘兴抄录历年所为诗词于一册。诗词原皆录入日记，西游日记第三册以前毁于乐山之轰炸，自第四册始。自午饭后迄于夜，抄得十馀页。其间张允和来闲谈一时许。

今日墨买得大写字桌一张，陈于南窗前。今后可以与墨同时相对伏案，不复如前之我写字彼必让坐矣。墨久言欲往公园看牡丹，今日在家料理种种，迄未能往。据小墨言，公园牡丹大半开矣。

五月七日，星期一。

今日自上午十一时至于下午放工，均与晓先共阅高小历史第一册之校样，仔细为之修润。晓先之作大体尚可，加以修润，即见清澈。而其他同人之作，则有芜乱至无法修润者。又，余与晓先至熟，见有未妥，可以明白指言。而于比较生疏之同人，余即未能若是，且言之亦未必了解。此所以批评与自我批评虽为今日普遍之口号，而于我社尚未能生效也。

校雠四五小时，仅毕半册。夜间继续抄旧作诗词三数页，九点半睡。殆以日间用心稍多，竟夜未得酣睡。

五月八日，星期二。

上午仍为晓先修润课本，至饭时而毕。自昨日起，上午到署以七时，中午休息两小时，可以午睡。今日午睡一时许，亦未酣。午后看杂件，他无所作。

五月九日，星期三。

晨间写复信数通。各单位方作球赛，将赠优胜者以字幅，嘱余书之。余题二十八言：

取胜之道在配合，众人奋力如一身。宁唯球戏理若是，堪临万事此精神。

午后重看世英自然地理之校订本，即以发排。看工会重拟借款办法草案，提意见数点。

夜灯下仍抄诗词稿数页。

五月十日，星期四。

晨间续抄诗稿一小时。编译局来汇报，谓翻译工作会议筹备不充分，暑假内未必能开，恐须延期。与愈之谈，知川省将赶速加紧土改，北京方面发动高级干部往参加。盖期其声望可资号召，且能正确掌握政策。

午睡起来，与工会方面代表协商重点实施劳保办法，主要为疾病之济助。谈次无问题，将据今日会谈结果写成合同，双方签订，即便实行。又略谈薪给标准，而后散。

一天繁忙，颇有厌烦之想。

五月十一日，星期五。

晨看杂件，写复信数封。九点半，与各党派中人协商我署往川省参加土改之人选。欲去者有五六人，而我署不克占此数额，协商则可免种种麻烦。结果议定以梁纯甫、温崇实二君往。

午睡起来，以明日将往新闻学校讲语文课，略事预备。

四点，至松竹园理发洗澡。天气大热，在热水中汗出满头。今年又干旱，迄不得雨，人皆言麦苗将枯死。而江浙则患久雨，麦苗多烂。灯下仍抄诗。余作诗词，居蜀时较多。东归而后甚少。

五月十二日，星期六。

上午至新闻学校讲三小时。名为语文课，余仍作抽象说理语，亦与平日无殊。观听者态貌，似尚感觉有味。以后继来上课者为叔湘、建功、伏园三位。谓听此四人之谈话各一次，而可以有多大进步，实不能信，亦方聊资启发而已。

午后一时半，请佟嘉力君来署报告，全体听之。佟君系老干部，有实际经验甚富，自经验而证理论，认识深切。又尝支持地道战至七日，甚饿，渴饮小便。愈之先曾在他处听其报告，谓富有教育意义，且语言不染知识分子腔调，表现力强，书之即可为文艺。同人因预为组织，得八九人，共记其言，俟拼合而整理之。佟君谈话先述其家世，贫农出身，略识文字。次从七七事变讲起，渠在本乡（河北安国）参加抗日，受党之领导，所作事甚多。继之叙七天地道战，末了谈打败国民党军队。其言语，以余听之，仅能晓五六成，盖发音不明晓，方言不明晓，又说时甚快，未及注意已逝，此等情形亦占四五成也。余本亦拟记录，然仅得大概，未克细写。同人之中，听的能力胜余者固多，而亦来不及，故所记亦不全。佟君之话信口而言，全盘不甚组织，录其言未必成文。然随时有见理至真之语，有极富表现力之语，确为可贵。中间休息两次，直至八点而毕，佟犹谓可谈者尚多，且俟他日。余略致数语谢之。谓其言有“参加革命易，经历考验难”，渠则经历种种考验而皆成功者。又谓其所叙皆事实，谈过事实之后，往往悟出一些道理。是为毛主席《实践论》认识过程之实践，所悟道理又返之于行动，此点殊可贵。最后称赞其语言。今日自己作讲三小时，听人报告几七小时，惫矣。

五月十三日，星期日。

今日得微雨，沾湿犹不足，恐于田事尚无补。余未出门。上午抄诗，至最近之作而止。统观所作，皆酬应之题，自行抒发者绝鲜。自一九三九年至于今，仅抄得三十馀页，分量复甚少。诸作托体尚不卑，无油滑气味，然亦无多精意也。

午后，酣睡一时许。起来与云彬、晓先闲谈。

五月十四日，星期一。

晨看陈同新所撰物理学稿数页。八时半，开社务会议，通过自今至明年年底之工作计划。柳湜谈日内即将讨论改变学制。本拟小学五年一贯，而各地反映，为配合当前情形及国民经济，小学五年犹嫌其长，多主四年。余则谓小学改为四年亦可，唯须教师优良，教法有把握。今之小学教师，城市而外，乡村中大多为小学及初中程度。以此辈任教，六年未必有效，何况四年。然同一不甚有效，减少两年究为节省。则四年固可赞同也。会未半，愈之召开临时署务会议，即先退而之彼。盖愈之报名参加四川土改工作，已获批准，后日即须起飞，故集会而为嘱咐。谈至十二时散。

午后，看杂件，与建功、灿然谈话。七时，同人饯愈之及梁纯甫、温崇实于萃华楼。八时散。

五月十五日，星期二。

今日无甚事，观新出之《翻译通报》。此志因翻译而涉及语文之文章颇不少，多可诵者。谈翻译史，遂有多人论及佛经翻译之往绩。颇有人属望于我署，谓当开大规模之译场。此非目前所能办也。

五月十六日，星期三。

晨六点半出门，驱车至西郊机场送愈之。我署同人往送者数人。风甚肆，灰沙飞扬，屑屑入襟袖。此次出发往四川作土改工作者九十九人，余所认识者殆不过廿馀人，有章乃器、梁漱溟、高名凯、张光宇、陆志韦等。送行者大约有二百人。八时半，启行者分入三飞机。观飞机驰行于跑道，余即离机场。

至教育部，参加学制座谈会。钱俊瑞先为报告，谓学制必须改革，高等教育各方无多意见，中学教育则视初等教育而定。初等之六年制绝不容继续，无俟考虑。需考虑者五年抑四年，二者各有利弊。若为五年，中学仍将为三三制。若为四年，则中学需七年，又有前三后四、前四后三之两途。教部提出此意见，请大家发表其想法。发言者多人，意皆平常。刘皑风主张小学四年，以国家经济及农村情况为据。谓乡村小学一般的为四年，若加一年，即需增多三十万教师及若干教室，殊难骤办。余则谓吾人计较此一年，盖有一前提，即学生受教育一年，收一年之效。苟收效难验，则多一年不为功，少一年亦无妨。余所担心者，为教师之实力差，不能见实效。若于改定学制之顷，于提高教师实力亦有切实办法，则小学四年亦未尝不可也。午饭于教部，饭罢返署。下午治杂事。

夜偕墨至青年宫，观朝鲜崔承喜舞蹈团之表演。崔四十馀岁，为有盛名之女舞蹈家。其女曰安圣姬，亦有声誉。他则其男女学生，凡三四十人。节目凡十有七。有表演抗美及中朝团结之节目数节，虽为题中应有之义，实较平常。余所欣赏者为古典舞，崔之长鼓舞，安之鼓舞，使人想见隋唐之风习，我国古代，殆必流行此类舞蹈也。其他可观者尚多，皆母女二人之独舞。她们已入化境，一举一动，一俯一仰，无不中节，使人深感。以我国戴爱莲与之相比，戴远不如矣。十一时散，虽赏心，而身体困惫矣。

五月十七日，星期四。

上午八时，与灿然、文叔、剑华往劳动文化宫，观煤矿生产展览会。文化宫即旧日之太庙，于大殿上开此展览会，亦见社会变革之深意。陈列者图表、说明书、实物及模型，又有多数讲解员为观众解说，如此展览会，唯于今日见之。而观众笔录者，询问者，研摩者，其用心之专，亦唯于今日见之。且多工人及青年学生，尤为可喜可敬。先从煤之成因始，次及地质之探索，煤矿之鉴定，次则采掘及运输，次则矿区保安及工人生活情况。凡改进之事实，皆解放以后所有。即此见人民国家之可爱，实最实在。解放以后，煤之产量大增，价格视前跌落四分之三。以此发展重工业，前途无量也。十一点半出，共观三点多时间，尚为草草。

下午理杂事。

五月十八日，星期五。

九时开署务会议，专讨论出版行政会议之筹备。此会议将于七月间召开，及今筹备已不甚从容。讨论据五人小组所拟之计划，逐条修正，即以为定。十一时散。

下午三时，列席政务院之政务会议。马夷老（马叙伦）报告教育部过去之工作及今年之计划，其中谈及教科书之出版，由余报告约二十馀分钟，以后继续讨论。教育之方面太广，各据一二点发言，即占时间甚多，十点半始毕事。饭罢而归，深感疲惫。

五月十九日，星期六。

九时至教部，续开学制改革座谈会。今日发言者多主张小学五年，殊无赞同四年者。十一点半先退，返署。

下午二时，为全社同人谈吾社二十个月工作计划之意义，并及吾社之全貌。纲要系仲仁所定，余据纲要而发挥之，自觉尚畅达。听者亦满意。诸人将据此而为小组讨论，借以改进工作，加强成绩。余讲历三小时，不嫌其长。

夜间陈叔老来闲谈。余以诗稿呈之，请其批阅。

五月二十日，星期日。

晨浴于松竹园。至隆福寺花市，购夹竹桃两盆，直腊红两盆，月季花一盆而归。去年之夹竹桃未冻死，但不生发，叶多干焦，据云系未加修剪之故。因将枝条剪去，仅留主干，不存一叶。未知以后能抽条发花否。午后睡两小时。起来闲看书志，颇觉舒适。入夜，蠖生来共饮，闲谈。

五月廿一日，星期一。

上午九时，开翻译工作会议之首次筹备会议。主要商谈此会议之目标。后渐趋一致，为配合当前切需，制定一翻译计划，计划必须兼顾书与人。确定何书宜先翻，须循种种途径。有其书而无适当之译者，亦复徒然。故必须胸中有数，何书由何人翻之为当。苟一两月内能解决，有大致之拟议，则九月间即可召开会议矣。

下午三时开临时署务会议，专讨论管制国外出版物之进口。斟酌三小时，通过管制办法之草案。此事在取缔国外之反动刊物及宣传品，此项书刊颇不少，必须有以制之。拟定今后订购国外书刊，统由国际书店独家经营，其他皆不得进口。此草案尚须经上级层层研究，最后由政务院发布。

偕（章）雪村至前门外丰泽园，应连联书店北京办事处之招宴。七点半归。

五月廿二日，星期二。

晨八时，邀司长局长级同人会谈，动员继续往西南参加土改工作之人员。此次去者五百人，乘船不乘飞机，文教部门分配得七十名额，我署仅得五人而已。虽仅五人，犹须动员，希同人自愿报名，由行政方面加以抉择而批准之，乃可作数。会谈毕，各人分头动员，明日决定名单。

会散，与自然组诸君会谈，告以拟析自然组为二，一为数理化组，陈同新为组长，一为生物组，由方宗熙君为组长。又与蠖生、洛峰诸君商教育社筑屋经费所从出之问题。余于此类事实不甚了了，然亦不能不一听。

午后，总务科为余布置一间房，供午睡，即往睡一小时。二时，余作评文之演讲，署内社内全体同人而外，复有新华社、人民日报社、教育部及开明之同人。所评为五月三日《人民日报》记载天安门庆祝大会之文。此文疵病百出，可谈者甚多，一一举而讲之。历四小时而毕，犹觉发挥未尽。听者似尚满意，余亦欣然，然甚觉疲惫矣。

回家酒后，于庭中乘凉，与云彬、晓先闲谈。前日买月季，今日始放一花，顾而乐之。

五月廿三日，星期三。

晨间学习时间，参加研读《联共党史》之一组，旁听。此组共十馀人，学习此书至第四章矣。办公时间多作杂务，他亦无所作。

午睡甚熟，迩来晨起极早，全赖午睡弥补。夜八时下阵雨，久不雨，得之为慰。

五月廿四日，星期四。

土改人员动员结果，由人事处确定四人前往，由余与乔峰批准。听灿然谈宣传会议经过，主要为共产党员必须宣传马列主义，使此主义深入人心，促进社会之改造。

下午三时，辞书社开社务会议。今年字典编成，继之将续编小学生字典。难题还在无得力之人手。

今日上午仍有阵雨。华北得昨今两场雨，殆已湿润，农事当可无虑矣。

五月廿五日，星期五。

昨夕微微发烧，殆是疲累之故，无他原因。晨间热已退。墨劝余休息一日，以便明日可往天津。余从之。今日为文教委员会开全体会议之第一日，余当往列席。往则上下午听报告，类皆已知之事，已知之义，未必非听不可。今请假，亦复省事。明日往天津，将与云彬偕，盖民盟支部所邀，以后日为天津市中小学语文教师作演讲。来京两年馀，前年尝一至天津，借此重游，亦为得计。今日卧床时多，看杂志数种，倦即入睡，为时颇长。可见平日欠下睡债不少。睡足而后，觉腿酸臂痛俱大减。刘敏如以李宝光之嘱，特来看余，问需延医否。同人关顾周至，殊为可感。

五月廿六日，星期六。

晨七时半偕云彬、凤祥离家。小墨附载，往接满子与我妹。久欲邀我妹来京盘桓，今有满子同伴之便，居然实现，自是可慰。八点四十分，上海车到。余已入开津之车厢，但望见我妹、满子等出站，且相招呼。九点车开，窗间风拂过，余觉不禁，知身体尚未复原，或许仍有热度。车内颇空，几乎每人可占一双人沙发。服务员多为青年女子，殷勤亲切，时时拂拭地板与桌面。又唱抗美援朝之快板，旅客听之颇满意。车中又备杂志多种，供客阅览。又以扩音机告乘客，谓车是人民之车，希大家爱护。彼辈服务多有未周，望众客多提意见，俾随时改进。总之，如此火车，莫言日本投降以后，即较抗战以前，亦远胜矣。两旁庄稼，得雨以后，颇有生气。然短矮者多，殆已较后于时令。

十一时半到津，即至开明。今经理为沈迪康。中国图书发行公司派出之视导组适在开明，一一握手。此组凡四人，郭农山、许季芸、张朝同、章士敭也。坐未久，即共饮酒。天津有一家酒店酒特佳，尝之果胜于北京之绍兴。余饮殆逾一斤半，尚未醉。饭罢，浴于某浴室，忘其名。房间布置，浴具设备，俱胜于北京多多。一饮一浴，身体乃觉松爽不少。

傍晚，民盟支部来迎，余不能记诸人姓氏，第知其中有李何林之夫人。共至三五俱乐部（开滦矿局所设），即为招待我人之宿所。洋房，陈设亦“洋”，颇不恶。少坐，共进洋餐，同坐有常书鸿夫妇，常君盖方来津开敦煌画展。食毕，往听常君之公开演讲，所讲即为敦煌艺术。常君杭人，其语言不迁就地方人，听众多不晓。于是请一人任翻译，如于外国人然。讲毕，放映敦煌彩色幻灯片。幅小，不清楚，未餍众望也。返寓就睡，已十一时矣。

五月廿七日，星期日。

昨夕睡颇酣，出一身汗。如非白蛉子叮咬，殆将更佳。六点起身，七点至开明。中图视导组四人集参加中图之四家（商务、中华、开明、三联）之全体同人开会，报告视导沈阳之情形，并谓观天津方面条件已成熟，可考虑于七月间成立中图分公司，四家合而为一。开会地点在四家合设之杂志部之楼上，全体百许人。余被邀首先讲话，即致鼓励之辞，仍以余前所谈“混合”“化合”为言，谓各家同人热望合并，是为已臻化合之征。谈毕，听郭农山报告。

天津教育局科长王德培来访，告余天津中学国文教师集体备课，共订教案，期收成效之情形。谈两小时光景而去。王君盖欲余针对实际情况而为说辞，然余未能副其望也。复入会场，听张朝同之报告。会散已十一时。

少休，驱车至民政局会云彬。云彬以上午演讲，地点在民政局之大礼堂，讲题为《如何接受文学遗产》。共往周家食堂，系教育局梁、何二位局长招宴。晤张琴南君，今在《进步日报》任总编辑。此外为民盟及教育局同人。周家食堂类似成都之“姑姑筵”，亦系向好食品，继开菜馆，唯求其精，以供同好。菜确不坏，清淡，合于余之口味。

二时，至民政局，余准时作讲。听众殆七八百人，楼上下俱满。天气大热，余额汗滴沥，频频拂拭，屡屡喝茶。所讲仍为余之老套，如倾瓶中物，随意倾出若干，未作预先计划。听者初闻，或尚感兴趣，且觉其略可解决问题。四点三刻停止，以须往车站，不得不停止。登车候一刻钟，至五点二十分，车开。到北京为七点四十四分。

到家，惊闻王鞠侯于昨日去世，今日已焚化。王因吐血，诊断知是肺癌，往医院割治。昨日动手术，初云经过良好，未既，因咳嗽而血管破裂，血出不止，遂不救。王君在开明为得力之编辑，治学甚勤，进步甚速，今忽离去，思之伤悲。子女多，身后萧条，尤为可哀。

酒次，听我妹及满子谈上海情形。

五月廿八日，星期一。

今日报载一大可纪念之事，西藏地方政府与中央政府洽谈许久，已签订协定，西藏可得和平解放。一切均遵照共同纲领处理，军政统一，外交统一，他皆渐谋改进，不事急躁。至此，大陆境内已全部解放，唯馀海中之台湾一岛矣。

九时，参加文委全体会议之小组会，地点在教育部。所谈为学制，集中于小学之年限。一组中全主小学五年一贯，无一人主张小学四年者。余发言十馀分钟，仍是前在座谈会中所陈之义。十二时散。

下午续开，余则不复往矣。午睡至三时始起，起则治杂事。

五月廿九日，星期二。

今日竟日雨。九时仍至教部，合数小组而为会，仍谈有关学制之问题。十二时散。下午复未往。身上衣单，回家午餐添衣。返署，看杂件，几乎未有暇刻。

五月三十日，星期三。

九时仍往教部。今日开大会，由沈体兰、韦悫二位综合各组讨论学制之意见，作总报告。继之李四光发言，遂休会。下午仍为发言，余先行请假。

返署后熟眠一时许，起来参加教育组之组会，历时两小时。此组诸人能力都薄弱，颇思提携使进步，而殊无其方。会散，治杂事。

晚饭后，张允和偕一笛师沈君来，于云彬所唱昆曲。余旁听。张唱已颇有韵味。其家姊妹兄弟俱能唱，习染有素，宜其然也。

五月卅一日，星期四。

上午治杂事。与语文组少数同人会谈，准备后日教部座谈会中之意见，后日之座谈会，盖讨论关于小学语文课本之问题也。

午后二时，仍至教部。今日为大会，亦即此次文委全体会议之结束。陆定一作总结，综合连日讨论学制问题之意见。四点三刻散会。则驱车至中山公园啜茗，六时会餐。

餐毕，皆往前门外观童芷苓之戏。余之票让与满子，又从乔峰索得一票，请我妹往观。今夕怀仁堂有饯别班禅之酒会，又有杂耍表演，余亦未往，墨独持票而往。到家，周勖成在晓先所，共为闲谈良久。

六月一日，星期五。

九时开署务会议，讨论两题。一为翻译工作会议之筹备情况，二为出版行政会议之筹备汇报。至十二时毕。

食后酣睡一小时许。起来治杂事，看新到书志。傍晚酒后，步庭中乘凉。新购之夹竹桃两盆已盛作花。去年所购之两盆，枝叶经全部剪去，今已于留下之枝上齐发细芽，皆于叶柄处萌生。以后长发迅速，或可于秋中见花也。所购白月季一盆已开过，为翘角荷花，有甜香，如熟透之水蜜桃。今日悉将花剪去，俟其发芽，亦可有秋花。

六月二日，星期六。

九时，总署系统各单位之同人会集于东首之广场，听赴朝慰问团团员之报告。此团人数在六百以上，在朝鲜巡历一个半月，近方归国。先在北京作宣传演讲，不久即将散往各地，俾抗美援朝之举深入人心。今日来者男女十馀人，作讲者一人，为艾寒松，余素识也。略谓朝鲜战争胜利必属于我，此无问题，唯困难颇多，胜利非可骤致。困难之点，在我之装备不如彼。彼有甚多之飞机，滥施轰炸，即使我运输不易，粮食弹药之供应与调配俱受妨碍。至于我军之境遇，则困苦万状，衣食居处，均属最低劣之等级，非以前国内历次战役可比。虽然，军士皆充满信心，慰问团到朝，彼辈气益王，志益坚，谓非坚持下去，直至胜利不可。战场英勇事迹，可歌可泣者，几乎无一部队无之。彼辈不仅忠勇，而且机智，有远识。朝鲜人民方面，沉着临事，虽几乎家家有惨事，而绝不流泪。青壮人员俱参加军事，妇女则从事各种劳作，即筑公路亦为之。近方考虑中学大学恢复学业，以储备人才。次谈中朝人民之关系，谓亲密无比，血与血交流，织成最深之友谊与兄弟爱。至美国方面，则弱点至多。而士气之不振，几以临时投降为出发以前之心理准备，尤令人有不可思议之感。美人被俘者，处处表现其有私无公，毫无思想。资本主义发展太高，影响及于教育，今彼自食其果矣。黑人之被虏者则觉悟甚易，自谓被俘实受向不可得之教育。黑人受苦最深，觉悟最易，宜也。艾君末谈前方所需者何物，慰劳者宜明确知之。渠列举甚多，兹不赘。讲毕已十二点半。

今日报载抗美援朝总会号召三事。一为普遍开展爱国公约运动。二为捐献飞机大炮等物运动。三为优抚战士家属运动。于第二事，有数位同人登台鼓动，期于近日内完成捐献之举。一时散会，与来客共餐。

随即驱车往教部，出席小学语文课座谈会。到者无多人，教部同人十馀。于选材、语法、语汇、注音根据及符号均有谈及，余亦悉据我社同人所拟发言。六点散。

今日上下午俱开会，凝神而听，且须说话，亦甚惫矣。夜间，平伯来闲谈。余以诗稿交之，请其指谬。聂绀弩、钟敬文访云彬，亦来我处小坐。

六月三日，星期日。

晨至松竹园理发洗澡。陈调甫邀余与伯祥及介泉夫妇至其西松树胡同寓所会餐闲话。十一时，余以车迎介泉夫妇，复迎伯祥同往。调甫经营一油漆厂，在天津，北京设办事处，一切皆自任之。精神饱满，望之有马寅初之风格。一幼子，方十岁，有绘画天才，想象画极有情致。调甫因聘一教师教之，令习写生。唯教师又令习山水画，余私意以为此非所宜。山水画与写生不相容，顾此恐将失彼。

饮葡萄酒，菜不恶，佐以闲谈，为时颇久。餐毕又谈，四时辞出。余到家，入睡两小时。醒来又小饮。薰宇在云彬所饮，与共谈于中庭，芷芬、晓先亦来参加。

六月四日，星期一。

上午，人民出版社汇报。三联书店将并入此社，对外则仍存其名。书籍质高量充者，人民出版之，较次而亦切合时需者，三联出版之。

洛峰、蠖生来谈捐献武器事。共谓此次之号召，重在鼓励大家增产，增产所获，则以全部或一部为捐献。非欲令众人作一次之慷慨解囊，即云了事。其事宜持久，积累久之，虽微亦巨。此意当请同人共晓。

仲仁、杨定远来谈我社招考，决定录取之事。此次报名者四百馀人，观其自叙，通知来考者二百馀人。看毕考卷，通知来口试者八十馀人。口试又汰去半数，今则又于半数之中去其半，准备取二十馀人。实无甚胜之才，资历虽不一，知能皆平平，需人甚亟，只能将就试用耳。

午后二时半，至外交学会，新闻出版印刷工会筹备会借其处欢迎参加赴朝慰问团之新闻界同人。来三十人左右。长江主席，致辞。来客五六人作短篇演说。余谓工会可号召新闻出版印刷三方面至少各捐献一架飞机，多则更善，并伸增产及持久二义。新闻界努力鼓吹，集事亦不难。四时半散会。

余至开明闲坐。六点半，开明宴客于王府井敦厚里，其处为有名之刘家菜。客皆熟友，两席。余与老舍、曹禺、赛符、雪峰等人同席，谈语文之事甚多，饮亦不少。到家已十点矣。

六月五日，星期二。

上午治杂事。《人民日报》社记录余评文之语，归而整理之，今日送来，嘱为校阅。余观之，需要修正处尚多，全篇八千馀言，非一日可能毕事也。今日抽暇改之，仅得千字而已。

下午四时，偕静芷、应申至文化部，出席人民文学出版社之首次社务会议。此社由文化部与出版总署共同领导，故来相邀，余固非社务委员也。社长为雪峰，兼总编辑，如余之于教育出版社然。副总编辑为冯至、曹靖华、聂绀弩等。会议讨论组织条例、经费预算等项，至七时而毕。留餐，余饮葡萄酒不少。

回家，家中留有鲥鱼，于是复饮，将鲥鱼一段吃光。

六月六日，星期三。

续改人民日报社之记录稿，迄于下午，尚仅及全稿之半。五点半，至苏联大使馆，应罗申大使及罗果夫君之邀，为鸡尾酒会。国人到者三四十人，皆文艺界、新闻界诸友。罗果夫任塔斯社社长，又设时代出版社，出版《时代日报》及苏联文艺作品之译本，于我国之革命助益不少。今渠将返国任事，故为此会，与其本国友人及我国友人叙别。余与诸稔友同饮，所饮颇多。

八时返家。夜间为白蛉子所咬，满身作痒，未得安眠。

六月七日，星期四。

上午芷芬来谈，谓今后我社印书，大部分或可改用轮转机及胶版机，纸张则拟用苏联纸。如是，以前所拟分区造货计划恐将全部变更，造货殆当集中于北京、上海两地，而上海更重要。芷芬去，余续改人民日报社记录稿，范长江尝语余，报社人员记录有本领。今观所记，与余所讲相差颇远。余为添加涂改，满纸皆余笔迹，无异重书一通。因知长江之言，并非甚确。余改记录稿已多，往往如是，亦麻烦也。

午后二时，至教育部，文委召集座谈会，于中等教育会议中讨论过之《中学暂行规程草案》再加修订。所根据者为文委诸委员提出之意见。大率于草案小有修改，使设想益周，意思益完。唯高中三年级要否学习解析几何，一时尚未能决，须待细商。会以五点半散。

夜间，云彬家为学习昆曲之会，余听之，亦无多佳兴。

六月八日，星期五。

上午与同人谈事。仍续改记录稿。已连改四天，四十七纸仅得卅七纸而已。午后两点半，开座谈会，邀请各机关人十馀位，仅来两位。而我署参加者八九人。所谈为如何使销路甚少之专门著作得以出版。先谈所谓专门著作之范围，次谈如何评定。评定之后，我署务必为之设法出版。结论则谓此事宜建议文委主持之，不当由我署径自发布。会以五点散。

到家后饮酒而外无所事。天气较热，站庭中与晓先闲谈久之。明日为端午节矣。

六月九日，星期六。

上午将记录稿改毕。此事连续五日，虽非整日为之，所费功力亦不少。当向人民日报社要求稿酬，为余之增产捐献之需。

十二时，至人民日报社，长江邀工会常委会餐，讨论一通告稿，向全国新闻出版印刷职工号召，实现余于本月四日所提至少捐献三架飞机之议。据不完全统计，全国新闻出版印刷职工约八万人。一架战斗机值十五亿，三架四十五亿，平均每人不足六万元。分摊于六个月，每人每月不足一万元，此至易集事也。

两点返署。我署与新闻总署两署少数同人会同开会，续商管制国外进口印刷品办法，及与此有关之补充办法。此事牵涉方面颇广，面面顾及，条文遂大须斟酌。十馀人开会，实则共同造句，至六时始毕。下星期尚须由两署召集有关各机关会商，然后提交文委上呈政务院，俟政务院认可公布后，其事乃可照办也。

六月十日，星期日。

晨携大奎、凤祥至北海公园，划船一小时。观玩陈列之盆栽，枫叶、榴花，一一可喜。出公园后门，购票入新开幕之游泳场。据云此场于国内为最大。市政府改脏臭之什刹海为清净水乡，复于其旁兴建此场，供市民游乐，大可赞扬。游泳池凡四，其一最小最浅，专供儿童用。游泳者颇不少，参观者更多。盘桓半时许而归。

午饭后一睡两小时有馀。起来后，叔老见访，遂邀云彬来共闲谈。谈及迩来将于政府各机关中重行清查各人之历史。其有隐蔽不实而无作恶行为者，期其坦白自陈。其有存心不良，有意捣乱者，则检举而治之。此事余已前闻，并知将以学习会之名义主持之，我署学习会之委员名单亦已报告于文委。叔老主以安定人心为要，勿使群相猜疑。余以为然。谈至六点半，叔老始去。

今日平伯送回余之诗稿。承其以朱书细字作眉批十数则，语多赞扬，皆深中余心。大约余之诗词，亦唯十馀首较可耳。

六月十一日，星期一。

九时，编译局汇报，仍谈翻译工作会议之筹备。刘群游苏联已归来，今日来与会。看张中行、蔡超尘二君汰存之高中语文教本材料，毕。此教本已出齐，而用者谓殊未尽善，若干材料不适当。因此须重编，汰去若干，另行新选若干。汰去尚容易，新选而得当，实大非易易也。下午三时，参加地理组之组会，谈两小时。

晚饭后，浴于松竹园。

六月十二日，星期二。

看物理稿三章。晓先与芝九同在历史组，因论工作时有争论，渐将失欢而至于隔阂。因请数同人与二人当面直谈。大抵晓先滞缓而较狭窄，芝九明快，急功好胜，皆其所病。谈两小时，似各释然，不知以后何如。

午后，杂看文件。四时，开工会基层委员会议，专论响应抗美援朝总会之三项号召。于第二项增产捐献，决组爱国增产委员会主持之。大约总署方面，能得捐献一亿元，即云不错矣。

回家，闻至善言王却尘至杭州，为人所刺。王适不在汽车中，死其警卫员。特务进攻，更见明显，必将引起过分之警惕。于是我辈出入，将更受拘束矣。

六月十三日，星期三。

上午看文件，与同人谈事，看王泗原所选工农速成中学语文教材。午睡起来，开始为《中国青年》写稿，谈作文方面之事。彼方来接洽已两月有馀，时时打电话来催，如负夙债，非了不可。然未能一气写下，得三百言即停止。

四点半，刘群为同人谈游苏观感。谓苏联人热爱我国人民，出乎渠意料之外。盖中国革命成功，其有关保卫世界和平，及迩来抗美援朝，其爱国主义与国际主义之精神，予苏联人之印象深切殊常矣。六点半讲毕。

六月十四日，星期四。

晨间参加语文组之组会。先退出，听人民出版社之汇报。王子野谓其社收稿拟极端严格，余大为赞同。汇报毕，余抽空续作昨日开头之稿，亦不过得三四百言耳。

午睡起来，出版行政会议筹备会之各小组长汇报。渐谈渐见具体。下星期内，各组均可写成参考资料及方案，供筹委会讨论。本月下旬，筹委会工作将甚紧张矣。今夕云彬等于庭中唱曲。来听者十馀人，颇热闹。

六月十五日，星期五。

上午九时，邀集有关之十馀单位之代表，座谈印刷品进口之管制办法。他们于我署所拟之办法大体同意，而提出修正处亦多。所知不同，观点互异，汇集而补充之，自较合于实际。结论为由我署据今日所谈再加修订，写成草案，分送各单位再行阅看。午后一点散会。

饭后入睡，三点始醒。起来续作昨文，亦不过得二三百字耳。傍晚，至文化俱乐部，宴请画家数人，希望他们为我之助，于教科书之绘图工作尽力。到者有王朝闻、王式廓、邵宇、古元诸君，皆今日美术界优秀人才。宴饮至九时散。

进食太饱，一夜未得好睡。

六月十六日，星期六。

晨七时起，全署及有关单位七八百同人会坐露天，听王子野作关于武训问题之报告。此问题缘有《武训传》影片问世，而誉之者甚众。有人发觉，此影片实太无意义，且有毒害，而居然有誉之者，足见理论学习并无切实之效果。于是著论批论，摘举谬误，报纸杂志，几乎满坑满谷。各机关则布置学习，视为要图。我署我社俱已讨论数星期，今日由子野针对各同志之疑问，予以解答。子野所谈，全据马列主义观点，余大体同意。十点半始毕。

我社即开编审、经理两部联席会议，估计明年春季供应各书编撰修改之期日，总之须以本年七月底毕事，乃可从容排印。

午睡起来，续作昨文。甚不顺利，仅得三百言而止。

六月十七日，星期日。

晨浴于松竹园，倚卧榻看新出《翻译通报》。午睡起来，续作昨文。得三数百言而高祖文来，因搁笔与闲谈。傍晚，晓先留高小饮，余同饮。谈苏州近事，九点始散。夜半醒来，思二官事，遂不能成眠。

六月十八日，星期一。

上午伏案看稿数种。仲仁草一文，谈注意语言文字之要，将付《新观察》。余与对面商量，为之修改。修改处仲仁皆心服。亦唯如仲仁之辈，所为文乃可为之加工。若根本不成样子者，亦无可为力矣。

午后两点半，全署及直属机构为文书工作者咸集，开座谈会。盖依文委之通知，各机关须检查其公文稿，视有无毛病，宜如何改进。余已先请文叔、季纯、建功、家霖四君阅看一部分文件，提出意见。今分类而归纳之，择要为同人讲说。同人以上级号召，均重视此事，发表意见，均愿研习。然何时可收实效，殊难言也。会以五点半散。

六月十九日，星期二。

致书于红蕉，言拟留我妹多住些时，陪侍老母。我妹拟留此，谋得一工作，自家庭妇女转为职业妇女。虽深不满于红蕉，犹不欲竟言分离。余书故如是云云，若未知有他者。

九时，编译局开局务会议，余以兼代局长为主席。谈第三季工作，共谓当以开好翻译工作会议为要。十二时散。下午看稿看文件。所积较多，看之难尽，深为怅怅。

满子为余蒸一甲鱼，以佐酒。酒罢乘凉，未能有作。

六月二十日，星期三。

上午看物理稿一章。看蔡、张二君所选高中语文教材十馀篇，大多数余皆以为不可用。诸君于选择教材皆未有把握，余自谓心知其故，然亦未能为诸君畅言之。

午后，为陈驰修改其所为文，将刊于《书报评论》者。文评三种不甚妥当之地理书，组织不周密，发挥不充畅，语言不干净，实为勉强应用之作。同人中文笔大多如此，思之深怅。与仲仁、文叔、季纯商谈，如何为同人组织学习，以叔湘所为刊载于《人民日报》之《语法修辞讲话》为资料。其事颇不易收效，然既为同人所切需，我四人亦只得任之，或须讲说，或须解答，不得辞劳。

柳湜来，谈教育社房屋问题。我社必当发展，房屋太不敷用。修建需款需空地。二者俱解决，目前京中皆大兴土木，一时亦未必能遽谈动工也。

竟日治事谈话，颇感惫困。回家酒后，欲续作文字，而甚懒矣。

六月廿一日，星期四。

今日除与人谈话及阅看文件而外，均执笔续作前文，得一千五百言，尚未完。自今阅看发出文稿，拟为之修润，期使办文书之同人大家用心，所为渐有进步。然此事殊费心思与时间也。

夜间，云彬处笛韵悠扬，又复习曲。余缮抄日间所为文，未往旁听。

六月廿二日，星期五。

上午九点，至长安大戏院，全国委员会组织之临时学习委员会邀集各机关负责人为会。此临时学习委员会实即清理委员会，将在各机关中经过学习，使政治历史有问题之人自己坦白。能坦白者虽有罪过亦从宽，其严守秘密甚且有反动行为者，终必发觉，自属罪罚难逃。总学委之下有分学委，各机关则有基层学委。总学委之主任为彭真，报告将两小时，阐明此举之意义及其进行步骤。继之有李任潮、陈叔老五六人之讲话。返署已逾十二点。

二时，开署务会议。决定翻译工作会议以九月上旬开。出版行政会议原定七月中旬开，今以所谓临时学习恐须搞一个月，行政会议延至七月杪开。五时散。复参加工会基委会之会，讨论借款及补助办法，算是确定。六点半散。

竟日开会，疲甚。

六月廿三日，星期六。

上午八时，我社编审部为全体之会。苏联人凯洛夫之《教育学》一书中谓对于教科书有六个要求，自思想政治、学科系统以至语言文字、排印形式，无不提及，甚为精要。因由灿然、文叔、云彬、季纯、余、仲仁六人各就其一项而发挥之，为同人参考之资。六人讲三小时有馀，以灿然之语为胜。灿然思想明澈，不为马列主义之八股，而精神悉合，盖自实践得来，至可钦佩。

午后三时，偕蠖生至文委。昨所称临时学习委员会，文委范围内有一分学委，各部门首长及办公厅主任大多为委员。今日开首次会议，通过各部门基层学委之名单，并定此项学习，下星期内须发动，至迟则下月二日必须发动。为期自一个月至一个半月。余于此殊无经验。据延安来之诸君言，曩在延安为此，即所谓“审干运动”，起来之后，如风卷潮涌，其紧张不下于临阵。掌握不好，易生偏差。今次鉴于前车，或可不至有不良结果。

夜间，方光焘来云彬所，共闲谈。教部召开高等教育课程改革会议，方君来出席也。

六月廿四日，星期日。

晨偕风祥至北海公园，茗于五龙亭之中间一亭。即执笔续作为《中国青年》写之一文。约两小时，得千言，文即完篇。若在家中伏案，诸人说话，小儿哭闹，始无此顺利。为之立题，曰《拿起笔来之前》，全篇四千五百言耳。

午睡起来，携大奎浴于松竹园。五点归。今日风甚大。老母入夜感不舒，困倦，似将发烧。余猜是连夕贪凉，不盖薄被之故。母年高，而畏热特甚，穿衣最少，夜间入睡，亦不肯加盖。实则深夜迄清晨，空气固甚凉也。

六月廿五日，星期一。

胡乔木作《中共的三十年》，于上星期五刊布于《人民日报》，纪念中共之卅周年。此文剖析情势，自与吾人以种种识见，而造语遣词，疏漏颇多。在号召群众留意语文之今日，且为文者为乔木，实不宜有此。因作一书寄之，径达此意，并谓我社同人方将一一举出，由文叔加以整理，送请采纳。此亦发戆之举也。

九时，开基层学委会，商量如何进行我署范围内之学习。决定为期凡五周，以今日为始，迄于七月之杪。其他各点，皆题中应有之义。谈至十一点半散。

下午看种种公文，需发出者则一一为之修改，遂无暇刻。如是办公，究竟有无意义，甚难明也。

墨新参加民主促进会，晓先新加入民盟，云彬则为总署方面民盟之主持人，今夕须为集会，共商于此次学习中，如何起模范作用。因此余与文叔先归。

老母仍有微热。略进稀饭。精神尚不委顿。

六月廿六日，星期二。

九时，署中一部分人至长安戏院。文委系统之较高级人员咸集，听胡乔木报告。乔木既已刊布其《中共的三十年》一文，今日即据其文作扼要之说明。此文将中共进行革命分为四个时期，乔木说明每一时期解决者为何，未解决者为何，成就者为何，失败者为何。自毛主席处于领导地位，即无一举不正确，其关键在七大、遵义会议。经其阐说，返观其文，更可得明确之了解。一谈至午后一时始毕，全场悦服，鼓掌不绝。

返署，未复作午睡。明晨将在署作报告，为临时学习之发端。此报告不同于平时关于语文之讲演，不宜信口而言，因执笔起讲稿。至散班时未毕。

在至诚之文工团任指导员之赵沅来，留其晚餐。谈其团之情形，谈至诚之生活状况。叔湘来，言其亲戚胡叔循在开明任助编，渠曾有国民党政府机构任事颇多。填履历表时未为详叙，今自己作思想斗争，深感苦闷，几于痫作。谋有以助之，为之解其思想上之纠结。余谓我们正将举行临时学习，提倡忠诚老实，即为解决此类问题，不意立即有一实例，使我了解此举确属切需。胡君寓所即在我寓之东，因招之来。观其容颜憔悴，目光有异，可知其为此苦闷，已非一夕。为余谈过去经历，大多任各部门秘书工作，以今日之观点衡之，亦无何种罪行。余告以坦白决无坏处，况往事皆不关重要。藏之于心，自齿至苦，向同事友好一倾吐之，即感释然之乐。履历未详，无妨重写。胡君颔首而去。满子旋至其家，据其家人言，胡君自谓今夕向余略一倾吐，即感畅适不少。此等心绪，非余向所了解也。赵沅以九点半去。

余续作讲稿，至十一时而毕。老母已不复发热。

六月廿七日，星期三。

晨七点半，余向全署及两出版社同人作报告。以写有底稿，说来颇有条理。以提倡忠诚老实、政治自觉为主旨。观听众面部表情，知其颇能契合。谈一点多钟而毕。蠖生为之补充。云彬、乔峰、刘及辰各作简短讲话，代表民主党派之意见。会历三小时而散。所谓临时学习即自今日始，每日下午四至六时为学习时间，迄于七月底乃止。

午睡起来，开出版行政会议筹备会。推出数人，整理各小组所写初步材料而研究之，修订之，期于下月上旬完毕，交筹委会讨论。出版行政会议定于下月三十日开幕，为期亦甚近矣。

四时，余参加我社文史地同人之小组，始为临时学习之座谈。讨论余今晨之报告，同人谈论皆不见深切。此小组以云彬、仲仁为组长，当谋善为主导，乃可不致蹈空。

七点，至全国委员会，讨论郭沫若向政务院所作关于学制问题之报告。十一点始散，余默听而已。

睡眠少，集会多，惫矣。

六月廿八日，星期四。

九时，开翻译工作会议筹委会。议定于九月三日开幕，一切加紧筹备。于此会议之目标为何，同人讨论甚多。细节颇有不同意见，而大纲则从同，无非使翻译工作计划化，组织化，且提高其质量而已。十二时散。

午睡起来，看文卷。四时，参加总编室与自然组合成之学习小组，此组以薰宇及墨为组长。取毛主席之《反对自由主义》一文为材料，据以讨论，亦未见深入。

七时许，狂风大作，继以雷电，而下雨殊不大。今夏尚未见大雨，干旱甚。

六月廿九日，星期五。

前日晨余所作之报告，同人数人记之，将印发与全体。昨以其汇合之稿交来，嘱为订正，余知记录之稿必无满意者，非加以修改，几同重写不可；讲话尚不可怕，可怕者修改记录稿。昨夕甚疲，不欲伏案，因嘱至善代为之，亦既花一夕之时间。今日余重复阅看，觉尚多疏漏，徐徐改之，复费半日之时间，全篇亦不过四千馀言耳。

午睡起来，杂看文卷及书稿。傍晚，偕雪村、薰宇、云彬至中山公园啜茗。目的为与予同、（郭）绍虞、（方）光焘晤叙。予同、绍虞亦为参加教部召开之课程改革会议来京。同坐者尚有振铎、伯祥、彬然、蠖生、均正。旋即会餐，谈杂事，几无止境。

天气凉，时放雨点，余体有寒意。九点半到家即睡，知将发烧。深夜果发烧，天明时有汗。

六月三十日，星期六。

晨间量体温，尚有三分热度，因不到署，卧床休养。上午几于无时不入睡，午餐后一睡，又至三点始醒。余所欠睡债甚多，今日得此酣睡，殆可有若干日之清爽。下午下雨甚大，久久不雨，今后殆将入雨季矣。

先农坛体育场有庆祝中共三十周年之大会，据云风雨不更，揣知群众必冒雨而往。六时，开收音机，大会正开幕。听刘少奇之报告，综合扼要，掌声欢呼声时作。继之为陈叔老。以下诸人之辞不复细听。唯知大会于八点即散，以雨甚，尚有十馀人准备讲话而未讲也。

七月一日，星期日。

天气如江南黄梅时节，潮湿，令人不舒。竟日无所事，午后睡一时许。六点过，到署。

七点半，署中开庆祝大会。余演说，题为“对于马列主义者之认识”。谓马列主义者为人类祖先之最忠诚之子孙。因人类以改造世界而出现于世界，马列主义者明举改造世界之两大事项，一为生产活动，一为阶级斗争。次谓马列主义者为最科学之科学家。因其于自然与社会两方面，俱重在发现规律，不取主观设想。规律发现之后，以实践验其确否，由此而逐步接近真理。末谓以上两层非仅共产党人之事，人人应为人类祖先之最忠诚之子孙，人人应为最科学之科学家。他日果臻此境，即毛主席所谓共产党消灭之时矣，而马列主义将永存。继之云彬演说。俟其辞毕，即先退。

偕墨与云彬驱车至怀仁堂，参加庆祝戏剧晚会。剧凡四。首为评戏《杀狗劝夫》，主角名新凤霞。唱时清楚正确，声音有韵味，颇可听。次为《孙行者闹龙宫》，演孙行者者体会猴子情状至佳。次为河北梆子《柜中缘》，亦不恶。末为《连环计》。郝寿臣饰董卓，叶盛兰饰吕布，杜近芳饰貂蝉，乃是不可多觏之好戏。叶之唱尤为绝胜，今日之小生无出其右，以往名小生谅亦不过如是。戏散已一点，到家就睡过一点半矣，倦甚。

七月二日，星期一。

上午八点半，临时学习会之小组长全体为会，共谈如何掌握学习，定本周之执行办法。十一点半散。下午，在室中治杂事，不复至各组参与其学习。自今日起，每日下午全为学习矣。

回家，老舍送来上海善元泰之“竹叶青”两瓶，感其美意。即开饮半瓶。文叔近来因学习而心绪不宁。渠实无甚问题，同人且一致相敬，而渠见理不明，无中生有，自找烦恼。谓在上海时有一邻居，与戴笠同乡同学，而渠时与此邻居往还。实则此人早已向上海当局说明，且现任高级干部。又谓有一表弟，在三青团为比较重要之人。但其人不知去向。文叔以为于此二人俱宜提出于众，乃为对政府之忠诚。今夕其夫人劝之，以为此殊无必要，遂致口角，二人共至云彬家。云彬劝之无效，文叔忽大哭。余不得已亦往，劝之再三。渠竟谓我破釜沉舟而来北京，为人民服务，乃尚见疑，谓我有违忠诚老实。其言真不知从何说起。继之又涕泣而言，身体衰弱，年命恐不久长，希于数年内作些佳绩。小学语文课本无甚把握，自信者为语义字典方面，如能调换工作最佳。此则见其认真之至，可为感动。直至九点过。文叔意渐平，颔首答允，不再乱想。然究竟释然与否，未可必也。

今日报载关于朝鲜战事之重要消息，联合国攻朝军之总司令李奇微发出广播，致朝鲜人民军及我国志愿军之司令，谓希望彼此举行停战会议，如获同意，将派出代表云云。同时公布我方之答复，朝鲜人民军署金日成名，我国志愿军署彭德怀名，谓同意举行停战会议，会期准备在本月十日至十五日。此举盖导源于苏联参加联合国之首席代表马立克之提议。马立克发表广播演说，谓朝鲜停战不妨商谈，双方按现状停于“三八线”为界。后经苏联方面加以阐明，谓此会议纯属军事性质，不及其他。各国闻此消息，颇为兴奋，虽想法不同，皆以为停战可能性颇大。李奇微之广播虽不提马立克之提议，亦可见美国甚欲抓住此机会，冀解其僵局也。

七月三日，星期二。

上午七点半至八点半，参加四个小组组长之联席会谈。今后每晨有此会谈，各组长报告昨日之学习情形，讨论当日之进行方法。余拟得暇则参加，否则即不参加。

下午，看季纯所改小学语文课本一册。

夜七点半，至中南海宣传部，参加其宣传会议。余以往接通知，从未出席，今料必将及朝鲜停战问题，故往一听。八时开始，由乔木作报告。谓马立克之提议，预料双方可以接受，颇为合适。美方知难而退，先提停战，实出于其迫切之愿望。我方之表示同意，一因愿望和平，原为我方所标举，二则欲竟全功，尚须大力，一时未易驱美军于朝鲜之外，苟停战议成，究可节省若干力量，用于其他方面。至于抗美援朝，不能谓之无所获，应云收获甚大。支援朝鲜，见其友爱。示美以实力，彼已确知我之不可侮。更就国内而言，缘有此举，而人民政治认识提高，爱国热情空前发皇，此实为无可衡量之收获。当然，停战而成，不过不复作战而已。政治方面尚须作种种斗争，自当赓续为之，未可稍呈松懈。乔木之言，余大多深以为然。唯我国当局前所提出文件，要求颇高，今则以“三八线”为界，双方停战。作文宣传者将如何着笔，殊觉不易解决。乔木于此点，并未有所说明，殆须俟多加研究耳。次之，党工作者、新闻工作者汇报所闻于各方之意见，反对停战者少，盲目乐观者亦有之，主张不能以是松劲者，为最有识之见解。停战问题谈毕，讨论此次“七一”宣传工作之成功与失误。报社杂志社中人俱作简短发言。余固一无所关，而乔木之重视宣传，巨细无遗，深可佩服。

到家已十一点半。与墨闲谈，过一点始入睡。

七月四日，星期三。

晨仍参加小组长之会谈。与（储）安平、（程）浩飞谈出版行政会议筹备事。改预备发布之文件。

七月五日，星期四。

看方宗熙所撰生理卫生稿若干页。改学委会向分学委会报告一周情形之底稿。此稿乃卜明所拟，不改拿不出去，一改即需两三小时之时间。以前余对于文稿皆马虎处之，看过签字即发还。今为提倡整饬文字，一一为之修订，然实难以周遍也。

下午，往文史地组听其学习讨论凡两小时。今日此组题目为对于土改之观感。

六点四十分到家，元善先在，即共饮。渠近与邵力子视察治淮工程方回，云大是可观。酒罢，云彬所笛声已起。元善往共理曲，兴致颇好。十点过乃散。

七月六日，星期五。

上午开第三十六次署务会议，谈事甚多。十一点散。下午，看张、蔡二君所选语文教材二十馀篇，大多不中意，余以为可者三五篇耳。

夜间酒后，往松竹园理发洗浴。回家已十点。

七月七日，星期六。

上午，参加语文组之组会。于中学教材，共叹选择为难，顾无解决之方。

午后三时，基层学委会开会。进行学习，已历旬日，此为第一阶段。下星期将入第二阶段，重在实践忠诚老实，交代过去之历史。下星期一上午将开小组长会议，布置组长应如何工作。下午则由余报告，鼓励大家之勇气，并排除其顾虑。余实深觉其疲，然责任所在，亦未欲卸去也。

夜间，食西瓜。今年食西瓜以昨日始。观市上陈列颇多，似今年产量不少。余爱西瓜，今年当多食之。去年瓜市方收，即期今年再食。当时似颇觉其遥远，今居然一年又过，剖食称快矣。

七月八日，星期日。

晨与三午、凤祥至北海公园，划船一小时。虽属朝阳，已感炎热，因傍岸树而行，时时停桨，藉获凉爽。啜茗于双虹榭，观文叔所汇集诸同人校出乔木《共产党的三十年》语文谬误之本子，因明日即将送与乔木，供渠作修改时之参考。

十点半返家。旋至大牌坊胡同愈之寓所，蝬生近迁居其楼下，与至美结婚，今午邀少数友好，会餐一顿，藉作公开表示。此事言之将一年，余初不以为然。最近二人又来言及。余谓结婚之事，只要二人同意，余亦何用反对。至美因于前数日搬往。今午设两席，皆至熟之人，而且夫妇共临，谈笑颇洽。

三时半，偕云彬至民盟总部，参加其座谈会，题为《陶行知与武训精神》。陶为民盟人物，今日作此讨论，亦题中应有之义。余首先被邀发言，稿子系仲仁代拟。大旨谓陶行知精神与武训精神绝不相同，二人亦绝非同型。陶实未知武训之实际情形，不过借其苦行行学一点，以自比况而已。陶宣扬武训诚属错误，但此不足以损陶之为人民教育家。末谓陶若尚在，今日必已深自检讨其错误矣。继之发言者数人，大体与余所言相近。

五点过，偕云彬先退，至中山公园来今雨轩，应大众书店之邀。此店将出版一种《语文教学》，邀诸人座谈，余见大半为熟友。共谓此志殊有需要，谈编辑方针，发言颇多。餐毕到家，已九点半。一天忙碌，甚惫。

七月九日，星期一。

八点，开学习小组长全体会议。临时学习已入第三周，以阶段言，此当是第二阶段。前一阶段为准备阶段，期诸人于讨论研究之中，启发政治之自觉性。第二阶段则为交代问题之阶段，由交代问题而表示其对于革命之忠诚老实。所谓“交代问题”系老解放区习用语，意即过去于政治历史上有不纯洁不妥当处之人，向行政方面说明，并作自己批判之谓。会中发言者不少，皆属小组长应如何领导，乃可不偏不倚，使有可交代者尽量交代之类意见。刘及辰与仲仁为小组长典型报告，各谈其组之学习情况与所获。十一点散。

下午三时，偕洛峰、卜明等至怀仁堂，总学委会邀集各基层学委会之主任及办公室主任为会，首由人事部安子文报告各机关学习之概况。次之，重工业部副部长何长工，人民银行行长南汉宸作典型报告，各言其机关学习之情况与经验。余听之多大同小异，彼之机关较我署为复杂，故可谈者较多。最后由彭真讲话，勉各机关首长亲自动手，庶可致佳果。六点四十分散。

我妹谓红蕉来信，身体不甚佳，有热度，因拟即南归。余于妹之留此本甚心喜，一则老母有伴，不致长日独坐，二则渠自己心情较为舒畅，自是佳事。今忽又即将离去，未免怅然。妹言返沪后如红蕉身体无甚问题，拟与说明，携二三两甥女来住我家，大甥女则无论考取何校，往住学校。余与墨俱深表同意，不知其能成事实否也。

灯下准备明日报告之简稿，取自己所见与他人之意凑合成之，大旨在鼓励交代问题，解释种种顾虑。身困心烦，下笔不能快，直至十二点过始毕。

七月十日，星期二。

上午八点半，集全体同人为会，余作临时学习之第二次动员报告。先阐说此次学习之目的，次言何谓自觉，复次谓此次学习盖取对朋友对同志之态度，以上数点，皆上次报告言及而不详者。继述两周学习之收获，交代问题者得八十六人，并无问题者经此次思想斗争，见识亦见提高。以后希得更多之收获，遂据种种顾虑而为之消解。讲两小时而毕。洛峰、蠖生为之补充。十二点半始散。此会精神似尚饱满。

两点半，苏联驻我国之商务代表及其国际书店驻我国之代表来访，余不能记其名。所谈为苏联所印中文版书籍在我国销售之问题。谈一小时而散，由沈颖为翻译。余遂看文件十数件，他亦不能有所为矣。

到家，即晚餐。因我妹将以明日动身，满小姐特加备菜肴佐饮。食后，散步庭中有顷，即卧床休息。日来之惫困殊甚矣。

七月十一日，星期三。

晨间，参加地理组之组会。灿然细看陈原所编初中外国地理课本，发现错误及文理不通处甚多，为地理组同人讲之，亦期其提高识力之意。陈原头脑甚乱，写作态度又不严肃，致成此劣品，实无足怪。可憾者其书业经销行，方在误人子弟，且使教师增许多麻烦。虽从今尽可能为之修订，过去之失无可逭矣。

张萃中来谈，谓中学课程标准将以明秋实施，届时希我社能供应高初中一年级之新课本。其事已甚局促，因秋季用书须于明年二月付排，而今日尚未动手定教本之提纲也。

唐铁伦（尧臣）先生来访。其人为草桥中学之手工教师，民国初年曾以苏曼殊画幅之摄影本赠余者。六十馀岁矣。为余言三十馀年来执教任事之经历，今赋闲，来京谋事，尚无把握。余殊无以慰之。

志远已自上海归来，来访。余喜编译局事可以由渠主持，余卸代理之责。

下午，全体同人均分组学习，余独看文叔、季纯二位所改小学语文课本。

到家即进餐。八时，我妹往车站返沪，由至善、满子二人送之。深冀其所拟来京同住之想法能成事实。

文叔夫妇来谈，言无关紧要之社会关系，云是交代问题。余向文叔明言，此是心理不甚健康之征，近于所谓歇斯底里。前已解释一过，今日何又复作，幸自己承认，勿复如是云云。此次学习，文叔乃生此无谓枝节，实非始料所及也。

七月十二日，星期四。

晨与云彬、文叔共谈，谓文叔胃病时作，舌苔黑厚，精神委顿，宜休息旬日，就医诊治。文叔从之。如是渠可暂不参加学习讨论，减少因疑致疾之机会。昨日洛峰来言，缘临时学习，出版行政会议尚未能作好准备。与其草草开会，无多成果，不如再予延期为善，主张将会期延至下月二十日为始。余然之。今日向各处发出函电，说明此意。

下午，教部韦副部长来访，谈关于教科书之各项问题。谓教部于我社照顾不足，联络不够，颇致歉意，望以后有所改进。谈约两小时而去。

看辞书社写定之字典稿，有所见即记之于纸，期再加考虑。

七月十三日，星期五。

上午续看字典稿，又看文件多种，酌加修改。今晨本觉头脑昏沉，浑身酸楚，至十点过而头痛益剧，集中于后脑，几乎不能坐。遂往平日午睡之卧室休卧。以头痛，虽卧而不得安睡，稍一蒙眬，旋即醒来。中午未进餐，下午头痛稍已，卧看新收到之翻译书《美国之世界扩张》。此书系一美国人所写，叙美国之帝国主义之想法与做法甚详。匆匆一过，大略终篇。

仍以放工时刻返家。酒罢即睡，吃西瓜复起。深夜接我妹来电报，已安抵上海，大甥女亦多将于后日到京，考此间之高级中学。

七月十四日，星期六。

上午改同人所为书评一篇，看文件数起。十时左右又觉不舒，视昨日较轻，亦即任之。

下午，三个学习小组联合为会，听汪量、孟希贤二人之典型报告。汪曾参加汪记蒋记之国民党，在华大学习时经过思想斗争，忠诚坦白，组织绝不歧视，且益亲切信任。孟与国民党一小特务结婚，其夫逃往台湾，初不欲告人，并期其夫之回来。后经心理苦闷而入于澈悟，始于前三月向人事处明言，近且向法院办妥离婚。渠述其心理甚真切，可为小说材料。因此二人之报告，复有一瞿姓同志自言原为共党，被捕后曾写悔过书，为过去之污点。五点散。

三午放暑假，今日自学校搬回。小学二年级修毕，成绩尚可，下学期为三年生矣。

七月十五日，星期日。

晨出外理发洗澡。回家，至善往车站迎其表妹亦多已先到。亦多从未出门，居然独自来北京，亦复可喜。

叔老来，共坐云彬处闲谈。谈及自前年共载北来，在烟台登岸，以迄于今，凡谈话、集会、参观、娱乐，无一非受教育。当初不自觉，及今思之，我人之思想认识，颇有改变，皆从此所谓受教育致之。又谓“为人民服务”一语，粗看似甚平常，做事无害而有益于公众，斯可已。察其精，则为人民必须舍小我，遗其家乃至遗其身，臻于“忘我”之境，乃为服务之极致。此亦深造有得之言也。又论朝鲜停战及世界前途，叔老所见皆有据。

中午，满子添备菜肴，吃面，为夏师母遥祝七十寿。餐毕，余睡两小时。伯祥闻余身体不舒，特来视余，在云彬处共谈。既而渠偕晓先往访介泉。刘湖深夫妇偕来，意欲余致书其父，劝其自海外归来。延陵久处南洋，不悉国内情形，渠于政治，向亦不甚明白，以余一书之劝而遽归国，恐无是理。但谓湖深，得暇当姑作一书附去。留二人晚餐。伯祥拉介泉而来，即共饮。酒罢，共坐中庭闲话，品今日方到之上虞绿茶，月亮徐上，意颇适然。九点半散。

七月十六日，星期一。

九时，基层学委会开第四次会议。决定自本星期始，于交代问题而其问题并不严重者，加以研究之后，即由行政负责同志与之谈话，告以其所交代，自属可信，今后彼此信赖，幸努力工作云云。对于交代问题而尚须研究者，则致力于调查研究，稍迟作结论。对于有材料存于人事处，而其人故作无事，尚不肯忠诚老实者，则多方设法，打破其顾虑。十一点半散。

下午暑甚，精神委顿，看新到各种杂志，他无所作。

夜间食罢西瓜早睡。天气热，有少数蚊虫相扰，竟夜未得酣睡。

七月十七日，星期二。

上午九时，邀建功、家霖、季纯、仲仁四人会谈标点符号之用法。缘政务院将发布关于公文之规定，其中有一附件言标点符号用法，他们认为举例不尽合式，又无说明，嘱余为之重行草拟，因请四人会谈，收集意见。谈三小时许，余略有把握。因定由余起草，草成后再请诸人共观，提意见修改。午睡起来，即开始起草。余认定句号、逗号、顿号、分号、冒号皆表示说话时各种之停顿，说时之停顿，书写时即为各种符号。他如问号，余认为一句问话完了之表示。此等意见，一般谈标点符号者皆未尝言也。至于放工，仅将句号写完，得稿两纸有馀。

夜眠仍不佳。虽燃蚊烟香亦无效。殆是用心作文之故。以余之精力，恐不宜用心作文矣。

七月十八日，星期三。

竟日作稿，仅得四纸，谈逗号、顿号毕。仅抽少量时间看文件而已。

热甚，然有风。夜眠仍不酣。

七月十九日，星期四。

续作昨稿，又得四纸，谈分号、冒号毕。为此颇觉有兴，而疲劳亦难耐。

午后三时，苏联商务代表米葛诺夫又来访，谈久而未决之我国翻译苏联书，与其国际图书公司订合同事。我方不拟采此方式，告此进行此类协议，须遵循正式外交途径云云。谈一时许而去。此人来访两次，预以电话约定时间，届时到来，殊无差爽。虽为庸行，亦我人所宜效法也。

七月二十日，星期五。

仍续作昨文。竟日亦仅得四纸，谈引号、括号毕。心思集中于此事，头脑昏昏，夜不得安眠。然欲求其安适，须俟全文作毕始可也。

七月廿一日，星期六。

上午九时，开基层学委会，讨论如何深入，如何为已交代问题者作结论。大家发言颇零碎，会罢与会前无殊，未有具体办法得到。唯谓下星期二，再由余作一次报告耳。

午后二时，文委分学委会假政务院会议厅开扩大会议。周扬作报告，叙述三四星期来之学习情况，提出工作大要数点。他们在延安做过“整风”“审干”工作，经验颇多，故言之能头头是道。继之，教育部一人，新华社一人，各言其处布置学习之情形。余听之，觉他们比我署认真，能想种种办法。七时散。

夜间未能续作昨稿，仅就已成之稿加以修改，亦复至十一点后。

七月廿二日，星期日。

晨至北海公园，坐漪澜堂啜茗，续作标点符号之说明。初甚安静，既而游客纷至，茶座几满，人声嘈杂，不复能思索，遂离去，仅得稿一页有半耳。

午睡起来，芷芬来谈。傍晚张贡三来，言在中盐公司工作，颇不得意，欲谋改图。余亦无以慰之。仲仁来，劝文叔夫妇不要神经过敏，自寻烦恼，此次学习，与他们两人可云无直接之关系。谈次，文叔又哭泣。渠亦自知此是心理上之病态，然而不能自已。

九时，仲仁去，余重行作稿。至十一时，全稿完毕，凡二十多页，题名《标点符号用例略说》。

七月廿三日，星期一。

整理昨夕完成之稿付抄。

九时，开小组长联席会，由灿然作报告。谓此次学习，不宜存差不多主义，以为交代问题者已差不多，可以罢手。宜更求深入，已交代者期其彻底，心存顾虑而不肯交代者，期其彻悟而交代。又于今后小组长宜如何工作，提出具体办法颇多。灿然有延安之经验，故能若是。下午，少数人来谈，亦无非关于学习之事。

夜间饭毕，出外理发洗澡。天气大热，竟夜不能安眠，蒙眬之中，时时挥扇。

七月廿四日，星期二。

竟日谈关于学习之事。已交代问题而可以作结论者，今日须将材料整理清楚，并与当面言明，以便明日在全体大会上宣布。明日余当作报告，下午，灿然为余提供若干意思，蠖生为余写若干讲稿，皆敦促同志，交代不彻底者须求彻底，应交代而未交代者尽速交代，庶几此届学习，可得美满之佳果。

夜间酒后，即据二人之意，以己意排比之，贯穿之。或用原稿，或为重写。事虽非难，亦迄十二点而始完工。疲惫殊甚。

七月廿五日，星期三。

晨间与少数同人会商。已作结论者，属于一般问题者四十九人，属于政治性问题者二十二人，皆可当众宣布，此辈历史已交代清楚，行政方面致其信任。八点半，开全体大会。余据昨夕之稿作报告，历一点有四十分钟而毕。卜明继之，宣布已作结论之人数及姓名事由。语毕，大家鼓掌，此辈表现其忠诚老实，以此致祝贺。又有杜大纲、牛平青两人演说，述其于此届学习所体会者。牛为陶大镛之夫人，条理清澈，语言完整，殊非常才。大会以十一点散。

午睡起来，看字典稿若干条。各学习小组皆开会，讨论余今日之报告。

七月廿六日，星期四。

仍看字典稿。

余之《标点符号用例略说》托开明同人沈永清缮写蜡纸。沈之写蜡纸可谓圣手，字体端正，行款匀称，观之悦目，故特托之。今日缮印竣事，得二十份，阅之乃无一错误。即以两份送政务院秘书厅，并以其馀分送署中、社中友好。彬然、灿然咸谓盍发表之以供众览，余谓如得政务院同意，自可发表。

入夜得雨，但不畅。空气沉闷，热汗不止。

七月廿七日，星期五。

仍看字典稿。报载中朝与联合国双方代表讨论停战，于昨日已就议程一项取得协议。此后即当据已得协议之议程逐一讨论。中朝本提出外国军队必须退出朝鲜一项须列入议程，联合国方面坚持反对。今之协议，不列此项，仅谓双方就此向政府提出建议而已。

午后睡醒，与墨共食西瓜。每日于夜间食瓜，今日向合作社买三枚，拟排日食之。今年瓜多，且好。据云近郊向不种瓜之农民多种瓜。殆以其为“生地瓜”，故好。傍晚，偕墨及乔峰夫人等往文化部探（沈）雁冰夫人之病。雁冰夫人于旬日前患脑充血，入医院数日，今始归来。据云实为血管痉挛，在医院放血二百西西即愈。今后须极端静养，心思及饮食起居各方面，均须避免刺激。药物治疗则殊无可靠之方云。谈半时许而归。

七月廿八日，星期六。

批阅文件，杂看书报，无复他事。

七月廿九日，星期日。

竟日未出。天气转凉，颇饶睡意。上午睡一时许，午后睡两时许。

上午均正来谈，言开明人手无多，延人不易，预定出版之字数，逐月不逮其半。旧书皆须修改乃可重版，而看出何处应修改须人力，动手修改亦须人力，均无充分之配备。余亦无以慰之。

下午三点半叔湘来。渠观余所谈标点符号，以为简而赅，切于用。杂谈语文方面事。谓近闻北京上著言，“和”与“跟”皆北京口语，三四十年前说“和”者多，近年则“跟”有取“和”而代之之势。“叫”与“让”亦然，以前多说“叫”，近年多说“让”。如此之变迁，必积年留心，乃可察知。苟于若干重要虚字均能知其递变，则大有用矣。五点过，叔湘去。

天油然作云，而雨不至，殆降于近地。天气益凉，早睡，酣。

七月三十日，星期一。

九时，开第六次基层学委会议。为求深入起见，学习运动决定延长一星期，至下星期二止。明日需开大会报告此事，希望在最后一个星期内续有所获。

下午，取《标点符号用例略说》酌加修改，缘文叔与叔湘均指出其小疵。高祖文来电话，谓政务院秘书厅于余此稿有所商量，嘱渠来面谈。余请其今夕即来。到家少顷，祖文便至，与共饮。渠述政务院于此稿大体满意，唯为使全国文书人员均能学习，均能应用，希望更求通俗浅显。又谓说明中摘举毛主席使用符号有误，此不妥，宜更换例句。又谓例句中引鲁翁之语数则，此皆文艺之作，为一般干部所弗习，还宜改用文件、公文之例。余于第一点，答以所叙已甚浅明，习者但能细心观看，必不致弗解。至于摘举毛氏有误，虽毛氏未必不以为然，而影响不好，自当更换例句。鲁翁语不适用，亦当更换。至此，修改工作重在另找例句，虽为数不过七八，而得其当者未可仓卒致。余希望政务院能相助，以期早日定稿。酒罢，祖文又杂谈他事，九点半去。

七月卅一日，星期二。

晨八时，开全体大会，由余报告学习运动延长一周之所以。并报告人民出版社有裴荫桢者，昨为公安部拘去。此人以前有反革命行动，材料夙为我署所掌握，颇期其能忠诚坦白，于内部解决。而待之五周，终于执迷不悟。于是公安部不能再待，拘去而另作处理。余谓对于此人，吾人抱甚深之惋惜。其所以致此，良由不明了政府之政策方针，不了解此次学习运动之宗旨之故。继由蠖生详述此人之经过。今日之会历时最短，一点有馀即散。唯于鼓励大家更求忠诚老实，殆颇有作用。

十时，偕沈颖往访米葛诺夫，告以我政府之意，愿与苏联订一双边之协议，凡书籍彼此翻译，同样处理。并谓此意已由外交部副部长伍修权通知苏联大使云。坐约二十分钟而归。

下午找寻例句，修改说明之文字。翻检颇多，所获有限。预计本星期内，未必能全篇改毕。而政务院需此甚亟，谓将于下星期公布也。

七点半，至青年宫，参加人民解放军建军二十四周年之庆祝大会。朱总司令、郭沫若二人讲话。继之为若干单位向朱总司令献花献旗。乐声大作，掌声和之，朱笑容可掬。军中之制造厂献军用马托脚踏车二辆为最有意义。据报告一切皆由自造，不假外求，试其性能，亦均优良。休息一刻钟而后，上演歌剧《长征》，系李伯钊所撰，叙红军二万五千里长征故事。语言皆成唱句，其调子殊平简，然亦不易听清。台上时时有许多人，位次无规律，感其杂乱。此类戏剧若由学校演出，亦复不恶，以剧团演之，则未能满人意。凡三幕九场，布景甚费时间，而绘制殊佳。余观至第一幕终，已十一时，即先退。

到家与墨闲谈，入睡逾十二时矣。

八月一日，星期三。

晨与四组之小组长会谈。灿然谈研究各人之材料，须注意若干点。其言可以通用于一般之知人论世，实为思想方法之经验谈。此君之可佩在此。会谈毕，看文卷杂件。与建功谈少顷。

下午，写明日演讲之摘要，又是语文教师暑期讲习会矣。余若好好准备，可以讲得较好，然未能好好准备，摘要亦不过随想随写，甚少条理也。

八月二日，星期四。

晨往羊市大街三女中为中学教师作演讲。以为时尚早，往北海公园小憩。水面笼轻烟，树色葱翠，静境可喜。三女中校舍原为帝王庙，规制甚宏。大殿题“景德崇圣殿”。帝王之办法甚可玩味，让历代帝王受一份香烟，实亦为巩固其自己之地位。观其曰“德”曰“圣”，可以见矣。讲演会即在大殿举行，到五百馀人。讲题系文教局中人据诸教师之意见而定，谈各种文体之特点，及指导写作与文体之关系。余信口而谈，自觉不甚有条理。而话中颇有若干见到之言，为听者所欣会，此观听众之面部表情可以知之。一谈历四小时，尚不甚疲，唯觉腿酸而已。

返署进餐，即入睡。起来仍修改标点符号一稿。建功为余找得若干例句，选而用之。

八月三日，星期五。

上午八时始，开署务会议。谈加紧筹备出版行政会议。会期在本月二十，相距甚近，必须于下星期集中人力筹备，乃可济事。又谈翻译工作会议。志远谓原定九月三日开幕，今料不及，势须延期。延至何时，今暂不定。会至十点半散。

下午三时，列席政务院政务会议。今日有公安部部长罗瑞卿关于镇压反革命之总结报告，故各部门首长均来参加。罗谓迄今为止，已拘捕反革命一百六十万人，处决者五十馀万人，在押而未处理者百馀万人。此举得当而必要，人民政权因而巩固。一般坏人遭镇压，民愤可平，人民真正翻身抬头。今后将暂停拘捕与处决，以数月之时间从事清理。缘美蒋犹在策动，镇压反革命宜为经常之工作，且须教育人民，俾共同认此为自己之事。关于判处死刑者，近定“缓刑二年，劳动改造，以观后效”之办法，将择适当者而施之。其罪不至死者，亦一律令参加劳动。唯人数众多，端绪繁复，尚须详为研究，乃可实现。罗报告历两小时许。既而多人发表意见，大家拥护其报告。末了周总理作结论。谓镇压反革命绝异于以往朝代之翦除异己。今之革命乃在改造社会，自须消灭一部分绝不可改造者，而后可以改造其外之大部分人。周据处决五十馀万之数加以说明。谓其中土匪将近二十万，恶霸与反动会道门分子占十五万以上，特务间谍亦十馀万。此辈皆国人皆曰可杀者也。周辞毕，时已九点。列席者咸退，政务会议尚有他案讨论。

余到家进食，与墨及晓先闲谈，入睡已十二时。

八月四日，星期六。

竟日作修补标点符号一文之工作。重抄、添注、涂改、剪贴，至于傍晚，仅毕半篇。

天气大热，汗出不止。酒罢往松竹园理发洗浴。锅炉坏，候一时许，乃得热水。蚊虫滋生渐多。夜间虽点蚊香，而中夜即烬。余周身被叮十馀处，大痒，不得好睡。

八月五日，星期日。

晨携亦多、三午、大奎、凤祥往北海。划船一小时，闲行半周，而归。

有张姓四川青年，新毕业于新闻学校者，来谈四川近况。土匪已肃清。物产须往外流，开展交通为当务之急。农民忙于土地改革，猪及菜蔬输出较少，因而肉价、菜蔬价与北京相并，前此固较北京便宜得多也。

下午，陆梦生、联棠、昆仲来。梦生自上海来京，为结束文光书店北京办事处。承渠馈赠茶叶一罐。文叔来闲谈。渠在家休养已兼旬，而胃病殊不见好。谓明日将到社工作。观其身体瘦弱，精神委顿，怅然无可为慰。渠自认性情病怯弱，此次学习，彼此批评，实即思想斗争，虽理智方面以为宜然，而感情方面乃不堪受，故致心理失常，哭泣不自禁。此言大概得其真际，然余向所不及知也。

今日仍续改标点符号一文，补作应加之处，迄于夜十一点，仅得千字。天气仍酷热。

八月六日，星期一。

仍修改标点符号一文，已改好之部分缮录之。午后三点，偕（沈）志远、沈颖、蠖生往外交部，晤伍修权副部长。既而米葛诺夫应外交部之约至，因共谈。三面言明，为中苏两国互译书籍出版，拟专订一协定，不及其他。米表示当向莫斯科请示，俟得回音即来答复。谈约半小时返署，重复伏案。

八月七日，星期二。

仍继续为修改工作。九点开基层学委会，大致讨论学习运动至今日结束，而工作未了，今后应如何布置，庶几不致草率了事。

下午，彭子冈以记者名义，来采访关于本届教科书供应情况。谈起渠为记者已多年，近颇思更换工作，若能于出版社方面服务，实为深望。余告以我教育出版社及开明两方面均需人，以彼之才能，皆可见容。最后谓再当从长考虑。俟其去，重复伏案。夜间亦挥汗执笔，尚有一小段未了。

八月八日，星期三。

八时以前，将标点符号一文改完，送与高祖文。此事消费余二十天之时间与精力。今日完了，心头一松。

九点，开小组长联席会议，余宣布学习运动完了而工作未完之旨。灿然继之，讲两点。一点为调查研究及作结论之方法，甚见精密，可悟处事看问题之思想方法。一点为经过此次学习，大家在思想方面有所进步，宜求有以巩固之。其或认识未谛，强为忠诚老实，宜求有以纠正之。此两点甚切要，灿然的是可佩。

下午三时，到政务院，郭沫若召开座谈会，讨论政务院所拟关于改革学制之决定。改革学制，本拟由中央人民政府公布，今改为由政务院以决定之形式公布之。余默听多人发言，有深有见地者，亦有不知当前教育为何事者，同为政府中人，而所见所识相去甚远。会至七点散。政院之开会，发言者必繁杂其词，一问题动须谈数小时，余甚苦之。

八月九日，星期四。

上午，祝志澄来谈新华印刷厂召开之印刷工作会议，示余以几种调整与扩充之方案，此次会议主要议题即属此。又示余以渠之报告底稿，嘱为修润。俟其去，即动手修润，至午刻完毕。

下午未作甚事。灿然、云彬、仲仁来闲谈，共感我社人手缺少，工作不紧张，必须设法改善，然亦无具体办法可言。

夜间得阵雨，不大，而空气稍凉。今夕始用席。一夏未用，今已入秋，连夕不可耐，乃始用之。

八月十日，星期五。

晨八点又开全体大会，于此次学习运动作简短结论，又号召大家检举反革命，以今日一日为期。末由卜明报告已作结论者五十人之姓名。历一点半而散。

下午三时至政务院，列席政务会议。讨论题仍为前日座谈之改革学制之决定。文教方面人员多所说明，继之发言者甚众，最后由周氏作结通过，已九点过矣。

到家进餐，入睡已逾十一点。

八月十一日，星期六。

晨请适夷为全体同人讲志愿军后勤部队之英勇故事。余为开场白即退出，主持出版行政会议之筹备会。今日皆商讨会中应行提出之文件，同于集体作文，原稿颇草草，改之甚费心力。上午集会四点半钟，下午集谈五点半钟，已草成之各件，尚未能全部改毕也。

到家已八点半，倦甚。母亲患肠炎，如厕十数次，昨日发烧，今日已退，精神略委顿。

八月十二日，星期日。

晨至松竹园理发洗澡。即归。母亲仍卧休。墨之生日将届，今日多买此小菜，中午吃面。食后余入睡将两小时，起来时精神较爽。今日母亲仍卧休。

八月十三日，星期一。

九点，基层学委会开会。经过此次学习，大家于政治认识有所增进，宜续有布置，乃可使所增进者巩固而且深入。决定先由小组长提出各组同人之思想情形，俟汇合而整理之，择其主要之若干点，预备讲说，并取对症之参考文件供众学习。会至十点三刻散。续开出版行政会议筹备会，讨论者仅管理出版印刷发行业之条例一件，全部仅十三条，而亦费时不少，至下午一点半始毕。

匆匆吃饭，即驱车出城，至新华印刷厂。今日全国新华印刷厂工作会议开幕。新华厂为国营企业，应领导其他印刷业，故会中讨论者，将为全国之书版印刷工厂。去年出版会议之际，鉴于印刷业之不景气，决议中曾有一项，不得盲目扩充。今时隔十个月，情形已大不同，出版物大量增加，印刷能力非谋调整与扩充不可，此次会议之主要题目即为调理与扩充。两点半开会，祝志澄致开幕辞。余继之致辞，就蠖生为余预备之简要稿子加以敷陈，谈约半点多钟。次之蠖生演说，以后尚有六七人。六点散，全体照相，然后会餐。

八点到家。疲甚，早睡。

八月十四日，星期二。

看积压之文卷多件。看文叔、季纯二位选辑之高小语文教材十馀篇，详细提出意见送还之。午后，看字典稿一大叠，亦提出不少意见。连日开会，今日伏案看稿件，虽亦不闲，颇觉有味，此可见我之性情于编审工作为宜。

到家，知母亲又有所困，周身发风疹块，痒不可当。

八点半，李晓舫、罗玉君夫妇二人来访。李于今春由科学院邀往佘山天文台工作。据云国内习天文通法文者，唯彼一人。余谓人称其事，最为理想。此次物理学会开会，故偕玉君同来。玉君自谓文学教师不易作，前途出路殊难。此人能力本平常，于文学所知颇少，法文翻译，造诣亦浅。余含糊应之而已。

夜深下雨，雨季至此方开始，空气潮湿，余所深惧。

八月十五日，星期三。

晨间蠖生、洛峰来告，昨夕与乔木会谈出版行政会议事。乔木主张此会欲其开好，宜兼邀各地区之宣传部长以及公营出版社、新华书店总分店之负责人，俾与出版行政机关配合，方可达到推进出版事业之目的。为须添加与会人员，会期又须延后，改于本月二十七日开幕。

看字典稿约两百张，均提意见。

今日竟日雨。到家时庭中积水，由风祥负之而过。大气转凉，夜眠盖棉被。

八月十六日，星期四。

转晴，风来觉爽，已成秋气。

治杂事，看文卷，与同人谈事，写复信数通。傍晚，业馀学校假满开学。余为讲依新定之学制，业馀学校亦属正规学校之义。讲话者甚多。报告上学期成绩，风祥居然考列初小班第三名，得奖品。散会已十点。

到家饮酒食饭，十二时睡。

八月十七日，星期五。

八时开出版行政会议筹备会，通过两种条例之草案，商定出席列席名单、主席团名单、会众分组办法。

午后，与墨食白皮西瓜一个。瓤亦白色，颇佳。此间西瓜，黑皮黄瓤者多，味亦不恶。在北京食瓜，大体不坏，较之上海为胜。上海之瓜来源不一，种类至多，苟遇劣种，实感不耐。

看文叔所撰语文课文数篇。灿然、蝬生、云彬来谈统战部拟请云彬往杭州主持民主同盟事。余谓教育出版社中坚极弱，不宜抽出云彬。以云彬之才能而论，亦未必宜于党派活动，故以婉谢为当。云彬亦自言不欲往。此事须再与各方商量。伏老来闲谈，历一时许。

夜间月色绝佳，碧天薄云，玩之久久。今日为中元节，北海放焰火，其声可闻。

八月十八日，星期六。

治杂事，谈杂务。祖文将《标点符号用法》最后一次校样送来，立即看过一遍，因而牺牲了午卧。作稿改稿，复继之以校对，积习如此，亦复可笑。总之一切喜欢自己动手，不甚信任人家，此是手工业作风也。

四点半，集社中编审部同人及署中少数同人，为讲新定之学制。略谓此是新民主阶段初步之学制，一方面适应现状，一方面规定将来之发展方向。有特点数项：教育为工农开门；尽量顾及国家建设；全面的教育与专业的教育并重，等等。谈一点四十分而散，自谓阐发未见透彻。

八月十九日，星期日。

晨出修发洗浴。念当此清秋，游散无适宜之地（公园与颐和园等处，细思亦无多意义），走访无可念之友，忽大动无聊之感。午睡起来，食瓜后仍感无聊。墨主往访元善夫妇，余亦以为尚佳，遂往。共谈两小时。元善在政务院本不须参加临时学习，然亦自叙其五十九年之历史，为自动之交代。示余以其稿，约五六千言，甚扼要笃实。晚饭后听至善开留声机片数张，皆小提琴曲。早睡。

八月二十日，星期一。

看各种教本之修订本。与仲仁、灿然、云彬谈云彬离此去往浙江一事。云彬昨听沈衡老之言，意有所动，颇思易地。余谓以人民教育出版社之立场言，自不能赞同此举。以余个人之见而言，仅觉感情上不甚舒服，然不肯谓云彬绝不能离去，余固无强制他人之权也。

下午，仍看杂件。明日又须作报告，名曰“思想总结学习的启发”，蠖生为余起一稿，观之，略加补充，其意盖欲使同人巩固其所得于临时学习者。

大奎以今日始入幼稚园。此园仅留幼儿半日于园，大奎为上午班。

八月廿一日，星期二。

晨八点，全部同人会集，余为报告。历两小时而毕。

袁昌英来访。其女在编译局，近发现有肺病，将携之返珞珈山休养。午后，看字典稿一叠。

夜接我妹电，以今日携两甥女动身，后日上午可到。

八月廿二日，星期三。

九时，开教育出版社社务会议。少甫报告暑假已满，各地学校将开学，教科书之供应，居然及时。此是两年以来第一届之及时，可记也。明年暑后将实施新定之学制，各级之初学年须有新课本，而中学之课程标准拟而未定，小学之课程标准尚未拟议，我社遂无从依据。按印造方面言，此项书本须于明年二月杪发排，距今仅六个月。柳湜亦深感其局促，然谓教部实未能匆遽确定各科之标准云。谈及增加人力，柳谓各处电调，有两人可致，其他则尚渺茫。余谓云彬且须去此，增难而减易，颇感怅惘云。又谈房屋问题、改进教本之质量问题等。十二点半散。

三点半，至怀仁堂，听周总理报告。缘有专业会议八个要求听报告，遂组织此会，听众特多，据云将二千人。报告分五个小题：(一) 停战谈判与美英操持对日和约，(二) 国防建设为我国头等要务，(三) 巩固人民民主专政，(四) 巩固财政，(五) 新定之学制与培养人才。周氏宏通博识，随意发挥，无不得要。七点四十分始毕。

余到家徐徐饮酒进食，以舒久坐听讲之困倦。

八月廿三日，星期四。

晨作一书致教部四位部长，希望将其部之一所房屋原办工农速成中学者拨于我社。教部早日尝为我社设法房屋，故往求之。据柳湜之言，则此屋准备改作招待所云。

至善、至美以汽车往车站迎我妹，旋至美来告，已送往家中。忽胡赞平来访，欣然握手。渠在西南新闻出版处任秘书，此次随其处长来参加出版行政会议。谈成都所识诸人近况，坐半小时许而去。

下午，看字典稿两叠。灿然、云彬、仲仁来共商编审部调整薪水，历两小时而毕。教育出版社原与出版总署同，薪水以小米数计算，今改成与一般企业机构同，以折实单位数计算。原小米五斤改为一个折实单位，其实得货币数可以略多。又据新决定之薪给标准表，若改折之数为表中所无有（非各级之规定数），则略与提高，至规定数，此亦可以略有所增益。此次复视工作能力之强者，均予增加，期可借资鼓励，奏绩更佳。

晚七时半，署中学习班开学。今定设两班，一为政治经济学班，一为中国革命问题班，号召仅三数日，报名者各逾一百五十人。墨亦参加革命问题班。学习方式，每星期讲授一次，两小时，馀则分组自学讨论。估计如此方式，成效将胜于以往之专凭自学讨论。余为讲话，举毛主席之语，期大家“有的放矢”，即所以学习，在于射中国革命之“的”。仅二十分钟而毕。

驱车回家，我妹与两甥女欢呼于中庭。大家方候余等共进晚餐。

八月廿四日，星期五。

晨看字典稿一叠，看修订发排稿数种。教部自西北调来我社之刘御同志来访。渠向在老区任编辑工作，望其貌，听其言，似为笃实之人。坐半小时许而去。

看文卷数件。下午亦看杂件，殊未得休。

夜间饭后食西瓜，时令已过，瓜太熟，味不鲜洁。只得俟明年再吃矣。余于西瓜有深爱，今年食之较多，然今与为别，犹感恋恋。

八月廿五日，星期六。

八点半开出版行政会议筹备会，会期即届，一切均须安排停当。散会即开始修润各部分凑合而成之报告讲稿，此稿由余口讲，并须刊布，原稿殊草草，非修润不可。凡十八纸，将二万言，以余改文之速度，恐须十五小时，方可蒇事。

下午三时，开基层学委会，讨论四十馀人之处理问题，有登记、登记管制、判刑数项，视问题之轻重而定。决定之后，尚须经分学委之批准云。散会复改文，迄于散班，仅改三纸而已。

到家，饮我妹携来之绍酒。酒罢复伏案，迄于十一点，又改了三纸。

八月廿六日，星期日。

上午七时半到署，在家不能静心，仍以在署改稿为便。午刻与蠖生对饮，饮罢复伏案。迄于五点，共改八纸。精神已委顿甚，只得暂休。

至松竹园洗澡。回家饭罢复改，至十一时终篇，疲极。

八月廿七日，星期一。

今日出版行政会议开幕，借贡院干部学校之礼堂。八点过开。乔峰作开幕辞。郭沫若以文委主任名义讲话。次之，由余据所改稿子作报告。一讲四小时，至午后一点四十分毕。相当疲劳。又与蠖生对饮。饭罢入睡，起来已五点。

七点半，全体与会者聚餐。取简省办法，即在署中食堂举行，菜由厨房承办。八点半，开主席团会议。各组报告今日下午讨论余之报告之大概情形。诸人多以为将就出版事业作全盘检讨，实则此次会议之主要企图在提高出版物之质量。灿然、蠖生皆说明此点。会散已十一点矣。

八月廿八日，星期二。

上午，杂看书报。会众分组讨论，继续昨日之事，余未参加。王泗原来，谈其所编工农中学语文教本之注释本。

午后三点半，仍如昨日假干部学校礼堂为大会，请乔木作报告，总题为“改进出版工作的几个问题”。分四段：（一）宣传马克思主义，（二）计划性与一定的质量，（三）印刷发行方面之问题，（四）党的领导。渠谓提高质量，先宜求之于公营出版社。缘公营出版社之出版物，供应量占百分之八十几，影响特大。且公营者不为表率，亦无以领导私营。此意甚卓。会以六点半散。

会众即以夜间及明日上午，将乔木与余之报告合并讨论。余不复参加，径归。今日犹有馀困，早睡。

八月廿九日，星期三。

看《时代》终刊号，其中译苏联《真理报》严格批评其文艺、戏剧、电影之文章。一切以人民的利益国家的利益为准，大可为我们取法。

十时，集社中各组负责者为会，讨论教部提出于初等教育会议中之“小学规程”及“小学课程标准”。初等教育会议现方开会，我社由仲仁为代表前往参加。我们所得之意见，将汇而书之，以教育出版社之名义提出。讨论两个小时，仅发其端而已。

下午三时，辞书社开社务会议。小字典初稿早成，现加以修订，进度甚缓，求其加速，拟调整同人之工作，然亦未必保证其必快。此外讨论事务方面问题，至五点半而毕。余又参加“小学规程”之讨论，于开宗明义数条有所修改。明日将分组讨论语文、算术、自然、历史、地理之课程标准。夜七点半，主席团会议，七组之人汇报讨论余与乔木之报告之情形，语皆甚长。十点四十分始散。又惫甚。

八月三十日，星期四。

八时半起，听来会代表之典型报告。中南区二人，一谈其区之出版行政工作，谓重点在教育农民。农民得了土地，群知共产党与人民政府好。唯于工人阶级为领导阶级之旨，殊不领会，非及早以明显易晓之理启发之不可。一人谈广州检查进口书刊情形。美帝国主义，国民党，反动宗教机关均有大量刊物自广州进口，技巧甚多。出版行政机关与作斗争，亦颇用心力。华东区二人，一谈上海私营出版业情况。私营出版来集中于上海，凡三百多家，有较认真者，有唯利是图者。行政手段未必能收大效，宜重在团结改造，助其发展。此只能徐徐为之，未可骤致。一人谈通俗读物之编辑，以《镇压反革命图解通俗本》为例。此书销行至九百馀万册，工农方面均表欢迎，为通俗读物成功之作。十二点半散。余坐听四个钟头，浑身酸楚，其困甚于开口讲说。

下午三时，参加语文组之组会，讨论小学语文课程标准草案。结果推文叔、季纯二位书之，向教部提出。晚间仍有主席团之会，余请假径归。

八月卅一日，星期五。

上午与灿然邀各组组长商量调整薪给。最后作决定，凡工作成绩较好，工作态度不坏之人，此次增加有差。仅绝少部分人不加耳。

午后三点，胡绳向会众作报告，谈人民出版社之情况，兼及如何增进工作效率，提高出版物质量。其意尚可，而发挥不甚透彻。今晚请会众观京剧，剧目甚佳，多久不登台之老艺人出场。余以惮于迟睡，放弃未往。酒罢早睡。

九月一日，星期六。

今日分区讨论所拟之各种方案条例。余未参加，在室中治杂务。图书馆与图书期刊司布置一小型展览，供会众参考，邀余先往一观。此展览陈列各区较好与较坏之书，平平者不列，有说明书，予以褒贬，不啻一份书报评论也。午后，亦仅看各种文卷，未为他事。

放工后，邀（胡）赞平、伏园到我家小饮，预约杨人楩已先到。买黄酒五斤，味颇醇，徐徐饮之。赞平谈成都解放前后情形及土改时期情形，很有可听。十时散。

九月二日，星期日。

晨以八时起，可谓甚晏。精神不振，旋复偃卧。许昂若来访，与共坐云彬处闲谈。芷芬在晓先处午饭，饭后与闲谈一时许。

出至松竹园洗浴。七点，偕墨往北京饭店，越南民主共和国六周年纪念，外交代表团开招待会。与乔峰夫妇、洪深夫妇同桌而坐。越南方面致辞之后，我方刘少奇副主席致辞。余饮酒颇不少，各种酒皆不烈，未醉。九点过，散。

九月三日，星期一。

九时，开主席团会议。明日下午会议闭幕，将由余作结论，今日先讨论结论之提纲。提纲由灿然起草，一一加以研究。并将分发与会众，请大家亦提意见，俾事前修改。如是之开会方式，可谓周妥之至。

午后三点半，至勤政殿，列席政府委员会第十二次会议。周总理作外交报告，讲二事。一为朝鲜停战谈判，二为美英召开旧金山会议，操纵对日和约。陈云副总理作财政报告，讲三点。一谓今年收入增，支出亦增，虽不坏，然仍紧。二谓今年农产估计可云丰收，然旱灾水灾仍不小，旱灾又重于水灾。因其旱，又有蝗灾与棉蚜虫之灾。三谓工商业普遍上升，然进展不平衡。陈君理财，大有办法，处处顾到，估计审慎，殆可谓精通理论之典型。次之通过关于法院之条例三件。七点散会，会餐于怀仁堂。

餐后毕为戏剧晚会。先由少数民族贸易会议、卫生会议之代表向毛主席献旗。乐声掌声大作。旗子张挂满台。献品复有狐皮、哈达等。代表各衣其服式，形形色色，甚为可观。九点，戏开场，为评剧《牛郎织女》，吴祖光编，新凤霞主演。吴与新凤霞方结婚，据云即以编导此戏而生情。此戏珠无意义，但新凤霞之唱功实在好，清楚，有韵味。十一点半散。

惫甚，唯其惫，久久不得入睡。

我妹由振铎介绍于革命博物馆任事，今日往接洽，即可开始工作。馆在武英殿，职务之管库房，每日七点到，下午六点散。距离甚远，早出晚归，未知能习惯否。至于其事，则甚为清闲也。

九月四日，星期二。

上午仍开主席团会议，各组汇报讨论各种方案、条例、办法之情况。次讨论结论提纲，诸人均提出修正补充意见。会散，与灿然再就提纲研讨，确定应如何措辞立论。忽接全国委员会电话，谓今日下午愈之自重庆飞回，嘱以车往机场迎候。余因须作结论，不能往，请墨代之。

三点，准时举行出版行政会议闭幕式。先由马夷老以文委副主任名义讲话。次即余之结论。计讲两小时，自觉未能满意，发挥多未畅达。会散，全体照相。是时愈之适到署，以途中疲劳，径回寓所。照相毕，往晤愈之。据云参加土改工作虽劳，而精神身体俱佳，思想认识方面尤有所获。坐少顷，即往中山公园来今雨轩，十七个公营出版企业单位宴请会议之全体代表。先茗饮，七时后开宴。

宴罢即归，早睡。

今日三午入校上学，始为小学三年级生。我妹以晨六点出门，晚归则七点二十分，出门比我们早，回来比我们迟。三个甥女皆入学。大甥女在五一女中高中部，不算远。二甥女在石驸马大街一私立女中，最远，晨出与其母同行。三甥女在六条一私立小学，最近。母女俱出之后，留家仅一女佣阿妹而已。

九月五日，星期三。

上午治杂事，写信数通。午后二时，集全体代表为欢送茶会，借此可使诸人与愈之会晤。愈之谈话一时许，其中一点甚重要。略谓此次外出，深感国家与人民进步之速。我人从事文教工作，理宜与之俱进，而实际远为落后。是非加紧自己之修炼，多多与群众联系不可。会以三点四十分散。

回家饭罢仍早睡。积困颇多，总感疲乏，不知何日始克快爽也。

九月六日，星期四。

星期一在勤政殿与乔木接席。渠谓余之《标点符号用法》宜发布于报纸，提出小节数端，嘱余考虑修订。今日据其所称究讨，改易增补三四处，即以修订本寄与之。看文卷若干件。午后看字典稿。

傍晚至萃华楼，应市文联之邀宴。作主人者有老舍、赵树理、李伯钊、端木蕻良等人。客亦多熟友。饮啖甚适。九点半归。

今日竟日细雨，天气转凉，夜盖薄丝棉被。

九月七日，星期五。

明日将与教育社编审部同人讲话，旨在肯定我社所出之书质量不高，错误颇多，思想政治性不强。期望大家共想办法，订定切用之制度，养成新鲜之作风，使以后得以逐步改进。今日起讲稿之草，竟日而毕，大约可讲两小时。

中午，至至美所吃蟹，蟹虽小，已结实。渠报名参加土改（我署去十馀人），旬日内即将动身，地区大概在华东。共谓土改一举为空前绝后之事，能得参加，于思想及实践均有裨益，自宜踊跃以赴也。

九月八日，星期六。

八点半，编审部同人为会。余讲昨日预备之稿，听者似动容。仲仁继之，转述钱俊瑞在初教会议中所讲"教育工作中之思想领导"。所谈与我人在出版行政会议中所说之精神相合，于我社工作人员颇有受用。

饭后，到伯祥家，而伯祥在店中。缘知渠近经医生检查，血压较高，因而戒酒戒烟，意兴阑珊，故往访之。坐少顷，步行至开明，晤伯祥。据谓血压高尚不严重，医生谓其心脏翕张甚强，尤为可虑。近听伏园之言，购服成药"芦丁"。闲谈至两点半返署。

三点，工会基委会开会。照章我们一批委员任期于本月下旬届满，须谋结束半年内之工作，作成报告，以资交代。同时即须筹备改选第二届委员，今日商量提出一参考名单。鉴于第一届委员行政方面人较多，"政工不分"，原为工会所戒，今经我署试办半年，益证明其不妥，故所拟名单，旧人保留绝少。又议其他事数端，五点散。

胡赞平来言，明日将离此赴沪，购置书物，然后返蓉。余邀之到我家小饮，进杨梅烧，谈甚适。九点半，赞平去，后会未知在何日也。

九月九日，星期日。

八时，携甥女怡、修及大奎、凤祥往北海。自后门入，气清风爽，意欲适然。观鹿囿，入儿童运动场令修及大奎玩运动具。于是买舟泛海，先指五龙亭，次绕行一周，而后登岸。啜茗于通宁斋。十一点半归。

中午吃蟹，雪村夫人、密小姐、蠖生、至美、张沛霖同饮。今年之蟹不如去年之多而肥，殆以干旱之故。一睡醒来，已三点。六点，偕墨探视雁冰夫人，他们二人已外出。遂至元善所。知元善明日将参加东北水灾视察团往东北，两星期后归。七点，至北京饭店，庆祝保加利亚解放七周年。九点归。

九月十日，星期一。

看字典稿，又看文卷及其他杂件。

看报纸，知美英主持之对日和约已经签字，旧金山会议即告结束。此次参加会议者，连日本在内，共五十二国。苏联代表开始即谓和约之条文宜在会中详细讨论，并谓无我国代表参加之会议，订定和约即无多意义。波兰与捷克代表皆以斯言为至当。而美英则谓条文业经协商于前，今日只须签字。又为防止反对国家之阻挠，制定横蛮之议事规则，每一代表发言不得逾一小时，一人发言之后，须俟其他代表周遍发言，方可再度发言。然苏联及波、捷三国已在此限定时间内将所取态度说明，俾世界人周知之，此即和平民主阵营方面之鲜明标识。签字之际，苏、波、捷三国代表当然不参加，故与日本签订和约者凡四十八国。苏联、印度与我国俱不在内。即此三国而言，已占全世界总人口之一半矣。日本签此和约，实际上为任美国驱遣之合法化，美军可以驻在其境内，若干军事基地须供美国使用，武装可以重建，为美国效命。苏联代表谓此非趋于和平之约，乃趋于战争之约，诚非危词耸听也。

傍晚，与辞书社全体同人会餐于萃华楼，为此社成立一周年之纪念。九点半散。

九月十一日，星期二。

乔木于《标点符号用法》又提数点意见，今日据以补订，重抄一本付与之。一壁伏案抄写，一壁听历史组同人开组会，稍稍参加讨论。

午后睡甚美。近二三日来均有此感觉，酣适视夜眠为胜。醒来晴光明眼，窗外碧天与清风，令心意舒爽。诗人往往有“睡味清”之语，今始会之渠意。四时许忽作阵雨，雨中杂雹块，有如桂圆大者。此恐有害于棉。

雨止，至石驸马大街经理部，为同人讲话，亦无非谓我社之书，印刷之质量亦差，须共谋订定制度，培养作风，始克有进云云。谈一点钟有馀而毕。

经理部新建房屋即将完工，凡三层，拾级观之。屋不甚宽，尚不能尽容经理部现有之人员。电灯装置较嫌其讲究。

七点后到家。我妹购蟹相饷，余食三枚。

九月十二日，星期三。

上午九时，应教部之招，往参加其座谈会。到者皆各地区之教育行政当局，来京参加初等教育、师范教育会议者。首先谈增加我社人力之问题。马部长致辞后，由余略述我社情况，所出书未能满意，人手不足，改进为难。然后提出最低限度须增若干人。钱部长即请各地区分别担任，从其干部中抽调来京，全力集中于完成教科书。诸人或首先应命，或陈说困难，或则谓尚须回去考虑，对于余所提出人数，一时凑集已足。此为教部关顾我社之重要一举。十一时半，谈此事已毕，先行退出。与灿然、仲仁共谈，以如此方式集人，是否妥当，大可研讨。各人意想中，对于编辑工作，对于胜任编辑之人才，认识未必一致。若来而不适于用，非唯无济于事，且转为负累。灿然主张先研究备调人员之材料，乃作决定，此自是审慎之计。

下午，李光家来访，系中宣部自山东调来，参加我社工作者。其人任教师将二十年，作过编辑工作，或能于语文组大有助。又，上午在教部始识辛安亭，原任甘肃教育厅厅长，教部招之来我社，拟请任副总编辑。

李君去，余修改上星期二闭幕式中讲辞之记录稿。当日余据提纲发言，稍嫌其乱，因而记录颇不成样，打字得五纸，观之深觉惭愧。修改迄于下班，仅得一纸而已。

晚饭后，至松竹园理发洗澡。

九月十三日，星期四。

今日继续修改讲稿。灿然昨参加《人民日报》之座谈会，讨论避免书刊错误之办法。《人民日报》已成立检查组，就排成之清样分人各按某一项目检查，颇有成效。灿然述其情形告同人，我社当可仿行。午后未入睡，仍事修改，迄于散班，仅得一纸有半而已。虽云修改，实同重写，故不能速。复兼批阅文卷，亦须若干时间。

九月十四日，星期五。

上午仍修改讲稿记录，仍未毕。午后二时，至中山公园，人民美术出版社假其地开成立大会。人民美术出版社由萨空了、朱丹为正副社长，今年四月始正式筹备，出版各种画刊、画幅及连环图画等。资金由我署与新闻总署拨出。工作人员现有一百十馀人。三时开会，愈之、周扬先讲话，次及于我，以下为蝼生及新闻摄影局副局长某君，而终之以空了之概况报告。讲毕已六点半。于是至来今雨轩中餐部会餐。客甚众，凡十馀席。八点半归。

今年梨甚多，至嫩，价便宜，葡萄亦丰产。今夕，食此二物颇不少。

九月十五日，星期六。

续改记录稿，十一时改毕，即付打字，将请同人修订。

午刻，至至美所午餐，小饮。她明日将动身，指定地区在安徽，于蚌埠下车。又兼今日为中秋，添菜数色。其甲鱼爊鸡一味至佳。

下午，治杂务。

夜间至美等来共餐。我妹亲制芙蓉蟹，共赏中秋。

九月十六日，星期日。

今日人不甚爽适。头部左角作痛，时时一抽，虽不剧，亦复无聊。竟日卧休，上午下午俱入睡甚深，可见其疲。大好秋光，无可适，又无可访，卧而遣之，至为不值得。重读老舍之《龙须沟》剧本一遍，翻观新出版之《米丘林选集》。

九月十七日，星期一。

上下午俱在署中开会，讨究出版会议中提出之方案、办法、决定等件。当时各组均有意见，或增或删，或为补充，记录之而未加整理。迄乎会毕，乃分别由同人据以修改原草案。今日即讨论此项修改稿，在署中通过而后，即送往文委，请其审核。竟日商谈，各件仍未能遍及也。

北大周祖谟君前日索余之《标点符号用法》，今得其复书，感其知音，录之于下："其中最扼要最中肯綮者为指明句号以下七种符号系根据语言之停顿而设；语言中有种种不同之停顿，则符号亦因之有异。环顾坊间所出论标点符号各书，未有能洞察及此者。尊著首先提出，使人人了此胜义，可谓沾溉无穷矣。"余之稿本印出后，能明乎此者，人数不超过五人也。

今日偏头痛依然，益之以全身筋络不适，体内忽寒忽热，似将病作。到家晚饭罢即就睡，墨为余按摩两腿，大觉舒适。

九月十八日，星期二。

上午开翻译会议筹备会。决定此会于十一月五日开始，为期一周。主要为激励译家认真工作，为提高译品之质量而奋斗。制定翻译计划，亦为提高之一因素。十一时半散。

下午修改昨日所议之方案数件。看方宗熙所撰植物稿若干页，为之修润。

夜八时，至怀仁堂。今夕举行"加强国际和平"斯大林奖金授奖典礼。得奖者为宋庆龄，代表委员会授奖者为苏联作家爱伦堡与智利诗人聂鲁达。此二人皆委员会之委员。八时半开始。郭沫若为主席，致辞。次爱伦堡致辞。

次宣读委员会授奖与宋之决定。于是授奖。次宋致辞。次聂鲁达致辞。次彭真致辞。说中国话者，皆另有人翻为俄语。外国话则翻为中国话。爱伦堡与聂鲁达之语至可听，聂之讲辞为诗体，意境皆佳。郭、宋、彭三人之词皆近八股。宋本能以英文写文章，颇不坏，今夕所讲，殆非出于其自己之手笔。其实保卫和平，反抗侵略，亦无非如许意思。而一则言之娓娓，一则类似公式，盖深思不深思、抽象与具象之判也。奖金数为十万卢布，郭当场宣布，宋愿以之用于中国儿童与妇女之福利事业。全场大鼓掌。十时半礼毕。休息二十分，演《石秀探庄》《游园惊梦》两剧。梅氏父子之游园，言做工则不坏，言唱功似尚未到家。散场到家，已一点有半矣。

今日头痛略愈，仍偶尔抽痛。疲困仍未减。

九月十九日，星期三。

九时，集九个出版社之负责人开座谈会，其中七个皆属公营，私营者仅商务、开明两家而已。先由王子野报告人民出版社所出书籍发生种种错误之情形，并谈致误之由及以后改辙之方法。次仲仁谈我社之教本，其中错误亦多，思之不寒而栗。次朱丹谈美术出版社出版之各种美术出版物，亦复时有误谬。余因就我署所拟之规定，与众谈一稿成书之必经程序。末言今日到场之九家如能大家认真，即可转移风气，导出版界趋于正轨。十二时半散。

二时半，至北京饭店，文联欢迎爱伦堡、聂鲁达二人，开座谈会。三时，爱氏先讲话。初用法语，两人译之，皆不能达。改用俄语，刘群译之。苏联使馆中人某君听之，起言彼不能同意此种翻译，因达爱氏之意实为如何如何。其中国话甚不坏，听其意，虽不通俄语者，亦知其吻合爱氏之意。于是众请此君译毕爱氏之言。此事实为我国之羞。准备了翻译工作者与大学教师（陈占元），为之翻译，竟不能胜其任，则译界与教育界可以想见矣。爱氏之言亦平常，谓创作非有迫切之愿望与成熟之构思，不宜妄作。多知多识，深入生活，最为切要。此亦我人所恒言，唯爱氏表达其意，颇有艺术方法耳。聂氏讲话时，清华一法文教师来，其人翻译尚可，聂氏说一句，渠译一句，似能达其意。聂氏系一革命诗人，强调以诗为斗争之武器。词毕，有人提若干问题请二人答复。五时散。

仍返署，与仲仁谈社事。本预备晚饭后即睡，但闲谈、洗足，亦迟至十点始睡。

九月二十日，星期四。

八点半，与编审部同人谈话。明年春季用书，应于七月底发出付排或付

有意见提出。

集安亭、薰宇、灿然、仲仁为会，讨论张腾霄所编《教育概论》。校样已成，究竟要否出版。此稿以抄集诸书而成，体例不纯，品质凡下。经柳湜匆匆翻过，以为可供师范学校之用，即予收下。社中觉其不妥，由陈侠为之整理，亦不过大略检查其引用出处而已。今清样已成，即可付印，灿然鉴于近方号召提高出版物之质量，乃提出而为讨论。谈半小时，未能作决。最后决定再请柳湜详加权衡，如此之书，可否流行于社会间，且供师范学生研读。薰宇提出近观人民出版社转我社之一稿，系翻译苏联之微积分学，亦已排成清样，页数甚多，而错误百出，非唯不通数学，亦且不谙常识，考其译者，则浙江大学之数学教授也。如此之译本，当然不能出版。察其致此之由，殆是译者居移译之名，实际翻译工作则由劣手为之，移译既成，未加审核，即谋出版。中国科学院第观译者为谁，不察译品如何，贸然介于编译局。编译局轻信科学院，贸然发交人民出版社。人民出版社见介绍重重，以为可靠，即付排版。今日所究论关于二书稿之事，皆见作者之间，各机关之间，于出版一事，态度甚不严肃，大违我人所称提高出版物质量之旨。欲求纠正此风，俾趋于正轨，亦大需斗争也。

午后三时，苏联米葛诺夫来访，仍言两国订立互翻书稿合同事。渠欲我们提出具体条款，作为将来双方正式代表讨论之依据。余答以可试拟之。谈三刻钟而去。

夜间食蟹，余啖两枚，已颇结实。与晓先共读其重编之高小历史第三册之课文，随即修正其文辞。工作两小时，看过半册。

九月廿六日，星期三。

看方宗熙所改写之植物教本一课。看蔡超尘、张中行二人注释之高中文选四篇。改晓先之高小历史两课。此外则杂看文卷信稿。六点过，小饮于蝬生所。

七点，至文化宫，青年团支部欢迎新来我署参加工作之十七人，兼迎往四川参加土改回来之同志数人。余讲话，略告新来者我署所事为何。

八时，至愈之家，同人十数人陆续至。候愈之回来，漫谈明年出版方面之计划，并及后年为始之五年奋斗目标。我国之建设五年计划，大致须于后年始。从无计划而趋于有计划，各方面皆须准备，而明年将为准备之时期。今夕所谈，大意为出版计划，数字与质量须兼顾。无数字即不克准备物质条件，确定财务开支。单有数字而不及内容与质量，则提高出版物之说无由实现。谈至十二时始散。余倦甚。

九月廿七日，星期四。

上午，与洛峰、蠖生重行研讨行政会议中所起之条例、决定等稿，由余再加修润。每修毕一份，随付打字印刷，备明日署务会议作最后决定。午后，改余于开幕日所作报告之稿，依据洛峰、灿然等所提之意见，迄放工尚未完篇。竟日作此一事，无非欲早日组成一份会议之文件，一方面呈报上级，一方面印发各地出版行政机构，俾有所依据。

到家，吃蟹两枚佐酒。姚韵漪自松江来，暂住文叔处，将参加我社工作。

今日得《毛泽东选集》精装本第一册。排校、印刷、装帧均讲究，可谓近来出版物中之上品。此书凡四卷，陆续出版，今年未必能出齐也。

九月廿八日，星期五。

八时半开署务会议，讨论昨日修改之各项文件。会中又有若干修改，至十二点过方全部通过。即付缮印，备送呈文委。

午后写明日往中央团校为其训练班讲记叙文写作之提纲。愈之、洛峰来谈，遂未完工。晚饭后续成之。又修改余在闭幕时所作结论之一节，系愈之所指出，余亦认为必须修改者。本谓需时颇多，而一挥即就，出乎初料。

九月廿九日，星期六。

晨在家候中央团校来迎。九点过，车方至。到即开讲。地点在其新建之礼堂，听众座位作阶级式，听众殆逾五百人。余讲两小时有馀，似颇令听者满意。十一点三刻返署，愈之、洛峰、蠖生、伯林四人匆匆忙忙正在商量明年出版工作之计划要点。

饭后，即伏案看各种杂件。少甫来谈，渠将往上海住一个月，并往广州、汉口等地视察印造情况，与余商量有关各事。又看稿件数种，发还编者。明年春季供应之书，其编稿或改稿应于七月底发清，以种种原因，拖延至今日始发清。人手少，工作方法不善，计划往往不克执行。

仲仁、灿然来谈，谓春季供应书稿既发清，下月须商量整顿组织，订立制度，期检查已出各书之缺点，确保新编各书之有所改进。定于下星期四开编审部部务会议，集众人共谋之。

七时，偕墨至北京饭店，参加六个人民团体主持之中餐招待会，欢迎来华参加国庆节典礼之外宾。此次国庆，友好各国派代表团来者颇多。七时半宴会开始，凡五十馀席。沫若致欢迎辞。席间各代表团均有一人起立致辞，请全体干杯。以印度代表之语最为恳切激昂。新中国在世界之威望，于国际友人间最易见出：此为游历国外者之恒言。今夕情形亦可以证斯言之不谬。

诸人致辞，均非广泛应酬语，盖中国革命之胜利，已坚定他国人民之信心矣。十时席散。共至青年宫观杂技。车技、耍坛子，转碟子等数节最胜，此辈演员皆游历国外而载誉归来者。原为江湖卖艺者流，不登大雅之堂，今亦翻身矣。十二点半散。倦甚。

九月三十日，星期日。

竟日未作何事，聊资懒散。午后睡一觉，将近三小时。平伯来谈，坐半时许而去。

秋风已厉，而空气澄清，殊爽。

十月一日，星期一。

八点半到署，会愈之、兹九，将同往天安门庆祝国庆。以为时尚早，共往访（徐）伯昕。伯昕方从大连养病回来，余与首次晤面。其病为神经衰弱，不得安眠，不能用心思。大连方面医院为日本人立下之基础，今留有日本医生，并有苏联医生。治疗经三月有馀，尚为三个阶段之第一阶段。病略见好，已能睡四五小时。

九点三刻，登天安门城楼。今年前面广场排列军人队伍，不多而整齐殊甚，观瞻又胜于去年。十时，毛主席到，典礼开始。先由朱总司令阅兵，发布告全体解放军之命令。于是军队列队而过。今年取精简之办法，每一兵种，皆见一斑。武器中不见美式配备。有火箭炮一种，为初见，人多不之识。正规军队之后，殿以民兵一队，恐亦为我国所仅有。次之，为游行队伍。少年儿童队为首，工人农民次之，他则机关团体，文艺大队，各级学校，殿以市民队伍。三点半完毕。此次国外人士及国内工农战士代表来观者多于往年，热情洋溢，“毛主席万岁”之声不绝。

余到家休息，早进晚餐，以至善、满子等皆须携小儿往天安门游观。

入夜，余与凤祥出门步行，游人甚众。至四牌楼而折回。八点半，探照灯射空，光线二十馀道，甚好看。闻放花炮声，而风向不顺，全不能望见。记去年固在庭中见之。九点过即睡，出游者尚未归来。如亦多与阿琰，均准备在天安门游乐终宵，她们谓是“狂欢之夜”也。

十月二日，星期二。

晨至松竹园理发洗澡。十点过回家，辛安亭、刘御二位来访，在文叔所谈。皆言昨日天安门所见，群众如何热烈，部队如何齐整云云。饭后，至伯祥所闲谈。伯祥昨亦往观礼，颇为兴奋。连带言及今日之政府，其治事精神与指挥如意，叹为自古以来所未有。五点归。

夜间早睡，昨日疲劳，甚需多所休息也。

十月三日，星期三。

竟日治杂事，看字典稿，看新到杂志。将放工之时，往语文组，参加其组会。云彬既去，此组以刘御任组长。商量最近期内谋编小学语文本，第一册于明年二月底完成，暑假后供新制小学一年级生之用。以后九册，逐次编出，以余估计，殆须两年竣事。此一套课本必须有教授书，为小学教师之助。其第一册亦当于明年二月完成。此外则重编高中语文本，修订初中语文本。二者之中，重编高中语文本较难。选材既非易，作注提问题亦颇生涩，任其事者，今有蔡超尘、张中行、李光家、姚韵漪四人。数人之想法未趋一致，下手亦精粗不齐。余拙于指说，偶有所见，亦未能倾筐出之。欲求推动而入于轨道，良非易事也。

夜间仍早睡。今夕怀仁堂有京剧晚会，余惮于熬夜，送还其入场券。

十月四日，星期四。

上午看杂件。十时，与愈之、洛峰、蝼生共谈，商如何于下星期往文委，作关于出版行政会议之报告。兼谈及本年第四季度之工作要点，约为贯彻出版行政会议之方针，订种种具体办法，筹备出版《图书评论》，召开少数主要出版社之会议等项。此数项皆环绕于提高出版物质量之中心也。

午后二时，驱车至教育部，中宣部假其地举行学术演讲会。主讲者为苏联尤金博士。三点半，尤金至，即开讲。讲题为“斯大林语言学论文与社会科学之关系”。斯氏去年尝发表一文论语言学，因论语言学而及于社会科学种种基本问题。此文影响于苏联学术界者甚大，各学科专家皆据以检讨其本科之成就与缺失。尤金谓斯氏此文至重要，发展了马克思主义。所谓上层建筑源于经济基础。经济基础也者，非谓生产，非谓种种技术，乃谓生产资料属于孰一阶级也。故经济基础改变，上层建筑亦随之改变，而生产与技术则传遗下去。次言社会科学属于上层建筑范围，自然科学则否。自然科学研究之对象，乃自然之规律，无所谓阶级性，万有引力对于任何阶级均为万有引力。唯科学家则必属于某一阶级。自其阶级观点出发，解释与运用科学，遂不免有所不同。尤金之言多重复，译者虽尚可，听之究不甚明澈。其讲稿不日将发布于报端，当观之。七点散。

灿然、大镛同车归，即留二人小饮，闲谈将两小时，甚适。

十月五日，星期五。

八时半，编审部开部务会议。教部有韦老及中等初等教育司三位同志来参加，盖关心教科书之情形也。首由余报告出版行政会议中“提高出版物质量”之主要精神，历时一点有半。次由各组组长报告明年春季供应各书之编写修改情形，以及明年秋季供应各书之计划准备情形。新定学制既经颁布，中小学课程标准大部已有草案，从明年秋季始，各级学校将自一年级始实行新学制、新标准。小学一年级之语文、算术两种非有不可，且均须随出教授书，供教师为教学之依据。初高中则未能各科全有新本。经与教部诸君商量，力能成新编本，则明秋用新编本。其不及有新编本之学科，则仍用旧本，后年秋季始供应新本。会以午后一点散。

饭毕，即动手修润蠖生所起草之向文委报告出版行政会议经过之稿。此是今时通例，凡于会议报告一事，必书之分发与会诸人。报告者往往循诵一过，其于书面所列而外别有发挥者甚少见。与会者目视文字，耳听语言，如语文课学生听教师读文。以余之感觉，甚觉其无聊。苟报告者能用简要有力之活语言作报告，情形即大不相同矣。余改文如作文，亦不能迅速。蠖生之稿仅三千言，一改即费五小时有馀，且始终未间断也。

夜间八点半，皆墨与满子观电影于大华。片名《锦绣河山》，盖我国各大城市解放后之纪录片。分数部分。首为长江旅行，摄三峡甚多，城市则有重庆、武汉、南京三处。次为上海。又次为杭州。又次为江西大庾。又次为广州。而殿以北京。大部分地区余皆曾到过，观之如重游一番，兴颇不浅。十一点半就睡，疲劳甚。

十月六日，星期六。

上午埋头理杂事。

午后二时，偕蠖生往文委，出席委务会议。首讨论文委向全国委员会第三次会议所作报告之提纲，盖全国委员会将于本月中旬开会也。报告已拟有初稿，复经乔木重拟一提纲，供会众比较，究以何者为当。讨论结果，共认乔木之提纲为佳，多说明理由，少列举数字，使听众可以了解文教工作之全貌及准备努力之方向，而不致枯燥乏味，听而欲睡。

次之，余作关于出版行政工作会议之报告，历一小时。乔木就余之报告而为说明，谓此中有两要点，带有革命性。一为无论何种著作，何人之著作，编辑有提意见与修订之权，编辑向读者负责。一为私人出版家之不负责任，投机取巧者，将设法予以取缔。为提高出版物之质量计，此二事确属应行。但施行之际必将引起若干风波，故必须审慎出之。乔木之言，盖引起今日到会诸人之注意，期大家多所考虑。至此即散会，对于此事之讨论，留待下次会议为之。

十月七日，星期日。

晨偕凤祥至北海。于鹿囿见牡鹿之角如树枝脱皮，丝条牵挂，殊为难看。鹿角入秋蜕皮，于余为新知识。自漪澜堂前买舟，泛舟一小时，四望澄清，秋光至美。

出北海，至文化俱乐部全国委员会报到处报到。十一时回家。午后一睡将三小时。起来看凤祥删剔庭前树枝。海棠二株，丁香一株，皆去其下层之细枝条。据云海棠欲其开花繁茂，尚须删其顶层之嫩枝。以无高梯，无由着手。

夜间，约元善夫妇来小叙，为元善祝六十寿。二人迟至七点过始至，饮绍酒，谈甚欢。谈至十点半，二人去。

十月八日，星期一。

上午与语文组编中学书之诸君会谈。商定高中授文言以一年级始。期其教学有效，拟规定每周授文言一节。李光家、姚韵漪皆方离教师岗位者，据云一般中学生皆惮学文言。余谓既规定高中需学文言，即不宜迁就学生，应说服学生使认真学习。此外谈选材之分量，则谓我社旧本分量较多，每学期未能授毕，今后宜减少。又谈语法修辞如何教授，如何编排教材。余谓拟与叔湘一商之，约同人明日共访清华。

午后，写一信致冬官服务机关之负责同志。冬官已四个月未有来信。红蕉函电俱发，迄不得复。余亦尝去信，嘱其来信慰乃母，而亦杳然。我妹为此牵念不已，至于不得安眠。究以何故，揣测种种，均未能决。今致一书于其领导人，或可得知究竟。然其机关通信址为一信箱号码，未知余书果能达领导人之手否也。

看发文稿多起，酌加修改。与仲仁、灿然谈社事约一小时。

十月九日，星期二。

上午与灿然、仲仁、安亭、薰宇四位谈社务。商量分工与学习两个问题。安亭任副社长，将多顾及各单位之开会，以及同人各方面之情形。编辑方面，分科照顾。余为语文，安亭为历史，灿然为地理，薰宇为理科。学习拟求其简化而有效。政治学习，鼓励同人共选“中国革命问题”。业务学习，拟即开语文一门。至于临时之时事政策学习，视其难易繁简为断，能少花时间为妙。

饭后，偕文叔、仲仁、（蔡）超尘三位驱车出城，往清华园访叔湘。在叔湘处小坐，共往颐和园，茗于长廊。盖欲请教于叔湘，关于语文本中语法如何编辑。小学教本自可不谈语法，但如何将各种句式循次安排，亦为语法之事。初中高中均有语法，如何有所区别，大需考虑。谈三小时，五人意见本相近，甚洽。叔湘将于细思之后，略书大纲相示。非星期日，颐和园至清静。晴光一湖，山色耸翠，殊爽胸怀。

六点过到家。饭罢，改蝼生为余所拟临时学习之总结报告。此事拖延已久，近日一切处理已了，应开大会作总结。改至十点半毕。

此次临时学习中，检出有较重要之政治问题者，处理之情形如次：由公安部门拘去法办者三人，由法院判罪缓期执行者一人，送新生公学劳动改造者一人，登记交我署代为管制者二人，登记而别无其他惩治者十五人。

十月十日，星期三。

上午写信数封。全国委员会承应毛主席之号召，发动机关党派人员于今冬明春参加土改，其数为六千至七千人。日来方事填表申请，建功与萧家霖夫妇皆于今日填具，由余签字认可。余亦于昨日填表，注明恐不克参加工作，而愿往参观。地区则希望为华东或西南。苟参观者人多而额少，余亦不欲争取，任其自然——此意固未曾注明也。

姚绍华来，谈中华书局一部分编辑人员将迁移来京，几种期刊将在京出版。又言《辞海》一书方在修改，而有若干问题，不易解决。所有旧书，拟从事整理，汰其不适用者，亦未易着手。

下午，灿然言《毛泽东选集》定于后日正式出版，此是一大事件，宜为庆祝。后经数人共商，决定开一小型之会，凡参加其书之出版工作者与会，共论此书出版方面之事，亦复有提高出版物质量之用意。此书于后日在全国各大城市同时发行，报纸发消息，党报刊载同样之社论。以后殆将有遍及全国之学习运动。唯印刷力量有限，随印随装随发售，恐有供不应求之势。欲购而向隅者，必将失望，怨及出版发行机构，而出版总署之事遂多矣。

十月十一日，星期四。

上午集会，讨论翻译会议与会之人选。此亦大有经纶。翻译机关须视其规模如何，规模较好者，则请其派出代表。个人则视其有代表性与否，译品多，一般口碑好，则请其出席。个人之中，以从事文艺翻译者为多。而今后须重视科技财经，不需太多之文艺翻译。究竟从事科技财经之翻译者翳谁，我人莫能举其名，则请各地出版行政机关推定之。全体与会者之人凡百四十人上下，不日即可发出通知。

下午二时，教育出版社各负责人为会，继续讨论上星期五未竟之议题。凡论二事。一为商定检查书稿编写及其质量之制度。二为组织各小组会，分别商定有关编务之各项办法。对于第一题，由仲仁提出，谓检查分定时、定量、定质三点为之，具体办法则为商定计划，书之于表格，按项检查。各组组长须注意于初步之审读，然后由副总编辑审读，由专人分项核对所用之材料。对于第二题，组成六个小组，讨论标点符号之用法、同字异体之取舍、书版格式之规定等项，皆于下星期内开会，制定方案，以供应用。我社成立将一年，至于今日，方着手制定规制，有草创之象。良以以前但知赶急应付，期于有书可供应，不遑及其他。而余之无为而治之夙习，亦施延之要因也。会以五点半散。

张允和从上海来，贻余绍酒两瓶。回家，与至善共饮半瓶。饭罢，晓先来，余为改其高小历史本五课。

十月十二日，星期五。

上午开《图书评论》编委会。将于明年始，我署出此月刊，指导读书，以书评为主，兼以指导出版工作，目的亦在提高出版物之质量。共商每期必有一中心，今须预定全年各期之中心，分别征稿。中心须与明年全国之出版计划与宣传要项相配合，不单就编此月刊而为设想。每一文篇，须经多人审核，分项检查，乃可作数。我署既提倡期刊之计划化，编辑之严肃作风，自己办期刊，自当树之典范。所难于解决者，目前能作书评者无多，欲得有分量之文篇，至不易耳。

午后二时，开《毛泽东选集》出版庆祝会，到者将二百人。愈之首致辞，次之编委会田家英报告编辑情形。选集凡四卷，今出版者为第一卷。各篇取舍，经毛氏审慎考虑，存录者复亲加修订校阅，多者六七遍，少者亦两遍。田谓于此第一卷中，可见毛氏思想之发展，及以后种种规划之基础。次由人民出版社中人报告排校此书之经过，新华厂中人报告印刷此书之经过，新华书店中人报告发行此书之种种布置。此三方面皆视此事为重大任务，想尽办法，务期尽善尽美。因而特订若干工作制度，创造若干工作方法，皆可以提高今后之出版工作。今就成品而言，此卷无一错字，唯有三四字，如“種子”“種籽”，“梭標”“梭镖”，“名副其實”“名符其實”，前后用字不统一。印成单片皆经检查，故无污页、摺皱页。订成后复经检查，故无缺页错简。邮局以新制邮袋装运，书店人员取携皆戴新手套，以保持封面之整洁。凡此种种，皆见精到，尤可见对于毛氏之爱戴。此第一卷共印一百零一万册，外精装本（非卖品）六千册。至于外文译本，俄文本拟在莫斯科印，今年或可出版。英文本已有成稿，尚须修订，出版当在明年夏秋矣。会将终时，有人建议以每年十月十二日为出版节。此事当可考虑。

十月十三日，星期六。

上午开临时基层学委会末一次之会议（第十次），就蠖生所草拟余所修订之总结报告稿而为讨论，会众略有修正。定于下星期一召开大会，由余据此讲述，为此次临时学习之结束。

午后二时，我署于露天大广场为大会，欢迎志愿军归国庆祝国庆之代表三人，并请他们作报告。听众凡千馀人，包括署内同人及出版系统之各个单位，大多数席地而坐。三人者，一为爆破英雄，一为反坦克英雄，一为运输模范。所讲皆其亲历之事，虽语言技术不佳，而其事至餍众望。言辞之间，皆足见政治认识之高。余故谓以如此之军人，固当战无不利也。仲仁为自由发言，据其所闻于三人者，用以勉励同人，谓共宜克服困难，为文化战线之战士，如彼辈之于战场然。其言深至，听者动容。五时散会。留他们进餐，余作陪。

夜间，与晓先共校高小历史第四册之校样半册，即顺便为之修润。半册仅七课耳，而费时三点有半，入睡已十一点。

我妹昨接冬官信，殊无事故，唯以笔懒，故久不寄信。大家心头为之一舒。而笔懒至此，不顾父母悬念，实亦不对。

十月十四日，星期日。

晨至松竹园理发洗澡。午后，入睡一时许。与晓先续为校改历史课本，又经三时有馀而毕。

夜间，文叔家宴请林宰平夫人及两位在上海妇联会工作之女同志，邀余夫妇作陪，复有姚韵漪同座。谈叙至九点过而散。

十月十五日，星期一。

晨开全体大会，由余作临时学习之总结，讲一点有馀。卜明继之，报告由公安部逮捕之四人之罪行。四人者，裴荫桢、金庆三、夏德琴、沈知方也。余之报告，全体尚须分组讨论。

下午三时，教育出版社工会开全体大会，改选第二届委员。芝九报告第一届委员会之工作。余讲话一时许，多勖勉之辞，希望工会发动全体会员，作好教科书之出版工作。安亭与仲仁皆讲话，咸非泛泛之辞。最后揭晓选举结果，旧委员连任者不多，盖非有所不满于旧委员，实取轮流为众服务之义。六时散会。

夜间食后，墨偶以高小自然校样嘱至善阅看，至善发见其书多粗糙含糊之语，谓实非善本。此书为均正、祖璋二人所编，去年编成，已印过数版，今经方宗熙略加修改，重行排版。余以为均正、祖璋二人可信，其稿从未看过。书出后亦未翻过。经至善提出，取而观之，开首系讲劳动创造人及米丘林学说，此是祖璋手笔，确属不好，非特不能使儿童明晓，恐教师亦无从据以讲说。遂发心与至善共同修改。至于十一时，仅改两课有半。此是第四册，若全书皆为修改，亦不知需花多少时间。

十月十六日，星期二。

上午，灿然来告昨夕在宣传部会议中所闻薄一波所谈关于财政之情形。据谓财政收入增多，而支出之增益更多，故见其紧。今必大力提倡节约，压抑物价上涨之趋势，一面则努力增产。支出用于财政部门者为多。往往以巨额款项办建设，缘未有周密计划，不急需者有之，建设而不切于用者有之，此实为浪费。原料积存太多，款项储备于银行，致周转次数极少，为又一方面之浪费。于此可知财经部门尚须统筹全局，自订制详密之计划着手。他则一切经常开支，踵事增华，已近于侈。开会宴客，招待看戏，汽车无事而驰，房屋未旧而修，所费亦不赀。云毛主席将重行大力号召节约，唤起人民大众之注意，凡机关及政府人员有迹近于奢侈浪费之举，人人起而揭发之，乃可获有成效，国受其福。此届全国委员会开会，即将以此事为中心议题也。

下午二时，开工会基层委员会。本周即将开全体大会改选委员会，今日为第一届委员会之末次会议。所谈杂事多项，最后讨论下届候选委员之名单，及程浩飞所拟工作报告之提纲。首届委员会实未作好工会工作，不能太使人短气，则亦曰有成绩亦有缺点耳。五点半散会。

夜间仍与至善共改自然课本，至于十点过停手，改得七课。如此灯下研磨，余与至善俱感疲劳殊甚，明日始拟改于日间为之。

十月十七日，星期三。

晨携至善到署。署中各党派负责人来我室会谈，再行讨论工会委员候选人名单，于昨之名单略有更动，用意在得适当而工作较不繁重之人，俾任工会之事，使工会可以搞好。诸人去，与至善续改自然课本。至于午，至善去，亦仅得四课而已。

午后，周振甫来。前年年初一别，今为初晤。渠以佩弦全集之校样数篇来相商，谓以今日观之，佩弦之某些想法可以无须刊布问世。余以为然，谓可存其目而下注“删”字。振甫去，余以疲劳未作甚事，翻看报上所刊叔湘之《语法修辞讲话》为遣。

夜间，与至善续改自然课本，至十点过，毕其第四册。此册凡一十八课，计费三个夜工，半天日工，合两人之力为之。尚有三册，本月内必不克全了。此第四册俟排字房改过打样送来时，尚须请自然组、理化组同人审阅。我父子二人所改恐亦不免有误也。

十月十八日，星期四。

竟日治杂事，未有整段工作。大众书店之张君来，告我其店所办之《语文教学》销二万二千份，深感责任之重，而编辑人员少，外面领导依靠之方面亦无自而致，殊嫌力量之薄弱云云。开明近亦出《语文学习》一种，主之者为张志公，沛霖、必陶、至善数人辅之，规划与文篇皆比《语文教学》为胜。余谓此恐难以为继，期期费大力为之，少许人未必能济事也。

刘御来谈语文组诸人支配工作事。周天行来谈翻译会议筹备事。伏园来谈其弟春台来我社任事事。春台原任上海中学校长，与副校长不协，已辞职。我社拟请其主持美术工作，凡有关书本方面绘图之事，由渠拉拢人员，设计规划。近少甫到上海，与之面洽，但须华东教育部同意，即可离沪来京。

今日夜间未作甚事，八点半即睡。

十月十九日，星期五。

上午参加语文组之组会。分初中、高中、小学三部分而为讨论。初中方面，彻底修改第一册，馀五册则择要而修改之，以后再作彻底修改。高中方面亦然。小学方面，力量多用于新编第一册及其教授书，如有馀力，酌量修改旧本。即此数点，讨论亦延长至三时有半。

下午二时，至首都大戏院，参加鲁迅先生逝世十五周年纪念大会。郭沫若主席致辞，继之有陈毅、陈伯达、沈衡老、雁冰、战斗英雄某君、劳动模范某君之演说。陈伯达之语甚简要，谓鲁翁有战斗之精神与认真之作风，二者相结合，所以成其大。文教界中人，能逮鲁翁者不数数覯。故会众宜师其此一层。陈君尤注意于认真之作风，谓此比战斗之精神尤为缺少，则固针对一般弊病而言之也。会以四点半散，甚紧凑。

余仍返署，与宗熙、同新二位就自然课本之校样再加修改。

夜间，与至善共改自然课本第二册。至于十一点过，仅改二十页，尚算进行颇顺利也。

十月二十日，星期六。

八点半开工会会员大会。愈之作报告，号召三事，希望工会配合，共为推动。三事者，合理化运动，节约运动，学习运动也。浩飞作工会工作报告，颇详密。于是投票选举第二届委员。时已至午，开票结果俟下午揭晓。

余伤风甚剧，精神不振，下午坐沙发上看图书期刊司嘱阅之长篇小说，为师陀所著之《历史无情》，甚坏。

夜间，勉强与至善改自然课本十页，即睡。

十月廿一日，星期日。

晨至松竹园洗浴，水虽热，而天气已凉，浸浴盆中良久，竟未出汗，起来则感寒意。本欲以入浴愈伤风，乃未获如愿。回家蒙被睡一时许。饭后，与至善续改自然课本，迄于三点半，改毕第二册。今日进行甚速，胜于以前。

仲华来访，欣然共谈，盖来出席全国委员会第三次会议，到京已十日，而会议尚未开始。渠在上海忙甚，兼任事务，将有十项之多，可谓健手。谈两小时许而去。

傍晚，蠖生、芷芬来共饮。夜早睡。

十月廿二日，星期一。

上午看杂件，与愈之、洛峰、蠖生等会谈署务一时许。

下午，看愈之所举毛氏选集第一册中字句句读可商处，亦有二三十事，大多愈之所举为不错。可见此书校订工作实未能谓十分精审。以逐字逐句而言，则可云大体无误字。以全书体例而言，则应修订者尚多。

夜间，与至善同改自然课本第一册，三小时工夫改成十五页。

接得通知，全国委员会第三次会议于明日开幕。原定十五日开幕，延后八日矣。

十月廿三日，星期二。

政务院秘书厅转来华东军政委员会询问关于标点符号用法之问题，立即答之。我署开翻译会议，欲请叔湘来作专题报告，作书邀之。与灿然谈社事数项。

午后三时，到怀仁堂，准时开会。此次会议除出席者百数十人而外，列席者甚众，全场七百馀座皆满，包含各方面之人物至广。毛主席致开幕辞，略述两年来各方面之成就，谓足证人民民主专政之制度具有优越性。后半强调国内国外之团结，谓增强此团结，必能扩大胜利。次之周总理作政治报告，分目前形势、外交与国防、土地改革、镇压反革命、政权工作、民族关系、统一战线，凡七点。二氏皆据印就文稿诵读，共占两小时，中间且休息十分钟。五时即散会，大家赞其干脆利落。余不复返署，径到家。

夜间续改自然课本，进行不顺利，仅得十页而已。我妹以夜十点方归，盖自今起每周有两次学习毛泽东思想也。

十月廿四日，星期三。

晨到署治杂事。九时到怀仁堂后休息室，参加小组讨论会，讨论昨日毛主席之开幕辞与周总理之政治报告。所有与会之人，皆分别参加小组讨论。盖亦学习之意也。余之一组亦无甚讨论，唯徐老略有所发挥。馀人意皆平常。余默听之而已。十二时散，余返署进餐，略看文书及校样。

二时半复至怀仁堂，在堂后草坪拍全体照相。会众分四层，坐者，立者，立于凳上者，立于桌上者。围成极大之半环形。三时开会。陈叔老报告全国委员会之工作。彭真报告抗美援朝总会之工作。总会提出由全国委员会作一决定，规定全国人民今后努力之方向，由郭沫若报告，其中以增加生产、厉行节约为主。于是多人相继登台发言，表示对诸人之报告极端拥护。最后通过决定，通过致志愿军及朝鲜人民军之贺电，盖我国抗美援朝，明日届一周年矣。六时散会。

到家未作甚事，灯下改稿觉其累，今夕暂停。

十月廿五日，星期四。

九时仍至怀仁堂，开小组会，讨论昨日之两个报告。所谈皆平平。唯一山东人谈起之话可记。渠谓抗美援朝中山东人参军者至多，其家田地，由邻人为之代耕，皆发于自动自愿，情形甚好。唯代耕之田地，收成往往不佳，则因人力可代而肥料无由之代致。故肥料之缺少为最难解决之问题。十二时散，仍返署。下午三时再往，听陈云之财经工作报告，郭沫若之文教工作报告。陈叙说至明白畅达，如家常谈话，而曲达深意，大是可佩。号召今后节约增产，据其所论，并非难办，而宏效可见。六时散。

夜间续改自然课本。祖璋所叙太芜杂，改之使人烦躁。意兴不佳，改两课而搁笔。

十月廿六日，星期五。

今日全国委员会休会一天。晨间均正、（贾）祖璋来，与方宗熙君共商自然课本中关于发酵与腐败一段之修改。二位去，与愈之、志远等谈翻译会议事，会期已近而筹备尚未就，其匆促情形，与出版行政会议同。

午刻，彬然邀我夫妇至其家进餐。渠家治肴候（金）仲华，而仲华不至。

午后二时，韦老来，即邀语文组全体同人为会。此间以编辑小学语文本之意见送教部，韦老今日即就此而言。渠大致同意我社之意见，唯强调思想性，谓不宜再取以往“拍拍手”“去看花”之老套。注音符号同意用，唯谓拟减少字母数。关于此点，我社同人均不以为然。

会未散，余于四点先退出，开始语文讲座第一次之讲说。此原系教育社之业务学习，后闻之者众，外间书店、出版社俱欲有人参加，遂只得扩大。今日总计，报名者将六百人，大灶饭厅挤满，墙外亦有人围坐。此讲座凡八次，每周一次，以叔湘之《语法修辞讲话》为据，扼要而谈，以期有助于自修。今日尚未触及本身，仅为空讲。余宣称此次不算，以后有连续之八次云。

夜间已疲甚，仍未作修改工作。

十月廿七日，星期六。

今日上下午俱有小组讨论会。余往请假，在署治杂事。修改政务院关于学习标点符号之指示。此指示已发布，余匆匆一观，未多注意。灿然谓其文字与符号俱有毛病，实不成样，宜为修改而归之，至于如何处理，俟政务院定之。因为修改一过，由灿然以私人名义寄齐燕铭。看公文及拟稿若干件。

下午四时，至萃华楼，出版社联谊会为月会，邀余演说。来会者迟迟其来，候至五时方到齐，凡二十馀人。余谈编辑须注重文字，在座者如有此意，可以蔚为风气。谈一小时而毕，自觉殊未畅达。于是聚餐，至七时半即散。

十月廿八日，星期日。

起较晏。九时仍至怀仁堂，开小组会，讨论文教工作之报告。徐老谈话，自谓“海阔天空”，所占时间最多。十二时散。回家午餐，小饮，略睡片刻。三时重往怀仁堂。今日节目为大会讨论，实即诸人以次发言，亦即按稿宣读。发言者十数人，以傅作义谈水利工作为最胜。建国二年以来，全国各地兴修水利，为古所未有。且于水利观念有所改变。向以水为患，导水入海，已尽能事。今则兼顾用水，而且所重在此，灌溉发电，皆有大助于生产。六时散会。径归。

前云彬所居东屋，今由王城一家来住。王城之母方从天水来京。

十月廿九日，星期一。

九时仍至怀仁堂开小组会，于教本编辑、文字改革等题彼此随意发言，无甚精到意见。彭真谓汉文为地球上全人口四分之一的人所习用，谓其不行而欲去之，此中实含有自卑感。其言颇可注意。大致自毛主席、周总理及一班注重实际之负责人皆不主张废汉字，而唯欲改繁复笔画之字为简字。

十二时返署，看愈之准备之文稿一篇，将在政务会议中报告出版行政会议之要点者。殆是蠖生所拟稿，草率殊甚，无可修改使完密，略润其文句而已。

三时再至怀仁堂出席大会，听多人发言。诸人所起稿皆泛泛，重复肤泛，人云亦云，大众静而听之，不知感想如何。以李德全谈卫生工作为最切实。两年来卫生方面之设施，确实大可满意。以发言人多，至七点始散。

到家，家中正在宴客。客为王卓然夫妇。王之夫人为夏师母之内侄女，祖璋夫人之姊。王系水泥专家，此次来京开会，商讨添设水泥制造之设备。又有金韵文，系丏翁（夏丏尊）之表弟，失业已久，最近考取重工业部任事。他则龙文及祖璋夫妇。即与诸人共饮。今日为余生日，易饭而面。

十月三十日，星期二。

上午，与内蒙出版局同人十七人座谈。出版行政会议之际，此局局长名勇夫者欲请我署派数人到张家口演讲出版工作各方面之事。余答以余愿往，兼可一游张家口。后勇夫回去，决定令其局编辑人员来京学习参观。十七人由我署招待，我署为之组织一个星期之座谈会，分别有人主持。轮及余者为语文问题，实太广泛，因为随谈编辑方面之零星经验。彼处编辑，以移译为主，据汉文书本，译为蒙文。小学课本已齐，此后将译中学课本。通俗读物亦有迻译，其涉及蒙古风俗习惯者则须新编。并将编汉蒙、蒙汉之字典。蒙古文字母凡二十九，但以书写牵连之故，每一字母有三个形体，形异而音同。故就形体而言，实有八十七。此则颇繁矣。谈至十二时而散。

下午三时，仍至怀仁堂出席大会，发言者一十四人。可听者无几。察一般发言者心理，似颇喜陈词熟套，其能删去浮词，说几句独到之见者，实不多觏。至于文稿之芜杂，几为通病。

七点半到家，酒罢亦不复能作何事。

大会本定于今日闭幕，而发言者众，明日仍为发言，后日结束，延长两日矣。

十月卅一日，星期三。

翻译工作会议将于下星期召开。今日九时，集服务于此会议之全体工作人员为会，希望大家协力，使会议进行甚佳。余首谈翻译工作会议之意义，约二十分钟。即先退，至愈之处，与诸人漫谈事务，亦以涉及翻译会议者为多。

下午三时，仍至怀仁堂，发言者又十馀人。其中有梁漱溟，谓向不信共产党之领导。近在各地视察，最佩服者工作人员皆能积极认真。此较之生产数字之增进尤可贵。因而不能不承认共产党之领导。向之思想不免错误云云。又有陈鹤琴，自己检讨其“活教育”之说，谓是超阶级、超政治之想法，病源则为受封建思想、资本主义思想熏染较深。今后当努力学习，从事教育工作云云。近来有人批评“活教育”，陈已有文章作答，自己检讨。今日在此场合发言，尤见郑重。余于会场中看志远所起稿一篇，系渠准备在翻译会议中所作报告，似颇平凡，文尤芜杂，略提意见归之。六点半散会。

八点半睡。

十一月一日，星期四。

上午开署务会议，为第四十次。我署之成立，迄今日二周年矣。愈之报告全国委员会会议之大要。子野报告人民出版社检查出版物之经过。彼社近发动全体人员为此事，结果发现粗疏错误之点至多，皆一一书之，陈设为展览会，供社内社外观之。观者已逾二千人，皆从事出版工作者，影响必不小。今后将书其经验，遍告各地出版社，若能各自检查其出版品，于编辑出版必能有所推进。洛峰报告清产核资委员会之工作情况。清理资产，核定资金，为全国公营企业今年应为之事。必经清核，乃可推行经济核算制，乃可计算盈亏，鼓励增产，厉行节约。出版系统之清核，据谓今年年底尚不克完成，须延至来岁二月底云。灿然报告所拟学习《毛选》之计划。谓一切政治学习以学习《毛选》为中心，由学委委员先行学习，各委员返其行政单位，即为同人学习之指导人。报告毕，讨论二题。一为配合增产节约之号召，各部门就其业务之性质，检查其工作，期以本月内专注此事。一为学习《毛选》究应如何。对于前一题，发言者颇多，结果均同意。对于后一题，由灿然、彬然细商后再定。会以十二点半散。

三时仍至怀仁堂。周总理作结论。先谈时局。谓自开会迄今不到十日，而美军在朝之伤亡数、飞机损失数又激增。次言美财政困难，补给不易，故迫使其不得不谈判停战。唯其当局动摇不定，故谈判之中，仍属设法阻难。我之态度为可和可战，认定与美帝国主义斗争为经常之事。次答复小组讨论中各方提出之若干主要问题。次谈增产节约与思想改造。历一小时有半而毕。继之通过各项决议。致电和平理事会，拥护五大国缔结和平公约之议。最后毛主席致简短之闭幕辞，会议乃告结束，时正六点。于是会餐。

余之一席有吴晗、许昂若二人为稔友，他则熊克武、李凤莲，皆识其面而并未交谈者。又有申伯纯，为政务院中人，相识而不熟。又有解放军中战斗英雄一人。馀三人则绝不相知矣。餐后有戏剧晚会，戏且甚佳，压轴为梅兰芳与周信芳之《打渔杀家》。余与乔峰皆惧熬夜，径归。

十一月二日，星期五。

九时至文委，开委务会议。由沈志远报告我署翻译会议之意义与办法。讨论颇多，或谓所拟明年之翻译计划未切实际，或谓此会议之目标不明确。而会期已定，通知已发出，只得于今后再谋补救。次之，胡绳报告人民出版社之情形，注重于检查错误及今后之改进方法。会散返署，已午后一时。匆匆理杂事。

四时又开翻译会议之筹委会，讨论开会之种种部署。六点半散。长日忙迫，无静定之时。明日将续为语文讲习，不能自为预备，乃烦仲仁代之，余据其所指出者而口说之耳。

十一月三日，星期六。

上午九时，开全体大会，兼邀直属企业单位及主要出版家之部分同人参加。意盖纪念我署成立二周年，顺便作报告会。本应于前日举行，而全国委员会会议闭幕延至前日，遂不得不移后。先由余报告全国委员会会议概要。余据毛主席之开会词为言，谓此次会议，主要宗旨见于此篇，其他各部门之报告及各代表之发言，皆可视为此篇之注脚。此篇就思路发展而言，则新中国两年之成就，由于人民民主专政制度之优越，而此制之所以能收实效，由于对内对外之尽量团结。此篇就具体号召而言，则为增产节约与思想改造。因就增产节约与思想改造两点分别阐说。讲一点半钟而毕。愈之继之，多谈出版总署及出版界之具体工作，多所检讨。末后号召三事：（一）消灭错误，提高质量。（二）消灭浪费，提高产量。（三）消灭官僚主义，提高工作效率。至十二点半散。

一点半，语文讲座照例举行。余据叔湘之作讲词汇，自谓尚清澈。连讲两小时，气力充沛，实亦略感吃力。复伏案重看志远所草之报告底稿，已由洛峰、灿然、蠖生加以修改，余更为之整理，实则同于校对一过耳。此事于晚饭后赓读为之，至十点始完工。

十一月四日，星期日。

晨至松竹园理发洗澡。午后三时，偕蠖生至怀仁堂，听刘少奇报告，题为《共产党员的条件》。刘谓此次全国委员会会议，多数人颇注意于思想改造。种种不同的人之思想改造，必须依据种种不同之情况，未可一概而论。今故介绍共产党于今年四月间组织会议所决定之党员条件八项，俾众参考。缘此八项条件标准高于往昔，固亦期党员之思想改造也。往日革命未胜利，为共产党员有危险，故于决心参加者即收入，即有未纯，期其入党而后加以教育。今日革命胜利，党员之质量必须提高，乃可保持其不腐。故于欲入党者，以此八项示之。确属可以相符，自表欢迎。其已入党而多少未纯者，则以此教之，如其无所进，则请其自行退出（确属恶劣之人则斥退之）。以此保持党之日新，确为得要之举。至其所举八项，以余观之，理解易而实践不易，不知彼党将何以使全体党员实践也。六点散。

夜间，晓先来闲谈甚久。

十一月五日，星期一。

上午至新闻出版印刷工会开常委会，专谈出版品方面消灭错误之问题。灿然非委员，以其热心于此事，余邀与偕往。一路飞细雪，甚密，今年初次下雪也。长江谈工会向摸不到一中心工作，今以消灭错误为中心，推动之而成为运动，可以经常做去，对于人民之文化生活大有利益。拟议由新闻、出版两署连同工会向全国发联合指示，并定推动此运动之办法数条。会毕已十二点半，进餐而后返署。

二时，辞书社及语文组同人约王了一来茶叙。了一系因参加翻译会议来京，前日曾来看余，余乃造意作此一会。谈约三点钟，多及语法及辞书之编撰。拟请了一相助做些工作，彼允考虑而后决定。同人中与初见者多，而神交已久，言无拘碍，甚感欢洽。

夜间，与至善续改自然课本，至于十点，仅改三课而已。

十一月六日，星期二。

九时，翻译会议开幕。代表一百五十馀人，实到一百十馀人，旁听者亦百馀人。首由愈之致开幕辞。继为文委副主任马夷老讲话。继为李达、曾昭抡、陶孟和三位讲话。最后由乔木作报告，阐明译品质量必须提高之义，以及全国翻译工作必须有计划进行之要。娓娓言之，听者忘倦，至十二时而毕。

午后一点半，开主席团会议，讨论分组办法，并推定各组之召集人。两点半复开大会，由沈志远作报告，即据前数日拟定之稿循诵一过，至五点半而毕。

夜间，继续修改自然课本，将第一册改毕。全书四册，至此仅馀第三册矣。

十一月七日，星期三。

八时，开署务会议，专论一事。为响应增产节约之号召。我署及几个直属机构以一个月之时间，进行检查，察其缺失所在，针对之而订定改正办法。各单位自成立委员会，合行政、工会、党派、青年团于一起，以期发动群众，大家参加。总其全局者则为署务会议。会以九时散。

余即修改萧家霖所作论《标点符号用法》之一文，此是《人民日报》托余拉人写者。彼报将以此为鼓吹之资。萧君之文已交余数日，观之殊不清澈，不克匡行交去，今日得暇，遂修改之。至下午三时而毕。原稿五纸，改毕仅馀二纸有半矣。

安亭、灿然、仲仁来共谈我社如何进行检查，推仲仁草拟简略之计划。

到家，沈嘉平女士在，谓居北京不惯，将归居苏州。既而其侄婿杨兆蕃亦来，即共餐。杨尝自香港携国民党反动派民航机一架来归，有功，今为民航驾驶员。听其谈吐，颇有进步。抗战期间与相遇于乐山时，固一毫无政治认识之飞行员也。

与至善改自然课本，迄于十点半，仅得十页。

十一月八日，星期四。

尝托建功告周祖谟，请其作一文论《标点符号用法》，以付《人民日报》。昨日周君寄来一文，今日为之删改，送往报馆。饭后，娄立斋来访。娄从上海来参加翻译会议，在上海兼事颇多，亦甚忙碌。

二时，往出席大会，听专题报告。张锡俦君谈苏联翻译界情况，较空疏。樊以楠女士谈人民大学译员之培养，及其校译稿之审校制度，颇为切实。五时散。

七时，开主席团会议，决定明后两日讨论我署所拟之关于译事之规定，及明年一年翻译方面之选题计划。八点半散。

回家饮酒食饭，就睡时亦十点矣。

十一月九日，星期五。

竟日在室中治杂事。最近恒外出，今日得坐定，亦觉有味。瞿菊农来，以所译批评杜威思想之稿见示，欲谋出版。渠谓今日确悟往日在定县办平教会之非。亦欲往观土改，以求思想之改造云。

夜早睡。

十一月十日，星期六。

上午治杂事。云彬以民盟开会来京，今日来署看诸友。

午后，讲语法两小时，仍谈语汇，听者不衰。

长江来，谈新闻、出版两署与工会发出联合指示，号召消灭错误运动之要点。此指示于星期一常委会中由余担任下来，余拟托灿然起初稿，加以修润，然后送各方研究，大家以为可，乃发出。

十一月十一日，星期日。

难得逢休假，晨以八点半起，可谓大晏。丁家二子及江家诸甥在庭中跳绳，余亦试之，居然能为。此是小学时代所习，相距四十五年以上矣。十时，出外洗澡，松竹园客满，则之宝泉堂，亦待之半小时而后轮及。其设备胜于松竹园。

晓先偕云彬同回，他们于史学会听高崇民谈西安事变。据言当时张学良送蒋介石回南京，实未谋于众，为其个人英雄主义之表现。如张留于西安，则局势当有不同。闲谈至三点，与至善续改自然课本。而李健吾来访，又搁笔。李亦来参加翻译会议者，云在戏剧学校任教，颇积极。以其馀暇，从事翻译。至于创作，则尚须少缓几时。李去，又续为修改。迄于夜九点半，亦不过十馀页耳。

十一月十二日，星期一。

上午出席翻译会议之大会，听各分组之代表一人报告其组讨论之情形。华应申报告提案审查之结果。如此一会，提案亦多至五十馀件。

内蒙古来京学习、参观之十馀人将于明晨离京，今午我署备菜请吃饭，余陪与同食。

一点半，大会再开。陶大镛报告各代表对于翻译计划之意见之整理结果，洛峰报告对于“规定”两件之意见之整理结果。于是全体拍照。余作结论，讲一时有馀。稿系蠖生所拟，曾以示乔木。至此，一个会议又开过矣。备菜十馀桌，全体会餐，尽欢而散。

七点过，偕墨至青年会，看会员之昆剧彩排。八点开场。演《训子》《惊变》《弹词》三出，《弹词》唱者颇不错。继之为《打樱桃》，趣味恶劣。末为《贩马记》，时晏不复观。回家入睡已十一时过矣。

十一月十三日，星期二。

八时，教育社行政、工会、党派、青年团组成之检查工作委员会开会，讨论自本周起以四个星期检查各方面工作。十点半散。治杂事，直至放工，竟无一观报章之时。唯建功、伏老来谈，乃稍得停息。伏老返自定县，彼处方研究地方之秧歌，颇认真。研究未完时，孰优孰劣，宜取宜舍，不存成见，目的在识其优点而发挥之。谓有东北来之数青年参加研究工作，录音记谱，多方采访，治事活泼老练。此亦新人新事也。

春台将以明晨到京，参加我社，主持图画编辑。而寓所无着，只得请其暂居伏老所。春台原在上海中学任校长，薪金较丰，与我社不相称。今如何调剂，亦为难题。

夜归后，在晓先家饮，渠款待娄立斋，兼邀伯祥。闲谈至八点半散。立斋明日回上海矣。

十一月十四日，星期三。

上午九点，全社集会，余作报告，增产节约检查运动于此开始，期为四个星期。余据所拟计划而阐说，谈一小时有半而毕。安亭继之，特就自我批评为言。谓运动欲期有效，必须运用自我批评。凡有三要：一为站定立场，二为善于分析，三为勇于说出。此义甚是，多数人所当学习也。

春台已到，余因外出，与匆匆一握。出至东安市场，开明同人宴王了一、老舍、王亚平于四川食堂。谈笑甚欢。两点半散，了一明日回广州矣。

余至文委，出席委务会议。谈简政问题，文委系统各单位需简去人员五分之一，简出之人员并不失业，改入文教工作及企业部门。意在使行政人员减至最少限度。第二议题为讨论文化部下各单位之工作报告，甚繁。会以七点散。

回家已甚疲，不复能作改文之事。

十一月十五日，星期四。

八时半，晤春台，谓在沪与少甫接洽，于教本中图画之事粗有拟议，唯画家不易找，好手尤难得云。

九点，新闻出版印刷工会召集报社、出版社、印刷厂、书店之工会负责人四十馀人，在我署文化宫开座谈会，号召消灭错误。王子野报告人民社检查错误之经过。新华社杨君报告其社之练笔运动。《人民日报》何君报告其社之责任制与检查制。三人谈毕，已过十二点，不复能共为讨论，只得请大家归其单位，推动消灭错误运动而已。

午后一点半，为语文讲习。自今日始，讲习期改至星期四。讲毕，参加辞书社之工作会议，直至放工乃散。竟日为会，并看报之时间而无之，疲乏亦复难胜。

到家，略添菜肴，邀我妹与其三女共餐，为我妹五十寿，吃面。余倦甚，早睡。

十一月十六日，星期五。

灿然代余拟成新闻、出版两署及新闻出版印刷工会准备联合发布之展开消灭错误运动的指示。今日加以修改，不为涂乙而另纸书之。十点，总署之增产节约检查工作委员会首次开会，通过计划，并讨论如何进行工作之方。午后，继续修改指示稿，至三点而毕。与图书期刊司诸君观之，期获修正补充，亦使诸君了解作事之不可苟简草率。

四点，与语文组诸君为会，讨论小学语文课本中如何编入注音字母之问题。黎季纯主正规地教，他人嫌其繁，恐儿童未易领受。未获结果。五点过，伏老、朱泽甫来谈图书馆事，盖因此次将检查工作，二位谈其致力之要点。

回家时已疲甚。夜间，晓先来闲谈。渠与芝九本为幼年同学，感情颇好。此次同在一机构作事，乃渐生隔阂，且越来越深。据晓先言，芝九在国民党政府机关任事多年，沾染不良影响，殊未能免。初来教育社时，热心于工会工作，不无出头之想。后经临时学习，态度不甚好，结果以登记处理。于是态度转冷，与革命方面似有界限，若有寄人篱下之意。此说或得其真。如何改变其思想，亦我朋辈应为之事也。

十一月十七日，星期六。

晨八时半，我署全体为会，由余作增产节约检查动员报告。谈一点半钟而毕。午后，教育社检查委员会首次汇报，各组组长述其组之检查计划。

十一月十八日，星期日。

晨早出洗浴。至松竹园，满座，又改往宝泉堂。遇王润华、漱华弟兄二人，同室而浴。浴室生意视去年、前年为佳，亦见一般生活之改善。步行而归。访隆福寺花店，与谈妥花木数盆寄存其地窖中过冬。到家，雪村与士敭在，留之共饮吃饺子。雪村谈此次增产节约运动中，渠拟提出规定全国书版之规格。苏联之书籍，纸张利用率为百分之六十几。我国大抵不到百分之五十。若能使全国出版社依照规格印书，纸张与印刷力之节省将是巨大之数目。余深赞其言。灿然颇欲注意杂志之浪费，凡不必要者，彼此差不多者，尽量设法使其不出，亦是节约纸张及印刷力之一道。此等事皆我署所当特别留心也。

蠖生来，与偕出观电影曰《幸福的生活》者，至蟾宫，票已售完，遂归。今日全北京电影院皆演此片，料想每一院皆场场满座，此亦可以觇一般生活之进步。

杨之华来，闲谈。渠谈秋白之尸已寻获，而已成枯骨，未知有何法可以断其非误。至善谓苏联有一人类学家曰革拉西莫夫者，能据骨骼推知其人之肌肉体态，盍往求之。此事确可一往打听，秋白非一般人，党的方面若正式往托此人类学家，彼想必欣然为之。

晚饭后，龙文、金韵文共来，与蠖生同闲谈，九时后始散。墨与满子出外观话剧《在新事物面前》。墨归来时谓今日看戏，亦即往受教育。此戏旨在表现宜全面看问题，不宜守经验主义与教条主义，依靠工人群众等等概念。编导颇佳，令人不感其枯燥。

十一月十九日，星期一。

上午看语文组所选教材，将以修订已出之教本者。诸君多取材于杂志，而杂志文字往往报道一时一地之事，事过境迁，即感乏味。语文教本并非报刊文章之汇辑，此意尚不为同人所通晓也。

下午，看字典稿。稿存我处已多，看半日，仅毕积存者之三分之一。竟日未外出，未开会，专事看稿，亦为难得。

夜间与至善续改自然课本，至九点半毕。全书四册，至此完工。尝问方宗熙，方谓此书经余修改，科学性较高，文字亦修整，然仍为要不得之教本。以其不适于小学高年级生之程度，取材无抉择，样样都有，而叙说不畅，一语之中，含义至多，未能使学者彻底领会也。

十一月二十日，星期二。

上午看字典稿一叠有半。近有北京市中学教师数人来社参加工作，系文教局受教育部之命，并经余向吴晗恳商，而后成为事实者。此数人皆不克全部时间来我社，每周或以两日，或以三日，馀时仍在学校任课。逐渐得人力补充，工作当可开展。唯办公室不敷，一时无法可想，亦为难事。

午后一点过，十数出版社之人员咸集我署，开座谈会，仍谈消灭错误。诸人各言其社出版物之错误情形，亦谈其已行或拟行之纠误办法。五点半散。如此屡次为会，亦欲以此意遍布于出版工作者之心，而求发生影响耳。商务有王天一发言，中华有姚绍华发言，开明有均正发言，此三家于消灭错误之旨，似尚未抓住要点。

十一月廿一日，星期三。

天气转寒，室内始生火炉。上午与仲仁、灿然、（辛）安亭杂谈社事，与语文组诸君谈高中语文本之编辑。

下午，修改方宗熙重撰之初中植物学原稿。方君仍据苏联本之体系而加以增损，增者我国之材料，尤注意于我国之特产及我国植物资源之丰富，损者苏联所重而在我国无足轻重者。方君已撰成生理卫生稿，又修订苏联《达尔文学说基础》之译稿，并将加以改编。继之并将重编动物学教本。渠谓苏联生物部门之各科，组织至密，彼此配合，最合科学体统，故欲一手为之，期有利于学生。此种精神，大足赞扬也。

到家，知老母与满子因生火炉而争吵。为之竟夜不得好睡。

十一月廿二日，星期四。

晨间老母说起昨事，气不可忍。余告以小辈决无丝毫恶意，而老母不之信。思想熟路已就，亦复无可奈何。

到署，治杂事。午后一点半，续为语文讲习。天气寒冷，而到者不减。讲毕，开总署方面之检查工作委员会，各单位汇报其所拟之检查计划，并讨论进行检查之准备。五点散。

自今日起，办公时间更改，上午八至十二，下午一至五。乘车到家，犹未入暮。

十一月廿三日，星期五。

看晓先新撰初中历史提纲。此将以应明年暑期后之用。缘较满意之课本一时难就，先不名课本而名提纲，另撰参考书，供教师据以教学。今日观其开头数节，谈古代人类迄于夏商，觉其材料繁富，而条理不清。杂提意见归之。

与春台谈教本之图画。佳手难得，虽我人颇存奢望，恐亦只得逐步求进。与宗熙谈生物科各书之编撰。看字典稿一叠。至此手头无积事，乃为乔峰之友人书一小屏条，楷书杜律三首，尚可。

夜间无事，看《长生殿》数出，皆诵数过。

十一月廿四日，星期六。

上午治杂事，观地理组检查所得之错误。午后，教育社检查工作委员会开会，各单位汇报。安亭于各组讨论之际，皆往参加，能指出做好工作之要点，颇有领导之方。此为余所不逮，且亦无暇为者也。

晚六点半，观《幸福的生活》于大华。至善先往购票。偕往者墨与三午、凤祥。此片记苏联集体农场收获后之欢乐情况，画面颇美，人皆笑乐，自可怡心。全北京影院齐演此片已逾一周，而观众不衰。

十一月廿五日，星期日。

刮大风，天寒甚。晨出至宝泉堂浴，客满，改往清华园。其房间较宽敞，设备亦好。十点半归。

文叔出示其新撰之小学语文课本稿十馀课，皆不坏。论思想，论教育意义，视以前教本为胜。文叔于此用力甚勤，不到社工作，在家求其清静，可以凝思，恒深夜不休，在床上亦复思之念之。余劝其勿过劳致疾，彼之身体实不能堪此也。

午后，与晓先闲谈一时许，他亦无所作。

十一月廿六日，星期一。

《翻译通报》欲登载余在翻译会议闭幕时所说之讲稿。此稿系蠖生所拟，草率殊甚，既须刊登，非改不可。余最怕此事，而事实迫之，不得不作。原稿仅三千馀言，改之半日，仅及其半，视自己作文更慢矣。

午后二时至怀仁堂。宣传部请财委副主任李富春作关于增产节约运动之报告。大旨为新民主主义社会与社会主义社会同，积累资本之要途为增产节约。由于政制之优越，工人阶级处于领导地位，故增产节约可能奏效，而且可以精益求精。此并非一时之运动，实为永久之实践纲领。今经号召，明年初试，于其中取得经验，制定制度，想出办法，更开日后之规模。其他多谈工业方面之具体情况，余随作笔记，而遗漏孔多。四时半散。

夜间续为改稿工作，未完。

十一月廿七日，星期二。

八点半，开署务会议。谈二事。其一，我署与各直属单位报告其检查工作之进行情况。其二，讨论干部训练班之教学计划。我署初成立时，即谈起举办出版干部训练班。因循二年，至今房屋已修成，招收学员之通知已发出，明年年初殆必可开学。教学计划分出版政策、出版业务、发行业务等数项，尚待细加考虑。教师以本署及直属单位之人充之。

午后一时，又开我署之检查工作委员会。商定星期五开动员大会，于增产节约之要旨加以详说，并谈检查之方法，以及何者为官僚主义。盖此数者尚未为一般人所通晓也。两点半散。

续改讲稿毕，即交与《翻译通报》之编者。夜间，改宗熙所撰初中植物稿十数纸，十时改毕。

十一月廿八日，星期三。

晨观姚韵漪所搜集之国文教材，预备换入初中第一册者。

十点，总署召开检查运动各小组组长联席会议，报告各组情况而外，并随意提出二次动员报告之内容要点。此动员报告将于本星期内由愈之为之。余谓随便作报告，随便听报告，亦即官僚主义。必须归集众意，择其精要而报告之，乃为言不虚发。午后接民盟天津市支部来信，邀余于星期日到天津谈语法问题。此事先由云彬介绍民盟赵君来接洽，余答以只能就叔湘所撰之语法讲话略加解说而已。

十一月廿九日，星期四。

晨看语文组所作注释。十时，教育社编审部全体为会，听语文组、历史组、辞书社三单位检查工作之典型报告。刘御谈其组检查初中语文本第一册之结果，孰不适于用，孰修改得不甚妥，言皆中肯，当初余亦未尝见到。晓先谈其组检查高小历史第一册之情形，提出问题者一百多处，未能扼要综合，言之较琐碎。萧家霖谈其社检查字典原稿之情形，亦有思想性不够、科学性欠缺等弊。诸稿余亦看过，多数毛病亦皆忽过。于此可见作稿必须共同订正，依靠群众确有好处。今日之会，虽所谈三门，各不相同，而亦足以互相启发，大有益也。

午后一点半，仍为语文讲习，讲两小时。会散，辞书社开社务会议。谈事甚多，主要者决定字典以明年六月完稿，年底出版。此字典原定今年九月完稿，而并无详细计划，工作亦不紧张，一拖下来，延后至九个月之多。明年六月底完稿，尚须随时督促，鼓起大家之积极性，方克有济也。

晓先之女将于下月初在南京结婚，晓先南下参加婚礼，以今夕动身。云彬来谈，多谈民主同盟事，渠不日即将南归。云彬去，看工会方面送来新华社练笔运动报告一稿，提出修改意见归之。

十一月三十日，星期五。

晨看语文组之注释稿。十时至愈之室，谈杂事。一谈调整工资。最近各机关略加工资，文教部门规定不超过百分之十二点九。我署即据此重定各人之数，视工作情形及职务重轻而定其所增之成分，总数则不超过规定。次谈明日作报告之内容。又次谈今日下午至政务院报告出版行政会议之准备。

午后三点至政务院。首由邮电部人员报告中德邮政电讯协定之内容，随即通过。其次，曾昭抡作报告，谈教育部调整工学院之计划。此为新的学制订定以后，教育方面一大事件。为培养工业建设干部，合理调整各处之工学院，或同系合并，或因地制宜，增添投资及师资不太多，而可以培养较多之人才，较之另设工学院便宜多多。此深合于节约之道。唯明年招生数可以扩充，而从高中毕业生数观之，招收必难满额。拟从部队或机关中抽出青年知识分子充之。此一点执行时尚多困难。讨论许久，原则通过，再由教育部及有关部门详加计划。于是愈之报告出版行政会议之要点。报告毕，已八点，周总理谓留至下届会议讨论。

余到家独酌。酒罢，略写明日报告之要点。墨在芷芬家会餐，芷芬宴云彬，及归来已十点过矣。

十二月一日，星期六。

八点半，总署、人民社、教育社三单位咸集。余讲增产节约之意义，大致据星期一闻自李富春者。愈之继之，讲何谓官僚主义及检查运动中应打破顾虑。会散将十二点。

午后一点半，仍开教育社检查工作汇报会。各组汇报之后，共谈今后检查教本，宜更求深入，其方法应注重教本之编辑是否合于教育，适于教学，教本贯彻思想政治是否足够。大家又谈政治水平不高，应如何方可求进。余谓此只有慢慢地来，亦性急不得。三点半散。

薰宇、芷芬等多人来谈，劝仲仁勿往参加土改工作。仲仁往参加土改，余已同意，而同人谓仲仁在社中作用甚大，几成核心，虽暂时离去三四个月，亦与工作大有影响。余谓余之答应，亦唯从仲仁之意，能够不去，当然求之不得。仲仁未作肯定语，仅谓再加考虑然后决定。

四时离署，至松竹园理发洗澡。晚饭后，候云彬来，云彬并尝谓陈叔老亦要来，而候至十点，二人均未至。

十二月二日，星期日。

九时携凤祥至车站，登对号快车。此车甚舒适，椅子可坐可睡，陈设亦精，服务员皆女子，勤谨周到，大可称赏。车以九点二十分开，十一点二十四分到天津，可谓快速。出车站，民盟吴定球、赵伟之二君相迎，共至一俄式餐馆进餐。一时十分离开，至民政局礼堂。楼上下满座，据云有千人。一时半开讲，介绍叔湘之《语法修辞讲话》，信口而谈，皆其平日之见。谈至四点十分止。观听众表情，似尚满意。至开明小憩，晤沈迪康。开明已改为中图矣。旋至车站，登青岛来之快车，以五点十四分开，八点零四分到北京。

到家独酌。一天奔忙，尚不觉疲。

十二月三日，星期一。

竟日不离座，皆治杂事。仲仁去土改与否，尚未决定。灿然病目入医院将一周，明日可以出院。此次幸而治得早，瞳孔已缩小甚，稍迟即可致盲。

夜间看宗熙植物稿数页，觉疲惫，即止。

十二月四日，星期二。

看宗熙初中植物稿，为之仔细修改。仲仁已决定不往参加土改。我社之中，同人于仲仁均有好感，钦佩其工作态度，故虽暂时离去，亦殊不愿。看李肖白送来人民出版社自叙其检查错误之稿，将刊于报纸，作按语一小段归之。

下午，愈之来谈。谓我署进行检查工作，其主要之缺点恐非各部门人员所能指出，渠谓其病殆在领导思想与领导方法，二者不当，全体人员认识不一致，于是大家照例办事，形成官僚主义。余意此亦不错，但仅此抽象一语，无济于事。如何化为具体行动，使领导思想与领导方法各得其当，大值研究。而能否运用马列主义，亦即于此觇之。余固自知于此等处甚难有所见也。

瞿菊农来，其所译之稿，余托两位同人看过，咸谓译笔生硬。余径告之。菊农言平常译书，固亦加以融化，使合我国之语言习惯。今译此稿，以其属于马列主义方面之著作，唯恐立场观点有误，不敢稍事变更，遂成生硬。拟重加修改，再行交来云云。其言至可味，以余思之，殆是未臻融通之故。

五点后，检查工作委员会办公室汇报，余听之。墨在民进开会，余候之，过八点偕归。

十二月五日，星期三。

竟日未离室。李肖白来谈工会如何推动增产节约。余谓就新闻出版印刷方面而言，无非提高编辑工作，使所出书刊，于人有用。可有可无之书刊，尽量少出。他则研究书刊之版式，使在不伤目力、不失美观之条件下尽纸张之用，以期节省纸张。印刷设备亦宜尽其用，不可仅用百分之数十而止。肖白又谈起我工会可与广播事业局联合发起为语法讲座之广播。余谓此事当然好，但须徐徐图之。广播宜求其精要，选材如何，首须研讨。定其要目而后如何起稿，亦须推敲，此如准备上演之剧本，丝毫马虎不得。俟其去，即作一书致叔湘，商量此事。叔湘若能定其纲目，邀请数人作稿，则其事可就。

迩日颇念三官，一别三年，甚欲与他谈谈。作一书与之，问其能否请假来京一行。

五点，听办公室汇报各单位开会检查情况。大多举出各方面之缺失，亦有对各级领导人之批评。六点过，与乔峰同至愈之家晚饭。饭罢闲谈署中事，蠖生来加入。主要谈如何抓住中心，改进以后工作，无具体结论。又谈编译局之存废，大致须废。缘志远将在华东服务，处长人选亦复甚少，实际上已无由存立也。回家已十一时。

十二月六日，星期四。

治杂事。看叔湘之讲话，为下午作讲之准备。下午一点半至三点半，仍为语法讲习。言明以后尚有三次，今年年底结束。如此随便讲说，恐于听者无多补益，若听众提出改进意见，明年还可续办也。

朱泽甫来谈，言我署办公厅不甚发挥作用，蠖生工作方法与态度须更改。余亦深感此一点，但无正面方法可言，则亦置之。我人往往能知能说，而面临实际，即无适当之处理。所谓搞通马列主义者，简言之，即面临实际而能适当处理者也。芷芬来谈社中杂事。

五点，仍听办公室汇报。六点，教育社开全体大会，欢迎新同志。三个月以来，自安亭、刘御为始，计有新同志二十四人。诸人讲话而后，继为馀兴，以清唱京戏为多。八点半毕，尚有舞会。余遂归。

十二月七日，星期五。

上午为同人自租房屋者装火炉事及房金补贴事，与仲仁、李宝光、芷芬、苗孕华（工会主席）谈了两小时左右。看稿数件，皆略书意见。

午后三时，列席政务院会议。今日仅讨论一题，精简机构，提高效率。此题甚大，关涉全国。中央各部门负责人均到。薄一波作报告，大致谓此次精简，非一味节约，盖据两年来之经验，重作合理之调整。重复者去之，性质相近而不重复者合并之，尚欠充实者充实之。裁并者以上级为多，县以下则大都在加以充实之列。其与我署有关者，为新闻总署取消，大部分并入文委，小部分并入我署。大行政区仅东北、华东、中南三区留出版局，其他行政区及省市则视情形设出版专员。余以为此至合情理，出版行政机关固不须各地都设，盖出版事业之分布甚不平衡也。薄报告毕，附带谈及目前行政部门贪污情形至严重，以贸易、财政、银行三个系统而言，有贪污行为者占全体人员之百分之三十至五十。此三个系统中，老干部所占成数甚少，至多百分之十五。馀皆留用人员与新参加人员。封建社会与买办社会之毒尚未能去，今已腐蚀如许多人，并老干部亦有沾染者。今亟宜发动反贪污运动，大张旗鼓，如镇压反革命然，以转移风气，树立道德。周总理继之，于薄之报告详加阐发。次及反贪污，谓宜与反浪费反官僚主义相结合。随即推定节约检查委员会委员卅五人，由薄一波主之。此检查运动将历时四月，至明年三月而止。会散已十点半。

除进餐外，坐了七小时，大疲。夜间未得好睡。

十二月八日，星期六。

上午治杂事，看杂件。与洛峰、蠖生共商，上海、广州、天津三市于出版事业至关重要，宜留出版处，设较多之员额，乃可领导并管理。即以此意告文委，希望补入昨日政务院所谈之决定中。

午后一点半，教育社检查工作汇报。地理组尝于教本中提出数点（如每次修改，叙述上均有改动，则并列四次之课文而作思想性、科学性之检查）共同讨论，此于提高识力，改进编法，皆有益处。各单位汇报毕，商定此次检查完毕，各组须写成总结一篇。汇集诸篇，即为我社此次检查教本之总结，将付教部主办之《人民教育》发表。此亦见我社能作自我批评，并使教师知课本之甚不完美，于施教之际，避其谬误而补其缺漏。会散已四点半。

到家饮新买之绍酒，甚佳。系从公营酒局买来，二十八万元一坛，税票上可证其来自绍兴，开坛后中有仿单，系绍兴东浦某家所造，其为真品无疑。如向酒铺零沽绍酒，普通者一万六，较好者贵至三万。余今购此一坛，每斤不逾六千元。

七点，至市文联作讲，系老舍所约。老舍腿病复发，痛楚殊甚，然犹勉强来主持。听众约一百二三十人。余仍谈有关语文之老一套，历一点半钟而止。继演电影，为苏联片《乡村女教师》。余久欲看此片，适逢其会，甚喜。片已旧，模糊，且有剪去处。看罢，觉此片亦寻常。到家已将十一点。

十二月九日，星期日。

九点半，叔湘来，谈广播语文讲座事。如何定题目，选教材，未有决定。渠谓不妨一商之于周祖谟。交我以季镇淮所撰佩弦之年谱。佩弦全集一拖再拖，时已三年，尚未出版，思之疚心。总望诸友催促开明赶紧，能于明年暑前出版。叔湘坐两小时即去，会面辄匆匆，未能称心随谈，亦为憾事。午刻与芷芬、至善共饮。

二时，至愈之家，我署高级干部及人民社、新华厂、新华书店首脑咸集，漫谈我署缺点之主要原因何在，应如何改善。大家均发言，甚多，大致为领导思想不明确，领导作风有问题等等。余言亦复如是。如何改善，尚未谈及，时已晏，遂散。

余回家已七点。墨已先睡，身子困倦，有发烧之意。余看佩弦年谱两遍，乃睡。

十二月十日，星期一。

墨留家休息。余亦困乏，到署作事甚少，仅改稿约十纸，与安亭、仲仁、灿然谈社事而已。所改稿有中学语文课程标准说明一种，系教部托京中若干教师所撰。恐课程标准发出去，全国教师尚未能明其用意，故又加说明。说明凡卅馀纸，亦殊平平，改之寡趣，拟分日改毕。

夜间，金韵文来，渠由我署介于国际书店，已见录，试用一个月。

十二月十一日，星期二。

改语文课程标准说明数页。原稿甚肤泛，语多抽象，不感兴趣，少改即止。下午讨论文叔所起小学语文本第一册稿。诸人想法不一致，于语言训练之进程，认字数量之多寡，内容方面之选择，皆未能有共同认识。谈三点多钟，仅通过开头之三课而已。

余伤风甚，夜间微微发烧。

十二月十二日，星期三。

余今日休息一日。晨以九点半起。看方宗熙生理卫生稿。午后二时，至松竹园理发洗澡。回家仍看方稿，并修改之，得二十页。夜早睡。

十二月十三日，星期四。

精神不振，到署后改植物稿数页。安亭、仲仁、薰宇诸君来谈教部拟拨与我社少量房屋。其房屋如何，可供何用，须俟打听后再定。

下午一点半，仍为语文讲习。讲两小时，未免吃力。文委今日有委务会议，未往。

十二月十四日，星期五。

为方宗熙改一文，谈苏联中学植物课本之长处，经东北及我社编译而发生之缺点，并言此次重改，将弥补其缺点：盖欲刊布于报刊，普告全国学校者。十点，至愈之室，共闲谈，蠖生亦来。多谈编译局必须改变，宜如何安排乃为妥适。下午与灿然、仲仁谈社事，他亦无所作。

今日风祥发烧，卧床不起，头痛，喧呼不已。

十二月十五日，星期六。

看计志中所辑我社各书版式之材料。当初每发一稿，以意为之，不相关顾，今观此材料，五花八门，殊无条理，非求其一致不可。此后当订定若干规格，不属于甲，即属于乙，乃见规模。唯订定亦非易事，须详细商酌乃可。

十时至十二时，仍举行检查工作汇报。期于下星期能结束作总结，再迟亦必于年终了之。经理部方面浪费之事颇有，有无贪污，尚不可知。下午杂看书志，精神昏昏腾腾，殊不爽快。

风祥卧病，人事处欲另派一人代之，谓无人照顾余，总觉不妥。余谓余殊不须照顾，平日固有风祥随从，有时反感不便。今偶尔缺乏，实无关系。其事遂已。

夜间尝灿然所赠哈密瓜。灿然有友人自新疆来，赠以哈密瓜一枚，以四分之一分赠。哈密瓜属于香瓜一类，大如小枕。其味甘，多水分，至脆。久闻其名，今日初尝，值得一记。改方君生理卫生稿数页。

十二月十六日，星期日。

晨以八点起，至晏。走访周祖谟，欲与商语文广播事。不知周已于数日前离京参加土改工作。因往访介泉。介泉谈大学教授思想改造学习甚详。大旨谓现已确信思想改造之必要，于学习之中，所具观点，所发言论，往往有毛病，即此可见非改造不可。十一点半归。

饭后改方君生理卫生稿数页。秦柳方来访彬然，不知彬然已迁出，坐谈少顷。秦去，胡颜立来访。胡已将毕革命大学之学习，回南京仍主持一规模较大之小学。胡去，沈士远夫妇来访。谈较久。

傍晚，与至善、蝬生共饮。难得逢星期，而星期亦随便过去，休息与闲散，两无所得，殊为怅怅也。

十二月十七日，星期一。

改语文课程标准说明数页，原文甚差，改之乃无劲儿。下午，署中诸人开座谈会，赓续九日在愈之家举行之会。所谈亦无非以前所谈过者，五点散。

十二月十八日，星期二。

上午治杂事，下午看高中语文注释数篇。

十二月十九日，星期三。

晨至新闻出版印刷工会筹委会，主持座谈会。到会者新闻印刷单位八九个。谈我会所提消灭错误是否可与反贪污、反浪费、反官僚主义相结合。有五六个单位代表发言，大致报告其消灭错误之情况。余末谓此当然可以结合。错误恒与浪费相因。消灭错误自然可以避免浪费。错误之来源总之为对工作不认真，敷衍了事，马虎过去，正是官僚主义之特性。消灭错误，即为对工作认真，自然合于反官僚主义。再者，一个单位之中而有贪污情事，欲求成品之无错误亦复甚难，故亦可结合而为一，同时检讨。会以十二点二十分散。

至美已于今晨返京，返署，到其家午餐，饮葡萄酒。至美在阜宁参加土改三个月，据云于农村颇增了解。知识分子前往，亦助成许多事情，读写与统计，即于地方干部所助不少。

一点半，集七八人为会，讨论文叔所拟小学语文稿，通过课文四课。复商定两个单元及其内容，仍请文叔属稿。越三四日再作讨论。并商定教授书之进行办法。四点半散。

王泗原来谈工农中学语文课本中之语法教材问题，谈四十馀分钟而毕。

十二月二十日，星期四。

上午多与同人谈稿件事。陈同新来谈高中化学尚无人担任。田世英来谈王钧衡（师大教授）所编初中自然地理稿甚为幼稚芜杂，拟不复托渠编写。辛安亭来谈芝九所编高中外国史有二缺点。一为叙事多轻轻表过，有骨架而少血肉。一为过“左”之病，于史事皆以今日之观点衡之，谓为无甚足道。晓先示我以其所撰一文，言此次检查高小历史之结果，多摘其缺失。

下午一点半，仍为语文讲习，谈标点符号用法两小时。王舒冰作我署一年来各种学习之总结，以底稿交余阅看。

夜间，至美携宁宁来，满子治馔款之。酒后，三个孩子胡闹，余和之，喧声盈耳，亦一消遣。

十二月廿一日，星期五。

上午开署务会议。我署与各直属单位各报告其增产节约检查运动之情形。为遵行中央号召，明年尚须作节约运动，为期三月，以反贪污、反浪费、反官僚主义为主。署中又须成立委员会及办公室，随时开会，随时汇报，与以往诸运动同。其次讨论作本年之工作总结。余谓两年以来，我署之总结皆草草为之，写成文字，往上一报，自己则归入档案，于实际工作不生关系。若此之总结，徒然耗费心思力量，大可不做。必须前一度之总结可以影响后一度之工作，使工作得以改进，总结乃有其意义。众皆以为然，谓以前确有官僚主义作风。此次总结比较认真，逐步自下而上，或可较有实际作用。会以十二点半散。

饭后杂看各组送来之稿件。夜看生理卫生稿十页。

十二月廿二日，星期六。

续改生理卫生稿十馀页。校我社所定编辑用字之规定表。如“臺”一律用“台”，“脣”一律用“唇”之类，他若“況”“決”从“氵”不从“冫”，“贯徹”“徹底”不用“澈”，皆以习用为据，又参以省便之条件，不以文字学为准。姑试用若干时再说，以后可重加更改。

午后二时，我社召集座谈会，讨论地理组所拟高中外国经济地理课本之提纲。此提纲已分发地理学界征求意见，世英并以示人民大学一位苏联地理学专家。此专家亦表示意见，并谓甚愿参加讨论。故今日之座谈会，以听此专家之发言为主。临时邀沈颖为翻译。苏联专家发言后，到会诸人发言者颇多。于我社拟稿多所指正。会以六点散。

酒罢仍改生理卫生稿数页。

十二月廿三日，星期日。

晨至清华园浴。其地较舒适。顺便访元善闲谈，约渠来饮绍酒。到家，与文叔商量小学语文数课。下午，芷芬夫妇来，至美亦来，闲谈甚久。傍晚，元善夫妇来共饮。至八点半去。

十二月廿四日，星期一。

晨八点至中图公司，为其全体同人作报告，谈增产节约，反贪污、反浪费、反官僚主义。中图因我总署之号召，进行增产节约运动已将一个月，今将转入所谓“三反”运动，故邀余一讲。余未及准备，仅就平日感想与见闻信口而谈，谈一点五十分钟而毕。恐于中图同人无多助益。

返署，与愈之谈半时许。看新闻总署所拟“消灭错误运动”之指示稿，略为修润。此稿将由新闻、出版两署与新闻出版印刷工会联名布发，视余上月初所拟者详尽多多，自当以此为胜。即送回新闻总署。

下午，改愈之在政务院所作关于出版行政会议之报告一稿。此报告已在上星期五原则批准，再加修润，即可发布。

四点，少甫、芷芬来，因邀安亭、灿然、仲仁共谈社事，讨论杂事多件，至六点而散。竟日忙迫，未得少休，甚矣其惫。

十二月廿五日，星期二。

看王湋所改小学国语四册。此是未改学制之班级所用，只求无大不妥，

候至七点，偕墨往北京饭店，赴巴基斯坦大使馆首次之招待会。彼处请帖发出甚早。有人流言尔一小国，招待会到者必寥寥。我外交部为此特别动员，接请帖者务必到会。余本已函谢，亦只得勉往。到者确甚众。八点酒会始，九点跳舞始。我们看跳舞三节，遂归。

十二月廿九日，星期六。

今日全日伏案看稿，殊为难得。上午看高中语文注释稿。于其文言部分颇不满意，同人尚未了解文言应如何指点，方能使学生通晓。虽略为指出，恐亦未易生效也。午后，仲仁、灿然、刘御来谈。他们去后，看新选中学语文教材五篇。

傍晚，偕墨与姚韵漪至雁冰所，应其夫妇之招宴。他客有杨之华，陆宰文，雪峰夫妇，皆二十馀年前旧友，谈叙甚适。九点半始归。

十二月三十日，星期日。

晨至清华园，洗浴理发。十一时至愈之家，愈之与余及乔峰做东，为沈志远夫妇作饯。兼请署中友人，设两席。

《人民日报》送来一函，系新闻总署与我署及新闻出版印刷工会之联合指示稿，发动“消灭错误”之运动者，并附《人民日报》对此事之社论一篇，嘱为校读。即为看过，略予修正。社论颇不简练有劲，然亦不易于匆促间为之删削，看过即复送回，亦无可奈何之官僚主义也。

席间饮啖甚适。食罢叙谈，谈我署之机构及中心工作。余连日迟睡，居然于座间入睡，可见疲劳之甚。好在诸人所谈亦殊随便，不得要领。坐至六点散。

到家便小饮，好几夕不在家饮酒，颇为有味。

十二月卅一日，星期一。

曾世英自南京来，应我社之邀，商讨地图绘制之疆界问题。此事由中缅疆界问题而起，请示政务院。政务院初以为其事简单，后知并不然，中苏疆界有问题，中蒙疆界亦有问题。既为官方发表之地图，必须根据政策，站定立场，不应含糊将事。后定先由我社拟具体意见，与各有关部门会商，最后由政务院决定应取办法。曾君此次来京，拟请其勾留旬日，拟定意见，与他部门会商过，乃云毕事。曾君所绘地图集本定今年出版，四十六幅图已印成四十一幅，一切材料已购备，投入资金将十二亿。今因疆界问题，图幅须重印者甚多。积压资金之损失，与作废重印之浪费，其数必不在少。在今日反浪费声中，可为一典型之例子矣。

下午一点半，全社同人咸集。对增产节约检查运动作一结束，同时转入节约检查之“三反”运动。余讲话一时有半，次之安亭讲编审部检查情形，芷芬讲经理部检查情形。余结语谓我人应以认真工作迎接一九五二年。五点散。工会方面普赠同人以电影券，观新出之《抗美援朝》纪录片。余倦甚，不往观，以券赠人。

因感召而汇聚：叶圣陶1945—1949年日记所见党外知识分子统战工作

■ 王莲英　袁　媛

解放战争时期，毛泽东指出："要胜利就要搞好统一战线，就要使我们的人多一些，就要孤立敌人"①，对知识分子不能犯"左"的错误②。梳理和考察这一时期党外知识分子统战工作的方式和成效，对解读中国共产党为何、如何能团结带领一代代知识分子共同奋斗和更好地开展新时代党外知识分子统战工作具有参考意义。党外知识分子统战工作历来为学界所关注，有的研究围绕党外知识分子统战政策历史演变和主要经验展开③④，有的研究特定党外知识分子群体统战工作路径和实践经验⑤⑥，有的研究党外知识分子统战工

① 中共中央文献研究室：《毛泽东文集》(第4卷)，人民出版社1996年版，第196—197页。

② 中共中央文献研究室：《毛泽东文集》(第4卷)，人民出版社1996年版，第332页。

③ 刘勇：《新中国成立初期中共在党外知识分子中推进马克思主义大众化的再思考》，《马克思主义研究》2012年第11期，第44—53页。

④ 朱益飞：《中共中央南京局在香港达德学院的统战工作及其当代启示》，《统一战线学研究》2021年第5期，第63—70页。

⑤ 刘继华，姜朝晖：《有影响有个性党外知识分子统战工作研究》，《重庆社会主义学院学报》2016年第6期，第69—75页。

⑥ 金更兴：《新时期高校中青年党外知识分子政治引导困境及对策研究》，《重庆社会主义学院学报》2016年第2期，第74—79页。

作机制与方法①②，有些研究关注党外知识分子统战工作基础理论和思想③④。总体来看，对党外知识分子统战工作的研究多从统战主体视角展开。笔者在吸收已有研究成果的基础上，拟从统战成员角度看中国共产党的统战政策，以具有典型性的党外知识分子——叶圣陶做个案研究，利用私密度、可信度较高的叶圣陶日记的相关记录，梳理1945—1949年间中共与其交流、沟通、联系的过程，及其对叶圣陶产生的影响，从微观处更直接具体地考察党外知识分子统战工作及其成效。

一、“彼处确有生气”：叶圣陶对中共政权心生好感

抗战时期，中共为建立最广泛的抗日民族统一战线，通过发表宣言、文章，借助媒体采访，谋划纪念活动等多种形式加深外界对党的了解。中共这一系列实践在实现其初衷的同时，也在建构党的形象，提高影响力⑤。众多知识分子正是在这一时期对中共有了初步认识。抗战胜利后，这些知识分子热切期盼国共谈判、和平建国。国民党政府无和谈诚意、屡屡破坏协商成果，不顾人民反对，发动内战，并为强化其一党政治，镇压民主运动、打压民主人士，引发知识分子强烈不满。在对国民党政府失望的同时，党外知识分子更加关注中共的积极作为，对中共好感日增。

作为文化教育工作者，叶圣陶对文化教育事业发展尤为关注。抗战胜利后，国民党政府以军事需要为先对文化教育事业多有忽略。中共在苏北解放区的教育则开展得如火如荼，既重视“思想教育”又进行“业务教育”，致

① 张献生：《新时代统一战线基本战略：巩固发展大统战工作格局》，《江苏省社会主义学院学报》2019年第2期，第4—13页。

② 董乐乐、刘永峰：《典型示范在党外知识分子思想政治引导工作中的运用刍议》，《湖北省社会主义学院学报》2021年第2期，第58—63页。

③ 胡绪生：《习近平新时代党外知识分子统战工作重要论述研究》，《湖北省社会主义学院学报》2019年第1期，第37—40页。

④ 杨卫敏：《新时代党外知识分子工作的理论创新和实践拓展——学习习近平总书记关于加强和改进党外知识分子统战工作的重要思想论述》，《江苏省社会主义学院学报》2020年第3期，第4—16页。

⑤ 李玲：《抗战时期中国共产党的形象建构》，《长白学刊》2020年第6期，第130—136页。

力于把“理论与实际相结合”①。叶圣陶在听闻后称其“深得教育之本旨”②。1946年的“五四”文艺节纪念会上，解放区的秧歌与昆曲同场表演，博得叶圣陶好评。他认为其与“脱离现实，徒资悦耳”的昆曲处于两个极端。在当日日记中，他写下：“秧歌系陕北民间歌曲，共党主持边区政府后，采其调而另制新词，为推行各项政令之助”，当天所观看的《兄妹开荒》是为了鼓励生产，两演员连唱带表演，“助以丝竹，甚令人感动”③。言辞间，他对中共边区政府的治理方式和能力多有肯定。同年4月下旬，在抗战后期原计划“远行”延安的叶圣陶之子叶至诚借助中共党员叶以群组织的文化界青年去苏北参观活动，终于来到解放区④，并在5月15日为其父亲讲述了近一个月的参观体会。叶圣陶在日记中记：“据其所述，彼处确有生气。”⑤ 从叶圣陶的文辞间，不难发现他对国共的认识是相对而生的，“两个极端”“彼处”等词都有比较之意。对比之下，叶圣陶对中共积极作为的好感度随之上升。正因对中共心有好感，当中华全国木刻协会来找叶圣陶商议委托开明书店编印《抗战八年木刻选集》时，他才没有拒绝。这本选集中有不少作品来自陕北和各解放区，反映了共产党领导下的边区景象⑥，叶圣陶花费两个月的时间完成编印工作，并亲自写了序文。

如果说解放战争初期叶圣陶更多是因中共积极有为的作风而产生好感，那么1947年后，中共愈发凸显的军事优势成为他不得不考虑的另一现实因素。随着局势推进，国共战场形势发生逆转，正如毛泽东在1947年12月25日所指出的：“中国人民的革命战争，现在已经达到了一个转折点。这即是中国人民解放军已经打退了美国走狗蒋介石的数百万反动军队的进攻，并使自己转入了进攻。”⑦ 蒋介石在1947年12月22日的讲话中也不得不承认国民党军正“愈战愈挫”，直言这是“国民革命军有史以来的大耻辱”⑧。1948年9月16日，中共打响了济南战役，并在短短八天内取得胜利。叶圣陶在9月26

---

① 戴伯韬：《解放战争初期苏皖边区教育》，人民教育出版社1982年版，第330—338页。

②《叶圣陶日记》，商务印书馆2018年版，第831页。

③《叶圣陶日记》，商务印书馆2018年版，第831页。

④ 叶至善：《父亲长长的一生》，江苏教育出版社2004年版，第309页。

⑤《叶圣陶日记》，商务印书馆2018年版，第844页。

⑥ 叶至善：《父亲长长的一生》，江苏教育出版社2004年版，第289页。

⑦《毛泽东选集》(第4卷)，人民出版社1991年版，第1243页。

⑧ 金冲及：《转折年代：中国·1947》，生活·读书·新知三联书店2017年版，第3—4页。

日记录了中共解放济南的消息并称“此为一大事”①。

战场形势发生逆转的同时，国共军队的作风更是大相径庭。1948 年 2 月 6 日，叶圣陶在日记中记：“赵悔深自开封来……据谈豫省战况，全省仅三数县未遭波及。民众深知双方作风不同，多以为彼胜于此。而此方军政界之蛮横，竟使人几无生路。为之叹息。”② 这是战火之下亲历者的认识，也正是叶圣陶的认识。6 月 28 日，叶圣陶日记中有：“开封已由国军收复。报纸记载，此次轰炸死者至五万人。有一女校，存活者止四人。此实太惨酷矣。政府方面早已置民心于不顾，民心之不复惜之，固其宜矣。”③ 在开封战役中，国民党军因被解放军压制甚至发出了“必要时可使用‘特种手榴弹’，即含毒的黄磷手榴弹”的指令④，国民党只考虑军事威力，丝毫不顾念普通民众，自然会失了民心。相较之下，中共在不得已的战事情况下努力降低对普通民众的伤害更显难能可贵。8 月 9 日，叶圣陶等为开明书店开封分店负责人胡雨岩“作小饯”，他写下：“雨岩于开封为共军攻入后逃出。后开封收复，知我店损失尚微，因往售出存货，即将分店结束也。”⑤ 中共军队 6 月 22 日攻下开封，6 月 26 日主动撤离转战豫东，在此期间，开明分店未造成什么损失，由此可以推知中共军队纪律严明。从叶圣陶的记录来看，他们也未曾料想如此，国共军队在开封的不同表现正是双方军队作风的缩影。清华大学教授浦江清在 1948 年末的日记中，也是一边记国民党军向清华园投弹，一边记共军纪律好、不扰民⑥。

此外，叶圣陶的个人交往也影响着他对中共的认识。在 20 世纪 20 年代，叶圣陶就和一些共产党人有过接触。抗战胜利后，他与中共人士的交往更趋广泛、深入，直接接触到周恩来、朱德等，而且他对与其有过接触的中共人士多有好感。当时，叶圣陶和茅盾、郭沫若等与中共关系密切的左派文化界人士来往颇多，或赴他们的宴请，或同席参加各种活动，或不时邀请他们到开明书店讲学。这些既是叶圣陶的个人私交，从某种程度上看也是中共为开展统战工作所做的铺垫。抗战胜利后，中共艰苦自持、积极作为、顾念民众等良好表现，让以叶圣陶为代表的党外知识分子对其好感日增，为开展统战

① 《叶圣陶日记》，商务印书馆 2018 年版，第 1051 页。

② 《叶圣陶日记》，商务印书馆 2018 年版，第 999 页。

③ 《叶圣陶日记》，商务印书馆 2018 年版，第 1031 页。

④ 刘统：《决战：华东解放战争 1945—1949》，上海人民出版社 2017 年版，第 346 页。

⑤ 《叶圣陶日记》，商务印书馆 2018 年版，第 1039 页。

⑥ 浦江清：《清华园日记西行日记》，生活·读书·新知三联书店 1999 年版，第 255—259 页。

工作奠定了心理基础。

二、多番“致意”：中共团结争取党外知识分子

中共统战工作的具体展开是连续且有针对性的。抗战胜利前，毛泽东在《论联合政府》中主张“建立一个联合一切民主阶级的统一战线的政治制度”①。抗战胜利后，中共抓紧开展在国统区内的统战工作，积极争取各界人士。1945年周恩来到重庆后在曾家岩办事处设宴，叶圣陶在受邀之列。10月13日，他在日记中记到：“六时，偕叶以群吴组缃二位至曾家岩，应周恩来之招宴。闻周之名已久，见面尚是初次。其人有英爽之气，颇不凡俗。”② 这是叶圣陶第一次见到周恩来，也是他在日后回到上海后成为周公馆常客的开端。据叶圣陶之子叶至善回忆，从1946年6月起，中共代表团每月下旬都会邀请包括叶圣陶在内的部分文化界人士参加便宴，告知他们国共谈判进展和中共态度③。1946年11月，叶圣陶参加了周公馆一次比较特殊的酒会，酒会的目的是庆祝朱德六十大寿。这是中共中央为向国民党发动一次强大的政治攻势而决定举行的一次空前规模的祝寿活动，国统区各办事机构纷纷响应，周公馆在11月28日向各界人士发出请柬④。叶圣陶在11月29日的日记中记载：“夜间醒来，作一诗，寿朱德六十岁。”次日，祝寿活动正式开始，叶圣陶偕傅彬然到思南路参加。“到者六七十人，多熟友。酒用烟台带来之陈白兰地，易于上口，而其力甚强，又兼诸人互相干杯，余乃大醉。醉时自己失去统制，一时悲从中来，出声而哭。”⑤ 周公馆为此次祝寿大费周折，特地提前运来烟台解放区的酒和苹果，显示出中共对各界人士的重视，且对在国统区的人来说，接触到解放区的东西颇为不易，以至于叶圣陶在日记中专门写明酒的来处。叶圣陶当天因饮酒过多且“伤时忧国”而情绪失控，但回家看到孙子后还是没忘把宴会上带的苹果给他，并强调“烟台来的呢”⑥，可见在他心中那是一个特殊的存在。

在对叶圣陶个人关怀争取的同时，中共非常重视他在编辑身份背后的社

①《毛泽东选集》(第3卷)，人民出版社1991年版，第1056页。

②《叶圣陶日记》，商务印书馆2018年版，第766页。

③ 叶至善：《父亲长长的一生》，江苏教育出版社2004年版，第291页。

④ 中国人民政治协商会议全国委员会、文史资料研究委员会：《革命史资料》(总第3期)，上海人民出版社1986年版，第107—109页。

⑤《叶圣陶日记》，商务印书馆2018年版，第900—901页。

⑥ 叶至善：《父亲长长的一生》，江苏教育出版社2004年版，第293页。

会资源和影响。解放战争期间，舆论宣传是国共较量的一个重要方面。1945年9月，毛泽东、周恩来联名发出“尽快派人到上海等地办报”的要求①。内战爆发后为尽可能守好宣传阵地，周恩来把上海出版界和杂志分线分类，将叶圣陶所主编的《中学生》和他任职的开明书店划为不太容易被查禁的“第三线”，希望叶圣陶尽力维持，以发挥其促使青年进步的作用②。

1948年，中共中央在纪念五一国际劳动节的口号中，发出了对民主党派、人民团体、社会贤达的邀请，随即又考量拟邀请到解放区参会的人员。1948年11月5日，周恩来起草的《中共中央关于邀请民主人士北上给香港分局等的指示》中开列了涵盖各民主党派、文化界、产业界等十余个单位的邀请名单，其中叶圣陶的名字非常醒目。指示中强调：“望沪港两地从叶圣陶、郑振铎、周建人三人中邀请一人，最适当的是叶，因为他既为进步人士所赞成，又为中间人士所接近，我们亟须他进来编辑中小学教科书，而开明书店又可到解放区来经营，此事务须办到。”③ 基于这一指示，中共上海局在叶圣陶11月2日婉言拒绝邀请后，在12月19日再度派人致意。叶这两日的日记有“杜守素来，谈近事，致远方之意。谢之”和“觉农来，为远方致意，余再度谢之”的记录④。由于顾念家人，手头编辑事务无人接手，叶圣陶难下远行决心，中共方面了解此情况后，从香港传来口信表示，叶圣陶的妻子如果愿意可以同去，且他的熟友宋云彬和傅彬然也在受邀之列会和他一起北上⑤。中共贴心的安排终于打消了叶圣陶的顾虑。12月28日，他做出“暂拟偕墨一游”的决定⑥。中共的统战工作一直是细致周到的，在争取民主人士北上过程中诸如此类的针对性工作做了不少。如李济深因“家属人多，还未安顿好”难以成行，中共香港分局就送来两万元安家费，并承诺他离港后的家庭生活费用由中共承担⑦；时任商务印书馆董事长的张元济列出五条“难于应招”的理由后，中共就派商务印书馆职工出身，彼时已位居中央核心层的陈云登门劝请⑧。叶圣陶在下定决心北游后，中共的统战工作仍在继续。1949年1

① 中共中央文献研究室：《毛泽东文集》(第4卷)，人民出版社1996年版，第23页。

② 胡绳：《我和〈中学生〉》，《编辑学刊》1990年第4期，第92—93页。

③ 中共中央文献研究室、中央档案馆：《建党以来重要文献选编》(第25册)，中央文献出版社2011年版，第624页。

④《叶圣陶日记》，商务印书馆2018年版，第1062—1072页。

⑤ 叶至善：《父亲长长的一生》，江苏教育出版社2004年版，第310页。

⑥《叶圣陶日记》，商务印书馆2018年版，第1074页。

⑦ 秦立海：《民主的追求》，当代中国出版社2012年版，第130页。

⑧ 傅国涌：《1949年：中国知识分子的私人记录》，长江文艺出版社2005年版，第4—5页。

月2日，上海地下党的重要成员李正文再度拜访，转达促行之意，出于多种考量，叶圣陶当日并未记录。十天后在香港又遇到李，他才在日记中补了一笔。叶圣陶等人到港后，除了中共香港分局的方方、夏衍等人，李正文也一直与其联络，直到最终送他们启行北上。

三、“涓泉归海”：叶圣陶等党外知识分子“北上”及中共的关怀引导

在中共细致周密的安排下，叶圣陶等党外知识分子顺利抵达解放区，并进行了短暂的参观驻留，对中共领导下的解放区有了更直观的认识。到达北平后，针对党外知识分子的不适应，中共采取一系列措施，帮助他们更好地了解党的政策、习惯，引导其更好地融入新政权。

1948年底，叶圣陶决心北上。1949年1月7日，他先在中共安排下从上海动身前往香港并于11日抵达。第二天，夏衍与叶圣陶相见，告知他种种情形，并告诉他“昨日又接北方来电”询其到否，叶圣陶专门将此事记于日记中，此后他与中共当时在香港的负责人潘汉年、周而复、方方等也都会面①。叶圣陶到港时不少知识分子已经先集于此，友朋间的宴请聚会自是少不了，他先后在各种场合见到了宋云彬、柳亚子、徐铸成等人；1月31日在《华商报》邓文钊做东的宴会上，他又与上海来的民主人士陈叔通、马寅初、包达三等欢聚一堂②。在中共的精心安排下，叶圣陶在港期间会见的这些人有很多最终与他同船北上。

2月25日，在港停留一个多月的叶圣陶收到了启行的消息。当天，叶氏夫妇与傅彬然、郑振铎等被安排到大中华旅馆，为确保行程隐蔽，他们整日未曾出去；26日晚，行李先被送上轮船后，叶圣陶一行又前往大同旅社，直到27日午后才在中共安排下改装分批次登船。叶圣陶当日日记为我们复现了当时的登轮情况：“三时许，墨与郑、邓二小姐先由李君导引登轮。我辈则以夜九时许往。先行者五人方下电船，而巡警二人即来查问。余与芸生、铸成、振铎四人望见，疑有疏漏，即避不前进。既而巡警徐徐行去，我四人始下电船……十一时许，末一批朋友登轮”③。中共对民主人士北上非常重视，为确保安全还安排他们乔装打扮、改换身份并分别告以应付说辞。民主人士自身也很警惕，叶圣陶等发现异常后立刻做出反应，双方都在为一个共同的目标而努力。顺利登船后，叶圣陶在日记中将同船者作了详细记录，柳亚子更是

---

①《叶圣陶日记》，商务印书馆2018年版，第1083—1085页。

②《叶圣陶日记》，商务印书馆2018年版，第1091页。

③《叶圣陶日记》，商务印书馆2018年版，第1100页。

直接请“同舟诸公各将姓名、籍贯、年龄”书于日记之首以留作纪念①。那时他们已经认识到此行意义之重大，所以非常郑重地记下了所有同行北上之人。

28日午前，载有叶圣陶、曹禺等27位民主人士及其家属的“华中轮”在各方的关注下顺利开出，一段“充满诗情和激情的旅途”随之开启②。在中共随行人员吴全衡安排下，“华中轮”上每天都举行晚会以缓解旅途寂寞和劳顿。3月1日的晚会上，叶圣陶出了一个谜语，“谜面为我们一批人乘此轮赶路，谜底为《庄子》篇名一”，宋云彬猜中为“知北游”并向他索诗一首作为奖品，遂有了叶圣陶自言心志的诗一首：“南运经时又北游，最欣同气与同舟。翻身民众开新史，立国规模俟共谋。篑土为山宁肯后，涓泉归海复何求。不贤识小原其分，言志奚须故自羞。”③ 叶圣陶显然是兴奋的，他所谓的“南运”是指抗战时期迁往西南，彼时是迫不得已背井离乡，此时是主动远行奔向光明。1981年，他回忆那时的心境称，当时大多数友人已年过半百，可兴奋的心情还像青年，都明白“中国即将出现一个崭新的局面”，此行也是去参与“一项极其伟大的工作”④。

3月5日，“华中轮”抵达烟台，叶圣陶一行停傍码头时，“已有军队及市府人员迎候”，随后“诸人分乘汽车入市区”，晤徐中天市长并得知国民党军舰“重庆号”起义成功，顺利开到烟台港的消息。叶圣陶在日记中称“大可喜”⑤。对中共来说，军舰起义成功对海军影响重大，自然是喜悦的；叶圣陶之激动显然是将自己与中共放置在同样立场下，产生了共情。

叶圣陶一行以党外知识分子为多，对文化教育最为关注，在船上时就曾两开座谈会讨论“文化及一般社会如何推进新民主主义之实现”和新闻事业、戏剧电影的发展等⑥。到解放区看到实际情况后更是多有感触。3月8日，华东党政军在田野间为民主人士举办欢迎会，表演《拥护毛主席八项条件》《交易公平》《积极生产》《开荒》四出剧，让柳亚子大为感动，“自动要求当众致词”。叶圣陶称赞：“如此之戏，与实生活打成一片，有教育价值而不乏娱乐价值，实为别开途径之佳绩。”⑦ 在山东青州，一众知识分子还参观了“国

①《柳亚子日记》，上海人民出版社2015年版，第46—48页。

② 秦立海：《民主的追求》，当代中国出版社2012年版，第152页。

③《叶圣陶日记》，商务印书馆2018年版，第1102页。

④《叶圣陶日记》，商务印书馆2018年版，第1118页。

⑤《叶圣陶日记》，商务印书馆2018年版，第1104页。

⑥《叶圣陶日记》，商务印书馆2018年版，第1103页。

⑦《叶圣陶日记》，商务印书馆2018年版，第1107页。

民党解放军官教导团”，郑振铎称其“令人难忘”①。“国民党解放军官教导团”收容了王耀武等在解放战争中被俘的国民党将领②。他们在此处生活劳动、学习读书、接受教育，被解放军以“最厚之友谊”优待，颇有悔改之意。叶圣陶称“所谓宽大政策之道，于此见之”③，王芸生因此而感叹“看见了人民解放军政治教育的伟大”④。

因担心国民党飞机空袭，华东方面安排民主人士在远离市区的农村居住，这让他们有机会感受中共领导下的农村生活。“所经村落皆瓦屋，骡车运输时时可见。四时歇桃村，其地解放已将十年，土改已完成。村人脸色多红润，可见其生活不恶。五时复开车，一路见新修大桥数座。”⑤ 土改后，农民生活有了显著提高，家中也有了余粮。宋云彬和刘尊棋所借宿的农家主人专门送来鸡蛋八枚请他们当作早餐⑥，当地的军民关系融洽如一家。王芸生所宿的农家为他讲述了解放军帮他们耕田、村中人自动参军、村民自愿增加生产，缝做军鞋以支援前线的情形⑦。在解放区连日来的所见所闻，让徐铸成感叹“我们已由旧世界、旧时代开始走进新天地、新社会矣”⑧。叶圣陶也在结束一系列参观后和友人共谈“希望中共作得美好，为新中国立不拔之基”⑨。在山东解放区驻留参观之后，叶圣陶一行被安排乘火车专列经沧州、天津前往北平，3 月 18 日到达北平后即入住六国饭店，与已经到达北平的其他民主人士共同担起了讨论“立国规模”的重任。

叶圣陶到解放区后对中共整体印象甚佳，对其办事效率和作风大加称赞，尤其是对中共的干部和上层领导颇有好评。他说“来解放区后，始见具有伟大力量之人民，始见尽职奉公之军人与官吏”⑩，但毕竟久在国统区缺乏深入了解中共的机会且身上之文人秉性骤难更改，令叶圣陶有些头疼。他在日记中如实地记录了自己初到时对党的制度、规范以及全新的生活和工作环境的不适应，并向作为其好友的中共党员胡愈之求助，“余告愈之以余之性习，骤

---

① 陈福康：《郑振铎传》，北京十月文艺出版社 1994 年版，第 538 页。
② 海宁市档案局（馆）：《宋云彬日记》（上册），中华书局 2016 年版，第 151 页。
③《叶圣陶日记》，商务印书馆 2018 年版，第 1110—1111 页。
④ 王芸生：《我到解放区来》，《大公报》（香港）1949 年 4 月 27 日第 3 版。
⑤《叶圣陶日记》，商务印书馆 2018 年版，第 1106 页。
⑥ 海宁市档案局（馆）：《宋云彬日记》（上册），中华书局 2016 年版，第 150 页。
⑦ 王芸生：《我到解放区来》，《大公报》（香港）1949 年 4 月 27 日第 3 版。
⑧《徐铸成回忆录》，生活·读书·新知三联书店 2010 年版，第 157 页。
⑨《叶圣陶日记》，商务印书馆 2018 年版，第 1113 页。
⑩《叶圣陶日记》，商务印书馆 2018 年版，第 1109—1110 页。

改不可能，不改则不适应集体”，表达了怕“尸其名”、难胜大任的担忧①。中共邀请叶圣陶等党外知识分子北上是切实让他们参与到政权筹建、国家建设的事业中来的。叶圣陶自己也意识到所承担的社会责任已然超出单纯的知识分子身份，又怕自己难以胜任，才会如此惶惑。

面对党外知识分子的困惑和疑虑，中共极尽引导之能，不断通过座谈报告等形式向他们传达党的政策，党内重要领导人不时与他们谈心交流并解决其生活上的困难，免除他们的后顾之忧。1949 年 1 月，中共中央曾向东北局和各地发出过《中央关于对待民主人士的指示》，要求对待民主人士应以彻底“坦白与诚恳的态度”，向他们解释政治及有关党的政策，组织部分同志进行日常的谈话与交流，向他们作关于战争、军事政策、政权、土改等报告②。民主人士到达北平后，中共的这些工作依旧坚持。叶圣陶到北平后的第二天，叶剑英、李维汉、齐燕铭、连贯等就为他们接风洗尘。叶剑英在当日的演说中介绍了当前军事战场胜利的情况，并说明今后一切建设贵乎大家努力；两天后的 3 月 21 日，李维汉又为他们作报告；叶圣陶在当日日记中写道：“夜七时，二百余人会于一堂，听罗迈谈话。分为四点：一、解放军致胜之由（在于土改）；二、关于和谈；三、关于新政协；四、共产党人待人处事之态度。”对于这两次谈话叶圣陶给出了“其说甚精当”“其言至亲切，余极为满意”的评价③。政协各项筹备工作开始后，中共整体进入快节奏状态，从《周恩来年谱》可以看出，6 月 15 日新政协筹备会开幕后，周恩来的工作明显增多了，但他从未缺席向党外知识分子作报告。7 月 6 日召开的中华全国文学艺术工作者代表大会和 28 日召开的全国第一次教育工作者代表会议筹备会上，周恩来都作了报告，讲述了军事、政治形势和文艺工作者、教育工作者的任务④。叶圣陶在参加这两次大会后写道：“周君统筹全局，语重心长，深可钦佩。”⑤ 考虑到叶圣陶专于教育，中共还专门安排叶圣陶、傅彬然等与老解放区的教育工作者座谈，交换经验，研讨教育上存在之问题。叶圣陶日记中称：“老解放区之人有一特点，即确能实事求是，不为高谈阔论。其视教育

①《叶圣陶日记》，商务印书馆 2018 年版，第 1128—1139 页。

② 中央档案馆：《中共中央文件选集》（第 18 册），中共中央党校出版社 1992 年版，第 69—70 页。

③《叶圣陶日记》，商务印书馆 2018 年版，第 1114—1115 页。

④ 中共中央文献研究室：《周恩来年谱：1898—1949》，中央文献出版社 1998 年版，第 854—857 页。

⑤《叶圣陶日记》，商务印书馆 2018 年版，第 1123—1127 页。

甚重，而困难正多，皆欲力求克服。”①

除在正式场合以政治报告、座谈等形式帮助党外知识分子更快了解中共外，党的高层领导还直接拜访知识分子或邀请他们参加聚餐，在交流谈心中为他们解决各种问题。叶圣陶在日记中记载3月22日董必武曾到访其寓所，7月6日又与薄一波、聂荣臻共同赴宴②；周恩来先后在7月12日和19日分别邀请徐盈、储安平、萨空了等新闻界人士和竺可桢等科学家聚餐，在席间就国家建设的一些远景设想征询意见并解决他们的问题③。中共领导人与党外知识分子交流谈心、化解其不良情绪最为人称道的应是中共中央主席毛泽东和柳亚子之间的往来。柳亚子来到北平后自认没有得到足够重视，“牢骚”不断，3月28日写下《感事呈毛主席》表达了他内心的不满，流露出归隐故乡之意④。毛泽东看过此诗后在4月29日写下了著名的《七律·和柳亚子先生》。其中有“牢骚太盛防肠断，风物长宜放眼量。莫道昆明池水浅，观鱼胜过富春江”⑤，对柳亚子进行开导规劝，并于5月1日专门到访颐和园益寿堂柳亚子住处，与其一同乘船游览昆明湖。5月5日，毛泽东派秘书田家英接柳亚子到香山寓所叙谈，中午“毛主席赐宴，客为余等四人，陪客者毛夫人、毛小姐、朱总司令、田秘书”，柳亚子因“谈宴极欢”，归寓后仍兴奋不已，“写信数封，十二时始睡”⑥。在《五月五日马克思诞辰赴毛主席宴集》一诗前，他说：“谈诗论政，言笑极欢。自揆出生六十三龄，平生未有此乐也!”⑦中共领导人的宽慰无疑消解了他的“牢骚”，6月14日他在给儿子的信中说：“中共对我极客气，对文化人亦极好。”⑧ 中共领导人与他们的交流谈心，对他们的关照体贴疏通了党外知识分子思想上的堵点，在物质上的优待则帮助他们解除了生活中的后顾之忧。叶圣陶1949年北上时抱着“小游”一番的心

①《叶圣陶日记》，商务印书馆2018年版，第1127页。

②《叶圣陶日记》，商务印书馆2018年版，第1115—1123页。

③ 中共中央文献研究室：《周恩来年谱：1898—1949》，中央文献出版社1998年版，第854—855页。

④ 傅国涌：《1949年：中国知识分子的私人记录》，长江文艺出版社2005年版，第70页。

⑤ 中共中央文献研究室：《毛泽东年谱：1893—1949》，人民出版社、中央文献出版社1993年版，第491页。

⑥《柳亚子日记》，上海人民出版社2015年版，第75页。

⑦ 柳亚子文集编辑委员会：《柳亚子文集：磨剑室诗词集》，上海人民出版社1985年版，第1590页。

⑧ 上海图书馆：《柳亚子文集：书信辑录》，上海人民出版社1985年版，第355页。

态，“唯作乐观之想，小游回来，母体仍佳健”①，新更换的日记册也定名为《北游日记》，看得出他初到北平时缺乏归属感，并因顾念留在上海的老母亲，总在计划着南返。1949 年 8 月，中共为其安排了位于东四八条胡同的住所，叶圣陶日记中有：“余家居北屋，三间，为全屋之精华。……地板，前后玻窗，有洗浴室，盖上等之家屋也。”② 1950 年 4 月叶圣陶的母亲、儿辈、孙辈也都被接到北京，他大感安慰③，此后日记中鲜见“南返”之词，在北京时间久了后，更是把出行南方各地称为“出游”。

人心是最大的政治。在团结优待知识分子的同时，中共注重加强教育引导，通过思想政治教育帮助党外知识分子进步，夯实人心基础。针对党外知识分子对中共话语体系的不熟悉，专门安排他们学习马列原著。因教科书编写工作紧迫，叶圣陶、宋云彬 1949 年 4 月起即服务于暂隶华北人民政府的教科书编审委员会。在规定的办公时间之外，华北人民政府还安排了学习时间，专门提供马列著作、《毛泽东选集》等供他们学习。知识分子间还会互相比较学习进度，宋云彬 5 月的日记中有“看辩证法四十余页，圣陶已看六十余页矣”④，徐铸成回忆叶圣陶一直努力学习马列主义和毛主席的著作⑤。中共还注重激发党外知识分子活力，支持他们发挥作用，在满足党的国家事业发展需要的同时，有效增强了党外知识分子的认同。发出“五一口号”时，中共提出的就是成立民主联合政府的主张，随后在新政协筹备过程中，“民主联合”贯穿始终，最终参加新政协会议的 46 个单位 622 名代表中，中共党员约占 44%，工农和各界无党派代表约占 26%，各民主党派成员占 30%⑥。中华人民共和国成立后，在中央人民政府的各机构中，党外知识分子和民主人士占有重要席位。叶圣陶任出版总署副署长，黄炎培、郭沫若任政务院副总理，沈钧儒任最高人民法院院长，沈雁冰任文化部部长，马寅初任政务院财政经济委员会副主任。为进一步保证他们能真正发挥作用，毛泽东在党内提出明确要求：我党同党外民主人士长期合作的政策，必须在全党思想上和工作上确定下来。我们必须把党外大多数民主人士看成和自己的干部一样，同他们诚恳地坦白地商量和解决那些必须商量和解决的问题，给他们工作做，使他

①《叶圣陶日记》，商务印书馆 2018 年版，第 1076 页。

②《叶圣陶日记》，商务印书馆 2018 年版，第 1129 页。

③《叶圣陶日记》，商务印书馆 2018 年版，第 1166 页。

④ 海宁市档案局（馆）:《宋云彬日记》(上册)，中华书局 2016 年版，第 175 页。

⑤《民国记事：徐铸成回忆录》，广西人民出版社 2015 年版，第 62 页。

⑥ 石光树:《迎来曙光的盛会：新政治协商会议亲历记》，中国文史出版社 1987 年版，第 19 页。

们在工作岗位上有职有权，使他们在工作上做出成绩来①。

叶圣陶日记以其原初性、即时性、私密性、连续性、完整性等特点，记录了1945—1949年间中国共产党与其的沟通联系，为我们考察这一时期党外知识分子统战工作的方式和成效，更加直观具体地理解党外知识分子统战工作提供了宝贵素材。通过叶圣陶的实例可以发现，解放战争时期中共对党外知识分子的统战工作在争取人心、夺取胜利方面发挥了重要作用。新时代，应遵循习近平总书记关于党外知识分子工作是统一战线的基础性、战略性工作的重要指示，继续加强对党外知识分子的统战工作，为党和人民事业的发展营造更加有利的条件。

（原载《统一战线学研究》2022年第2期）

①《毛泽东选集》(第4卷)，人民出版社1991年版，第1437页。

文学思想研究

叶圣陶研究年刊

《文心》的读解与欣赏

■ 商金林

1933年1月，《文心》开始在《中学生》杂志上连载，1934年6月连载完毕，当月即由开明书店出版。《文心》的副标题是“读写的故事”，“用小说体裁叙述学习国文的知识和技能”，通过师生之情（学校）、亲子之爱（家庭）、朋友之谊（校内外），以及班级开展的各种活动，着重写出了初中三年国文课学习的全过程，包括国文课的教材、教学的方法、各种应用文写作，以及诗歌、小说、戏剧等文学作品阅读、欣赏、创作等方方面面的知识，正确的，加以肯定；错误的，加以引导；既谈理论，也讲实践。所写到的“故事”和“知识”都用一个相应的场面来衬托，把抽象的国文教学以及中学生丰富多彩的校内外学习生活和时代的风云、家庭的变迁交织在一起，既生动形象，又亲切感人，让我们看到了那个年代全新的教育方法和教育理念，教师“以宗教的精神来献身于教育”，学生则“沉浸在深浓的爱里头”①。可敬可爱的老师、天真烂漫的学生、和蔼可亲的家长一个个真实可信，20世纪30年代校园浓郁的读书氛围气扑面而来。

陈望道在《序》中说：“《文心》是用故事的体裁来写关于国文的全体知识”，“就国文的知识来说”，“哪里有这样平易近人而又极有系统的书？……就像这部《文心》里面说的文法之类，那位作《文心雕龙》的刘勰就连梦里也还未曾梦见呢。”朱自清在《序》中说：指示作法读法的书，至多只能指示童蒙，不登大雅，“真配写的人都不肯写”。“新文学运动以来”，“作法读法的书多起了；大家也看重起来了。自然真好的还是少，因为这些新书——尤其是论作法的——往往泛而不切；假如那些旧的是饾饤琐屑、束缚性灵，这些新的又未免太无边际、大而化之了”。可这《文心》是“一部空前的书”，“不但指点方法，并且着重训练”，“书中的议论也大都正而不奇，平而不倚，无畸新畸旧之嫌，最宜于年轻人”，“不独是中学生的书，也是中学教师的书”。徐调孚称《文心》是他在1934年最爱读的书，是“五十年来百部佳

① 叶圣陶、夏丏尊：《文心》第十九篇《“还想读不用文字写的书”》，叶至善、叶至诚、叶至美编：《叶圣陶集》（第13卷），江苏教育出版社2004年，第362页。

作”中的一种。[①] 开明书店在广告词中说《文心》也是“一群中学生三年间的生活史的缩影”[②]，《文心》可以作为文章作法读，可以作为“文学入门”读，也可以作为一本小说来读。书中写到的青年学生的做人和求学的态度，足为青年的模范，因而被誉为“青年阅读和写作的宝典”，“为天下之至文”[③]，“像牛奶那样的既富营养又多兴味的一本书”[④]。

一、《文心》的时代背景是 1931 年至 1934 年

《文心》由三十二个故事连缀而成，为了叙述的方便，我们将“个”改称为篇。《文心》第六篇《知与情意》，写王仰之先生选用的课文中有《中学生》杂志卷头言《闻警》。“卷头言”在当今一些期刊中叫“卷头语”，大多是思想理论性很强的短评，带有“导读”和“引领”的意义。这篇《闻警》是叶圣陶在九一八事变后的第三天写的，刊登在《中学生》杂志 1931 年 9 月号。蒋介石实行不抵抗主义，致使日本帝国主义在几个月内就占领了东三省。叶圣陶怀着满腔愤懑号召青年学子必须认清帝国主义的本质，尽到“热血的青年”应尽的责任，铭记“我们将来的工作与事业”就从“抗战”开始，永远不要忘记“九一八”！

从这篇《闻警》可以知道，《文心》中写到的这班初中生 1931 年秋季入学，毕业时间则为 1934 年初夏，这在《文心》第卅二篇《最后一课》中作了交代。《最后一课》写毕业班学生在学校上的最后一堂国文课，接下来便是停课复习，迎接毕业考试。王仰之先生与学生相处了三年，“三年的聚首，父子兄弟一般的亲密，无所不谈，无所不了解，可是从今以后至少要疏阔一点了”，“神态之间流露着惜别的意思”，大家首先谈起的是毕业考试。这时上海市高中毕业会考已经结束，国文科的考题是《礼义廉耻国之四维论》，当局推崇的“优秀试卷”是赵遂之写的一篇变相的“八股”。叶圣陶反对这种“复古”的风气，就写了《“礼义廉耻国之四维论”》，刊登在《中学生》杂志 1934 年 3 月号上，郑重指出赵文“只注重形式的整齐，声调的铿锵，只是鹦鹉学舌般地重复了社会上流行的一些浅薄空洞的论调而已”，这类“丁丁当当”毫无用处的“八股”，“单只是在会考的时候‘八股’一下还不要紧，倘

---

① 徐调孚：《一九三四年我最爱读的书籍》，《人间世》小品文半月刊第 19 期，1935 年 1 月 5 日。

②《中学生》1935 年 2 月号。

③ 潘荫培：《从文学革命谈到〈文心〉》，《中学生》1934 年 11 月号。

④ 方时杰：《牛奶一般的书——〈文心〉》，《中学生》1935 年 9 月号。

若平日说话作文也是‘八股’，甚至思想行为无不‘八股’……我们实在有点觉得不寒而栗!”。叶圣陶这么说完全站在爱护学生的立场上，说学生为了应付考试，拿张文凭，迎合一下主试者的心理倒也情有可原，可要是中了“主试者”的毒害，平时的“说话作文”“思想行为”也是“八股”，“上有好者下必有甚焉者”，“八股”成为风尚，那就很可怕了。赵遂之非但不能领会叶圣陶的用心，反倒以“自幼饱读经书自夸”，用恶毒的咒语辱骂叶圣陶①，因而遭到周振甫的当头棒喝。周振甫是著名学者和资深编辑家，《最后一课》中提到“《中学生》杂志的五月号里有振甫的一篇文字”，说的就是周振甫批评赵遂之的文章，同时也巧妙地点出了这班初中学生的毕业时间。

20世纪二三十年代，“读古书”“写文言”的风气甚嚣尘上。鲁迅1926年10月14日在厦门大学作的《少读中国书，做好事之徒》的演讲中，奉劝青年学生暂时还是少读中国书为好。他说：“少读中国书，不过是文章做得差些，这倒无关大事。多读中国书，则其流弊，至少有以下三点：一、中国古书越多读，越使人意志不振作；二、中国古书越多读，越想走平稳的路，不肯冒险；三、中国古书越多读，越使人思想模糊，分不清是非。正是因为这个缘故，‘我所以指窗下为活人之坟墓，而劝人们不必多读中国之书’。”② 赵遂之辱骂叶圣陶，也印证了鲁迅“‘少读中国书’主义”是有道理的。

至于1931年至1934年是一个怎样的年代，我们从鲁迅写的两首《无题》中就可以知道一个大概。鲁迅1931年5月写的《无题》头两句是“大野多钩棘，长天列战云”；鲁迅1934年5月写的《无题》头两句是“万家墨面没蒿莱，敢有歌吟动地哀?”由此可见，1931年至1934年这三年是一个充满了苦难的年代。中华大地上生满荆棘荒草，浩浩长空战云密布。千千万万户蓬头垢面的苦难人一个个在荒草丛中倒下了，这是多么惨不忍睹的情景啊！读读鲁迅的这两首《无题》，我们对《文心》中写到的诸如创办《抗战周刊》、写作《“九一八”感言》和《难中日记》、批判“国学会”的“迷恋骸骨”③，创作“‘一·二八’战役”的戏剧④、揭示商界学界政界“胡乱用辞”的“毛病”⑤，以及“富人四季穿衣，穷人衣穿四季”⑥ 的现实和学生家长的不

---

① 赵遂之：《通讯》，《中学生》第44号，1934年4月。

② 据陈梦回忆材料：《鲁迅在周会上演说有关“少读中国书”部分追记》，厦门大学中文系：《鲁迅在厦门资料汇编》(第一集)，1976年9月，第64页。

③《文心》第十五篇《读古书的小风波》。

④《文心》第十二篇《戏剧》。

⑤《文心》第十一篇《辞的认识》。

⑥《文心》第十七篇《语汇与语感》。

幸和失业①，也就有了更真切的理解，教育也是一个时代的晴雨表。

二、"第一中学校"是一所知名中学

《文心》中写到的这所中学是"H 市第一中学校"。新生张大文和周乐华入学后在给高小老师李先生的信中介绍说："这里教我们功课的先生共有七个，人都很好，待我们很和蔼"，"这里的同学大半是从别地方来的。他们把本乡的各种情形告诉我们，我们的见识增加了不少。我们也把 S 镇的大略告诉他们"；"这里校舍很宽大。四面房子，围着中间的花圃。靠东的房子是大会堂，西北两面是教室，南面是办公室、会客室。宿舍在后面，是两排楼房。运动场在大会堂的东面，陈设着各样的运动器具"（《文心》第四篇《一封信》），似乎是以叶圣陶曾经执教过的上海吴淞中国公学，以及夏丏尊曾经执教过的浙江上虞春晖中学为背景的。中国公学在当时被誉为"理想的学府"，而春晖中学则是享誉一时的"模范中学"。

九一八事变后，各地学校纷纷组织抗日会，宣传抗日，抵制日货。"第一中学校"是"H 市"学校抗日会的发起者和组织者，书中写道：

> 第一中学是全市学界抗日协会的一分部，校中师生分隶于总务、纠察、宣传、调查诸科。每科之下又设若干组，分头工作，空气非常紧张。校内到处贴着惊心动魄的标语，课外运动停止了，将这时间改行军事训练，各科教师都暂时抛开原有的教程，改授与抗日有关的教材。沈先生于算术科的应用问题中用飞机速率、军舰吨数、食粮分配等做题材，张先生教地理，所讲的是东北的地势，李先生教历史，所讲的是历来帝国主义侵略我国的情形。校长黄先生、教务主任陈先生从前都曾留学日本，熟悉日本的一切，每星期给学生讲日本的国情一次。(《文心》第六篇《知与情意》)

"总务、纠察、宣传、调查"是"抗日协会"最重要的部门，"第一中学校"承担了这些重任，可见其在"H 市"学界有着崇高威望。教初中一年级"功课的先生共有七个"，"校长黄先生、教务主任陈先生从前都曾留学日本"，师资力量如此雄厚，可与当年的中国公学和春晖中学媲美。《文心》主

①《文心》第一章《"忽然做了大人与古人了"》中的张大文"自幼丧父"。第十一篇《辞的认识》中周乐华的父亲失业，成绩最优秀的周乐华只得中途退学，进工厂当学徒。

要写周乐华、张大文、汤慧修、周锦华、朱志青、胡复初等一批初中生初中三年的学习生活，个别章节中也顺带写到高中，例如《文心》第十五篇《读古书的小风波》中写到高中二年级的语文教材，但作者的本意不仅仅是要写高中语文教育，而是为了要点出这是一所全日制中学，有初中部，也有高中部。既然是一所有名的全日制的知名中学，那书中所写到的场景，包括教师教什么和怎么教，以及学生学什么和怎么学，也就有了较高的定位和追求，具有一定的示范和指导意义，同时也是夏丏尊和叶圣陶教育思想最集中的体现。

三、“大人”“古人”与“方块字”的寓意

因为是“故事”，《文心》写得相当形象而风趣。第一篇《“忽然做了大人与古人了”》和第二篇《方块字》，介绍初中国文与高小国语有较大的“不同”。高小的国语课本“是按照学生的程度，专门为他们编的”，全是白话；初中国文课本既有白话，也有文言，课文全都出自“大人与古人”之手，所写的是“大人与古人”的“自己的经验”，并不是专门为初中学生写的，只是被选来用作初中生的教材，初学起来会有一定的难度，必须尽快提升初中新生思考力和想象力，使他们的生活和学习来一个飞跃，尽快地适应语文教材的这个“急转弯”。尽快适应这个“飞跃”、完成这个“转变”，除了老师的引导，在很大程度上要靠学生的自觉。

夏丏尊和叶圣陶这些体会全都是经验之谈。夏丏尊翻译的《爱的教育》对后人影响极大。朱自清在《教育家的夏丏尊先生》中盛赞“夏丏尊先生是一位理想家”，他“是以宗教的精神来献身于教育的”，“夏先生才是一位诲人不倦的教育家”。① 夏丏尊早年当过“书塾先生”，后来留学日本，回国后在杭州浙江第一师范、长沙湖南第一师范和春晖中学执教，深得学界的敬重。叶圣陶则是从当小学老师起步的，后来到上海吴淞中国公学、杭州浙江第一师范和上海神州女学及松江景贤女中执教，是“爱的教育”信奉者和倡导者。为了“使有志上进”的失学青年，能在“职务余暇，修习中学程度之各种学科”；同时也使在校就学之学生，“获得课外修业补益校课之机会”，他们在1932年共同发起创办了开明书店函授学校，成立了开明中学讲义社，延聘一批专家按“部定课程”标准和要求，编写了《开明国文讲义》《开明实用文讲义》《开明英文讲义》《开明算术讲义》《开明代数讲义》《开明几何讲义》

①《朱自清全集》(第4卷)，江苏教育出版社1997年版，第460—461页。

《开明物理讲义》《开明化学讲义》和《开明音乐讲义》，按月将《讲义》和《练习本》寄给学员，指导他们循序自习，学员做完练习将《练习本》寄回函授学校，由任课老师批答后再寄还给学员，修毕全部讲义试验及格后，发给成绩证书。夏丏尊和叶圣陶对于教育事业是这样热忱。《文心》中写到一位名叫周乐华的高才生，因父亲失业只好退学进工厂当学徒，而王先生一如既往地指导他读书学习，这在《文心》第十九篇《“还想读不用文字写的书”》、第廿一篇《语调》、第廿四篇《推敲》、第廿八篇《关于文学史》中都有很详细的描写，这些描写也都是有创办开明书店函授学校的真实体验为依据的。

对于“初中”与“高小”学生在性情和认知上的差异，夏丏尊和叶圣陶认识得也很清楚。叶圣陶 1932 年编写过一部《开明小学国语课本》，初小八册，高小四册，一共十二册，四百来篇课文。这四百来篇课文，有的是创作，有的是改写，无论是创作还是改写，都从“激发孩子们的阅读兴趣”出发，“使他们乐于阅读”。以高小二年级（小学六年级）第二学期学习的《开明国语课本》第四册①为例，课文有《公德》《夜学校》《项羽（一）》《项羽（二）》《过了苏伊士运河》《巴拿马运河》《货币》《新世界的缩图》《遇难的船（一）》《遇难的船（二）》《遇难的船（三）》《荒唐话》《春雨》《老黄（一）》《老黄（二）》《一个节目》《两个铁球同时着了地》《揭开了天空的秘密》《新定下的法律》《遭到了不幸的人》《“撕掉你的虚空的衣服”》《一个提案》《费官人（一）》《费官人（二）》《“踏花归去马蹄香”》《如果没有了时计》《机械的工作》《科学发明的利用》《搏浪的大铁椎》《“为了正义和暴力决斗”》《我的游泳经验》《夜工（一）》《夜工（二）》《飓风》《组织旅行团意见书》和《一个毕业生的演说》，共三十六篇。课文内容涉及家庭、社会、现代、远古、国内、域外等方方面面，风格也因文而异，但都从孩子们的认知程度和阅读兴趣出发，无论是独具匠心的创作，还是依据典故和传说的再创作，都让孩子们感到亲切有趣，乐于接受。这里抄录《“踏花归去马蹄香”》的全文：

“踏花归去马蹄香”

从前人说“诗中有画，画中有诗。”这是说好诗的情景往往画得出来，而好画就是一首不用文字的诗。我们所看见的一些画幅多数题着诗句，就为着诗画相通的缘故。

诗画既然相通，就有把诗句作为画题，大家比赛绘画的。这事

① 叶绍钧编、丰子恺绘：《开明国语课本》（第四册），开明书店 1934 年版。

情并不容易。动笔以前，先得揣摩画些什么、怎样布局，才能把那诗句的情景传出来。画好以后，又须旁人看了都觉得那情景如在目前，才是成功的作品。

相传从前有一回绘画比赛，画题是“踏花归去马蹄香”的诗句。许多画家都从正面着想，画了满地的落花，再画一个骑马扬鞭的人。这并没有把“香”字传出来。其中一个画家却只画一匹马，再在马蹄旁边加上几只飞舞的蝴蝶，此外没有别的东西了。蝴蝶为什么绕着马蹄飞舞？不是因为马蹄上沾着落花的香气吗？马蹄上怎么会沾着落花的香气？不是这匹马刚从满地落花的地方踏过吗？这幅画能从侧面着想，并不老老实实画着“踏花”的情景，却把“香”字巧妙地传了出来：所以大家公认为成功的作品。

课文写的是北宋皇帝宋徽宗赵佶喜欢绘画的一个典故，可用的是地地道道的口语，清新简洁，孩子们读了就知道“诗画同源”的道理，懂得学会思考和想象的重要，而初中国文就不会这么浅显了。《“忽然做了大人与古人了”》写初中一年级国文第一课是鲁迅的《秋夜》，第二课是清代姚鼐的《登泰山记》。《秋夜》是传诵不衰的名篇，其主体形象是两株虬枝劲节的枣树，通过枣树与“夜”间“奇怪而高”的天空不懈战斗，寄寓和展现鲁迅的“韧性”的战斗精神。《登泰山记》是姚鼐乾隆年间创作的著名散文，描述作者冒雪登泰山观赏日出的经过，是桐城派古文的名篇。对于初中一年级学生来说，入校就读这两篇课文会有一定的难度。

课前，大文和乐华借助字典预习《秋夜》，生字查明了，通读时“仍有许多莫名其妙的地方”。课文头三句：“在我的后园，可以看见墙外有两株树，一株是枣树，还有一株也是枣树。”鲁迅怎么这样写，两人就都“不懂”；第二小节“这上面的夜的天空，奇怪而高，我生平没有见过这样奇怪而高的天空”，刚读了这三句，两人就齐声说“难懂，简直不懂”；往后读越发感到“既难懂，又没趣味”。好在正是“初秋”的夜晚，乐华的父亲周枚叔领着他们坐到院子里，“仰视天空”，看星儿在“睒眼”，“天”有多蓝；进而由“初秋”谈起“晚秋”的夜景，“天气愈清，天空看去还要高，有时竟会高得奇怪，还要蓝，有时真是非常之蓝”。等大文和乐华对“秋夜”有些好奇心之后，周枚叔就引导他们再来读《秋夜》，并对如何理解作了相应的提示，告诉他们说：

鲁迅所写的是晚秋的夜，所以文中表现出萧瑟的寒意、凋落的

> 枣树、枯萎了的花草、避冷就火的小虫，都是那时候实在的景物。他对着这些景物，把自己的感想织进去，就成了那篇文章。景物是外面的经验，对于景物的感想是内部的经验。晚秋夜间的经验，你们是有了的，可是因为平常不大留意，在心里印得不深。至于对于景物的感想，那是各人各异的，小孩子所感到的当然不及大人的复杂，即同是大人，普通人所感到的当然不及诗人文人的深刻。你们方才说看不懂鲁迅的《秋夜》，就是经验未到鲁迅的程度的缘故。

看到大文和乐华对“秋夜”有所感悟了，周枚叔就让他们继续预习。大文和乐华“一节一节地读去，觉得比先前已懂得不少，从前经历过的晚秋夜间的景物也一一浮现在眼前，文中有许多话，差不多就是自己所想说而说不出的。两人都暗暗地感到一种愉快”。

周枚叔的启发和引导归纳起来有两点，一是引导大文和乐华学会观察，把课文中的“秋夜”与自然界真实的“秋夜”连接起来，二是调动生活中的记忆和积累，从自然界真实的“秋夜”回到课文，把思维激“活”，从中感到有一种阅读的愉快。在这基础上，周枚叔再和他们一起揣摩《秋夜》中的疑点和难点，把握住作品所要表现的思想内容和鲁迅写作时的心境。《秋夜》第七节：“我忽而听到夜半的笑声，吃吃地，似乎不愿意惊动睡着的人。然而四围的空气都应和着笑，夜半，没有别的人，我即刻听出这声音就在我嘴里，我也即刻被这笑声所驱逐，回进自己的房。灯火的带子也即刻被我旋高了。”这“夜半的笑声”是反叛者“夜游鸟”的呐喊，也是“我”（作者鲁迅）与“夜游鸟”的应和。“这声音就在我嘴里”，寓含着鲁迅孤军作战的意志和坚韧不拔的情怀，给人以振奋向上的激励。

通过“预习”，“生字”全都认识了，不仅能通读课文，对课文的情节和大意也有了大致的了解，增进了阅读的兴趣，等到老师在课堂上正式讲授时就能专心听讲，心领神会。老师见学生点到即通，也就把功夫用在诱导方面，启发学生在阅读中发现问题，鼓励和引领他们自己去讨论，自己去解决，课堂呈现出一派生动活泼的气氛。《文心》第二篇《方块字》正面写王先生的课堂教学，开篇写道：

> 星期三下午接连是两堂国文课。王先生讲解选文采取学生自动的方式，自己只处于指导的地位。先叫一个学生朗读一节，再令别一个学生解释。一节一节地读去讲去，遇有可以发挥的地方，他随时提出问题，叫学生们自由回答，或指名叫某一个学生回答，最后

又自己加以补充。全课堂的空气非常活泼紧张。

“自动学习”，是夏丏尊和叶圣陶一直倡导的“学习法”。老师不是逐字逐句地讲解，而只是课堂讨论的组织者、善于发问的诱导者、精准点评的评判者，对于学生忽略和必须深刻理解的地方作适当的“补充”，课堂呈现的是一种师生互动的局面。王先生对《秋夜》的读解都作了哪几方面的“补充”，这在乐华的课堂笔记里可以找到答案。乐华记的是《秋夜》的“重复法”“似人法”，以及如何“写景”“状物”和“想象分子多”“文字奇崛”等艺术特色。此外还有对关键字的辨识，如“梦”是什么词，“梦”字的性质，“梦”字和相关字的联结词如“梦见”是什么词等等，使同学们认识到一个字有许多变化，因所处的地位不同而发生的性质上的变异，尤其是在读文言的时候，对于名词、代词、动词、形容词、副词、接续词、介词、助词、感叹词等等种类性质的词都要弄得很明白，解释得很清楚。

《秋夜》是白话文，与《秋夜》对照的《登泰山记》是文言；前者是“大人”写的，后者是“古人”写的，讲解起来就得更用心，更耐心。王先生侧重讲了“文言和白话”的“区别”，“一是用字的多少，一是关系词的不同”；从《登泰山记》选出“阳”“西流”“烛”等关键字，以及“之”“皆”等关系词细细解析；又用白话翻译课文，并让同学们也试着翻译，通过“文译白”认清“文言”“白话”在用字上的区别，把握文言文的规律。由此可见，《“忽然做了大人与古人了”》和《方块字》这两篇课文的设计，显然是在引导并敦促初中一年级新生尽快适应初中国文教学的特点，尽快跨入“大人与古人”的行列，而要跨入这个行列的首要条件就是要扩大知识面，学会观察，过好语言关。同时也告诉我们由高小进入到初中的这个“急转弯”，虽说是学生自己的事，但家长和老师充当的角色极其重要。正是有了家长周枚叔和任课老师王先生的耳提面命，循循善诱，手把手地搀扶乐华和大文走，他们才有了“忽然做了大人与古人了”自觉和欣喜，信心满满地开始了中学时代的学习生活，沉浸醲郁，含英咀华。

四、初中国文课教材的三个特色

众所周知，“语文”作为一门学校功课的名称，是从1949年开始的，这是叶圣陶首先提出来的。以前，这门功课在小学叫“国语”，在中学叫“国文”。这是因为小学课文全是语体文，到了中学，文言文逐步加多，甚至全部采用文言。可见，小学“国语”的“语”字是从“语体文”取来的；中学

“国文”的“文”字是从“文言文”取来的。可在20世纪30年代，初中生读的“国文”大多还是古文。作家渔舟说他在初中读的是“古色古香的国文教材”，有“庄子的《养生》、孔子的《季氏章》、孟子的《谓戴不胜章》、韩愈的《原道》，以至蒲松龄的《聊斋志异》里的《张诚》。国文教师的拿手好戏，是拉着平板的腔调把课文逐字逐句讲解，口讲不出的用手写：‘××者，××也’”，“碰到白话文，他们真有庖丁解牛的气魄，‘简直是目无全文，解罢，为之四顾，为之踌躇满志’，有时还说：‘这简直没有什么可讲，你们看看就够了。’”① 而“第一中学校”国文课教材是王先生亲自选编的《选文》，《文心》前十四篇写到阅读的篇目，除了鲁迅的《秋夜》和姚鼐的《登泰山记》，还有李白的《把酒问月》、陶渊明的《归园田居》、叶圣陶的《闻警》、《文章病院》(《第一号病患者——〈辞源续编说例〉》《第二号病患者——〈中国国民党第四届第一次中央执行委员全体会议宣言〉》《“第三号病患者——江苏省立中等学校校长劝告全省中等学校学生复课书》)，此外还有《桃花扇·余韵》《唐明皇秋夜梧桐雨》《长生殿》《易卜生集》《华伦夫人之职业》(萧伯纳)，以及张溥的《五人墓碑记》、梁启超的《最苦与最乐》等；课外阅读的作品有莎陀菲耶夫的《工场的歌》、加晋的《天国的工场》、《敕勒歌》、柳宗元《小石潭记》、朱自清的《背影》以及胡适、徐志摩、刘大白的“新体诗”。以上这些篇目大概就是初中一年级和二年级上学期国文课的教材，以“白话”和“浅显的文言”为主，循序渐进，由浅入深。至于初中二年级第二学期和三年级的课文及阅读的书目则有《三都赋》《后赤壁赋》、司空图的《二十四诗品》、袁枚的《续诗品》、顾翰的《补诗品》、姚姬传的《复鲁絜非书》、曾国藩《求阙斋日记》，梁绍壬的《两般秋雨庵随笔》、姚元之的《竹叶亭杂记》，以及朱自清的《诗文评的发展》等。此外还有“辞书”和“习字”等。

把“报章文学”作为国文教材，是《文心》的一大特色。《闻警》《文章病院》以至初三第二学期学习的《“礼义廉耻国之四维论”》，都选自《中学生》杂志，可称为“报章文学”。《闻警》是“抗日宣言”，同时也是“睁开眼睛”“认识公理”和“认识自己”的誓言。《文章病院》中《第一号病患者——〈辞源续编说例〉》中的“说例”，相当于“序文”，是编辑者的“公开宣言”；《第二号病患者——〈中国国民党第四届第一次中央执行委员全体会议宣言〉》，评析的是“宣言”。就文章的类别说来，《闻警》与“说例”和

① 渔舟：《从我学习国文的经过谈到中学生的国文程度问题》，《中学生》1934年4月号。

“宣言”相仿，都是应用文，是中学生必须通晓的文体。夏丏尊和叶圣陶选来用作教材当然还有更深入的思考。《闻警》从题目到内容都极其醒豁，无须再作解释。“文章病院”虽说“诊治”的只是“文章”本身“用词不当”、过于“赘疣”“意不明确”“前后矛盾”“无理狡辩”“欲盖弥彰”等“毛病”，但“文章”是“人”写的，作者难辞其咎。在“诊治”国民党四届一次全会《宣言》时，叶圣陶抓住“文章”欲盖弥彰、不能自圆其说的段落，寻根刨底，揭开“病”因。1931 年 12 月 23 日，国民党召开了中央四届一次全会，《会议宣言》在谈到“党”的任务时说：

> “一致对外”为本党与全国人民共同之呼声。大会认为尚有急需注意者。国内生产日渐衰落。因生产衰落而社会经济逐渐崩溃。因社会经济逐渐崩溃而失业日多。因失业多而赤匪之焰张……

这段话显然是反动政府“消极抗战”的辩护词，也是实行“军事围剿”和“文化围剿”的动员令。叶圣陶从写文章的常识讲起，从《宣言》前后不连贯的地方切入，揭露国民党反动派的用意。他在“诊治”时说：

> 这里“国内生产日渐衰落”一语非常突兀。要说“日渐衰落”，前面就不能不说出原因，下文说“逐渐衰落”，说“日多”，说“更益衰落”，前面都说出原因，便是明证。再设一个譬喻：遇见一个朋友，突然对他说道，“我的身体日渐衰弱”，朋友必将问道，“为什么呢？”这就因为没有说明身体日渐衰弱的原因。如果说明因为什么什么病，故身体日渐衰弱，朋友就明白了，不会再问了。生产衰落岂是无因的呢？就常识着想，这里大可说我国因帝国主义之侵略与连年不息之内战，而“生产日渐衰落”……这样，至少在文字上是过得去了。

这样鞭辟入里的分析显然是在启发读者深思：既然“帝国主义之侵略与连年不息之内战”是导致“国内生产日渐衰弱”的原因，《宣言》不讲“一致对外”，反倒强调“赤匪之焰张”是“急需注意者”，居心何在？叶圣陶通过“剖析文章本身的毛病”，把批判的锋芒直指反动派投降卖国的嘴脸，既让学生得到切实的写作指导，又能激励他们的家国情怀，学会敏锐的观察能力和丰富的想象力，更真诚地关注社会人生、家运国运。

把学会阅览和使用辞书纳入国文教学的范畴，是《文心》的第二个特色，目的在于夯实语文的基础知识，提升学习能力。《文心》第五篇《小小的书柜》，写周枚叔帮助大文布置书柜，周枚叔帮挑选的第一部书就是《辞源》，他对大文说：

> 字典是最要紧的。读书有疑难时可以随时查检。你们以前常用的《学生字典》只有字，没有辞，也许不够应用。把这一部和你常用的《学生字典》一起放在柜子里吧。书架上还有《康熙字典》《经籍纂诂》《佩文韵府》《人名大辞典》也都是这一类的书，将来用得着的时候尽可翻查，现在却不必放在案头。

大文升入初中，“忽然做了大人与古人了”，为了适应这个“转变”，家长得要给他配置“书柜”，准备一些必读和必备的书籍，便于预习和自学。周枚叔给大文首选的是《辞源》，其次是中外著名的小说和诗词，这个排序凸显了辞书的重要性。《文心》第十一篇《辞的认识》是《小小的书柜》的续篇。这一篇写得颇为诙谐。商人卢先生来到乐华家，与乐华的父亲周枚叔谈起银行裁员的事。卢先生胡言乱语引起乐华的好奇，周枚叔就由卢先生说到学界和政界也有“胡乱用辞”的毛病，希望乐华要养成向各种辞书请教的习惯，不仅要看《辞源》，还得多看《辞源》以外的各种辞书。他说：“《辞源》里只收一些通常习用的辞。专靠着它，有的时候是不济事的。我国现在已出有好些专科的辞书，如关于动物、植物的，关于哲学、教育的。那些辞书也要时常翻查，才能把所有的辞认识得真切，运用得正确。”进而指出除了《植物学大辞典》《动物学大辞典》这样“专科的辞书”，还得学会查阅我国古代大型的资料性书籍“类书”。“类书”辑录各种书中的材料，按门类、字韵等类别编排。以门类分的如《艺文类聚》《太平御览》《小名录》《职官分记》等；以字韵分的如《韵海镜源》《佩文韵府》《骈字类编》等。要把“辞”的意义辨认清楚，就必须养成翻查辞书和类书的习惯。养成这个习惯，读书才“不致含糊，不致误解；说话、作文不致辞不达意，不致张冠李戴”。这些教导虽然都是 20 世纪 30 年代说给初中学生听的，但在今天读来依然振聋发聩。近些年来，有好几位顶尖大学的校长在公开场合念错字的事件引起全社会的一片哗然，这一桩又一桩“不通文墨”的笑柄，告诉我们养成查检辞书的习惯实在太重要了。

第三个特色是把练习写字作为国文教学的内容，要求学生抽出一定的时间来，从临摹字帖入手，练习写字。做“水磨工夫”是我国读书人的一个传统，其目的则今昔有别。“科举”时代童蒙练习写字，“目的在猎取功名，或者在成为书家”，“和眼前的实际生活不发生多大的密切关系”；“所悬的标准只是合得上考试的‘格’，或者是‘食古而化，自成一家’”；练字的方法是“不限时日，毫无目的地，书写，书写，书写，临摹，临摹，临摹”。现代生活要求人们每天都要提笔写信、记账或抄写文稿，“写字”成了“实际生活的一部分”。“写字”的“标准”是迅速、准确、匀整和合式，这是学校对于“习字课”的要求。为什么要遵从这“四项标准”呢？《文心》第十六篇《现代的习字》中是这样解释的：

> 现在人生活繁忙，做不论什么事情都要讲时间经济；写字的必须迅速是当然的。准确呢，就是写下字来没有错误的意思。随笔写错了字，自己不能发觉以致误事，固是实际上的损害；而写错在先，后经发觉，于是涂抹的涂抹，填注的填注，拿出去竟不像一件东西，也是形式上的缺点。所以必须把准确作为写字的标准，落笔要自始到底没有错误。要达到这两项标准，只有随时留意、随时练习，一定的方法差不多是没有的。再说匀整和合式。匀整和合式是现在人写字美观方面的最低标准，仿佛一条水平线，够不上这条水平线的，就拿不出去；因为拿出去会受人家的鄙视，至少也要引起人家的不快。

“匀整”，指的是“每一个字本身笔画的匀整”“粗细一律”；“笔画间的空隙要匀称”“多笔画的字不嫌其局促，少笔画的字也不嫌其宽松”。“合式”说的是无论是抄写文稿还是誊写公函或写私信，都要遵循通行的格式，让人看了感到很愉快。这些要求和见解在今天仍是“练习写字”的指南。

五、阅读书目指导

学生的主要任务是学习，用句通俗的话说是“读书”。“读书”的范畴大致可分为两个方面，一是“课内阅读”，二是“课外阅读”。“课内阅读”以教科书为中心，“课外阅读”受“个人兴趣”的支配，这二者之间既有联系，也有区别。“有联系”指的是“课外阅读”是对“课内阅读”的拓展；“有区别”指的是“课外阅读”可根据自己的阅读能力和喜好，读自己喜爱读的书。不过，无论是“课内阅读”还是“课外阅读”，总有一些书在某个特定时期是必读的或必备的。“必读”，指的是必须阅读，不读就是一种欠缺；“必备”是事前预备好，有需要时可随时查阅，不至于有“书到用时方知少”的苦恼。

上面说到的《小小的书柜》和《辞的认识》，也可以解读为是为初中学生开列的“必读和必备书目”，首先列出的是工具书，其次是经典名著，再次是新出版的少年读物。工具书有《学生字典》《辞源》《康熙字典》《经籍纂诂》《佩文韵府》《人名大辞典》以及“专科的辞书”和我国古代大型的资料性书籍“类书”。经典名著有《三国志演义》《水浒传》《镜花缘》《儒林外史》《红楼梦》《老残游记》《鲁滨逊漂流记》《希腊神话》《唐诗三百首》《白香词谱》《论语》《孟子》《史记》《汉书》《后汉书》《三国志》《李太白集》等；新出版的少年读物如《中学生》杂志等。工具书置诸案头，随时可查；经典名著常读常新，永远不会过时；读新出版的少年读物的目的在于放眼世界，与时俱进。

至于高中学生应该阅读哪些书籍，则由王先生在《文心》第十五篇《读古书的小风波》中作了正面的回应。学生周乐华很好奇地问王先生：“你如果担任了高二的国文课，要教学生精读《礼记》和《庄子·内篇》吗?”王先生介绍说：

> 整部地教学生读这些书，我是不主张的。——我想国文科的教学该以文学作品为范围，一本书，一篇东西，是文学作品才选用，不是文学作品就不选用。高中学生应有一点文学史的知识了。文学史的知识不是读那些“空口说白话”的文学史所能得到的，必须直接与历代的文学作品会面，因此，古书里的文学作品就有一读的必要；如《诗经》和《左传》里叙述几回战役的文章，即使不能够全读，也得选几篇重要的来读。换一句话说，高中的国文教材应该是“历代文学作品选粹”一类的东西。

王先生强调高中国文教材一定要是“文学作品”，虽说并不主张读“整部”的《礼记》和《庄子》，但强调一定要选读一些“文学性”较强的篇目。至于高中生要不要读“说明文”“议论文”之类的“学术文”，王先生主张把“学术文”归属到文学、历史、哲学、政治等各科中去学习和训练，没有必要单列出来，放在国文课上讲解。他说：“像《庄子》的《天下篇》，说明当时各派思想的分野，《荀子》的《性恶篇》，阐发一己对于人性的认识，这些都是‘学术文’。可是，提起学术就得分科归属；笼笼统统混合在一起读一阵，实在不很妥当。就像刚才说及的《天下篇》和《性恶篇》，归属到历史科里作为参考材料岂不更好？修习历史本要研究周秦诸子的流派和思想的，参考了这些文篇，知解自然更见真切。所有的‘学术文’差不多都可以照样归属到各科里去。”

对于当时学界争论不休的“国学”，王先生则颇为反感。他说“‘国学’是一个异常不妥当的名词。文字学是‘国学’，历代各家的本体论、认识论是‘国学’，《尚书》和《左传》是‘国学’，诗、词、歌、赋也是‘国学’。好比不伦不类的许多人物穿着同一的外衣，算什么意思呢？按照本质归类，称为文字、哲学、史学、文学，岂不准确、明白？”在论及“国学论者”炒作“国学”的缘故时，王先生说“缘故当然不止一端，而把本国的东西看得特别了不得，对它抱着神秘的崇奉观念，却是重要的一端。如果按照本质归类，称为文字学、哲学、史学、文学等等，不是别国也有这些花样的吗？见不得神奇。统而名之曰‘国学’，这含含糊糊的称谓里头就包藏着不少珍贵的意味”，批评“国学论”者标新立异，把“国学”当作“神奇的宝贝”。与此同时，王先生也批评“国学反对论”者把“国学”视为“腐败的‘骸骨’”的论点，指出“神奇的宝贝”与“腐败的‘骸骨’”，都是“一偏之见”。

遗憾的是当年这两种“偏见”的相互对垒，导致了一部分青年学生的迷茫。信奉“神奇的宝贝”说的，沉迷于“看古书”“写文言”；认定是“腐败的‘骸骨’”的，则重弹“五四”时的“把古书扔进茅坑”的老调，欺师灭祖。王先生既反对这种“向后转”的风气，也反对“目空一切”的虚无主义，郑重指出对待思想和学术不能凭着意气来，最重要的是“要考究出思想、学术和时代、社会的关系；它因何发生，又因何衰落。这样得来的才是真实的知识，对于我们的思想、行为最有用处。在这样的研究态度之下，古书就和现代的论文、专著同样是有用的材料，而并不是什么‘骸骨’”。希望中学生尽可能多读一些文学作品，这些提示在《文心》第廿八篇《关于文学史》中表现得最为清晰。

《文心》第廿八篇《关于文学史》的主旨是：先要接触了文学作品，然后阅读文学史才有用处。学生乐华来信说“想读一点我国的文学史”，不知哪一部才是“精心结撰之作”，敬请王先生指示。王先生在回信中抄录了《论国文学习法》中的一段话，是这么说的：

> 普通的学生案头有胡适的《中国哲学史大纲》《白话文学史》，顾颉刚的《古史辨》，有《小说作法》，有《欧洲文学史》，有《印度哲学概论》。问他读过“四书五经”、周秦诸子的书吗？不曾。问他读过若干唐宋人的诗词集子吗？不曾。问他读过古代历史吗？不曾。问他读过各派代表的若干小说吗？不曾。问他读过欧洲文艺中重要的若干作品吗？不曾。问他读过若干小乘、大乘的经典吗？不曾。这种空泛的读书法，觉得大有纠正的必要。胡适的《哲学史大

纲》原是好书，但在未读过《论语》《孟子》《老子》《庄子》《墨子》等原书的人去读，实在不能得很大的利益。知道了《论语》《礼记》等原书的大概轮廓，然后去读哲学史中关于孔子的部分，读过几篇《庄子》，再去翻阅哲学史中关于庄子的部分，才会有意义，才会有真利益。先得了孔子、庄子思想的基本的概念，再去研求关于孔子、庄子思想的评释，才是顺路。用譬喻来说，《论语》《礼记》是一堆有孔的小钱，哲学史中关于孔子的部分是把这些小钱贯穿起来的钱索子，《庄子》中《逍遥游》《大宗师》等一篇一篇的文字也是小钱，哲学史中关于庄子的部分是钱索子。没有钱索子，不能把一个个的零乱的小钱贯穿起来，固然不愉快；但是只有一条钱索子，而没有许多可以贯穿的小钱，岂不也觉得无谓？我敢奉劝大家，先读些中国哲学的原书，再去读哲学史；先读些《诗经》以及汉以下的诗集、词集，再去读文学史；先读些古代历史书籍，再去读《古史辨》。万一必不得已，也该一壁读哲学史、文学史，一壁翻读原书，以求知识的充实。钱索子原是用来贯穿零乱的小钱的，如果你有了钱索子而没有可贯穿的许多小钱，那么你该反其道而行之，去找寻许多的小钱来贯穿才是。

进而谈到“单就文学来说，便是先要接触了文学作品，然后阅读文学史才有用处。因为文学史上所讲的以文学作品为主，对于文学作品若还不曾认识，徒然知道一些‘作家’哩，‘派别’哩，‘源流’哩，‘演变’哩，便完全是隔靴搔痒的事情。而现在一般人似乎正在干这等隔靴搔痒的事情”。郑重指出“要先读历代的代表作，然后再去读文学史。因为文学史里所采辑的并不尽是代表作品，编辑者对于作品的评论有的也比较主观或笼统，叫人家难以捉摸”，反反复复地说到要读历代代表作的重要性：

你要体会作品的“真味”，与其去求教文学史，还不如去求教比较好的选本。例如，要读诗，就读沈归愚的《古诗源》、曾国藩的《十八家诗钞》；要读词，就读张惠言的《词选》；读明清小品文，就读近人沈启无的《近代散文抄》。这类选本不像文学史那样对于每家只选一两篇，然而比较起全集、总集来，却已做了一番删繁就简、取精去粗的功夫；这样，正好使你认得那些作家，亲自辨识他们的代表作品。

再说文学的源流和演变，那是不能离开了作品空讲的。这层意

> 思前信已经说过。那些不举作品单作叙论的文学史，原来假定读者对于作品已经有相当的认识了。如果你并没有相当的认识，那么读文学史只能得到一些概念，未免是空泛的功夫。但是你们中等程度的学生确也应该知道一点文学的源流和演变；不过照我的意思，其着手的路径并不是取一本文学史来读，却是依文学史的线索去选读历代的名作。

在王先生看来，不但高中生应该选读《诗经》《左传》《庄子》《荀子》等典籍中的名篇，就是初中学生也应该读一读历代文学的代表作，对名家名作有了了解之后再去读文学史。至于“文学史的线索”是一个怎样的发展脉络，夏丏尊、叶圣陶在和宋云彬、陈望道合编的《开明国文讲义》① 中是这样排序的：一、《诗经》与《楚辞》；二、汉赋的发达及其流变；三、六朝的骈文与乐府；四、印度文化的输入与中世文艺思潮；五、唐代的律诗与古文；六、宋词与语录；七、北曲与南词；八、小说的起源与发展；九、八股文与小品文；十、近代戏曲的通俗化；十一、西洋文学的传来；十二、文学革命。按照这个“线索”去选读历代的名作，就一定能把握到文学的源流和演变，看到文学史递进最鲜活的风貌和清晰的路径。

六、阅读方法指导

“阅读”是一种解释他人用文字写出的各种思想和意念的过程，“不仅包括识字和发言的机械反应，而且包含一切复杂的思考作用”，“生活经验和知识水准”以及“丰富的词汇、敏锐的语感和相当足够的文法知识”对于“阅读”说来，都是极其重要的。② 阅读面要开阔，而更重要的是能吸收书中的精华，化为读者自身的营养与血肉，这第一步就是能“理解”。王先生认为“理解”的对错和深浅通过朗读的声调就可以看出来的，因而很重视“阅读”。

王先生讲授的选文，每行文字的旁边都用朱笔注上许多式样的符号，用来指导阅读。这些符号有△（全句须由低而高），有∇（全句须由高而低），有·（表示句中某一字或几字须重读），有>（句的头部读音须强），有<(句的尾部读音须强)，有<>（句的中央部分读音须强），有一（表示须急），

① 《开明国文讲义》(共三册)，开明函授学校 1934 年版，开明书店印行。

② 傅彬然：《读书的心理》，《国文杂志》创刊号，1942 年 8 月 1 日。

有——（表示须缓），有~~（读到这里须摇曳）。为了研究“阅读的方法”，王先生不仅“留心听名伶唱片的对白与茶馆里说书先生的说书”，还利用暑期住到城外山麓树林下的法华寺读书，从和尚“很有规律”的诵经声中揣摩和研究阅读诗文的“规则方法”，为下学期授课作“预备”，这些细节在《文心》第十四篇《书声》中有很具体的叙述。

乐华、大文、志青、锦华、慧修五位同学到法华寺来看望王先生时，王先生正在高声朗读下学期要讲授的选文。见到同学们来了，王先生便谈起要多做些“‘读’的工夫”。他说：

> 读，原是很重要的，从前的人读书大都不习文法，不重解释，只知在读上用死功夫。他们朝夕诵读，读到后来，文字也自然通顺了，文义也自然了解了。一个人的通与不通，往往不必去看他所作的文字，只须听他读文字的腔调就可知道。近来学生们虽说在学校里“读书”或“念书”，其实读和念的时候很少，一般学生只做到一个“看”字而已。我以为别的功课且不管，如国文、英文等科是语言学科，不该只用眼与心，须于眼与心以外，加用口及耳才好。读，就是心、眼、口、耳并用的一种学习方法。

王先生讲“读法”的重要，讲有哪几种阅读的方法，给同学们作阅读示范，并指导他们借助阅读符号试读弘一法师的楹联：“寒岩枯木原无想，野馆梅花别有春。”进而又谈起阅读教学的计划，为了提高全班同学的阅读能力，王先生决定下学期在“讲演会”的基础上再开设“朗读会”，进行“朗读”的指导，包括声音的“高低”“强弱”“缓急”“停顿”，以及“诗与骈文”的“平仄”及种种“要领”。在讲解“缓急”的“法则”时说：

> 缓急是声音与时间的关系。……在同一时间，音数少的是缓，音数多的就是急了。……标点之中，逗号、分号、句号、引号这四种，就是表示缓急的。逗号最急，分号稍缓，句号更缓，引号最缓。……这法则可应用于一切文字，诗与骈文等有对偶的句子也都可用这法则来读。诗与骈文是有平仄的，平声缓，仄声急，一句之中，平仄既然调和，缓急的法则也就自然而然配好在里面了。另外还有一种曲线，这是表示颤动的。我们读一个字，读得很缓的时候，并不只是平板地拖长，喉间往往会发颤动。颤动可以说是一种最缓的读法。

听了王先生的讲解，同学们都认识到“缓急的分别”，不仅表现在“文句的构造上”，“更与文字所含的感情有关”，“含有庄重、畏敬、谨慎、沉郁、悲哀、仁慈、疑惑等感情的文句，全体须缓，含有快活、确信、愤怒、惊愕、恐怖、怨恨等感情的文句，全体须急。缓急的法则应用时须顾虑到文句的构造与感情两方面才好”；“高低与强弱的法则”，应用时也“须顾虑到文句的构造与感情两方面才好”。王先生对阅读的要求是：“读文言文时声调铿锵，足以传出原文的情趣。读语体文时就同话剧的演员在舞台上念诵剧词一般，贴合于语言之自然，表情说理，都能使听者不但了然，而且深深地印在心坎里。”①

“足以传出原文的情趣”，让“原文”的“表情说理”能“深深地印在心坎里”，这就需要对于文章要真的能“虚心涵咏”。“虚心涵咏”也就是《文心》第三十篇《鉴赏座谈会》中所说真能“鉴赏”。夏丏尊和叶圣陶是这样阐释的：

> “鉴赏”二字，粗略地解释起来只是一个“看”字。真的，所谓鉴赏除音乐外，离不掉“看”的动作。看文章，看绘画，看风景，都是“看”。鉴赏的“鉴”字，就是“看”字的同义语。不过同是一个看的动作，有种种不同的程度，和“看”字相似的字，从来有“见”“视”“观”三个，这三个字，如果查起字典来，都是“看”的意思，其实程度各各不同。“见”只是见到，看见，并无别的复杂的心理作用可言，“视”就比较复杂了，“视”不但见到，看见，还含有查察的分子，医生看病叫“诊视”，调查某地方的情形叫“视察”，凡是与“视”字合成的词，差不多都有查察的意义。“观”字更复杂，与“观”字合成的词，意义都不简单，如“观念”“观感”“人生观”“宇宙观”之类，都是难下简括的注解的。同是一个看，有“见”“视”“观”三个阶段，我们看到别人的一篇文章或是一幅画是“见”，这时只知道某人曾作过这么一篇文章或一幅画，其中曾写着什么而已。对于这一篇文章或一幅画去辨别它的结构、主旨等等是“视”，比“见”进了一步了。再进一步，身入其境地用了整个心去和它相对，是“观”。“见”只是感觉器官上的事，“视”是知识思辨上的事，“观”是整个的心理活动。不论看文章或看绘画，要到了“观”的境界，才够得上称鉴赏。“观”是真实的受用，文章

①《文心》第十五篇《读古书的小风波》。

或绘画真滋味，要“观”了才能亲切领略，用吃东西来做譬喻，“观”是咀嚼细尝，“见”和“视”只是食物初入口的状态而已。①

“阅读”就是要进入这种“观”的境界。怎样才能到达这种“观”的境界呢，叶圣陶在《语文教学二十韵》中是这样叙说的：“作者思有路，遵路识斯真；作者胸有境，入境始与亲。一字未宜忽，语语悟其神，唯文通彼此，譬如梁与津。学子由是进，智瞻德日新；文理亦畅晓，习焉术渐纯。”“观”就是“潜心会本文”，是遵循作者的思路，知道文章的本意；进入作者的意境，与作者亲近。一个字也不该疏忽，每一句都要领会其精神；作者与读者就靠文字来沟通思想感情，文字就像桥梁和渡口。潜心领会文本，“像蜂嘴的深入花心一样，于是第一口的蜜就尝到了。一次的尝到往往引起难舍的蜜恋，因而更益去寻觅，更益去吸取。譬诸蜂儿，好花遍野，蜜亦无穷，就永远以蜜为生了。”②“永远以蜜为生”，说的就是欣赏力的重要，欣赏力的必须养成。《文心》第十三篇《触发》中就说到乐华学会阅读和欣赏后，无论是读有字的书还是读“社会这部活书”，“什么都新鲜，什么都有意义”。他“从蝉声悟到抑扬的韵律，从日影悟到明暗的对照，从雷阵雨感到暴力的难以持久，从雨后的清凉悟到革命的功用，从盆栽的裁剪悟到文字繁简的布置，从影戏的场面悟到叙事文的结构，从照片悟到记事文的法式”。

这种种“触发”，使得他的智慧、见识、品德，就会一天比一天进步。

这些说的都是“精读”，与“精读”对应的还有“略读”。叶圣陶和朱自清合写过两本书，一是《精读指导举隅》(四川省教育厅 1941 年 2 月出版)，二是《略读指导举隅》(重庆商务印书馆 1943 年 1 月出版)。“精读”是逐字逐句求甚解，“语语悟其神”；“略读”是指“快速阅读”，以了解其内容大意为主，不钻牛角尖。而对于初中低年级学生说来最重要的还是要学会“精读”。

七、国文教师的写作指导

与“阅读”相对应的是“写作”。夏丏尊和叶圣陶都认为“写作”就是“写话”。“作文与说话本是同一源头的，所差者说话用声音，作文用文字而

① 叶至善、叶至诚、叶至美编：《叶圣陶集》(第 13 卷)，江苏教育出版社 2004 年版，第 442—443 页。

② 叶圣陶：《第一口蜜》，叶至善、叶至诚、叶至美编：《叶圣陶集》(第 10 卷)，江苏教育出版社 2004 年，第 3 页。

已；而且作文应该比说话更简洁。如果把自己没有懂或似懂非懂的词汇，搬到纸上来，胡乱堆砌一下，使人家看了莫名其妙，那就等于说了一大套语无伦次的话，谁都不懂。”强调“学习作文，应该跟学习讲演一样，有层次，有条理，说出来人家都听得懂，明白他所说的是什么”①，强调“思想”和“遣词造句”的重要性。他们还说到“能写文章算不得什么可以夸耀的事儿，不能写文章却是一件缺陷，这种缺陷跟瞎了眼睛聋了耳朵差不多，在生活上有相当大的不利影响”②。

“写作”最基本的两个议题，一是写什么，二是怎么写。《文心》里作文的题目来自五个方面，一是写季节的转换和旅行的经验，如《新秋景色》和《游记》；二是写日常的应用文，如《写给母校教师的信》和《难中日记》（“一·二八”亲身经历）；三是围绕班级展开的活动写作，如为班级创办的《抗战周刊》和《壁报》写“抗日感言”和对于迷恋“古书”和“古文”的批判稿；四是结合学习的课文，有针对性地练笔，如学了“新诗”试着写新诗，学了“戏剧”集体创作以“一·二八”为题材的三幕剧；五是提倡多写“读书笔记”。

“怎么写”的经验和指导分散在各篇中，细心研读《文心》，会有应接不暇之感，美不胜收。《文心》第四篇《一封信》中写到“作文和说话是一样的，在承接和转折的地方要留心。一句里边有几个词儿不得当，还不过是一句的毛病；承接和转折的地方弄错了，那就把一段的意思搅糊涂了。这须得在平日养成习惯，每逢开口说话绝不乱用一个承接的、转折的词儿，一定要辨别了前面后面的意思，拣那适当的词儿来用：这样，作文的时候自然不会用错了”。在谈到如何表达感情时说“特意求深切，结果往往平平；有时无意中说几句、写几句，重行回味，却便是深切不过的了。关于表达情感，常有这等情形。将来你们写作的经验多了，也就会知道”。

《文心》第九篇《文章病院》谈“文章”犯的毛病不外乎三种：一是“用词、用语不适当”，“该用这个词的，却用了那个词；该这样说的，却那样说了”；二是“意义的欠缺和累赘”，“一句话里，意义没有说完足，就不成一句话。反过来，说得太噜苏了，把不相干的东西都装了进去，也同样地不成一句话。这种毛病的原因在于不曾把意义想得周全，就提起笔来写；如果作者的言语习惯不良，平时惯说那些支离的、累赘的话语，写起文字来也就会有这样的病象”。三是“意义不连贯，欠照应”，“一句话里，前后不相连

---

① 编者：《答李平先生》，《国文杂志》第2卷3期，1943年9月15日。

② 叶圣陶：《〈文章例话〉序》，《叶圣陶集》（第10卷），江苏教育出版社2004年，第219页。

贯，一串话里，彼此不相照应，这也是重大的毛病”，“我们写作文字，如果能够避免这三种毛病，用词、用语处处适当，每一句话意义都完足，也并不累赘，而且一直到底，互相连贯，彼此照应”，这样，我们的文字就通顺了。

《文心》第十篇《印象》介绍“游记本来有两种写法”，一是“记叙”，“依了自己的感觉，把接触到的景物从笔端表现出来，犹如用画笔作画一般”；另一种是“印象的描写”，就是专写“深印在我们脑里的”外界事物的“感觉形象”。“作文如果能把印象写出，就不仅是‘记叙’，而是‘描写’了。我们可以用比喻来分别它们。单就游记说，仅仅‘记叙’，结果犹如画一张路程图；如果能把印象写出，却同画一幅风景画一样，这就是‘描写’了。……所以，‘描写’比较‘记叙’具有远胜的感染力”。“不懂得印象的描写，总是‘美丽呀’‘悲痛呀’‘有趣呀’‘可恨呀’接二连三地写着”，“这些词语写上一百回也不相干的，因为它们都是空洞的形容，对于别人没有什么感染力。必须把怎样美丽、怎样悲痛、怎样有趣、怎样可恨用真实的印象描写出来，人家才会感到美丽、悲痛、有趣和可恨”。“少用‘美丽呀’……那些词语，注重随时随地观察，收得真实的印象，用作描写的材料”，“文字就比较可观了”。

《文心》第十七篇《语汇与语感》由学生杜振宇介绍作文进步的经验，说“文章的好坏，可从三方面来观察，一是文法上有无毛病，二是用辞适当与否，三是思想的新鲜、正确、丰富与否”。强调语汇要达意，用得合适，而且要丰富。王先生对“语汇要求其丰富”作了补充。他说：“语汇是因了地方及阶级的不同的，某地方人有某地方的语汇，某种阶级的人有某种阶级的语汇，使用时要各得其所，才亲切有味。譬如说，‘白相’是苏州人的用语，如果写入广东话或北平话中，即使意思不错，就不相入了。学生口中常说的‘婚姻问题’，如果出诸不识字的乡间农妇之口，也就不对了。‘作弊’与‘揩油’，‘白相’与‘玩耍’，‘结婚’与‘成亲’，彼此意义虽同，情趣很有区别，这是值得注意的。我有一位朋友，他选择配偶，第一个条件是要同乡女子。别人问他为什么，他说如果不是同乡人，彼此之间谈话起来趣味很少。这话很妙。近来的白话文，在语汇上是非常贫乏的，因为它把各地方言的辞类完全淘汰了，古文中所用的辞类也大半被除去了，结果所留存的只是彼此通用的若干辞类。于是写入小说中，一不小心，农妇也喊‘革命’，婢女也谈‘恋爱’了。”至于怎样才能做到“语汇丰富”，王先生教导说：

> 我们真要语汇丰富，只留意普通用语是不够的，须普遍地留意各地各种人的用语才好。此外，还有一种功夫应该做，就是对于辞类的感觉力的磨炼。方才振宇说，他每遇一辞，要连同相近的辞作

成一个系串，编入胸中的语汇去。用辞的时候，要在同一系串中辨别其语气的强弱与范围的广狭，择最相当的一个来使用。这话很对。要做这步功夫，非对于辞类有锐敏的感觉力不可。两个辞的意义即使相同，情味常有区别。譬如说："他逃走了"，"他溜走了"，"逃"与"溜"虽都是走掉的意思，但情味很不一样。"老屋"与"旧屋"，"书简"与"信札"，有雅俗之分。"似乎俨然"没有"像煞有介事"的轻松，"快乐"较"欢喜"，来得透露显出。振宇方才用衣服来比辞类。讲究着衣的人，不但注意到材料品质，并且注意到花纹与颜色。讲究用辞的于辞的意义以外，还须留心到辞的情味上。辞的情味可从好几方面辨认，有的应从字面上去推敲，有的应从声音上去吟味。"书简"与"信札"的不同，似出于字面。"萧瑟"与"萧条"的不同，似由于声音。每遇一辞，于确认其意义以外，再从各方面去领略其情味，这是很要紧的功夫。振宇只就辞的意义说，似乎忽略了这方面，所以我再来补充。

作文和说话都离不开修辞。有人总以为修辞"就是雕琢粉饰一类的玩意儿"，"是所谓'雕虫小技'"。夏丏尊和叶圣陶不这么看。《文心》第二十六课《修辞一席话》，就是为了纠正这个"严重的错误"而设置的。修辞学家赵景贤先生应邀前来给三年级学生作关于修辞学的演讲。衣着朴素、神情和蔼、为人谦恭的赵先生一看就是位好老师，他的演讲一开始就直奔主题：

修就是调整，辞就是语言，修辞就是调整语言，使它恰好传达出我们的意思。事情极平常，可以说是日常茶饭事，同时，亦极切要，和吃饭喝茶一样，是我们大家早晚不能缺少的。

所谓调整语言，乃是依照了我们的意思去调整。我们所想发表的意思如有不同，被调整的语言便该有所不同，假如世间有千千万万的意思，照理便该有千千万万的调整方式。我们只好随机应变，不能笼统固执。不过许多小异之中，又尽有大同的成分存在，倘若除去小异抽出大同，也未始没有若干条理可讲。所谓修辞学，便是在依照意思调整语言这一件事情上面，把那千千万万具体的说话与文章中的千千万万小异抽去，将一些大同抽出来详加研讨的学问。简略地说，就是说述依照意思调整语言的一般现象的一种学问。

平实而生动的演说很快就把学生的兴趣调动起来了。看到同学们喜形于色，赵先生就由浅入深，层层推进。他说“作文或说话，普通总不外两件事：一是‘说什么’，二是‘怎样说’。‘说什么’就是内容，‘怎样说’就是形式或方法”。“调整语言”就是紧随着“说什么”而来的“怎么说”。这“说”所达到的境界又可以分为两种，一是“但求意义上没有毛病”，这是“消极修辞”；二是“不但要把意思说得很明白，还要把情景说得很活现”，利用“意思的感觉要素”，“把语言、文字的声音与形体，运用得适当”，“使所说所写的语言增加力量”，这是“积极修辞”。在阐释“消极修辞与积极修辞的区别”时，赵先生举例说：

> 同是一个字，在只可用消极手段的如算学之类的文语中，只能呆板用，而在可用积极手段的如诗歌及其他的文语中，却可灵活用。例如一个“千”字，在算学中一定是比九百九十九多了一，比一千零一少了一，绝不是九百九十九，也不是一千零一。而在诗歌中说“千山万水”的时候，则并不能像这样一般看。我们平时说“千不该万不该”的时候，也如此。这所谓“千”，只是表示多的意思而已。因为“千”比“多”较具体，所以就用“千”来代“多”了。这种方式在说具体的、情绪的东西的时候，只要不妨碍意思的明白，是不妨用的，可是在以明确为主的如算学之类的文语中，却绝对不能用。这是修辞学上的大条理，非首先遵守不可的。

随后又讲起修辞的各种方式，即“辞格”，如“拟人格”“层递格”“讳饰格”“铺张格”“明喻格”“隐喻格”“借喻格”和“映衬格”。列举的例句如“讳饰格”的“更衣室”；“铺张格”的“白发三千丈”；“映衬格”的“君子喻于义，小人喻于利”等等，常常引得同学们哄笑起来。赵先生最后又由“文字”的松快、诚挚、幽默、冷酷等等不同的“风格”，“讲话”的态度、姿态、口气等等的不同的“风度”，讲到这些“风格”和“风度”与“作者”和“说话者”的“生活”和“品格”上的渊源，希望同学们“能致力于生活上的修养，从生活的根源立脚来做修辞功夫，切勿误信说话与写作可以雕琢粉饰取胜的。”

八、各科任课教师的写作指导

“第一中学校”文化气息特别浓厚，各科的老师都通晓文章理法，个个“敬业爱生”，在所承担的课程中都很热心地与写作教学联系起来。算学是锻炼思考力的学科。教算学课的沈先生要学生“着眼于问题的要点，注意于推理的步骤”。他在讲解题目的要旨（所求证的答案）时打比喻说“题目的要旨”，就好比文章里的中心思想，题目所摆出的条件就好比作文可使用的材料。扣住“中心思想”，“仔细布置”，“将材料从正面、反面、旁面多方运用”而“不专固执”某一方面，就能求得正确的答案。让学生知道解析算学的方法也可以应用于作论说文，“算学书上说文字虽说干燥无味，但正确细密，实为他科书籍所不及，科学的文字应以此为模范才好”。

教授图画课的李先生用精美的诗文来讲解“图画的法理”。在说明“绘画的背景”的功用时援引《易水歌》，说“风萧萧兮易水寒”是“壮士一去兮不复还”的背景。在“风萧萧兮易水寒”的情景之中与一个壮士长别，一种悲壮苍凉的情味就现出来了。讲构图方法的时候，李先生援引文章的结构来图解，论及主宾、正干、旁枝等等的法则。最妙的是他用文章的远近法来解释画作“月上柳梢头”的构思；用“接天莲叶无穷碧”“水天相接”等“应用远近法”的诗句来印证“描写景物的文章本身就是写生画”，“所不同的只是绘画用形象色彩写，文章用文字写而已”。①

与此同时，李先生还把作画与作文对应起来。文章可分为“应用之作”“习作”“创作”三个项目。李先生说他在教室中作写生范画，替朋友画扇子，是应用之作；自己练习石膏模型或文体写生，是习作；费去一年多工夫画大幅油画《母亲》，画出一个中国式母亲的慈爱与辛苦，是创作。再说文章，写书信，是应用之作；作文，是习作；择定了题材自由地无拘束地去写出文艺作品来，便是创作。在论及“文章与绘画的共通之点”时李先生说：“习作只是法则与手腕的练习，应用之作只是对付他人和事务的东西，创作才是发挥自己天分的真成绩。……因为创作自是自己的事，忠于创作，就是忠于自己。真正的创作决不该有丝毫随便的不认真的态度，古来的山水名画家有‘五日成一山，十日成一水’的话，左太冲为作一篇赋竟至费去了十年的光阴。创作贵精不贵多，时间和劳力是不能计较的。”在论及什么样的作品才配称为“创作”时说：

> 创作是一种创造，其生命就在乎有新鲜的意味。无论文章或绘画，凡是摹仿套袭的东西，决不配称为创作。创作第一步的工夫是发见题材，题材须是有新鲜意味的才值得选择认定。……题材选定了以后，第二步还要使它成熟，无论在读书的时候、看报的时候、

---

①《文心》第十八篇《左右逢源》。

> 听别人谈话的时候、独自散步的时候，都要到处留心，遇有和这题材有关系的事项，一一搜集拢来，使内容丰富，打成一片。这情形正和做母亲的用了自己的血液养分去培养胎儿一样。……题材成熟了，这才可以写出。用文章来写，或用绘画来写，都是创作。仅有题材是无用的，要写成作品，就非有熟练的手腕不可。如果一个画画的人有了某个很好的题材，而手腕不够，画起来脸不像脸，手不像手，成什么话？文章的创作亦如此，题材虽已整备得很成熟很好了，如果他基本功夫没有打实在，文句未通顺，用辞多错误，那么即使写了出来也是糟糕。……发现题材并非难事，一般人只要能留心，随时随地都可发现的，可是一般人却不能像文学家、画家似的写出像样的作品来，这就是因为一般人未曾预备好创作上所需要的手腕的缘故。他们尽会有很可贵的题材，但可惜无法写出，任其葬送完事。唉！自古以来，不知有多少的好绘画好文章被埋没在人的肚子啊！（《文心》第廿九篇《习作创作与应用》）

李先生把作品分为创作、习作与应用之作三种。他认为“三者”之中，“最基本最重要的是习作，习作是练习手腕的基本功夫，要习作有了相当的程度，才能谈得到应用，才能谈得到创作。如果想创作，非先忠实地在习作上做功夫不可。学绘画的先在形象及色彩上用功，学文章的先求文从字顺，熟悉种种文章上的普通法则。习作是一切的基础，应用之作和创作都由习作出发。应用之作的目的在于对付当前的事务，就大体说，原用不着过于苛求，只要在习作上用功至相当的程度，也许就够了。至于创作是无程限的，所需要的习作根底也无程限，习作的根底越深越好。越是想从事创作的人越应该重视习作。至少该一壁创作，一壁习作。真正的画家，终生在写生上用功，真正的文学家，虽至头白亦手不释卷，寻求文章的秘奥”。进而说到“中学原是整个的习作时代，创作虽不妨试试，所当努力的还应该是习作”，希望中学生要在“习作”上狠下功夫。

教英文的张先生是带着一副温和笑容，在注重英文的发音讲解以外，总会顾及英文与国语的比较。他解释英文时，习惯于把英文改成中国人日常所说的话，用来辨析“英文和国语的构造与习惯不同”，并要求同学们也把英文读本的每一课都翻译成中文，“借翻译来练习作文”，用来作为提高写作能力“最切实的方法”。因为深受“异域文学”的滋养，张先生对文学的见解格外深刻。在和同学们探讨“小说与叙事文”的“分别”时，张先生从小说的“发端”和“跋尾”生发开来，启发学生领悟到“叙事文”是根据“实事”

写成的，“记叙了实事便完事”；而“小说的本质”是作者从“事实中看出来的和一般人生有重大关系的意义”，“没有这种意义的便不成其为小说”，“把这种意义含在故事中间的才是小说”。至于“什么叫作‘含’”，张先生是这么解释的：

> 一碗盐汤，看不出一颗盐来，呷一口尝尝，却是咸的，于是我们说盐味含在这碗汤里。小说的故事含着作者所看出的意义就像这样一碗汤。如果在故事之外，另行把意义说明，那就不是“含”了。

在谈到写小说不能“照抄事实”，必须认真“选择”和精心“布置”时说：

> 你若说他凭空虚构，那是错误的。他的材料全是社会的实相、人生的经验，何尝凭空？若问他：“真个有这件事情吗？”他将笑而不答，因为你问得太幼稚了。小说该是世间最真实的故事，然而不是某一件事情的实录。

张先生还在课后与同学们一起讨论茅盾的《子夜》。在他的启发下，同学们把“小说与叙事文”之间的“分别”解析得很透彻：“叙事文的本质是事情，叙事便是它的目的：小说的本质却是作者从人生中间看出来的意义，叙事只是他的手段。”“叙事文好比照相，只须把景物照在上面就完事了；小说却是绘画，画面上的一切全由画家的意识、情感支配着的。”（《文心》第廿篇《小说与叙事文》）师生间的这场“互动”，将一个较为抽象的文艺理论问题解析得非常新颖透彻，好懂好记。

谈到“写什么”，《文心》第廿五篇《读书笔记》值得认真关注。王先生“把作文的时间分出一半叫学生试写读书笔记”，这是针对初中三年级学生说的，旨在促使他们多读书，多练笔、自由发挥、各抒己见。王先生在讲授“笔记”时说：

> 古今人所作的笔记，真是数也数不清，仅就我们图书室所备的说，已有一二百种了。书名有的就叫什么“笔记”，有的叫什么“随笔”，有的叫什么“录”，有的叫什么“钞”，此外还有别的名目。这些笔记，普通都是作者有所见到，随时写录，有的记述见闻，有的记述自己的感想，有的记述读书心得，内容非常复杂。这里有两部极普通的随笔，一部是清人梁绍壬的《两般秋雨庵随笔》，一部是

清人姚元之的《竹叶亭杂记》，你们看，其中就是什么都有的。我折着的几页，都是以书本为对象的，可以说是读书笔记了。

在论及“读书笔记”的作用时，王先生语重情长地说：“读书不是浮光掠影的，必能随时有所见到，把见到的写出来，就是你们的读书笔记了。”又说“读书要精细，才能写得出读书笔记，反过来说，试写读书笔记，也就是使读书不苟且的一种方法”。在谈到“什么材料是值得写笔记”时，王先生说笔记的材料可大可小，小的只着眼于字或辞；大的或着眼于文章的风格、写法、好的语句乃至疑点，“读书笔记的材料随处都是，大家仅可随意选取”；说别人说过的话也不要紧，“只要你的见解不是抄袭别人，完全出于自己思索的，那与人家说过不说过毫无关系。写笔记的本意，原为了自己记述读书的心得与研究结果，以备将来查考与运用，并非像书简或传单似的预备给人看的。自古以来，读书笔记当作书籍刊行的原很多很多，可是写作者当时的目的决不在乎刊行。你们是中学生，写笔记只是一种学习，当然不必以发明发见自期。你们不是在学习代数与几何吗？我告诉你们，那里面无论任何一个公式、一个定理、一个问题，都是数千年的陈套，都是人家早已知道了的东西啊。”激励同学们勤于思索，脑勤手勤。最后说到“读书笔记是读书时的一种判断”，“应该用作议论文的态度去写”；“议论文照例是须有证据的，不能凭空瞎说”。又说“读书笔记虽是议论文，全体却须简洁，和普通的议论文不同。读书笔记不需辞藻修饰，以简短朴实为宜。除了论断、理由、例证以外，不必多说无谓的话”；养成写“读书笔记”的好习惯，决不愁没有可写的材料。

九、“因才施教”　激发潜能

从《文心》可以看出，这“H 市第一中学校”老师和学生关系比较密切。

老师用心教，学生认真学，老师热爱每一个学生，尊重每一个学生，相信每一个学生，“因才施教”，激发潜能，既面对面指导，也在课后写信策励，指定阅读篇目，引导学生通过自学培养独立思考的能力。

《文心》第三十一篇《风格的研究》，写大文依从王先生的指点，阅读“研究文章的风格”的著作，他读的第一部书是司空图的《诗品》。唐末诗人司空图的《诗品》，是我国古代文学史上具有独特风貌的诗歌理论著作。《诗品》又称为《二十四诗品》，“二十四品”即二十四首小诗，词句清丽，韵味悠长，是创作经验和诗意的美感的集大成之作。《诗品》独创的艺术形式，对诗歌风格细致的分类阐释和绘声绘影的描摹，尤其是它所阐明的美学观点，在我国诗歌理论史上产生过深远广泛的影响。无论是探索诗歌创作的技巧和提高艺术鉴赏的水平，还是追寻我国古代诗歌发展史及其艺术规律，《诗品》都是最精湛的教材。

初中三年级学生读《诗品》会有一定的难度。大文读第一品“雄浑”和第二品“冲淡”时，觉得书中“那些语句在可解不可解之间，好像障着一重雾翳似的”。可读到第三品“纤秾”时，他眼前就仿佛展开了一幅色彩鲜明的图画，绚丽极了，明媚极了，浑成极了，生动极了。接着读“沉著”“高古”，读到第六品“典雅”时，大文觉得又是另一种境界：与高雅的名士载酒游春、在翠竹簇拥着的茅屋赏雨，唯有白云、修竹、幽鸟、落花、飞瀑为伴，简直可以忘掉一切。因为已经读出兴趣来了，接着读“洗练”“劲健”“绮丽”“自然”“含蓄”“豪放”“精神”“缜密”“疏野”“清奇”“委曲”“实境”“悲慨”“形容”“超诣”“飘逸”“旷达”“流动”各品，“都能深深地领会”，仿佛“好似神游于文艺的展览会”，“不得不惊叹于文艺界的博大和繁富”。

《诗品》令大文眼界大开。他想到诗歌的风格不止司空图说的这二十四品，王先生就曾提起过袁枚的《续诗品》和顾翰的《补诗品》。袁枚是清朝乾嘉时期著名的诗人、散文家、文学评论家。与《诗品》论述诗歌创作风格的论题不同，袁枚的《续诗品》从论述诗歌创作过程的角度切入，取题名为崇意、精思、博习、相题、选材、用笔、理气、布格、择韵、尚识、振采、结响、取径、知难、葆真、安雅、空行、固存、辨微、澄滓、斋心、矜严、藏拙、神悟、即景、勇改、著我、戒偏、割忍、求友、拔萃和灭迹，共三十二则，用三十二首小诗来描述诗人创作时的苦心经营。清嘉庆年间的举人顾翰将司空图的《诗品》誉为“圣作”，又觉得还可以补写，取题名为古淡、蕴藉、雄浑、清丽、哀怨、激烈、奥折、华贵、疏散、超逸、闲适、奇艳、凄婉、飞动、感慨、隽雅、高洁、精练、峭拔、悲壮、明秀、豪迈、真挚和浑脱，共二十四则，用二十四首小诗论述诗歌内容与形式的特点、诗人进行创作构思的规律与艺术表现的途径，以及诗人应具备的主观条件等方面的美学理论，具有不同于《续诗品》的续补价值，为后世仿《诗品》著作中最为规范的一部。

“诗”有“诗品”，“文”当然也有“文品”。研究“文品”，王先生推荐的是散文大家姚鼐的《复鲁絜非书》和“晚清中兴四大名臣”之一的曾国藩的《求阙斋日记》，以及我国现代著名教育家、修辞学家、语言学家陈望道的《修辞学发凡》。

姚鼐是清代著名散文家，与方苞、刘大櫆并称为“桐城三祖”。姚鼐认为

丰”；第二组，就文章的“气象”分为的“刚健、柔婉”；第三组，就文章的“辞藻”分为“平淡、绚烂”；第四组，就写作的“态度”，分为“谨严、疏放”，每一种（体）推举一篇文章为例，作简要的说明。大文读后认识到这“四组八种”的立论是“各有各的条件的”，“这些条件都是客观的”，“都是谁也可以指说出来的”；即便是看似很笼统的“气象的刚强与柔和”也是有“客观的条件”的。熟读《语文的体类》，评说文章的风格就有了“客观的标准”，也就不再会把风格看得那么神秘而玄奥。

随后，大文又从陈望道界定的这“八种风格”推想开来，谈到“取材的范围不同（或议论时事，或摹写山水，或叙往古的史迹，或记叙身边的琐事），文章的风格也从而各异了”，并将“作者的品性”（温和、急躁；宽大、褊狭）、“作者的语言习惯”（语调的差异和词汇的不同）、“写作习惯”（谨严、疏放）作为评判风格的“客观的条件”，来推求“风格的真际”，对微妙难言的“风格的研究”有了比较真切的了解。“取材的范围”“作者的品性”“作者的语言习惯”“写作习惯”这四个方面汇集起来，就是鲁迅在《“题未定”草之七》中所说的“倘要论文，最好是顾及全篇，并且要顾及作者全人，以及他所处的社会状态，这才较为确凿。要不然，是很容易近乎说梦的”。①

《风格的研究》和《文心》中的各篇一样，从各个不同的侧面告诉我们，中学生是可以做到“能说会写”的，关键在于老师要敬业，老师要“能说会写”。同时也告诉我们学语文没什么捷径可走，首先是要有兴趣，然后就是多读书、肯思考、勤写作，这样，语文就一定能学好。夏丏尊和叶圣陶都有丰富的语文教学经验，如鱼饮水，冷暖自知，说来新颖隽妙，循循善诱。历经将近九十个春秋，我国的中等教育事业发生了天翻地覆的变化，但《文心》的魅力不减，依然是一部切实有用的语文课课外读物，是“青年阅读和写作的宝典”，真可谓“经典永传承”。

2022 年 6 月 15 日

①《鲁迅全集》(第 6 卷)，人民文学出版社 2005 年版，第 444 页。

爷爷和儿童文学

■ 叶小沫

人们都说我的爷爷叶圣陶是一位作家、教育家、出版家，他却一直说自己的职业是编辑和教师。正是这两种职业，让他和孩子们结缘，一辈子都关心孩子，一辈子为孩子们编书写作。爷爷离开我们已经三十四年了，可是如今的孩子依然熟悉他，读他写的儿歌《小小的船》、散文《爬山虎的脚》，读他写的童话《稻草人》，读他写的语文知识故事《文心》。在孩子们的心里，叶圣陶永远是一个就在他们身边的和蔼可亲的老人。爷爷是给中国童话开了个头的那个人，爷爷为孩子写过儿歌、散文、小说，可是他并非全身心地投入创作，因为有很多编辑工作等着他去做。编辑的职责要成全的是作者和读者，而不是自己，爷爷也是像鲁迅那样，把生命割碎在了给人看稿子、改稿子、编书、校对这些事情上，为了编辑出版事业，他奉献了自己的一生。也正是因为有过当教师的经历，在做编辑的同时，爷爷更加关注那些年轻幼小的生命的成长，愿意把他们当成最亲密不过的小朋友，愿意为他们写东西，愿意为他们编书，一句话，全心全意地为他们着想，于是就有了叶圣陶的儿童文学作品。

给孩子编的课本

爷爷在1980年写过一篇文章，题目是“我和儿童文学”。文章的前一部分写的大多是他的童话创作，后面有一段文字说：“在儿童文学方面，我还做过一件比较大的工作。1932年，我花了整整一年时间，编写了一部《开明小学国语课本》初小八册，高小四册，一共十二册，四百来篇课文。这四百来篇课文。形式和内容都很庞杂，大约有一半儿可以说是创作。……小学生既是儿童，他们的语文课本必得是儿童文学，才能引起他们的兴趣，使他们乐于阅读，从而发展他们多方面的智慧。当时我编写这一部国文课本，就是这样想的。”看了爷爷的这段话，我想，把语文课本中的每一篇课文，都当作儿童文学来创作，真的是很独特又很有道理，不知道现在为孩子们编写教材的同志们，头脑里有没有这样的认识。十多年前，社会上出现了一股老课本热，人们怀念老课本，怀念的正是它那儿童文学般的课文吧，孩子们读着的不仅是熟悉亲切的内容，文字也句句优美流畅。看来爷爷所提倡和坚持的编写课文的原则是对的，所以直到今天都受到人们的怀念和追捧。

2003年，中国少年儿童出版社要编辑出版《叶圣陶儿童文学全集》。爸爸特意把爷爷的这篇《我和儿童文学》拿给我看。爸爸说，要出爷爷的儿童文学全集，就要把爷爷在《开明小学国语课本》里的一些课文收进去，那样才能算是爷爷比较完整的儿童文学集。七十年前的《开明小学国语课本》已经很难见到了，出版社的同志几经周折，才从人民教育出版社找来了这套课本。他们复印之后交到我手里，我才第一次看到了它的全貌，看到了把课文当作儿童文学来创作的语文课本。为了引起孩子们阅读的兴趣，爷爷编写的内容是孩子们熟悉的生活，形式是孩子乐于接受的儿歌、散文、故事、童话。后来我们根据爸爸的提议，经过反复筛选和整理，选定了九十二篇课文，放进了这次编写的《叶圣陶儿童文学全集》里，几乎占了国语课本四百多篇课文中的四分之一，其中包括诗歌、散文、童话和小说。

其实在编写《开明小学国语课本》之前，爷爷就已经为孩子们编写过语文课本了。1917年，在他二十三岁的时候，应好友吴宾若之邀，到苏州甪直吴县县立第五高等小学当教员。那时候他们这些年轻教师，对当时的国文教材感到不满意，就自己动手编国文教材，可惜这些一百多年前的老课本，如今已经无处寻觅。1923年，爷爷到商务印书馆做了编辑，他被安排在国文部，和顾颉刚先生一起编了一套初中国语教科书，共六册。这六册课本，现在也还可以找得到。除此之外，爷爷还为孩子们编过好几套国文课本，其中影响比较大的，还是1932年的那套《开明国语课本》，这不光是因为爷爷的课文写得好，丰子恺先生生动的插图，也为它平添了许多活力。

爷爷当过老师，了解和熟悉孩子，因此课本里写的全是孩子的生活，课文中说的都是孩子们自己的事情：上课、开班会、做游戏、秋游、给妈妈过生日、帮生病的同学补功课……孩子们读着会觉得非常亲切。课文的形式多种多样，孩子们读着不会觉着累，像是在读轻松有趣的课外书。

《开明小学国语课本》的课文，从教孩子们识字开始，随着课程的进展和学生年龄的增长，让孩子们循序渐进地学会用词、造句、作文；学会写借条、收条、启事、告示；学会写信、写日记；学会写演讲稿、写考察报告……所有这些在日常生活和工作中会碰到和用到的基本的文字功夫，在这套课本中都能学到。在那个年代，不少孩子读了小学六年就要走向社会了，这些基本的文字技能，可以帮助他们处理日常生活中最基本的需要。爷爷还精心编写了课后练习，帮孩子们更好地阅读和理解课文，教孩子们学会怎样提出问题和思考问题，还可以带着那些热爱文学的孩子，迈入文学的大门。

爷爷是新中国教材建设的奠基人和开拓者。早在 1949 年 4 月，他就受命担任华北人民政府教科书编审委员会主任。1949 年 10 月 1 日新中国成立，爷爷主持编辑的新中国第一套大、中、小学教科书同时诞生，他带领着为数不多的编辑，在很短的时间里，完成如此艰巨的任务，让我们现在的编辑工作者难以想象，但是爷爷和同志们硬是赶在开学之前，把需要的教科书编辑妥帖，送到了孩子们的手中，其中就包括《初级小学国语课本》和《高级小学国语课本》。1950 年 12 月 1 日，人民教育出版社正式成立，爷爷被任命为社长和总编辑，为新中国的教育事业呕心沥血，矢志不渝。

从编辑新中国的第一套语文教科书，到 1966 年“文革”前的十六年里，爷爷几乎天天都在和课本打交道，从不停歇。爷爷仍然坚持用儿童文学的标准编语文教材，和编辑们一起，把每一篇课文读了又读，改了又改，要求每一句话，每一个词，每一个字，每一个标点符号都准确无误。爷爷一向认为，学习语文不只是学习有关语文的基本知识，还要学会感受一切事物的真善美，学会怎样做人和做事。他的这些想法、这些主张、这些感情的实现，靠的不是说教，而是融入了他和大家编写的每一篇课文中，潜移默化地渗透到了孩子们的心里。那些年的语文课本，饱含了爷爷和一代教材编辑人的心血，是我们应该铭刻在心的。

给孩子写的童话

1921 年 11 月 15 日，爷爷开始了自己的童话创作，那一年他二十七岁。他的第一篇童话写的是《小白船》，接下来写了《傻子》《燕子》和《一粒种子》。从 1921 年冬到 1922 年夏，爷爷一共写了二十三篇童话。

爷爷说，他写童话是受了西方文学的影响，“五四”前后格林、安徒生、王尔德的童话，陆续介绍到中国来了。他是小学教员，对这种适合儿童阅读的文学形式当然会注意，于是就有了自己来试一试的想头。还有一个促成爷爷要试一试的人，那就是他的好朋友郑振铎先生，那时候郑先生在主编《儿童世界》，要爷爷给他提供稿子。《儿童世界》每星期出一期，爷爷也就写得勤了。

爷爷在一篇文章中说，他曾在不到一个星期的时间里写了四篇童话，连自己也不敢相信了。又说，那时候他和朱自清先生同在杭州浙江第一师范教书。两个人朝夕相处，在一间卧室里休息，在一间休憩室里备课、闲谈、改本子、写东西。可能是因为兴致高，下笔就快些。朱自清先生在一篇散文里，记下了那些值得怀念的日子："那时他（指叶圣陶）小说的材料是旧日的储积，童话的材料有时却是片刻的感兴。如《稻草人》中的《大喉咙》一篇便是。那天早上，我们都醒在床上，听见工厂的汽笛；他便说：'今天又有一篇了，我已经想好了。来得真快啊！'那篇的艺术很巧，谁想他只是片刻的构思呢！他写文字时，往往拈笔伸纸，便手不停挥地写下去；开始及中间，停笔踌躇时绝少。他的稿子极清楚，每页至多只有三五个涂改的字。他说他从来是这样的。每篇写毕，我自然先睹为快；他往往称述结尾的适宜，他说对于结尾是有些把握的。"

朱先生这段话绘声绘色，把爷爷写活了。1923 年，爷爷出版了他的第一本童话集，书名用的就是《稻草人》。这是中国的第一本童话集，因此有人说，爷爷是中国童话的拓荒者。鲁迅先生也曾说：叶圣陶的《稻草人》是给中国的童话开了一条自己创作的路。在以后的那些年里，爷爷又写过几篇童话。他说自己写得少的原因，大约是当了许多年的编辑工作，养成了不敢随便下笔的习惯。八年后的 1931 年，爷爷出版了他的第二本童话集，一共收了在那些年里写的九篇童话，其中最著名的一篇是《古代英雄的石像》，爷爷用它做了这本童话集的书名。

爷爷年轻时候写给孩子们的童话，一直到 1956 年才重新和孩子们见面。当时的中国少年儿童出版社，请爷爷自己选一些他写的童话编一本集子，说是好让现在的孩子知道一些旧社会的情形。爷爷同意了，选了十篇，编成了《叶圣陶童话选》。在这本书出版前，爷爷对每一篇童话都进行了整理。他说：因为是给孩子们阅读，不敢怠慢，总想做得通畅明白，念起来顺口，听起来顺耳。

1987 年，在爸爸为爷爷编辑的二十五卷本《叶圣陶集》的第四卷儿童文学卷里，一共编入了爷爷的童话三十九篇，这些应该都是爷爷和爸爸整理和修改过的。

1996 年，在爷爷过世八年以后，爸爸编了一本《叶圣陶童话故事集》，选了爷爷的二十四篇童话。集子编成以后，爸爸的心里不踏实。他想，爷爷的童话都是六十年以前的旧作，有许多是揭露和批判当时的那个社会的。六十年过去了，咱们中国发生了翻天覆地的变化，生长在新社会里的孩子，读这些写旧时代的童话，隔膜恐怕是难免的。于是他把这些童话从头读了一遍，在每一篇的后面附上了几句话，有的说他所知道的爷爷在写作当时的想法，有的说他自己的读后感。爸爸这么做，是希望可以帮助孩子们，更好地读懂和理解爷爷每一篇童话所要表达的意思。

2006 年，人民教育出版社出版了由商金林教授编辑的《叶圣陶童话全集》四卷本，共收入了爷爷的童话四十三篇。对于新加进去的《阿秋的中秋夜》《菁儿的故事》《牛奶》和《甜》这四篇，商教授特意做了说明。他说我爸爸觉得这四篇童话比较幼稚，与爷爷其他的作品不那么和谐，当年在编《叶圣陶集》儿童文学卷的时候就舍去了。商教授以为，让读者看看这四篇童话也有好处，至少可以看到爷爷童话创作的全貌。他还特意说明，爷爷的童话在编入集子的时候，都要认真地推敲和修改，而这四篇童话是他后来直接从杂志上抄下来的，保留了作品的原汁原味，对照那些已经改过的童话，可以看出爷爷是怎么修改语言的。我想商教授的话不无道理。

爷爷的童话文字简洁、通畅、优美，故事简单却有着深刻的内涵，能够启迪人们对社会产生更多的思考。他的童话献给孩子，也献给成年人。如今，教育部门把爷爷的童话作为优秀的少儿读物，推荐给全国的中小学生，这就使《稻草人》成了这一代孩子人人尽知的童话集。

给孩子写的儿歌

从爷爷奶奶，爸爸妈妈，到现在的每一位小学生，大家几乎都会背诵爷爷写的那首《小小的船》：弯弯的月儿小小的船，小小的船儿两头尖，我在小小的船里坐，只看见闪闪的星星蓝蓝的天。这首儿歌是爷爷在 1955 年 5 月 9 日的夜里写成的。他在日记里记着：“多用叠字，多用 an 韵字，意极浅显，而情景不枯燥，适于儿童之幻想。”还说：“二十年前在开明编小学生课本，即涉想及此，直至今日乃完成。”我爸爸在后来写的文章里说“儿歌仅四句，三十七个字，却在日记里自批自夸，写下了五十多字的跋，可以想见父亲那天夜里反复吟哦的喜悦。”在我的印象里，爷爷对自己的要求一向严格，很少肯定过自己的什么作品，像这样的自批自夸的事情实在是少之又少。更让人惊讶的是，令他自己满意的作品，竟然是一首只有三十七个字的儿歌。可见爷爷对于儿歌的创作，有着怎样一种难以割舍的情怀。后来这首儿歌编进了小学生低年级的语文课本，一直沿用至今，这使每个人读起它，都会引起对童年时代的美好回忆。

爷爷的这篇日记写在 1955 年的 5 月，后面那句“二十年前在开明编小学生课本，即涉想及此，直至今日乃完成”的话，道出了他完成了夙愿的喜悦之情。爷爷这里说的二十年前，是指 20 世纪的 30 年代，那个时候他正在开明书店编写《开明小学国语课本》。爷爷说，小学生是儿童，他们的课本必须是儿童文学，这样才能引起他们的兴趣。低年级的孩子喜欢读儿歌，为编这套课本，爷爷写了大量的儿歌，收集起来有一百多首。有写大自然的《月亮》

《星》《天上的云》《好大的风》《雪花》《瀑布》；有写动物的《萤火虫》《蜗牛看花》《青蛙》《燕子》；有写植物的《蒲公英》《菊花开了》《向日葵》；有写孩子们的生活的《十个好朋友》《可爱的泥人》《新年》；有写校园生活的《我们的学校》《团体操》《踢毽子》《远足歌》；有写社会的《公路》《集市》《打铁》。爷爷的儿歌有他的独到之处，他用儿歌引导孩子从小就学会观察，从小就对周围的事物感兴趣。孩子生活在自然里，生活在家庭、学校和社会里，和自然相比，孩子们的校园生活更加丰富多彩，校园生活的儿歌在爷爷写的儿歌里占了很大的部分。

1949 年 10 月 1 日新中国成立。新中国的语文课本要有新面貌，要歌颂祖国和人民。为了语文课本的新面貌，作为人民教育出版社的社长和总编辑，爷爷亲自上阵。各年级的小朋友，在翻开他们的新课本的时候，看到的是爷爷为新课本写的儿歌。

看！我们的国旗/高高升在旗杆顶，/它代表中华人民共和国，/我们诚心诚意向它致敬。

看！我们的国旗/高高升在旗杆顶，/它那么好看又那么庄严，/显出我们新中国光景。

看！我们的国旗/高高升在旗杆顶，/四颗星星齐向一颗大星，/万众一心齐向人民革命。

看！我们的国旗/高高升在旗杆顶，/中国人民从此站起来了，/这旗帜就是胜利的凭证。

这是《高小语文课本》的第一课：国旗歌

20 世纪 50 年代，作家协会曾号召作家们为孩子创作儿童文学作品。已经六十多岁的爷爷响应号召，再一次为孩子们创作了儿歌和散文。1958 年的 4 月到 5 月，他的儿歌创作出现了一个小高潮，一口气写了十几首，动物和植物的居多，有《金鱼》《夹竹桃》《几种树》，而其中《祖国绿化多可爱》《我们也来修水库》这两首，反映了当时孩子们参加的社会活动。爷爷这个时期的儿歌，依然放低了自己的身量，用孩子的眼光来看这个世界。首首充满了童心和童趣，首首朗朗上口充满诗意。从那以后，爷爷好像就再也没有写过儿歌了。

给孩子写的散文

爷爷是什么时候开始给孩子们写散文的，我想最早也是在 1932 年吧。那一年他为孩子们编写《开明小学国语课本》，在十二册书的四百多篇课文中，散文就占了二十二篇。从二年级开始，每个年级都有四五篇，给低年级的孩子读的比较短，只有一二百字，给高年级孩子读的比较长，有七八百字。《燕子，住下吧!》《霜的工作》《海上的朝阳》《机器的工作》《不用文字的书和信》《各种声音》《蚕》《孔庙和孔林》，光看这些题目就可以看出，爷爷是在用散文这种形式，向孩子们介绍各种各样的知识，教他们学会观察，学会发现，学会欣赏。

20 世纪 50 年代，还是在那次作家协会号召作家们为孩子创作儿童文学作品的活动中，爷爷为孩子们创作了四篇散文《爬山虎的脚》《诗的材料》《三棵老银杏》和《"你们幸福了"》。其中《诗的材料》《爬山虎的脚》后来也被选进了小学语文教材，现在小学三年级下学期的课文《荷花》，就是《诗的材料》中节选的。在现在中小学的语文课本中，至今保留了爷爷的两篇散文《记金华的两个岩洞》和《景泰蓝的制作》。

2014 年，安徽少年儿童出版社出版了一套《叶圣陶青少年文库》，在编散文卷的时候，编辑们把爷爷写的散文都找了来，一篇一篇地看，把那些适合青少年读的，可以读懂的，都选了进去，编成了《没有秋虫的地方》《我坐了木船》和《一个少年的笔记》三卷，我数了数一共有七十七篇之多。其中写景的有《黄山三天》《林区二日记》《登雁塔》；记事的有《五月卅一日在急雨中》《乐山被炸》《我坐了木船》；写人的有《两法师》《书桌》《胡愈之先生的长处》；纪念好友的有《好友宾若君》《夏丏尊先生》《回忆瞿秋白先生》；这其中当然还有大家常常看到的《牵牛花》《藕与莼菜》《没有秋虫的地方》。我看了这散文三卷本，很感谢编辑们，他们选的这些散文，虽然不是爷爷专门为孩子们写的，却是孩子们可以读得懂的。从这里他们大致可以了解爷爷写的散文的全貌，比如所涉及的方面，结构，形式和语言，如果认真地读，学生们会比较全面地了解关于散文的这种文学形式，会爱上读散文，甚至会喜欢上写散文。

给孩子写的小说

爷爷给孩子们写的小说，比起他给孩子们写的儿歌、散文、童话来，篇目可就少多了。在爸爸编的《叶圣陶集》的第四卷儿童文学卷里，只收了《半年》《一桶水》《邻居》《儿童节》《一个练习生》《寒假的一天》和《友谊》这七篇。其中前六篇是在 1935 年和 1936 年这两年里写的，写的都是那时候少年儿童的生活，其中《一桶水》发表在《中学生》上，《邻居》发表在《新少年》上，其余的都发表在成人的文学刊物上，这些写学生生活的小说，能看到的学生可能不是很多。

和爸爸编的《叶圣陶集》不一样，在中国少年儿童出版社编的《叶圣陶儿童文学全集》里，在文学这一栏里选了十五篇，前四篇《阿菊》《阿凤》《一课》《义儿》写于 1920 年和 1921 年，那时候爷爷在甪直，已经做了几年教师，对当时的教育和孩子都有了解，四篇文章充满了对贫苦孩子的怜爱，和对旧教育制度摧残学生身心的鞭挞。这四篇所谓的儿童文学，却不是写给孩子们看的。在接下来写的《地动》《小蚬的回家》这两篇的时候，爷爷已经做了父亲，面对着天天缠着他讲故事的儿子，他不得不每天编个故事说给儿子听，一边讲还一边观察着儿子的情绪变化。《地动》这篇小说，就是一篇爷爷给爸爸讲故事的纪录。里面有爷爷给爸爸讲故事时故意卖关子的神态，有爸爸听故事时的企盼心境和紧张表情，有奶奶看到爸爸听到伤心处哭了时，怜爱地一把把他抱在怀里的母爱，细读起来会被这个充满着爱的家庭氛围感动。

1923 年，爷爷已经二十九岁了，写了一篇他小时候去贡院参加科举考试的事儿，题目是《马铃瓜》。去科考的那一年爷爷才十二岁，他的父亲也只是想让他去历练历练，不料却赶上了中国的最后一次科举考试。十八年以后，爷爷把他的这次经历写成了小说，写了在那么庄严肃穆的考场上，那个并没有把科考放在心里，只想着吃从家里带来的马铃瓜的孩子，看了真是让人忍不住想笑。我查了查《叶圣陶儿童文学全集》后面的几篇小说，有《半年》《一桶水》《邻居》《儿童节》《一个练习生》《寒假的一天》这几篇，大都写在 1936 年，无论是发表在《中学生》杂志上的，还是发在文学刊物上的，反映的都是那个年代青少年的生活。1937 年下半年，全面抗战开始，爷爷带着全家人和开明书店一起迁往四川，想继续坚持他们苦心经营的开明书店的业务，一切都比他们预想的要困难。之后八年，爷爷一边教书，一边和开明同人坚持办《战时中学生》，创刊《开明少年》，出版各种书刊，一边参加文艺界的抗战活动，其生活之困苦，工作之艰难自不必说。文章当然要写，可是再没有专门为青少年写过什么文学作品。

《叶圣陶儿童文学全集》里最后一篇小说《友谊》，是爷爷在 1954 年写的，也是新中国成立后他写给孩子们的唯一一篇小说。查看爷爷的日记，那一年 3 月 21 日中记着“开始作小说，即写亦多校中同学友爱互助之故事。自九点至六点，中间午饭、午睡花去两点半，余皆伏案执笔，得二千言，成绩可谓不坏”。爷爷日记中的亦多，是我姑奶奶的大女儿，我们叫她大嬢嬢，她当时在北京女十一中学读书，常把学校里发生的事情讲给爷爷听。其中提到她们班上有位同学摔伤了，大家都关心和帮助她，使她在病愈后顺利地通过了期末考试，和全班同学一起升入新年级的事情。爷爷一直关心着事情的进展，觉得情节很完整、很感人，就动了把这个关于集体和友谊的故事写下来的念头。爷爷在之后的日记里，常常提起工作之余关于这篇小说的创作进展。4 月 12 日，爷爷在日记里写道："上午续作小说，毕。此篇历二十三日，共一万五千字以上。自觉只能算平平。"从日记上看，爷爷还曾把这篇文稿油印后拿给大嬢嬢，让她拿到班上去给同学们看，请同学们提意见。爷爷的这篇小说，发表在了那一年《中国青年》杂志的第 11 期上。从那以后，爷爷再没有为孩子们写过小说了。看起来那一次的创作，是爷爷被孩子们的真诚所感动，一时兴起而为之。其实那时候爷爷的工作千头万绪，总是排得满满的，能在百忙之中留下这样一篇小说，足见他喜爱孩子的教师之情，一直都印在心里不曾褪去。

还有不能不说的《文心》

《文心》是外公和爷爷一起创作的，从 1933 年 3 月 1 日开始，在当时的《中学生》杂志上连载，一直到 1934 年 8 月 1 日止。1934 年的 6 月，《文心》由开明书店出版发行，书的前面有陈望道和朱自清两位先生写的序。陈先生说：这部《文心》是用故事的体裁来写关于国文的全体知识。每种知识大约占了一个题目。每个题目都找出一个最便于衬托的场面，将个人和社会的大小时事穿插进去，关联地写出来。通体都把关于国文的抽象的知识和青年日常可以遇到的具体的事情融成了一片。写得又生动，又周到，又都深入浅出。的确是一部好书。朱先生则说：书里的国文教师王先生，不但认真，而且亲切。他那慈祥和蔼的态度，教学生不由地勤奋起来，彼此亲亲热热地讨论着，没有一些浮嚣之气。这也许稍稍理想化一点，但并非是不可能的。所以这本书不独是中学生的书，也是中学教师的书。……丏尊、圣陶都做过多少年的教师，他们都是能感化学生的教师，所以写得出这样的书。陈、朱两位先生是外公和爷爷的好朋友，他们的序写得中肯又亲切。1948 年 5 月，开明出版社出版了这本书的第二十版。在战乱不断的年代里，一本为学生写的学习语文知识的书，竟能一次次地再版，可见那个年代的年轻人，对于学习祖国语文知识的渴望，和对这本《文心》的需求。

外公和爷爷相识在当时的上海立达学院，那时候他们都做教师。后来爷爷去了商务印书馆，又转去外公也在的开明书店当编辑，志同道合让他们两个一次次走到一起。外公在一首诗里说，爷爷和他是"文字侣"，这个称谓可不一般。因为外公的朋友很多，包括弘一、内山完造、鲁迅等大家，可是能称为“文字侣”的，恐怕只有爷爷。除了《文心》，他俩还一起合著过《文章讲话》《阅读与写作》《开明国文讲义》《国文百八课》等等，还一起编辑《中学生》杂志。出版《文心》的时候，爷爷三十九岁，外公长爷爷八岁，应该是四十七岁。一定是都做过语文教师的经历，让他们感觉需要为年轻人，写这样一本学习语文的书，商量好内容，选定了这样一种适合青少年接受的文学形式，于是就开始动笔了。他们用时一年零五个月，在《中学生》上连载了十八期。五十年后爷爷在重读这本书的时候，说自己也分不清哪一节是他写的，哪一节是外公写的了，可见两个人的合作相当默契。据说用讲故事这种文学形式介绍语文知识，是两位老人家的独创，至今还没有哪位作者有过这样的尝试。

新中国成立以后，三联书店重视老书的再版，《文心》一直是由他们独家出版。后来越来越多的出版社向家里提出，他们也希望能出版这本和学生讲语文知识的书，理由是好书应该让更多的人看到。终于，有一年在和三联书店续约的时候，我们没有授权他们独家发行。现在《文心》被教育部推荐为中学生必读书目，为了满足大家的需求，很多出版社出版了《文心》。看到读《文心》的人越来越多，我想，当年外公和爷爷在写《文心》的时候，怎么也不会想到，它会一直发行八十八年，还会一直发行下去；怎么也不会想到，会有这么多的学生现在还在读他们写的书。

2022 年 9 月 10 日

《开明国语课本》中的儿童文学

■ 李 燕

“五四”之后，儿童的发现、新式学堂的建立、出版业的迅猛发展，以及“一纲多本”的教材编审制度等多种因素激发了教材编写的热情，蔡元培、胡适、王云五、吴研因、沈百英、叶圣陶、夏丏尊、朱自清、丰子恺等众多学者都前后参与过教材的编写工作。叶圣陶从在苏州当教员时就开始自编课本，后在商务印书馆、开明书店积累了丰富的教材编辑经验，由他独立撰写、主持编写和与人合作编辑的语文教材多达 129 册，尤其是《开明国语课本》被视为民国教材的典范。这套教材包括初小八册、高小四册，其中的四百多篇课文全部由叶圣陶亲自创作或改编，由丰子恺手绘插图，一经问世就引起轰动，不仅成为当时最早通过教育部审查的一套教材，而且发行数量巨大、使用范围广泛、影响深远，其前八册至新中国成立前共印四十余版，后四册至 1937 年即印 27 版，1947—1949 年间由开明书店重新出版①。

我国的语文教材编撰上有一个“文选型”的基本传统。相较之下，商务印书馆和中华书局两家教材中的课文选编重复率较高，而《开明国语课本》的课文都是由叶圣陶创作或改编而来的，故而“同时具备了儿童文学和语文教材这两种属性”②。但长期以来，《开明国语课本》在内容取材、形式编排等方面的特色和价值、贡献及其所传达的语文教学思想一直得到研究者的重视，而作为教科书的巨大成功“遮蔽了其作为儿童文学的价值，以致这些丰富的文本长期被排除在儿童文学之外，缺少必要的整理和研究的关注”③。

叶圣陶很早就将《开明国语课本》视为自己在儿童文学方面一项“比较

① 姜建：《开明派的文化出版实践——以面向青少年的出版物为中心》，《江苏社会科学》2015 年第 6 期，第 172—180 页。此次再版时，《开明国语课本》初小前四册更名为《幼童国语读本》，于 1949 年 1 月出版；后四册改名为《儿童国语读本》，于 1948 年 8 月出版；高小四册改名为《少年国语读本》，于 1947 年 7 月出版。

② 杨雨锟：《开明国语课本的双重性及当代启示》，《课外语文》2020 年第 27 期，第 11—12 页。

③ 胡丽娜：《民国国语课本与儿童文学研究——以开明国语课本为例》，《当代文坛》2010 年第 3 期，第 146—150 页。

大的工作”。他说：“1932 年，我花了整整一年时间，编写了一部《开明小学国语课本》，初小八册，高小四册，一共十二册，四百来篇课文。这四百来篇课文，形式和内容都很庞杂，大约有一半可以说是创作，另一半是有所依据的再创作，总之没有一篇是现成的，是抄来的。”① 后来，叶家兄妹编选《叶圣陶集》时收录了《开明国语课本》中的 21 首儿童诗、3 篇儿童散文和 8 篇编创作品。2005 年，叶小沫女士在参与编选《叶圣陶儿童文学全集》时更为集中地收录了《开明国语课本》中的 92 篇作品②，含儿童诗歌 17 篇、童话 16 篇、儿童散文 22 篇、儿童故事 13 篇、儿童小说 1 篇、课本剧 5 篇和再创作 18 篇，占该文集的“半壁江山”。

本文尝试从儿童文学创作的角度去充分认识、发掘《开明国语课本》对叶圣陶乃至中国现代儿童文学发展的价值。通过文本细读不难发现，叶圣陶编写每篇课文时都加注了他创作儿童文学的经验和方法，他紧紧围绕儿童的生活、情感和想象，展示出儿童文学在文体、形象、语言等方面特有的艺术样貌，彰显出一种与众不同的儿童趣味。具体说来，《开明国语课本》深切的儿童本位意识和浓郁的儿童文学趣味主要体现在以下几个方面：

一、贴近儿童的生活和情感

《开明国语课本》是“儿童的”。在“五四”“儿童的发现”之后，现代教材开始从成人本位向儿童本位发生转变。叶圣陶在《编辑要旨》中说：“本书内容以儿童生活为中心。取材从儿童周围开始，随着儿童生活的进展，逐渐拓张到广大的社会。”③ 他强调要站在儿童本位的立场，注重从儿童经验出发，从家庭生活逐步扩展到学校和社会，并遵循时令变化将劳动、礼仪、习俗、历史、物候、科学等方面的知识自然融入每一篇生活化、情景化的课文。在编写中他处处注重关照儿童生活经验和情感，顺应儿童的自然天性和思维方式，追求口语化、儿童化的语言表达，其中图文并茂的编排更是尽显儿童审美趣味。因此，当时就有人赞誉他“以写《稻草人》的笔致着意到教科书上，所以课文能切近儿童生活”“引起儿童丰富的想象”，“而且富有童话的

---

① 叶至善、叶至美、叶至诚编：《叶圣陶集》(第 9 卷)，江苏教育出版社 2004 年版，第 323—324 页。

② 叶小沫：《爷爷的儿童文学全集》，《出版史料》2008 年第 2 期，第 30 页。

③ 叶至善、叶至美、叶至诚编：《叶圣陶集》(第 16 卷)，江苏教育出版社 2004 年版，第 11 页。

意味……优美的情趣，随处可见"①。

随着民国教材的"儿童文学化"，很多编者较多采用"鸟言兽语"和"物语"性质的选文，而叶圣陶更愿意将其作品的主人公设为儿童，他撷取儿童日常生活的场景片段，再经由简洁而连贯的叙述将其变成一个个生动活泼的儿童生活故事。如《我要老了》(初小第三册) 写小男孩掉牙后就以为自己和祖父一样衰老了；《三只小羊》和《好朋友》(初小第三册) 写男孩真民对小羊的喜爱和悉心照料；课文《钟走得太快了》(初小第四册) 讲述孩子们为了早点去听音乐会竟然把时针偷偷拨调了两圈，由此表现了迫不及待的心情和他们的幼稚可爱。《寻找小猫》《母亲的生日》《灶前灶后》《种痘》《骑马》《哈哈》《怪东西》《大家动手》等也都来自儿童现实生活，这些文章篇幅短小，叙事完整，层次分明，以充满儿童气息的语言、动作、心理写出儿童单纯、拙朴的生命情态。

游戏是儿童的天性，也是儿童日常生活的组成部分，《开明国语课本》中多处出现了"拔萝卜""摇摇船""三脚赛跑""轮流赛跑""骑马""飞机快""火车开往北""荡秋千""踢毽子"等游戏，如《摇摇船》："两个小朋友各伸着两臂，手拉着手，搭一座桥。一个小朋友摇动着身体，向桥洞前进，做一只船。他们三个齐声唱：'摇摇船，摇摇船，摇到外婆桥。外婆桥边风景好。外婆给我吃甜糕。'"《火车开往北》《飞机快》生动形象地描写了游戏的过程和动作，《我们开店吧》《大家开店》等通过"过家家"的游戏详细描写开店流程，生动展现出儿童游戏的快乐场景，充满浓郁的童年气息。

《开明国语课本》也是"文学的"。叶圣陶认为"小学语文课本必得是儿童文学"，他在《小学国文教授的诸问题》中说："所谓适当的教材，无非是儿童所曾接触的事物。然则将儿童所曾接触的事物，进行记录或说明，就可算最好的教材么？那又未必。因为儿童的生活差不多浸渍于感情之中；冷静的理解，旁观的述说，在儿童殊觉无味。要使儿童感觉无味，就不是最好的教材。所以国文教材普遍的标准，当为儿童所曾接触的事物，而表出的方法又能引起儿童的感情的。换句话说，就是具有文学趣味的。"② 因此，这套教材在韵律、语言、抒情、想象等方面都展现出儿童文学的艺术特点及纯真、稚拙、欢愉、质朴等的精神特质。

叶圣陶善于从儿童视角出发，用富有天真稚拙的儿童语言描写他们眼中

①《新课程标准颁布后最先蒙教育部审定的——开明小学课本》，《中学生》第 36 号，1933 年 6 月 1 日。

② 叶至善、叶至美、叶至诚编：《叶圣陶集》(第 13 卷)，江苏教育出版社 2004 年版，第 11 页。

的世界。如《太阳》是儿童内心油然而生地对世界的好奇:“太阳,太阳,你起来得早。昨天晚上,你在什么地方睡觉?”《小猫姓什么》(初小第二册)直接采用儿童对话实录:“小猫姓什么,你知道吗?小猫姓小。怎么知道他姓小?大家都叫他小白小白,他不是姓小吗?”这种幼稚到让人忍俊不禁的语言是难以复制的,也是童真童趣的自然流露。叶圣陶还善于从对儿童的细腻观察深入其心灵世界,《月亮船》、《做了一个梦》(初小第二册)这两篇文章描写了一个男孩的梦,画面温馨,充满亲情、友情的温暖。在叶圣陶的笔下,儿童不仅拥有丰富的幻想、丰盈的情感,也有对世界的独特理解,如《黑先生——最能干的工人》(初小第七册)中,孩子听完父亲对煤炭用途的介绍不禁对燃烧的煤炭产生怜惜之情:“我们这样把他烧掉,不是很可惜吗?”充分展现出儿童的共情能力,因而他能跳出煤炭的实用价值进而去关注其生命意义。

二、探索和推动儿童文学各种文体

叶圣陶在《编辑要旨》中指出:“本书尽量容纳儿童文学及日常生活上需要的种种文体。”为了增加儿童的学习兴趣,他采用了儿歌、儿童诗、儿童故事、童话、寓言、散文、小说、戏剧等几乎所有的儿童文学文体,而即使是书信、日记、演讲词、电报、新闻稿等应用性文体,他也对其进行了充分的“儿童文学化”。

儿童诗篇幅短小、精练简洁、朗朗上口,对发展儿童语言有着无法替代的作用。据统计《开明国语课本》(初小)共计 264 篇课文中就有 62 篇儿童诗,这些儿童诗选材广泛,有描写儿童生活的,有歌咏自然万物的,还有童话诗、寓言诗、叙事诗等,这些儿童诗大多采用一韵到底或中途换韵的方式,具有鲜明的节奏与和谐的韵律,生动活泼、自然明快。比如,《蜗牛看花》是一首语言清浅、想象丰富的童话诗,全诗共十二行,每行七字,逢双押韵,形式整齐。《蜘蛛把网张》则堪称是一首优秀的寓言诗,全诗情节生动、语言风趣,最后蜻蜓脱身飞去在网上留了个大洞,蜘蛛只得叹息:“新鲜东西,实在可惜!补这破洞,却要费力。”有学者发现,在风云激荡的 20 世纪 30 年代叶圣陶的儿童诗创作反而体现出“五四”时期对童心童趣的追求,事实上《萤火虫》《蜗牛看花》《好大的风呀》《蒲公英》《云》《瀑布》《满天的星》《蜘蛛把网张》等儿童诗都是为《开明国语课本》而创作的。叶圣陶从儿童视角出发,选取月光、雪花、春雨、蜗牛、小河、大海、蜻蜓、蒲公英等为儿童所喜闻乐见的意象,巧妙利用词语、句式的重复与诗行、诗节的对称,在给儿童带来审美愉悦的同时也充分调动起他们学习语言的积极性。

叶圣陶是中国现代童话的开拓者，被鲁迅称赞为“给中国的童话开了一条自己创作的路”。叶圣陶将其童话创作放入课本，如初小第七册第14课《梧桐子》就是他的早期童话《梧桐子》，该文采用重复性情节结构，描绘了一颗成熟的梧桐子怀抱对新奇生活的向往，在小姑娘、麻雀等帮助下离家后四处飘零最终在泥土里生根发芽的故事，体现出寻找和成长的意义。叶圣陶曾说：“儿童于幼小时候就陶醉想象的世界，一事一物都认为有内在的生命，和自己有密切的关联的。这就是一种宇宙观，于他们的将来大有益处。”① 在编写课文时，他充分尊重儿童“万物有灵”的思维特点，张扬童年的幻想精神，将动植物甚至无生命的物体都赋予生命与情感。据统计，仅《开明国语课本（初小）》就有《大家都有事要做》（初小第二册）、《麻雀找朋友》（初小第三册）、《一粒种子》《想看大海》（初小第四册）、《牵牛花看太阳》《小鲫鱼和网》（初小第五册）、《百灵搬家》《完全不一样》（初小第六册）等三十多篇童话，涵盖了抒情童话、哲理童话、科学童话等不同风格，充分展现了叶圣陶这位童话大家的创作功力。其中《一粒种子》（初小第四册）尤为出色：“一粒种子睡在泥里忽然醒了。他觉得四周很暖和，就把身子挺一挺。他有点渴，喝了一口水，觉得很舒畅，就把身子挺一挺。春风轻轻地吹。……”这篇童话构思巧妙、主题积极，语言清新而充满诗意，后改名《光明的世界》，收入《叶圣陶儿童文学全集》。

叶圣陶还创作出以儿童为对象的寓言故事，以完整的故事情节与生动的人物形象巧妙地传递出教育主题。如《不死药》中的卫士冒死将不死药喝掉，让国王明白生老病死是自然规律，世界上不存在长生不老的药；《桥上的两只羊》（初小第三册）通过白羊、黑羊经过一座狭窄的桥而互不相让最后都掉到河里的故事，告诉儿童谦让是一种美德，一味逞强争斗只会造成两败俱伤。

据统计，《开明国语课本》（初小）包括儿童故事90篇、童话62篇、儿童诗歌57篇、寓言12篇、儿童散文11篇、儿童戏剧9篇、儿童小说2篇。叶圣陶还根据不同年龄儿童的阅读趣味去选择不同的文体，他在低年级较多选择儿歌和儿童故事，尽量做到文字浅显。他还有意识地将篇幅较长的童话和寓言故事拆分为连续性系列课文，如初小课本第二册第23—26课《“我要做蜜”》《“我要开路”》《“我要作丝”》《“叫我做什么事呢”》由叶圣陶创作的童话《大家都有事要做》分解而成；第70—73课《麻雀问老叔》《麻雀问北风》等

① 叶圣陶：《文艺谈・八》，王泉根编：《民国儿童文学文论辑评》，希望出版社2015年版，第50页。

合起来就是童话《麻雀找朋友》;《听狮子叫》和《胆量和力量》是同一则寓言拆分的上下部分，通过森林动物联合起来对付狮子的故事向儿童传递自信和团结的力量。总之，叶圣陶灵活组织和运用各种儿童文学文体极大地激发起儿童的阅读兴趣，也充分展示出这位优秀的儿童文学作家对几乎所有儿童文学文体的深入探索和自在驾驭。

三、儿童文学的“浅语艺术”

语文教学的重要任务之一是让儿童获得认识和运用语言文字的能力，《开明国语课本》不仅在内容从儿童的兴趣出发，而且完全采用便于儿童学习的现代白话文。在我国，白话文的出现可分两个阶段：第一阶段是梁启超、黄遵宪等维新人士把白话文当成开启民智的工具，创办白话报纸，提出要“我手写我口”。第二阶段是五四时期，以陈独秀和胡适为代表的新文学运动斗士们把白话文视为宣扬民主科学、改造国民灵魂的工具，大胆冲破传统束缚，追求通俗浅显、流畅自然的白话。小学语文教材的编写是白话文普及的最佳途径，在白话文逐渐成为主流的背景下，叶圣陶在编写《开明国语课本》时明确表示采用“词、句、语调力求与儿童切近，同时又和标准语相吻合，适于儿童诵读或吟咏”①，由此形成简洁生动、质朴明快的语言特点。

研究发现，儿童喜欢接受的语言大多具有口语化和生活化的特征，句式简单，少长句多短句；少用抽象词多动词。与当时商务印书馆、世界出版社等所编写的语文教材不同，叶圣陶较多采用近乎白描的日常语言，既不堆砌华丽的形容词，也不使用繁复的修饰语，呈现出亲切的“口语风”。如《可爱的泥人》(初小第二册）就是两个孩子捏泥人时的对话：“我姓张，你姓黄。可爱的泥人姓什么?”《客人和主人》如实再现主客礼貌的互答，让儿童懂得招待客人的礼节：客人在门外，主人在门里。两个人笑脸对着笑脸。“你好。”“好。请到里边坐。你好。”“我也好。”主人捧着一只茶盘，盘里有两杯茶，又有几种果子。他说：“请用一杯茶，请用一点果子。”这样的日常生活场景和“对话体”在初小课文中还有很多。叶圣陶还恰当地使用象声词、叠音词来增强语言的感染力和趣味性，如《起来》:“鸡叫了。天亮了。起来，起来，快快起来。我开窗。我看见红红的太阳。”《池塘》(初小第六册):“小小的池塘，变做了平平的明镜。不起鱼鳞样的水波，只见整块儿的水晶——昨夜北

① 中央教育科学研究所编:《叶圣陶语文教育论集》，教育科学出版社 1980 年版，第 166 页。

风急，池面结了冰。……”就识字教学来说，这种复沓式的歌谣通过字、词、句的重复使用，实现生字的重复组织，便于儿童记忆。叶圣陶对叠音词的使用既符合低龄儿童语言的发展和接受特点，又照顾到儿童阅读的趣味。

从认知规律看，儿童的语言学习需要经历一个从口语到书面语、从韵文到散文、从叙事到写景、抒情的过程。随着年级的提升，叶圣陶在课文中开始加入细腻优美的描写和抒情，但同样明白晓畅、生动活泼，既无欧化长句，也无文言夹杂。如高小第一册中的课文《插秧》：“秧田的稻秧绿得可爱。那不是草叶同树叶一般的绿色，那是鲜明的，娇嫩的，谁看见了都欢喜的。从远望去，几块长方形的秧田犹如美丽的绿绒毯。”《公园里》：“几十棵石榴树开花了。朱红色的花由绿叶陪衬着，分外见得鲜艳。那边并排的几大丛夹竹桃也盛开，有深红的，有浅红的，上下都满，竟是一个花屏风了。池塘里浮着几朵象牙色的睡莲，中心各露出橙黄色的花蕊，颜色和样子都可爱。”这些细腻优美的景物描写都是在质朴晓畅的口语化表达中融入鲜明的形象和诗意，完全可与童话集《稻草人》中的语言相媲美。

叶圣陶较多采用日常用语的同时为其注入文学的形象和情感，并采用拟人、比喻、反复、夸张等多种修辞手法。据统计，“整套《开明国语课本》运用拟人手法的课文共有 121 篇，占全部课文的 25.5%”①。在科学思潮的影响下，叶圣陶注重向儿童介绍望远镜和显微镜、留声机、氢气球、月食等自然科学知识，激发其科学兴趣。他较多通过拟人的手法将枯燥乏味的知识变得生动形象，充满趣味。如《糖说的话》《盐说的话》(初小第三册）运用糖和盐的“第一人称”自我介绍来历和特点，激发儿童的想象能力；《完全不一样》通过蚕到蚂蚁窝里参观的见闻介绍蚕和蚂蚁不同的生活习性；《毛虫和白菜》以毛虫与白菜的对话揭示植物在自然界的重要作用……

马克·吐温说：“使用平常简单的语言、简短精练的句子，这是现代的方式，也是最好的方式。”儿童文学作家林良指出，儿童文学是“浅语的艺术”。叶圣陶在编写课本中所使用的正是这种清浅活泼、平实晓畅而又充满诗意与美感的语言，呈现出一派不加雕琢、质朴自然的童年趣味。这种“在语言上的苦心经营最终塑造了其纯朴、典雅、诗意的气质，让语言本身能够更好地承载《开明国语课本》所要传达的价值观念”②，从而实现了语文教育的工具性与人文性的完美结合。

---

① 史茜伦：《民国课本中的儿童观——以开明国语课本为例》，《南京晓庄学院学报》2019 年第 1 期，第 46—50 页。

② 高歌：《开明国语课本语言特点及语言价值观分析》，《现代语文》2013 年第 3 期，第 150—154 页。

四、积极拓宽儿童文学的发展路径

据统计，《开明国语课本》中对中外经典的改写和重述多达两百多篇，这些改编主要出于教材编排和语言教学的需求，但叶圣陶对待改编极为严谨。叶至善回忆道："原来的文章大抵在哪儿，母亲就得把它找出来。每课课文的长短，出现的生字和新词有多少个，以及它们重复出现的次数，母亲都得列表统计。课本得服从语言教学的要求和进度，记录统计确实挺烦琐，却是编写课本不可或缺的依据。"①

从《叶圣陶儿童文学全集》中"夜工"一组文章中不难看出，《开明国语课本》中的改编作品或者说再创作作品主要来自两个方面：

一是对民间故事、寓言和历史人物故事的改编或改写，如《这个话不错》《比老虎更凶猛的东西》《愚公》《木兰》《河神的新娘》《景阳冈》《火烧赤壁》《荆轲》《晏子》《蔺相如》等。与其他教材编写者不同的是，他除了选用《三国演义》《水浒传》等故事之外，还选择了《镜花缘》中唐敖在君子国的奇遇一节，采用戏剧的形式展示买卖双方竞相提价的"颠倒"行为，令人发笑。再如《这个话不错》（初小第五册）以荒诞的故事及其"都掉到河里"的结局完美体现出儿童文学的游戏精神："……两个人抬着驴子走。驴子被他们倒挂着，难过极了，拼命挣脱。正走到桥上，驴子挣得越厉害，两个人挡不住，就一同跌到河里去了……"

在改写时，叶圣陶有意识地采用了增、删、改的不同策略，采用白话文对传统资源进行现代改造，使之更具有文学色彩，也更接近儿童的审美情趣。叶圣陶的改写有两种方式，一种是文字改写，一种是文体改写。文字改写是在现成材料的基础上重新组织文字使之适合儿童阅读，如叶圣陶有意删减了《愚公移山》结尾的迷信色彩，换之以积极的结尾："'……我们只要一代一代不停手，总有一天会把它搬完的，那时候，要出进就可一直走，再不必绕圈儿，走冤枉路，你看我们打算怎样？'愚公说罢，见智翁不再开口，忙回转身，举起铁铲，继续他的工作。"而对于文体改写叶圣陶更为得心应手，他将《武松打虎》的故事改写为诗歌体的《景阳冈》，并采用一韵到底的方式，既有长篇叙事诗的特点，又有传统评书的韵味。再如他将寓言《守株待兔》改写为一首儿童诗，不仅高度精练地讲述故事，而且通过三句话表达出农夫的惊喜、得意和懊悔之情。而《处处留心》《木兰》《河伯娶新娘》等课文都是以

① 叶至善：《父亲长长的一生》，江苏教育出版社2004年版，第149页。

现代戏剧的形式重新演绎这些民间传说故事，对话台词都极为口语化，人物的表情和动作也易于儿童领会和表演。

二是对外国儿童小说和人物传记的再创作。针对五、六年级的学生，他将儿童长篇小说《鲁滨逊漂流记》改写为《荒岛上的鲁滨逊》，将外国短篇小说《小抄写员》改写为课本剧《夜工》，并对贝多芬、米勒、达尔文等近代外国名人都有篇目进行介绍。叶圣陶针对中高年级儿童喜欢听连续故事和刨根问底的心理，将一些外国童话改写为连续性故事，如第四册的第 12—14 课《我的身体被缚住了》《我饿了》《人山》和第 23—25 课《一个大人》《把我拾起来》《我望下面就是家乡》都改编自《格列佛游记》中“小人国”与“大人国”的奇遇，突出了故事性，同时保留了原著浓郁的幻想色彩。

从中国现代儿童文学发展历程来看，改编、翻译、原创三者构成了“五四”儿童文学发生的三条美学路径。1923 年，魏寿镛、周侯予就在《儿童文学研究》一书中将收集、翻译、创作列为儿童文学三大来源，建议从民间口传、古代书籍和当时的书籍报纸杂志等出版物中收集儿童文学材料，用“客观的标准”加以摘取或修改。从这一角度考量，《开明国语课本》中对这些中国传说故事的改编和对外国儿童文学的改写等篇目都是“探求儿童文学改编策略、标准、特点等问题的不可多得的艺术样本”①。尤其是 20 世纪 30 年代初期整个文坛显得异常沉寂，儿童文学创作更加薄弱和“落寞”，叶圣陶通过进行跨文化、跨文体的改编，拓宽了现代儿童文学的发展路径，切实推动了现代儿童文学的多元化发展。

五、注重以审美的力量陶冶儿童心灵

与选编课本不同的是，创作课文要求编撰者具有多方面的准备和才华，首先必须有极高的文学素养和语言才能，其次要懂得教学法和儿童教育学、心理学方面的知识，能近距离地体验儿童内心情感，此外还要有各种学科的基本知识。叶圣陶无疑最符合这一标准，他作为语文教师、儿童文学作家和编辑的多重身份，使《开明国语课本》彰显出一种与众不同的儿童趣味和文学品质。我国一直重视儿童文学的教育性，但儿童文学的教育功能并不是训诫和说教，而是通过美好的语言、饱满的情感、富有意蕴的主题来滋养儿童心灵、提升儿童审美。《开明国语课本》注重对儿童道德的陶冶和真善美的熏

① 胡丽娜：《民国国语课本与儿童文学研究——以开明国语课本为例》，《当代文坛》2010 年第 3 期，第 146—150 页。

陶，培养儿童健康的审美情趣，这也正是儿童文学审美功能的价值所在。

从社会层面考量，教科书是学习语文的工具，也是文化、道德和思想的载体，深刻地影响儿童人生观、价值观的确立。有学者批评民国小学语文教材在实用主义思想的指导下“跳出了经学为中心的框框……对于启发学生联想、滋养学生心灵、培育学生美感、涵养学生德行等有关人格修养方面的内容重视不足”①。而在叶圣陶看来，“做一个够格的人，必须懂得许多事物，明白许多道理，实践许多好行为；可是事物不能全部直接接触，道理不能一时马上渗透，好行为不能立即正确实践，因而只能写在课本里，以便间接接触，从容揣摩，积久成习。”② 因此他在编写课文时不仅切实培养儿童的阅读和写作能力，还注重陶冶他们的心灵，很多课文中都通过情境创设引导儿童建立良好的生活习惯、谦逊友善的良好品格，如《先生早》《欢迎新朋友》《妈妈缝衣服》《雪人》《可爱的同学》《大家动手》《两句话》等都有意识地引导儿童与父母、师生和手足的友爱感情与和谐关系，具有启发性和针对性。

学者通常把民国小学语文教科书的发展归纳为草创期（1912—1921）、探索期（1922—1928）和规范期（1929—1949）三个阶段，国语教材编写的成熟标志之一就是确立以儿童文学为中心，强调启发儿童的思维，丰富儿童的想象力，培养他们的审美情趣，最终培养和提升他们的阅读和表达的思想。从《开明国语课本》的历史语境来看，它是这一时期语文教材编写的必然产物。正如叶圣陶所言，“感情的熏染，其活力雄于智慧的辩解。所以谆谆诏告不如使其自化。儿童所酷嗜的文艺品中苟含有更进步的思想，更妙美的情绪，他们于不知不觉之间受其熏染”③。他注重启发儿童的道德自觉，通过文学的审美力量陶冶儿童忠厚诚朴、温柔敦厚的品性。如《小鸟的回家》(初小第六册）形象地写出一个孩子捕捉和放生小鸟的经历，启发儿童爱护生灵、与自然和谐相处。《月夜》(初小第六册）一文中，兄弟二人在月夜散步看到了荷塘夜色的静谧安宁，从中感受到大自然的美好，于是“我和哥哥牵着手回来，也是一声不响”。这种真善美的熏陶、滋养无疑会“让儿童的心性品格潜移默化、日趋于善”④。叶圣陶在《编辑要旨》中还指出：“本书图画与文字有机

① 范远波：《民国小学语文教材研究》，华东师范大学博士论文 2007 年，第 180 页。

② 叶至善、叶至美、叶至诚编：《叶圣陶集》(第 11 卷)，江苏教育出版社 2004 年版，第 352 页。

③ 叶圣陶：《论创作》，上海文艺出版社 1982 年版，第 14—15 页。

④ 叶至善、叶至美、叶至诚编：《叶圣陶集》(第 16 卷)，江苏教育出版社 2004 年版，第 11 页。

的配合；图画不单是文字的说明，且可拓展儿童的想象，涵养儿童的美感。”① 他特意邀请好友丰子恺为课本配上手绘插图。这些简笔勾勒的图画或诙谐可笑，或幽远宁静，或清新闲适，与毛笔手写体的文字搭配，显得质朴淡雅、气韵生动。这种图文并茂的呈现形式让儿童觉得亲切自然，在潜移默化中提升艺术素养，获得审美愉悦。

总之，叶圣陶作为教师、作家和编辑的多重身份，使得《开明国语课本》具有语文教科书和个人创作的双重属性和价值。鲜明的韵律、清浅的语言、明亮的情感、丰富的想象、纯真的童趣和蕴含其中的审美意蕴，可以说整套课本的四百多篇文章无不闪耀着儿童文学特有的艺术魅力。因此我们应将其视为叶圣陶儿童文学的重要组成部分，充分肯定“《开明国语课本》就是叶圣陶的另一部儿童文学作品集”②。而从另一方面来看，叶圣陶在童话集《稻草人》中就开始呈现童话风格的转变，即从创作初期表现儿童天真纯洁的唯美风格，逐步转向直面人生、针砭时弊的现实风格。进入 20 世纪 30 年代，阶级斗争和民族救亡成为核心话语，儿童文学自觉地参与书写民族独立与国家想象的建构而逐渐远离儿童的生活、想象和情感，呈现出鲜明的革命色彩和政治倾向。在这样的时代语境中，叶圣陶重新开始创作《古代英雄的石像》《皇帝的新衣》等童话时想象性和趣味性大为减少，社会性和教育性极大增强，表现手法也过于简单直白。相形之下，叶圣陶在《开明国语课本》中的创作依然保持了“五四”以来的童心书写和童真童趣，因而远离了暴露阶级矛盾的主流儿童文学。或者可以说，书写《开明国语课本》中的一篇篇优美作品是叶圣陶逃避时代激荡的精神栖居，也凝结了他对儿童发自内心的真诚和热爱。

① 叶至善、叶至美、叶至诚编：《叶圣陶集》(第 16 卷)，江苏教育出版社 2004 年版，第 11 页。

② 杨飞、杨恬恬：《教育理念对教材编写的主导作用——以叶圣陶对开明国语课本的编撰为例》，《教育文化论坛》，2018 年第 3 期，第 24—28 页。

编辑出版思想研究

叶圣陶研究年刊

文章病院：近代写作教育史上的文病诊治思潮

■ 侯　倩　李成晴

在中国近代写作教育史上，“文章病院”理念被应用于国文写作的教学与研究中。罗常培执教西南联合大学（以下简称西南联大）师范学院，在写作教学方面，他曾“发愤做两件事”：

> 第一，在教授领导指示之下分头笺注拟选的教材，作为集团预备功课；第二，统计历年大学新生入学国文试卷和中学国文课卷里的错误，依照夏丏尊《文章病院》、朱自清《文病类例》的办法加以整理，作为将来对症下药的方案。这两件事在西南联大师范学院，已由彭仲铎、张清常、余冠英、李广田诸君督促进行了。①

出于对国文教育的重视，西南联大师范学院国文系于1940年创办《国文月刊》，并在《发刊辞》中述及办刊的宗旨和主要内容。《发刊辞》在作版面栏目说明时又一次指出对“文章病院”理念的借鉴：“四是写作谬误示例，专指摘学生作文内的误字谬句，略同以前别的杂志上有过的文章病院一栏。”②此后，朱自清在《国文月刊》上连载《文病类例》，以文病诊治的模式，对当时大学一年级学生的文病进行了条分缕析，并认为当时的文艺青年对文章“犯了一个共同的错儿——就是那‘不好不要紧’的态度”③。无独有偶，在同一时期，郭绍虞主持沦陷区的燕京大学国文系，也“找了几个已经毕业的学生办了一个文章病院，从学生的创作里找出语法中容易搞错的词语加以整

---

① 罗常培：《师范学院国文学系所应注意的几件事》，罗常培著，王均主编：《罗常培文集》(第5卷)，山东教育出版社2008年版，第22页。

②《发刊辞》，《国文月刊》1940年第1期，第1页。

③ 佩弦：《文病类例（词汇)》，朱自清：《语文杂话》，生活·读书·新知三联书店2014年版，第186页。

理归纳”①。西南联大与燕京大学，一者“漂泊西南天地间”②，一者“支离东北风尘际”③，两校的国文系却不约而同地将“文章病院”的理念应用到国文写作教学与研究的实践之中，其背后似乎有共同的写作教育思潮在起作用。那么，什么是文章病院？这一理念又有怎样的观念史（history of ideas）背景？当下的大学写作教育从中又可以借鉴什么？

一、“文章病院”范式的确立

（一）叶圣陶的“文章病院”专栏

1932 年 2 月，开明书店出版的《中学生》杂志于第 22 期开辟了“文章病院”专栏，由叶圣陶负责，夏丏尊、章锡琛也参与其事。第一辑的三篇“病号”，并非大、中院校青年学生的作品，而是当时传阅颇广的名篇，分别是《辞源续编说例》《中国国民党第四届第一次中央执行委员会全体会议宣言》《江苏省立中等学校劝告全省中等学校学生复课书》。在随后几辑中，“文章病院”又收治了史量才《今后〈申报〉努力的工作——纪念本报六十周年》以及《东方杂志》的《禁运军火》。可见，在肇创初期，“文章病院”专栏都是专拣硬的碰④，并且碰得有理有据：“把不通的文章加以诊察，指出其不通之处，说明不通的原因在哪里，要怎样写才是通了。”⑤

由于开明书店在当时的出版界有一定的影响力，这一“文章病院”专栏在设立之初便引起各界的关注。据叶圣陶回忆：“商务印书馆事前听到要把《辞源续编说例》列入文章病院的消息，曾托人出面说情，希望不要把《辞源续编说例》列入文章病院，开明书店偏不答应。”⑥ 实际上，据叶兆言在《开明的文章病院》一文中所道出的内情来看，叶圣陶、夏丏尊和章锡琛之所以创办“文章病院”专栏，其出发点便是要拿当时出版界的龙头老大商务印书馆开刀。章锡琛说：

---

① 张玮瑛，王百强：《燕京大学史稿》，人民中国出版社 1999 年版，第 74 页。

② 杜甫：《咏怀古迹》，杜甫著，仇兆鳌注：《杜诗详注》(第 17 卷)，中华书局 1979 年版，第 1499 页。

③ 杜甫：《咏怀古迹》，杜甫著，仇兆鳌注：《杜诗详注》(第 17 卷)，中华书局 1979 年版，第 1499 页。

④ 姜德明：《燕城杂记》，复旦大学出版社 2012 年版，第 38 页。

⑤《请设“文章病院”》，《国文杂志》1943 年第 3 期，第 21 页。

⑥ 商金林：《叶圣陶年谱长编》(第 1 卷)，人民教育出版社 2004 年版，第 1932 页。

> 商务再牛，再厉害，它出的书有问题，就可以狠狠攻击，就可以拿出来说事。……章锡琛的眼睛总盯着商务，对这个“说例”耿耿于怀，说天下竟然会有如此不通的文章，必须送医院去看看。①

这里面寓含了挑战权威、确立开明书店自身品牌与信誉的预期。当然，这一预期效果确实是完满实现了，“文章病院”专栏为开明书店赢得了更为广泛的关注，叶圣陶、夏丏尊等人更是因为此一事件提升了知名度，并在当时的读书人，尤其是青年的心目中留下了深刻的印记。例如，郑振铎在悼念夏丏尊的文章中赞许专栏“批评着时人的文章，有发必中”②；建筑家吴良镛也提到，早年“读过叶圣陶先生的文章病院，印象很深刻：写文章怎样写就不好，怎样才好，为什么？对比鲜明，能够引人深思”③。

实际上，“文章病院”的文病诊治理念，早在20世纪20年代时便已经形成。当时，丰子恺卖掉自己白马湖畔的住房，创办立达学园，延聘夏丏尊、唐弢等教授国文，并形成独特教法：

> 他们还会让学生把所办的习作园地扩大开来，在园地后面设立一所文章病院。好的习作送到园里去展示；有病的送进医院去治疗。④

这种教学激励很像清代私塾的贴堂，但文章病院的名目却无疑有很新的时代气息。立达学园和开明书店有共通的血缘，即它们都是立达学会的同道所创办。由此也可发现，开明书店的“文章病院”专栏，实际上是立达学园“文章病院”的延续。据朱光潜自述，他与丰子恺主办立达学园时，在校园刊物《一般》中也“特辟出文章病院，把有语病的文章请进这个‘病院’里加以诊断剖析”⑤。从中可以看出，这一理念在早期多是在立达学会的同道之间进行的教育教学尝试。

---

① 叶兆言：《现实生活》，文汇出版社2014年版，第69页。

② 郑振铎：《悼夏丏尊先生》，陆荣椿、王爱玉编：《郑振铎选集》(第2卷)，四川文艺出版社1990年版，第293页。

③ 吴良镛：《城市美的创造》(上)，《建筑师》编辑部编：《建筑师》(第27辑)，中国建筑工业出版社1987年第1期。

④ 巴淑：《当年的“立达学园”》，中国人民政治协商会议邵阳市委员会学习文史委员会编：《匡互生先生诞辰一百一十周年纪念集》，中国人民政治协商会议邵阳市委员会2001年版，第122页。

⑤ 朱光潜：《朱光潜讲美学》，凤凰出版社2011年版，第138页。

另外，在开明书店的“文章病院”专栏之前，茅盾在上海编刊时也设计了一种颇为理想的杂志体例：“每期还登来稿——青年习作一篇，也要有详细的批注修改，从思想到技巧，也要分章分段逐句逐字加以批改，而且把原作和改作同时登载”①。当时，瞿秋白也参加纲目的拟定工作，但是，他并不抱乐观态度，而是说“这是讨骂的生活”②。茅盾对文病的反思一以贯之，他曾在谈写作中的“自己检查自己”③ 时说，要把自己的弱点和容易犯的毛病“写起一个自己警戒的大纲来”④，这可以看作是对文病的防患未然。茅盾的刊物专栏设计，理念允称超前，并且与后来开明书店“文章病院”的设计有颇为一致的内在理路，可惜最后未能付诸实践。

“文章病院”专栏刊行后，在文化界引起很大反响，但是，由于种种非学术性的因素掣肘，专栏不得不于五年后停办。叶圣陶回忆说：

> 文章病院很受读者欢迎。自从停止了以后，常常接到读者来信，要我们继续刊载。更有许多投稿者在稿子后面附着一些话，说登不登倒没有关系，最希望我们能把稿子修改一下。⑤

尽管开明书店的“文章病院”停办，其影响却已无远弗届，并催生了一大批“文章病院”专栏的出现。在 20 世纪 30 年代和 40 年代，这些专栏声应气求，推波助澜，共同形成一股文病诊治的思潮。

(二)“文章病院”栏目的“族群”式涌现

从 1932 年创设到 1937 年停刊，叶圣陶主持的“文章病院”专栏已经在文化界、教育界形成深远的范式性影响。表现之一，是各类报刊的继起模仿。据不完全统计，20 世纪 30 年代和 40 年代，《新青年》《国文杂志》《国语通讯》《新东方杂志》《谷雨文艺月刊》《吾友》等报刊都开设了以“文章病院”为题的专栏，或者刊载过以此为题的探讨文章。当时也有读者给没有实

---

① 茅盾：《编余漫谈》，韦韬、陈小曼编：《茅盾杂文集》，生活·读书·新知三联书店 1996 年版，第 853 页。

② 茅盾：《编余漫谈》，韦韬、陈小曼编：《茅盾杂文集》，生活·读书·新知三联书店 1996 年版，第 853 页。

③ 茅盾：《茅盾论创作》，上海文艺出版社 1980 年版，第 481 页。

④ 茅盾：《茅盾论创作》，上海文艺出版社 1980 年版，第 481 页。

⑤ 刘怡伶：《读写示径：蒋祖怡与一九四〇年代的国文教育》，全球修辞学会，国际语言传播学会编：《第三届国际语言传播学前沿论坛会议手册及论文集》(2015 年)，第 121 页。

际行动的《光明》杂志写信，建议“设立文章病院一类的地盘”①。表现之二，是“文章病院”思潮催生了一批以文病修改为职志的专门著作。其中，最有代表性的一种即是著名语文学家蒋祖怡的专著《文章病院》。该书以积滞、软骨病、服饰病、兴奋病、肥胖病、瘦弱病、残废病、贫血病等喻，说明古今人在错字、成语、文法、虚字及修辞上常出现的弊病，兼含解析与对策②。表现之三，则是开明书店认识到文章病院范式的品牌价值，并顺承这一影响热度，陆续推出几种写作教育类书籍。1934 年，开明书店出版由夏丏尊、叶圣陶合著的《文心》。在这本书的第九章，二人特意设计了一篇有关文章病院的情景文。在当时，写作教育特别崇尚精细批改，不过实际上往往劳而少功，甚至劳而无功。在《文心》中，夏丏尊、叶圣陶二人研究出文章病院的新的运营模式，那便是把作文修改的权利交还给学生，让学生以自主、合作、探究的方式完成作文的修改并从中得到提升，进而归纳出文章写作常见的文病，如用语不适当、意义的缺略和累赘、意义不连贯、欠照应等等③。这个理念与叶圣陶在报刊连载的“文章病院”专栏互为补益。1935 年，开明书店又出版《写作的健康与疾病》一书，书中《文病的诊断》部分便择优选录叶圣陶、章锡琛文章病院专栏的病患之文和处方④。

“文章病院”理念广泛流布之后，照搬径用这四个字，似乎也会使人产生雷同疲乏之感，于是便有报人或作者改用类似的称谓。上海的《妇女生活》杂志于 1939 年开辟“文章诊所”专栏，首载原文，后载《诊断书》(也有的刊期作《断语》)，所诊篇目大都与女性权利有关，比如《铜梁的妇女》《姊妹们，勇敢地站起来吧》《一群“痛”的欢送声》等⑤。也有刊物将修改文病的专栏称作“文章医院”，《友光通讯》于 1947 年刊载的《文章医院：“多”和“都”的运用》便是一例。在这篇文章中，作者自署“王医生”，借鉴《文心》体裁，用小说的笔法记述了主人公娟珍在星期日抽出时间带着文章前往“文章医院”的故事。这次的诊病，王医生重点解析了“多”和“都”区分使用的要点⑥。更有作者推阐发扬，在文病诊治的基础上提出或实践新的设想。比如，在海天书店版《文章病院》的末尾，载有校订者侯寄远的一则跋

① 洪深，沈起予：《光明合订本》(第 2 卷)，上海文艺出版社 1936 年版，第 1143 页。

② 刘怡伶：《读写示径：蒋祖怡与一九四〇年代的国文教育》，全球修辞学会、国际语言传播学会编：《第三届国际语言传播学前沿论坛会议手册及论文集》(2015 年)。

③ 陈荣丽：《〈文心〉读写观简析》，福建师范大学文学院 2013 年版，第 27 页。

④ 佚名：《写作的健康与疾病》，开明书店 1935 年版，第 151 页。

⑤ 子冈：《文章诊所：一群“痛”的欢送声》，《妇女生活》1939 年第 2 期，第 20 页。

⑥ 王医生：《文章医院：“多”和“都”的运用》，《友光通讯》1947 年第 5 期，第 17 页。

文，他认为仅仅对文病进行诊治还不够，应该对正常但不出众的文章予以美容。因此，侯氏在跋文中对“文章美容院”进行了畅想：

> 我希望再来办一所文章美容馆，使读者得更进一步，研究求美的方法：眼睛不美怎样使他美，鼻子不正怎样使他正，总之是要使去了病象的人，又增加了美的条件。我想人类都是有爱美的心理的，为一切艺术产生的泉源，要浚发这泉源，当从人人必须要写作的文章来开始。①

（三）文病诊治方法的总结

开明书店的“文章病院”专栏，究竟开启了怎样的文病诊治方法与流程呢？在叶圣陶等学者“文章病院”做法的启迪下，经过各家报刊、图书的共同努力，逐渐形成相对明晰的“文章病院”架构模式。“文章病院”模式大致依循例文、病情诊断、病院处方等文本板块，也会有专门诊疗“句子病态”的文章②。在这里面，以叶圣陶等“文章病院”专栏和蒋祖怡《文章病院》专著最具有范式的代表意义。首先来看叶圣陶主笔的《文章病院·规约》前四条：

> 一、本院以维护并促进文章界的公众卫生为宗旨。
>
> 二、根据上项宗旨，本院从出现于社会间之病患者中择尤收容，加以诊治。
>
> 三、本院只诊治病患者本身——文章，对于产生文章的作者绝不作任何评价，毫无人身攻击等卑劣意味。
>
> 四、本院对于病患者详细诊治后，即将诊治方案公布，使公众知道如此如彼是病，即不如此不如彼是健康、是正常。③

叶圣陶一再申说“文章病院”只是诊治文章的病状，纯属写作技术层面，可能也是考虑到这类诊治“揭短”，容易引起被诊治文章作者的愤懑与反诘。从“文章病院”专栏的实际做法也可以看出，叶圣陶主张应仅限于指出文章

---

① 蒋祖怡：《文章病院》，海天书店 1940 年版，第 230 页。

② 佚名：《写作研究：句子的病态》，《干》1944 年第 4 期，第 54 页。

③ 刘怡伶：《读写示径：蒋祖怡与一九四〇年代的国文教育》，全球修辞学会、国际语言传播学会编：《第三届国际语言传播学前沿论坛会议手册及论文集》(2015 年)，第 121 页。

的病痛所在，而不宜越俎代庖，直接上手改文。他说：

拿来修改的文章是从投稿中随意取出的。修改以尽可能不改动作者原意为标准。打个譬喻说，作者原文是一件粗制的器物，我们把它琢磨，把它雕削或修补，使它成为比较精美完善的器物。我们不把原来的器物毁坏了，自己来另造一件。①

在同名专著《文章病院》中，蒋祖怡也表达了类似的观点：

改作文的将原文一概删去，加上自己底话，这并不是真正的治疗法，犹如将病人弄死，再抬进一个没病的人来替代一样。对于作文的人，根本没有一些益处。所以医治文章，并不比医治人们的疾病更容易，第一，得尽量保持原作者的本意；第二，修改的地方，应该不怕仔细地举出理由来。②

叶圣陶、蒋祖怡的论说，基本上总结出“文章病院”文病诊治的方法和界限，即关注技术层面的文法与修辞；写出详明的修改建议与理由，亦即开出点评“处方”，但不大面积涂改。即便有的文病诊治“大夫”更加关注思想条理层面，但是，在开“药方”时也颇有节制，力求落地到可实际操作的技术领域。比如，章东岩的《文病臆论》把矛头对准作者的条理不清，认为其病在思想庞杂，而对治之法则是训练文字组织方法③；汪馥泉则专撰《文病治疗集》系列，认为治疗文病的望闻问切便是“推敲”“咬文嚼字”④。提出修改建议与理由的“开处方”原则，在开办“文章病院”的主事群体中广受认可，甚至有的“文章病院”主事者会写篇幅很长的点评，称之为“文病医案”。20 世纪 40 年代，《新青年》也刊发过浙江战时作者协会写读指导会的“文章病院”修改记录，例如，1940 年第 4 卷第 1 期先载裘锄非《从改善县

① 刘怡伶：《读写示径：蒋祖怡与一九四〇年代的国文教育》，全球修辞学会、国际语言传播学会编：《第三届国际语言传播学前沿论坛会议手册及论文集》(2015 年)，第 121 页。

② 蒋祖怡：《文章病院》，海天书店 1940 年版，第 126 页。

③ 章东岩：《文病臆论》，《明德旬刊》1936 年第 3 期，第 9 页。

④ 汪馥泉：《咬文嚼字：文病治疗集》，《青年界》1937 年第 4 期，第 47 页。

治中去求抗战最后之胜利》一文的原貌，文后附季思（即王季思）的点评①，篇幅几乎与裘文相当。

在叶氏、蒋氏的范式之外，实际上还是会有全文通改的“病院”或“诊所”的存在。1947 年前后，《国语通讯》开辟“时文病院”专栏②，对于报刊上的一些新刊文章，进行“诊断+康复”式改定，小到标点符号、用词不当，大到思想混乱、不合逻辑，都在讨论范围之内。“时文病院”的基本体例是先引原文，然后分析，继而给出修改后的例文或例句。再进一步，林林总总的“文章病院”有时不仅仅局限于修改文章，而是会介绍写作经验，解答初学写作者的疑难问题，开展小型文艺批评。各家的探索，无论是创获还是守成，都合力推动了中国近代写作教育史上的文病诊治思潮。

（四）“病式”体系的生成

与医学有时方实践派、经方理论派相类似，“文章病院”类栏目、文章、图书的“族群”式涌现，也分为两派：一派如上节所考论，从实操入手，积累了一定的文病病例与诊治方法；另一派则从学理入手，进行文病体式的理论总结。综观叶圣陶、蒋祖怡、林语堂、金公亮等多家的文章，可以发现，他们实际萃取出两种“病式”体系：一种是归纳四字短语以分类，另一种则是借用疾病名目以分类。

通过四字短语对文病“病式”进行分类，是中国文言写作传统里固有的文本模式。清代学者章学诚曾作《古文十弊》，批评文章末流的浮滥；民国时期，林语堂、金公亮、陈梦家等起而效仿之，辨析文病，作《今文八弊》《文病十式》《论时文四弊》。四篇文章的共同特点便是标举四字短语，以求删繁就简，提纲挈领。金公亮曾自述，他曾与北京大学的罗庸教授作一长谈，二人达成的共识便是“现在学生的文章有几种共通毛病，可以归纳成几个公式”③。金公亮在《教与学》杂志专撰一文曰《文病十式》，对文病进行系统总结；此文后经修改，又发表在《晨光周刊》，随即引发教育人士的模仿。兹就检阅所及，列表呈现各家以四字短语为主体的“病式”体系（见表 1）。

---

① 裘锄非，季思：《文章病院：从改善县治中去求抗战最后之胜利》，《新青年》1940 年第 1 期，第 17 页。

② 禾辛：《时文病院：“驳斥论中医问题”中的“病”》，《国语通讯》1947 年第 1 期，第 14 页。

③ 金公亮：《文病十式》，《教与学》1936 年第 8 期，第 179 页。

表 1　近代报刊四字短语类病式表

作者、文题	书刊名	文病病式
塞翁《梦痕尘影 · 四 · 文病》	《立言画刊》	捉刀自美，借剑杀人，争墩恶习，一塌糊涂，拍马称豪，吹牛广告，痴人说梦，馋匄滴涎，瞪眼造魔，屈心挨骂
金公亮《文病十式》	《教与学》	昆仑发源，风筝断线，游龙戏凤，海水立波，丑角打诨，呕隔夜饭，半夜升堂，街妇骂邻，眼花缭乱
陈梦家《论时文四弊》	《现实文摘》	维持现状，空谈主义，欺蒙宣传，空洞无物
章东岩《文病臆论》	《明德旬刊》	条理不清（平列、层进、分枝、波折、登峰）
何平林《中国现阶段文学诸病态》	《飞鸿》	晦涩，迎合时尚，奴颜婢膝
谷风田《青年男女在写作上的两种疵病》	《青年界》	拉杂，晦涩，思想平凡，理论空洞，结构松懈，布局散漫，无气势，强加分段
夏丏尊、叶圣陶《文章病院》	《文心》	用词不当，用语不当，意义缺略，意义累赘，意义不连贯、欠照应

可见，对于文病的公式性归纳，近代学者、教育家大都概括成四字短语（偶有二、三、五字），或者直接借用现成的成语。这样归纳的优点是整齐直观。有的四字成语类“病式”形象鲜明，且具有一定的抽象性和概括性，易使人读后留有印象。诸家之文，基本上沿用了“病式+阐发”的撰写模式，比如，金公亮批评有“昆仑发源”文病的文章，“其写法大多从头说起”“不肯握住题目，单刀直入”①；有“风筝断线”文病的文章，则“必先说甲，由甲而乙，由乙而丙……譬如放风筝，其线一断，便扶摇直上，不知所往”②。陈梦家则批评当时文坛有一种文章的“空洞无物”，其根源是由于作者觉得说话太真会惹祸，闭口不说又太示弱，于是便说得不重不轻、若有若无，“如此文章，徒费笔墨”③。第二种借用疾病名目对文病“病式”进行分类，则饶有谐趣，也是对当时中西医融合的医学进展的融摄。上文提及的蒋祖怡专著《文

① 金公亮：《文病十式》，《教与学》1936 年第 8 期，第 179 页。
② 金公亮：《文病十式》，《教与学》1936 年第 8 期，第发 179 页。
③ 陈梦家：《论时文四弊》，《现实文摘》1948 年第 6 期，第 14 页。

章病院》，论列了文章的疾病与卫生（概论）、症结（用字）、积滞（用典）、软骨病（词性与文法）、服饰病（标点符号）、兴奋病（修辞）、肥胖病与瘦弱病（修辞）、残废病（结构）、贫血病（内容及辞藻）、总治疗（方案）等专题①，既点出病症的特点、原因，也仔细说明当如何诊治、调养。另外，蒖葵在《文章病院》一文中，谑而不虐地开列了“文章病院”各个科室的主治专长（见表2）。

表2 蒖葵《文章病院》科室表

科室	主　　治
脑系科	头脑糊涂，思想不清，观念错误，意见乖谬，开倒车，假古董，复古，过激，十八世纪式，廿二世纪型
肺病科	上气不接下气，一声一声地咳嗽，常常吐痰，过午发烧（烧得说糊涂话），瘦削，体重减轻，红晕
肠胃科	消化不良，胃弱，噎嗝反胃，放屁
性病科	由于性欲苦闷而发生的精神上的种种病态
皮肤科	皮肤粗糙（词不达意，说理不清），烟容晦暗（措辞晦涩），湿毒疥癣（拖泥带水，纠缠不清），雀斑粉刺（滥用虚字，好学时髦），无名肿毒（中西合璧，文白夹杂），传染病（抄袭窃取，改头换面）
眼科	近视，远视，色盲（混淆是非，颠倒正伪），沙眼（不明朗化），盲从
精神病院	精神失常，语言颠倒，行动越规
产妇医院	生育过众（不问有无内容漫然下笔），难产（绞尽脑汁写不出），久不孕育（博古通今而自己却毫无创作），后天失调（内容充实而文辞拙劣），先天不足（文辞优美而内容空洞）

平心而论，借用疾病名目对文病进行分类的做法，“借助比拟、象征、借代等手法，将对象的复杂特征化为一种形象、具体、可感的描述、阐释或评价”②，颇收喜闻乐见之效。不过，这种突出特征化的做法，很容易堕入文字

① 蒋祖怡：《文章病院》，海天书店1940年版。

② 叶汝骏：《文病·文法·文类——中国古代文论中的“蜂腰”之喻》，《西华师范大学学报》(哲学社会科学版) 2020年第1期，第77页。

游戏的窠臼之中。仅仅为了应和“病院”的名义，便把主要精力放在“病式”名目的逻辑自洽上，反而忽略了这类文本在写作教育层面的实际操作之功能。就像淇葵《文章病院》一文那样，尽管把一个抽象“文章病院”的科室建设得颇为齐整，但是，可以预见，读者读后很难总结出实质有效的修改经验。正如方家兴在《“文章病院”云云》一文中所批评的那样，有的“文章病院”拉一篇文章来“数说了一阵之后，照例应该开刀上药，然而不，挥手使病人去”①。

二、“文章病院”思潮的历史、现实动因

“文章病院”的文病诊治思潮之所以在近代写作教育史上蔚然成风，其背后有深远的历史和现实动因。就一般情况而言，一篇文章完成后，从各个角度审视，总能发现或大或小的病症与疵瘵，并且病句、语病等词汇，早已成为日常习惯用语，于此亦可见以“病”喻文的深入人心。在《谷雨文艺月刊》上，一位笔名澍滨的作者曾援引柴霍甫（今译契诃夫）的名言“作品必须让他躺下来医治”，这成为他设立“文章病院”的理论基石②，更是为“文病论”找到了西方回声。那么，在近代流播颇广的“文章病院”理念，其背后潜在的动因都有哪些呢？

（一）古典“文病论”渊源

中国近代处在主流书面表达形式从文言向白话演变的阶段，“文章病院”思潮主要聚焦于白话文写作领域，而这一时段的白话文写作教育的理论积累颇为薄弱，故势必要从古典的文言写作理论中汲取营养。具体而言，《周易》所谓“近取诸身，远取诸物”③，是中国传统的形象化思维方式；以“病”论文，则是中国文艺理论与批评的固有传统，二者又恰恰足以成为白话文文病诊治的镜鉴。曹植的《与杨德祖书》曾说：“世人著述，不能无病。”④ 刘勰的《文心雕龙·指瑕》也说：“古来文才……虑动难圆，鲜无瑕病。”⑤ 而齐梁永明体有“四声八病”之说，《文镜秘府论》更有“病犯”之篇；延及后

---

① 方家兴：《“文章病院”云云》，《新东方杂志》1943年第3期，第76页。

② 澍滨：《设立自己的“文章病院”》，《谷雨文艺月刊》1947年第9期，第6页。

③ 佚名：《系辞下》，王弼著，楼宇烈校释：《周易注》，中华书局2011年版，第363页。

④ 陈寿著，裴松之注，中华书局编辑部点校：《三国志》（第19卷），中华书局1982年版，第559页。

⑤ 刘勰著，陆侃如、牟世金译注：《文心雕龙译注》，齐鲁书社2009年版，第522页。

世，便在诗文写作领域形成了系统的“文病论”①。在传统文章学领域里，尽管未见有“文章病院”的名义，但是，实际上多有诊文摘谬的作品，比较著名的如王若虚的《滹南文辨》、叶燮的《汪文摘谬》、方苞的《古文约选》、纪昀的《史通削繁》等，都是明示学人以作文去病之法。近代亦有林传甲的《易水文源》、郭绍虞的《作文摘谬实例》，更是明确划定类例，对文病有系统的梳理②。1941 年，郭绍虞编撰的《学文示例》在开明书店出版，其中摘谬部分即选取叶燮批评汪琬文章的《汪文摘谬》以及叶圣陶“文章病院”专栏的两篇病文③，颇具象征意义地呈现了“文章病院”模式与古典“文病论”内在理路的一致性。

（二）白话文写作教育的启蒙与救弊

中国近代以来的白话文写作教育，肩负着文化启蒙的重任。正如斯坦福大学（Stanford University）的班克斯（Adam Banks）所论，写作能力是“当今社会追求民主正义的核心能力”④；写作能力的习得，写作教养的熏陶⑤，可以消除教育过程中的隐性不平等，而这正是近代中国文化启蒙吁求的题中应有之义。

“文章病院”主要针对白话文而设，其背后也有一重因素，那便是提倡白话文以来，写作教育者对于无论是职业作家还是教师、学生国文水平低下的担忧。当时，有学者在撰文时，对知识界所展现出来的国文程度之不堪用了“江河日下”“文词肤浅”“论卑气弱”等词汇⑥，忧思痛切，溢于言表。中国近代的白话文升格运动，被赋予开启民智的启蒙功能。在清末仍旧以文言为文章写作主体的时代，白话文虽未形成威胁，但外来词汇已然导致文病。由于翻译作品的大量涌现，在某种程度上冲击了汉语的既有文法与词汇系统，造成名相纷乱，意指模糊。清末，张之洞有见于外来名词之涌入文章写作之中，直译而使人不解，欧化而不知所云，遂推动学部设立了名词馆。“此馆以能用中国古书之词译西书之严复主其事，拟将新名词悉以经籍中所固有者更

① 饶龙隼：《刘知几〈史通〉的文病范围论》，《文学与文化》2011 年第 2 期，第 20 页。

② 郭绍虞：《作文摘谬实例序—— 一个国文教学法中的新问题》，《国文月刊》1942 年第 13 期，第 33 页。

③ 郭绍虞：《学文示例》，上海书店出版社 1989 年版，第 42 页。

④ 田芬、王洪才：《斯坦福大学写作课的教育理念、课程设置及质量保障》，《现代大学教育》2021 年第 2 期，第 39 页。

⑤ 汲安庆：《调和发达　成“人”之美——试析夏丏尊的语文课程观》，《教育研究》2018 年第 2 期，第 112 页。

⑥ 杜道生：《文弊卮言：论中学国文程度之低落》，《志学》1945 年第 16 期，第 2 页。

定，为一种正名葆粹之工作。”① 进入民国时期，随着文言、白话消长易位，文言文写作教育的优良经验随着文言文自身被冷落而一同沉寂，但是，刚刚确立主导地位的白话文却还处在榛楛未剪的状态，不但文法、修辞体系有待建构，就连文章好坏的标准也有待形成共识。许多追求新文学写作的作者，在进行白话文写作时放任自流，不加检束，从而造成一代文人写作基本功的普遍降维。

诚如笔名塞翁的教育者在其开设于 1941 年的专栏——“梦痕尘影”中指出的那样，“文至近日，其病愈多”②。许多年轻的作家追求做诗人、小说家、戏剧家，但是，他们习惯了朦胧含糊的表达，“不会写一篇像样的说明文、议论文的，甚至有写封把信也会闹笑话的”③。因此，蒋伯潜很严肃地批评这种忽略基本功的文章风气属于好高骛远，并指出新文学所创作出来的文学作品“有许多是得送进文章病院去治疗的”④。何平林在《中国现阶段文学诸病态》中将当时的文学写作比作萎靡、贫血、歇底斯里的病态的“文学女神”：

> 她——文学的女神——纵有脂粉的涂抹，华丽的装饰，豪贵的供养，……可是，先天的不足，精力的缺欠，生活的杂乱无章，……使她成为一个东方的林黛玉式的病态的弱女子。⑤

据朱光潜回忆，他当时刚放弃文言文，学写语体文，在研读“文章病院”专栏时，他意识到“语体文也要字斟句酌，于是开始努力养成字斟句酌的习惯”⑥。且不论具体知识、技能的习得，单就这种字斟句酌诊治文病意识的提点与养成，已经是“文章病院”思潮对于白话文写作教育的一层很重要的贡献。

从效果来看，“文章病院”思潮在近代文人的文章学意识中发挥了正向作用，并进入文学批评的话语体系之中。苏雪林曾批评王统照、沈从文所发表的文学作品“烦冗拖沓”：“世上如真有文章病院的话，王统照的文字应该割

① 徐一士：《文病偶述》，《逸经》1936 年第 18 期，第 21 页。

② 塞翁：《梦痕尘影・四・文病》，《立言画刊》1941 年第 152 期，第 18 页。

③ 蒋伯潜：《习作与批改》，顾黄初，李杏保：《二十世纪前期中国语文教育论集》，四川教育出版社 1991 年版，第 833 页。

④ 蒋伯潜：《习作与批改》，顾黄初，李杏保：《二十世纪前期中国语文教育论集》，四川教育出版社 1991 年版，第 833 页。

⑤ 何平林：《中国现阶段文学诸病态》，《飞鸿》1934 年第 55 期，第 109 页。

⑥ 朱光潜：《朱光潜讲美学》，凤凰出版社 2011 年版，第 138 页。

去二三十斤的脂肪”[①]，以及“（沈从文）有似老妪谈家常，叨叨絮絮，说了半天，听者尚茫然不知其命意之所在”[②]。朱生豪在与宋清如通信时，抓出宋清如来信中的一句话“因为我不喜欢听消极的话，允许我以后不把颓丧的话说给我好不好”[③]，并说“这句句子应当进文章病院”[④]，颇能见出作为翻译家、新文学家的情侣之间的雅谑，更可见出在当时“文章病院”理念的深入人心。

在大学、中小学国文课的教学由文言文变更为语体文之后，近代白话文写作的粗率文风，也波及进入新式学校的年轻教师、年轻学子，致使学校的白话文写作教育难以达到过硬的质量。在1942年《国文杂志》的发刊词中，叶圣陶重提当时国文教育的一些缺陷，指出很多学生“写下一封通常书信来，须入文章病院”[⑤]。在师范院校任教的魏讷，也援用“文章病院”之名，归纳了师范生的文病，并且说“师范学生早晚就要作教师的”[⑥]，倘若教错了，自然贻害不浅。甚至是以白话文选篇为主体的新式国文教科书，其篇目的写作水平也难孚人意。有见乎此，时任北京大学教授的邓广铭于1947年在《大公报》发表《我对于国定本教科书的控诉》，尖锐地批评了当时的“部编”国文课本是“一些地道的党八股和抗战八股，似乎是文章病院中的好主顾”[⑦]。

正是出于对大学、中小学白话文写作教育种种弊病的焦虑，一部分专家学者便以报刊为阵地，采用“文章病院”的诊疗模式，对青年学子的写作进行干预式指导。1937年，《青年界》杂志曾组织教师和文化界人士撰写《青年作文指导特辑》，其中就青年学子的写作通病给出很多对症之药。谷风田身兼教师与日报副刊编辑的双重身份。他根据自身十余年的阅稿经验，得出结论：“青年学生的作品，什九都免不了这两种疵病——拉杂与晦涩。至若思想

---

① 苏雪林：《沈从文论》，沈晖编：《苏雪林文集》（第3卷），安徽文艺出版社1989年版，第304页。

② 苏雪林：《沈从文论》，沈晖编：《苏雪林文集》（第3卷），安徽文艺出版社1989年版，第304页。

③ 朱生豪：《1933年到1934年间的信》，朱尚刚整理：《朱生豪情书》，上海社会科学院出版社2003年版。

④ 朱生豪：《1933年到1934年间的信》，朱尚刚整理：《朱生豪情书》，上海社会科学院出版社2003年版。

⑤ 叶圣陶：《认识国文教学——〈国文杂志〉发刊词》，杜草甬编：《叶圣陶论语文教育》，河南教育出版社1986年版，第104页。

⑥ 魏讷：《文章病院》，《国语通讯》1948年第14期，第4页。

⑦ 邓广铭：《我对于国定本教科书的控诉》，《邓广铭全集》（第10卷），河北教育出版社2005年版，第237页。

的平凡，理论的空洞，结构的松懈，布局的散漫等等，那还是其次焉者。”① 谷凤田进而分析了青年学生写作产生拉杂和晦涩的原因。他认为，写作拉杂的根源在于材料的缺乏，导致紧凑精练的神趣被完全破坏，对治之法便是求简，对冗词芜句删削净尽。王一心则专就青年学生写作的“形容词病”进行剖析。“他们喜欢把许多无关紧要的形容词联成一大串，结果，重复或矛盾的形容词常常在同一的句子里出现。”② 王一心开出的对症药方则是多读胡适之先生一派既有旧学根基又通西文长处的文章。

在白话文地位提升、文言文地位下沉的前十几年里，一方面是白话文经典范式尚未确立，另一方面却是白话文写作的弊病与痼疾渐成气候，大有以僵化、刻板的面孔成为白话“新八股”的姿态。也正是在这样的局势下，“文章病院”思潮起而针砭之、抨击之，在对白话文这种新兴的主流书面表达形式加以救弊的同时，也维护汉语言文学的纯净和自洽，保障国民启蒙重任的落实。也正是在这个意义上，有学者尤其肯定“文章病院”思潮在写作教育史层面的贡献，“使得思想混乱的现代八股，丑态百出”③。

（三）近代“病”“药”意象的双重焦虑

探究“文章病院”思潮的现实动因，还应关注近代国人的潜意识中对于“病”“药”意象的双重焦虑。以较能反映大众心理的小说为例，有关疾病与治疗的隐喻在清末以来的言论中已经多有表现。严复在《原强》一文中称：“今之中国，非犹是病夫也，中国者，固病夫也。”④ 国体、国民，皆染病患，而有识之士，无不勉力寻求救药之方。一时间，“病”“药”意象已然成为近代社会话语的常见言说。例如，黄炎培便主张办教育如同治病，知病源才能开好药方，做到对症下药。他认为：“外国考察，读方书也；国内考察，寻病源也。”⑤ 于是，探寻文病诊治之法，也从这种隐喻和潜意识中生根发芽。更有甚者，有的教育者也由文病联想到中国文化对病的态度。当时的文坛名家郁达夫在文章的末尾“常是注上某月某日于病榻、某月某日于病中、病中作”⑥，因此，王沈便认为文化上的以病为雅，也会导致病态文学的孳乳。

---

① 谷凤田：《青年男女在写作上的两种疵病》，《青年界》1937 年第 1 期，第 17 页。

② 王一心：《形容词病》，《青年界》1937 年第 1 期，第 50 页。

③ 张林岚：《何以不见文病院》，张林岚：《一张文集：卷六》，生活·读书·新知三联书店 2013 年版，第 399 页。

④ 严复：《原强》，戴震、焦循、严复著，李敖编：《戴震集·雕菰集·严复集》，天津古籍出版社 2016 年版，第 382 页。

⑤ 周详、潘慧：《教育心理学》，南开大学出版社 2014 年版，第 262 页。

⑥ 王沈：《病态文学与青年健康》，《新青年》1940 年第 8 期，第 21 页。

另外，为什么会称作是“病院”呢?《吾友》杂志刊载的蒖葵《文章病院》一文，道出了当时社会的一种风气。他说：“现在最时髦的事业，就是开医院。举凡牙科医院，花柳医院，儿童医院，妇婴医院，精神医院，传染医院……种种都应有尽有了。”① 民国时期，各级医院的建立，包括专科医院的布局，都深度地参与中国医疗和社会工作的现代化进程。这种具备现代管理体系的医院建构，与传统的药房、医局、游医具有鲜明的区别，其自身也承载了中国医学由传统走向现代的时代精神。因此，用“病院”将文病修改的模式具象化，也会鞭辟入里，给潜意识中存有治病救亡焦虑的读者以更强烈的刺激。

三、教育迁移：从书报到课堂

随着“文章病院”思潮在社会影响涟漪的放大，这一理念在写作教育系统的内部发生影响迁移：从本来的书报阵营走出，走入作为写作教育一线的课堂；从大中院校的提升性教育沁入儿童的写作教育启蒙。更进一步的是，“文章病院”思潮也渐渐不再局限在写作教育领域的内部，而是产生了泛化的教育影响的迁移，从而逐步融入整体国民的文化心理之中。

“文章病院”思潮的肇兴，依托的平台主要是近代的报刊专栏，然后才衍生出专门著作。不过，这一思潮很快就走出书报，被援引到需求较为迫切的一线教学的课堂，深度参与了大学、中小学课堂的写作教育实践。大学方面，如西南联大和燕京大学的写作教育理念与实践；中学方面，抗战之前，著名的南开中学高中国文课分为四组，即中国古典文学诗词、诸子散文、现代文学和文章病院。前三组可由学生任选其一，“但语文程度和写作能力较差的学生，只能读文章病院加强作文能力”②。1939 年 2 月，张清水被聘为翁源县第五区高小校长，他在教学上独辟蹊径，“在各班级中推广普通话，开设文章病院，对学生的每一篇作文逐个讲评，就连一个标点符号的错写都不放过，并张贴于病院专栏上”③。在返乡任校长之前，张清水在南京、广州从事文学创作，参与报刊编辑，“春江水暖鸭先知”般地接触到文化界、教育界的最新动向。也正是基于这样的认知条件，他才可能将“文章病院”理念带回在当时

---

① 蒖葵：《文章病院》，《吾友》1943 年第 8 期，第 8—9 页。

② 张国贤：《恩师孟志荪教授》，周鸿飞：《南开校史研究丛书：第一辑》，天津教育出版社 2011 年版，第 86 页。

③ 刘坚南：《民俗学家张清水》，中国人民政治协商会议广东省韶关市委员会文史委员会编：《韶关文史资料》(第十三辑)，1989 年版，第 144 页。

还稍显闭塞的翁源。当时较早接受并认可文病诊治理念的教师，很自然地会以“专治国文病和兼理各科奇难杂症的万能医生”① 自居。比如，一位笔名敬远的中学教师便将自己国文课后批阅作文的经历比作看病：“我这样像医生诊病一般地望闻问切，对症下药，颇觉兴趣盎然，忘其劳苦。”② 据陈毓罴回忆，当年他很喜欢跟读叶圣陶的“文章病院”专栏，启发颇大，并且其父亲每晚批改作文，陈毓罴“有暇就在一旁观摩”③，颇有旧日医馆学徒从师的姿态。

在20世纪30年代和40年代，参与文病讨论的，有很多是当时的高等教育界的一线教师，如前文述及的朱自清、罗常培、罗庸等，黎锦熙更是推阐而提出了著名的“改错先于求美”④ 的写作观。文病诊治理念在同期传导到中学，中学国文教师更是在教学一线多有实践。随后，“文章病院”写作教育模式很快就迁移到儿童写作教育启蒙的领域。1934年，刘天和在《小学生》杂志上连载《文章病院》，为儿童写景记事文的大小文病进行诊治。由中共潮普惠揭中心县委主办的《少工园地》，于1939年创刊，也辟有“文章病院”的栏目⑤。而在1935年，仇重则出版了第一部专门面向小学生的文病诊治专书——《小朋友文章病院》。《申报》予以介绍说：“每篇举出一种文章的毛病，用故事体，极有用，也极有趣。”⑥ 这一撰著模式，显然借鉴了叶圣陶、夏丏尊《文心》第九章“文章病院”情景故事文的思路。随着“文章病院”思潮在教育界的影响日隆，民国时期不少的国文课堂，会在黑板壁报上开辟两个栏目：好的习作贴堂，供同学观摩；有文病的习作则入“文章病院”，让同学取得鉴戒。这其实正是向前文所述立达学园习作园地模式的复归。

反思“文章病院”教育迁移的内在理路，可以总结出，从教育过程来看，一方面，“文章病院”侧重于对施教者加以引导，就如同医学生习得“望闻问切”的诊病工序；另一方面，“文章病院”对写作者施以规范，写作者明确文病的种种类型，便可躬身反省求诸己，“不治已病治未病”⑦。从教育的效果

---

① 学林：《初中学生的国文病》，《广西青年》1933年第36期，第11页。

② 敬远：《中学生的作文病》，《新动向》1942年第41期，第1142—1143页。

③ 孙丽华：《学海任遨游，甘苦寸心知——陈毓罴研究员访谈录》，《文艺研究》2009年第8期，第74页。

④ 曾晓洁：《基于语言，旨在补偿：论黎锦熙的大学语文观》，《现代大学教育》2013年第1期，第65页。

⑤ 广东省汕头市地方志编纂委员会编：《汕头市志》(第4册)，新华出版社1999年版，第323页。

⑥《分类广告》，《申报》1935年10月6日第4版。

⑦ 张玉春：《史记日本古注疏证》，齐鲁书社2016年版，第604页。

来看，文病诊治其实是培养一种创造性的能力，正如韦斯特（William W. West）所说：所有的写作都包括一种新的表达的起源、发展、形成的过程。即使你所用的是“旧”的思想和第二手材料，你也为它们创造着一种新的而且是唯一的表达方式。① 而文病诊治恰恰是寻得“唯一的表达方式”的一种实操路径。在当今大学写作课的建设过程中，倡导者也留心借鉴传统写作教育的经验和思考。例如，清华大学在规划写作课时便设置师生一对一面批环节②。教师在精心批改文章后，与学生进行面对面、一对一交流，就文章的诸多不足之处进行切磋。这其实也可以看作是“文章病院”精神的当代延续。通过这种深度浸润式的纠错反馈，学生可以当即意识到问题根源并能有针对性地展开修改。

当然，文病诊治式的写作教育，要点在教师指出病因，而不是直接越俎代庖式地给学生通篇改写。语文教育家叶圣陶在《中学语文科课程标准》中有论：“教师给修改不如学生自己修改，学生个人修改不如共同修改。”③ 在实际的教学过程中，笔者也更深刻地体会到这一理路对学生主体能动性不同层级的调动。教师作为写作教育过程的引导者，治病救“文”，最通常的方式是指出文病所在然后学生修改；如果把学生置于互动双方的主导地位，则需要让学生理解文病诊治要点，自己发现自己修改；再就是共同修改，通过写作工作坊的组建，将在同一写作课堂上、相同主题的写作者置于真实生动的文章诊治场景，共同探讨，完成文章的二次修改，这也是目前笔者正在探索实践的方式。

“文章病院”从书报到课堂的教育迁移，也是以人为本的有温度的教育形式的转换。教育学家马里坦（Jacques Maritain）说：“教育如同医学艺术一样，医生对病人的医治有着决定性的影响，但是作用的发生乃是因为医生的用药遵从了生命本身的活动方式。”④ 教师作为教学活动的组织者，在文病诊治中扮演“医生”角色，但是，此种语境下的“医患关系”并不是单向的，我们要遵从教育规律，不仅看到“病”，更需要关注到人，从寻病源到开处方

---

① 韦斯特著，章熊、章学谆译：《提高写作技能》，福建教育出版社 1984 年版，第 383 页。

② 梅赐琪：《遵循三大规律的通识教育课程思政模式创新——以清华大学“写作与沟通”课为例》，《思想理论教育导刊》2021 年第 3 期，第 99 页。

③ 方遒：《学生修改与教师批改——叶圣陶写作教学思想初探》，《山东师大学报》(社会科学版) 1992 年第 4 期，第 88 页。

④ 张全新：《二十世纪西方教育哲学》，泰山出版社 2004 年版，第 116 页。

都要以教育者的自觉营造良好的互动空间、寻求丰富多样的遵从生命本身的诊治方式。

四、争议与余响

鲁迅在《〈两地书〉序言》中曾对当时的写作指导类书籍、文章幽了一默："文辞呢，我们都未曾研究过尺牍精华或书信作法，只是信笔写来，大背文律，活该进文章病院的居多。"① 其实，在鲁迅的立场，他一直反对文章"作法""修改"一类的指导，反而很认同中国传统的写作教学"读、做、读、做"，主张多研读大作家的作品。鲁迅说："凡是已有定评的大作家，他的作品，全部就说明着应该怎样写。"② 当然，我们也会认识到，鲁迅所主张的浸润、体悟式的文章提升路径，可能会熏陶出像鲁迅那样天资颖悟的大家，却难以在一定的标准线上进行普适性的教育推广。

鲁迅此文还有一点值得关注，即他敏锐地指出了"文章病院"模式主要诊治文章写作在大背文律方面的问题，这是符合实际的。"文章病院"的评点方式，大都"攻其一点，不及其余"③，关注语句逻辑，而不太留心文章的思想或见解。即以叶圣陶主持的"文章病院"专栏为例，叶氏并非对一篇文章进行全面诊治，而是更加侧重于修辞层面，在风格和技法层面则并未太过措意。夏志清在写给夏济安的信中，曾经指出叶圣陶的"文章病院"专栏仅注意到文法和修辞，而夏济安的《评彭歌的〈落月〉兼论现代小说》则能着重于风格（style）和技巧（technique），并且"清楚地说理举例""一定可使文学青年们大开眼界，而重择创作的路径"④。

除了关注点的偏狭之外，有些邯郸学步的"文章病院"庸医用药。有些"病院"主持者在文病诊治时不太注意言辞与文德，抓住文病，一通奚落，打击了作者对于写作的热情。徐懋庸在汇报《文联一九四二年的工作总结及一九四三年的工作计划》时曾提及，他所编辑的《华北文化》也开设了"文章

---

① 鲁迅：《〈两地书〉序言》，《鲁迅全集》（第11卷），人民文学出版社2005年版，第5页。

② 鲁迅：《不应该那么写》，《鲁迅全集》（第6卷），人民文学出版社2005年版，第321页。

③ 张光年：《诤友或畏友》，张光年：《风雨文谈》，上海文艺出版社1982年版，第219页。

④ 夏志清、夏济安著，王洞，季进编：《夏志清夏济安书信集》（卷三），上海人民出版社2019年版，第227页。

病院”栏目①，专门针对来稿进行诊疗，不过由于这个栏目的批评态度刻薄，言辞有欠厚道，作者渐渐不愿来稿，遂造成了投稿稀少、专栏办不下去的窘境。

就写作学的既有经验来看，好文章的标准往往比较模糊，或者至少没有一定之规，但有弊病的文章却具有较高的识别度。从另一视角看，好文章并非在指称哪一种确定的实然，而毋宁在泛指某种理想的应然；而有弊病的文章则可以通过具体可操作的文病诊治流程，研判病式，开出处方，从而使作者尽量往应然的层面去修改。因此，可以说，“文章病院”的工作，在加深对白话文写作规律之研究的同时，也对语法、修辞的研究工作具有开拓性意义。也许正是有鉴于此，许多从民国走过来的老辈学人、教育家，到晚年仍对曾经盛极一时的“文章病院”思潮念念不忘。1980年，美学家朱光潜率先撰文，强调曾经的“文章病院”并不过时，他指出：

> 现在语文在思想内容和表达方式上的一些老毛病依然存在，而病院和医生却不易找到。如果现在那么多的报刊也多办几所文章病院，少发些公式教条的空论，这对文风和学风都造福不浅。②

1982年，学者施蛰存行诸实践，在《新民晚报》开设了一个专栏“语文病院”。该专栏占用每期副刊的边角，通过看病、诊断、开处方的方式，对一些写作弊病进行了切中肯綮的针砭。在开业词中施蛰存便提及了“语文病院”是受五十年前叶圣陶“文章病院”的直接影响③。直到2001年，学者吴小如仍申此义：

> 我常翻阅各种有关语文知识和写作训练的报刊，感到文章病院实有建立（或重新建立）的必要。不仅对疑难大症要进行手术，即使是一字一句的小病小恙也应当及时治疗。④

---

① 刘增杰，赵明：《抗日战争时期延安及各抗日民主根据地文学运动资料》(中册)，山西人民出版社1983年版，第365页。

② 朱光潜：《回忆上海立达学园和开明书店》，《朱光潜全集》编辑委员会编：《朱光潜全集》(第10卷)，上海文艺出版社1982年版，第520—523页。

③ 刘军：《施蛰存散文与〈新民晚报〉》，《社会科学论坛》2017年第2期，第145页。

④ 吴小如：《“文章病院”还应建立》，《群言》2001年第6期，第43—44页。

在写作教育方兴未艾的当下，这一绵亘了八十余年的“文病诊治”思潮，实际仍拥有源头活水般的启示意义。

（原载《现代大学教育》2022 年第 1 期）

叶圣陶的教育编辑思想

■王　学

叶圣陶以其丰富的人生阅历和卓越的学术贡献，成为中国现代教育编辑史上重要的一位思想家。他曾对自己的多重身份做过简明的强调："如果有人问起我的职业，我就告诉他：第一是编辑，第二是教员"①，足见其何等重视编辑工作。在长达60余年的编辑生涯中，叶圣陶对编辑实务和教育价值皆有深刻而独特的理解，其教育观和文学观，由内而外生长，渐进发展为个性鲜明、自成体系的教育编辑思想，对编辑性质的把握、教育编辑目的的认知、教育编辑的内容选择和教材功能的论析，都做了全新的、开放的科学阐述。叶圣陶作为教育编辑工作的实践者、革新者和推动者，其多重身份催生而成的教育编辑思想，统合了新旧时代的教育问题，带有很强的时代性和实践性，至今仍具有启迪意义。

一、文教合一：教育编辑理念

叶圣陶认为，出版物是一种教育工具，编辑出版工作者就是社会型教师。他一直强调编辑工作是教育工作的重要组成部分，编辑工作是向全社会进行自然科学、人文科学教育的实践过程。尤为重要的是，叶圣陶期望通过编辑刊物来启蒙青少年的思想，充分发掘编辑工作的教育性质。这一思想贯穿了他的整个编辑生涯。

（一）编辑出版工作是教育工作

编辑出版工作是叶圣陶为之付出一生的事业。对于编辑出版工作的性质，叶圣陶曾指出："我们的工作是教育工作的一个组成部分，一个不可缺少的重要的组成部分。我们做的工作，就是老师们的工作。"② 叶圣陶参与编辑的出版物多以青少年为特定的读者群体，尤其是《中学生》《进步青年》等杂志，其旨趣在于辅助青少年性行知能各方面的基本学习。中学生正处于身心发展

---

① 彭加瑾：《叶圣陶与编辑工作》，《编辑之友》1982年第4期。

② 叶圣陶：《浅谈开明书店》，《叶圣陶出版文集》，中国书籍出版社1996年版，第56—57页。

渐趋成熟的时期，具有可塑性，需要重要他人来引领方向、解答疑惑，而他们所阅读的教材和杂志会影响其思维方式和人生观的形成。叶圣陶正是认识到了编辑出版工作对于青少年读者未来的引领作用，才指出编辑工作也就是对青少年进行教育的过程。邵益文对此评价道："编辑工作是教育工作，是意识形态工作，它的基本功能在于教育，在于影响人们的精神世界，指导人们的实践活动。"①

教育工作在出版事业中有着怎样的地位？叶圣陶对此指出："出版事业的性质是工业、商业、教育事业三者兼之，三者之中，教育事业应居首要地位。"② 在他看来，书刊的排版、印刷、装订属于工业，书刊的销售发行属于商业，而除此之外，出版事业中最为核心的撰稿和编辑工作，由于其刊登和宣传的内容影响着人们的见识和思想，因此只能视为教育工作，也必须视为教育工作。由此，叶圣陶认为出版事业首先要抓紧撰著编辑这一环，不惮斟酌再三，不厌屡易其稿，务求做到尽可能的完善；同时对排版、印刷、装订、发行等工作也绝不放松一丝半毫。③ 出版物要对读者的思想和见识产生有益影响，这就需要编辑工作者持有严谨的工作态度，斟词酌句，甚至每一个标点符号都应仔细推敲，这种态度和精神应当被当代教育编辑工作者坚守和弘扬。

（二）出版物是教育工具

在编辑出版工作是教育工作的基础上，叶圣陶更进一步认识到出版物也是一种教育工具。在他看来，教科书绝对不是商品，而是一种最重要的教育工具。④ 出版物具有教育功能，实体虽然是物质的，却承载了人类的精神与智慧，在撰稿与编辑的过程中，作者出于一定的教育目的，有选择性地将文化知识传递给读者，使读者能够将其内化为自己的精神财富，引导、规范自身行为。因此，叶圣陶的编辑出版工作实际上也可以看作他对于教育工作的一种实践，这一过程中贯彻了他对于教育的主张。叶圣陶在上海商务印书馆尚公学校教书时，出版了我国第一本文人童话作品《稻草人》。作品运用通俗易懂的童话语言，启迪孩子在关注周围小事的同时，看到 20 世纪 20 年代工农

---

① 邵益文：《叶圣陶编辑思想探讨对编辑学研究的启示》，《编辑之友》1997 年第 3 期。

② 叶圣陶：《出版史料和出版事业》，《叶圣陶出版文集》，中国书籍出版社 1996 年版，第 29 页。

③ 叶圣陶：《出版史料和出版事业》，《叶圣陶出版文集》，中国书籍出版社 1996 年版，第 29 页。

④ 赵从旻：《出版工作也是教育工作——〈叶圣陶出版文集〉读后》，叶圣陶编辑出版思想专业委员会编：《叶圣陶编辑思想研究》，开明出版社 1999 年版，第 66 页。

大众的愁苦命运，而这本书也被列入《教育部基础教育课程教材发展中心中小学生阅读指导目录（2020 年版)》。连载于《教育杂志》上的长篇小说《倪焕之》除了歌颂革命，还涉及叶圣陶对于教育的思考和议论，如从怎么教育学生到怎么教育社会等，很多观点放在今天依然适用。

此外，叶圣陶进入开明书店后，负责主编的《中学生》《新少年》《开明少年》《少年国语读本》《开明文言读本》等，都以青少年为主要读者对象开展了广泛的教育工作。叶圣陶在人民教育出版社担任社长以后，为配合教育改革，多次主持中小学教科书的编辑出版工作，共编辑出版了十三套五十多册语文课本，无不体现出他投身于教育改革事业的热忱。

（三）编辑出版工作者是社会型教师

对于从事教育编辑出版工作的人员，叶圣陶认为最好由教师担任。他指出：课外读物，尤其是少年儿童的课外读物，最好由他们的教师执笔。① 学生是处于发展过程中的人，其身心发展遵循一定的规律和特点，编辑工作只有建立在与学生语言和思维发展水平相符合的基础上，才能更好地被读者接受。教师与学生相处时间较长、较为亲近，了解他们的发展水平、兴趣需要、思想状况，具备一定的教育学基础知识和技能，因此出版物的编写由教师执笔再恰当不过。邓小平同志曾指出：编辑出版者同样也是灵魂的工程师。这就要求编辑和教师一样具有丰富的知识、崇高的思想境界和高尚的道德情操，是一个能为人师表的人。②

即使学识渊博的教师也不可能对所有知识和问题样样精通。那么，对于学生需要的、感兴趣的，而教师又不甚了解的知识，应该怎样传达给读者？叶圣陶认为，可以采取教师与专家合作的方法。假如有什么道理、方法、经验等需要让少年儿童了解的，可是老师们不甚了了，非请教专家不可，在这样的情况下，请专家直接给少年儿童讲说或撰文是一个办法，专家和老师合作，讲说或撰文还是由老师担任又是一个办法，两者比较，他以为后面的办法好。③ 在叶圣陶看来，专家虽然在某些知识上钻研较深，但极少有专家在撰文时会考虑到儿童的接受程度，即使考虑到这一方面，但由于平时与儿童接触较少，对孩子的认知和语言发展水平了解也有限，而教师与专家合作正好

① 叶圣陶：《请老师们和专家合作》，《叶圣陶集》（第 18 卷），江苏教育出版社 2004 年版，第 92—93 页。

② 邵益文：《叶圣陶编辑思想探讨对编辑学研究的启示》，《编辑之友》1997 年第 3 期。

③ 叶圣陶：《请老师们和专家合作》，《叶圣陶集》（第 18 卷），江苏教育出版社 2004 年版，第 92—93 页。

能解决这一问题。教师通过不厌其烦地向专家请教，直到这方面的知识已了然于胸，再以学生能接受的方式和程度，深入浅出地传达给学生。采用教师与专家合作的方法推进出版工作，既可以促使教师实现自我提升，在育人的同时丰富自己的知识体系，学生也更易接受和理解文章的内容，出版物的质量也会提高，实现其作为教育工具的目的，正可谓一举三得。叶圣陶在他主持的教育编辑出版工作中也正是这样实践的。他主编的《中学生》杂志，其中大多文章的撰稿和编辑工作，包括稿件的规划、征集、修改等，就是由现任教师或曾经担任过教师的人员来负责。《中国教育报》也是请中小学教师来撰文，内容主要是教师自身的经历和体会，叶圣陶认为这是本行人谈本行事，言必中肯。①

二、文以养德：教育编辑目的

叶圣陶生活在新旧文化交替的时代，特殊的历史境遇使其认识到人的价值，提出造就健全国民的目标。他通过撰写文章、发表演讲呼吁该主张，这一目标成为其教育编辑工作的里，以此贯穿整个教育编辑生涯。叶圣陶的教育目的观可概括为以育人为本，以兴国为旨，培养能够全面发展、具有良好习惯的现代中国人。② 其教育编辑思想也遵循育人成长、增知启慧的目的，秉持为人民服务的宗旨，坚持以读者为出版工作的中心和出发点，致力于追求人的全面发展，为青少年一生的良好发展打下坚实的基础。

（一）培育健全的国民

教育目的是教育理论和实践中的核心问题，叶圣陶在长篇教育小说《倪焕之》中就曾提出："教育事业是培养'人'的——'人'应该培养成什么样子？'人'应该怎样培养？——这非有理想不可。"③ 在这里，叶圣陶明确了教育的目的是培养人，同样作为具有教育性质的编辑出版工作的目的也应如是。那么，教育编辑工作应致力于培养怎样的人？叶圣陶认为，首先要使青少年做社会的够格的成员，做国家的够格的公民④，受教育者要能生活于人

① 叶圣陶：《请老师们和专家合作》，《叶圣陶集》（第 18 卷），江苏教育出版社 2004 年版，第 92—93 页。

② 任苏民：《叶圣陶教育思想的文化价值和当代价值》，《教育研究》2020 年第 3 期。

③ 叶圣陶：《倪焕之》，《叶圣陶集》（第 3 卷），江苏教育出版社 2004 年版，第 350 页。

④ 叶圣陶：《读书和受教育》，《叶圣陶集》（第 11 卷），江苏教育出版社 2004 年版，第 350 页。

群之中，参与社会生活，并且把这一目标作为各科目教学的一个前提。叶圣陶对此强调：“我不忘记各种功课有个总目标，那就是‘教育’——造成健全的公民。”①

叶圣陶生活的时代正值国家多事之秋，社会动荡，他认为够格的公民应跳出个人小圈子，开阔眼界，关心国内外大事，认清国际形势，出版物也应具有现实性，反映时代要求，重视时事分析和形势教育，引领青少年增强为国家、为社会、为人民服务的信念。他主编的《中学生》杂志在这方面做了大量工作：抗战期间，《中学生》就多次发文重点宣传团结抗日、反法西斯斗争和新民主主义等思想，抗战胜利后，又加强了反内战、争民主的内容，支持学生进行民主运动；但凡是当年国内外发生的大事，均能在《中学生》杂志中看到相关报道和分析评论，如我国民生的凋敝、日寇对我国的侵略、二次大战同盟国的胜利等；叶圣陶还专门邀请金仲华等国际时事问题专家来向青少年读者讲述怎样研究时事和国际问题。

（二）主张智育与体育并重

20世纪30年代，叶圣陶认识到中学课程存在分布不均的情况，即大多课程旨在促进学生的智力发展，对学生的体力、体质较为忽视，这已经严重影响到了青少年的身体健康。对此，他认为，不要偏重智育，应使智育体育并重；不要以死的知识和形式的教育限制中学生的身心发展，而要以活的知识和教育方式解放中学生的身心。② 1935年，《中学生》杂志针对当前中学生普遍身体羸弱的现状接连发表多篇文章，呼吁改革中等教育、增强体育课在中学课程中的比重，如陈衡哲的《救救中学生》、胡行之的《体力劳动和精神训练》等。学校举办运动会时，《中学生》还刊登了《第六届全国运动会纪略》一文，除了记述运动会的精彩盛况和比赛项目的结果，更是借机警示人们：在这个国贫民弱、外敌欺辱的时代，鼓励青少年锻炼体格，提倡体育，具有深刻的时代意义。身体健康是人的全面发展的生理基础，一个人能否拥有健康的体魄不仅关系到个人发展，更关系到整个国家和民族的未来。因此，教育编辑工作应有意识地引领青少年学生注重身体健康，使学生掌握基本的身体锻炼的知识和技能，养成自觉锻炼身体的习惯，这是实现其全面发展的应有之义。

（三）重视青少年品德的培养

为了帮助青少年成长为健全的国民，成为有益于社会的人，叶圣陶在智

---

①《叶圣陶教育文集》(第2卷)，人民教育出版社1994年版，第87页。

② 叶至善、叶至美、叶至诚编：《叶圣陶集》(第18卷)，江苏教育出版社2004年版，第176页。

育和体育之外，还非常重视青少年良好品德的培养。他指出，我们特别把性行和知能并举，不单讲知能，所谓的性行，也就是指做人所应具备的若干基本素养。① 一个人只有具备良好的道德品质和自我修养，树立正确的世界观和人生观，才能不偏不倚地走向社会，成为对国家、对社会发展有用的人才，这就需要从事教育编辑工作的人员在思想和道德方面对其进行正确引导。正如叶圣陶所说：一个人到了青年，在身心的发展上正当渐趋成熟的时期，所谓“趁热打铁”，该在各方面打下良好的基础。基础打好了，关于做人做事为学有了个良好开端，再求继续发展也就容易。② 中学时期是青少年品德形成的关键时期，《中学生》杂志，力求做好政治思想引导工作、引领学生形成正确的政治信念，当时还尚在开明书店工作的叶圣陶就已经不知不觉地接受着党的领导，③ 在党的号召之下做好青少年的思想引导工作。叶圣陶将“性行”视作为品德培育的重要方面，并将孟子的恻隐之心、羞恶之心、辞让之心、是非之心作为做人应具备的基本素养。

教育编辑工作要达到文以养德，符合我国出版事业始终坚持的为人民服务、为社会主义服务的出版方针。目前我国正处于社会主义初级阶段，决定了我国的教育目的是培养德智体美劳等方面全面发展的社会主义建设者和接班人，要求青少年要为社会主义现代化建设服务，为人民服务。以实现人的全面发展为目的的素质教育应当被放置于教育编辑工作的中心，立德树人更是现在教科书和教辅读物编写的根本任务，应体现政治性、思想性、科学性和教育性的统一，青少年只有各方面素质和谐发展，身与心、才与德有机结合，才能构成一个完整的、全面发展的人。

三、以生为本：教育编辑内容

在教育出版物的内容选择上，叶圣陶认为学生是具有自觉能动性的人，编辑出版人员应与青少年保持朋友的关系，而非以教育者自居；同时，出版物为了更加吸引读者、为读者所接受，应选择青少年感兴趣的、普遍关注的问题，在问题阐述上也要符合青少年的认知和理解水平，这也符合当前我国

① 叶圣陶：《谈谈本刊的旨趣》，《叶圣陶集》(第18卷)，江苏教育出版社2004年版，第233—235页。

② 叶圣陶：《谈谈本刊的旨趣》，《叶圣陶集》(第18卷)，江苏教育出版社2004年版，第233—235页。

③ 叶圣陶：《浅谈开明书店》，《叶圣陶出版文集》，中国书籍出版社1996年版，第56—57页。

教育要求以生为本这一趋势。

（一）对学生的认识：学生是有自觉能动性的人

周振甫曾说：对于学生，叶先生认为大体上可分为两类：一类认为学生是活生生的有着自觉能动性的人，一类把学生当成被动接受的对象。① 的确，叶圣陶对于封建制度下的旧教育可谓深恶痛绝，他曾指出，传统的教育将学生比作一张白纸或一个空瓶子，学生只能被动接受，等待教育者来“涂”或“装”。这样的学生观忽视了学生的自觉能动性。因此，他在编写少年儿童读物时坚持反其道而行之的宗旨，坚持出版工作最要紧的是深切地理解少年儿童，承认他们像植物一样，是有生命的，是自己能够发展的，自己能够成长的。②

叶圣陶在编《中学生》时，主张不要教训，要劝说；不要灌输，要启发；不要以教育者自居，要像对待朋友一样对待读者，了解他们的生活情况和学习情况，知道他们需要什么，喜爱什么，跟他们一起商量探讨，解决一些他们面临的问题。③ 他认为，人的学习是一个无止境的过程，成年人也不过是年长几岁、多了一些经验而已，并没有资格去教导、教训青年人。他将教育编辑出版工作比作开会讨论，每个人都可以自由发言，编辑人员应与青年人一起商量，一起讨论，了解青少年所需要的知识、所面临的问题，通过启发、劝说的方式促进青少年发展。正如叶至善所说：他们编写读物从来不用教训的口吻，而是跟朋友谈心一样，和读者平等地商讨问题。④ 这与我们现在所强调的落实和践行以人为本的价值观不谋而合。一直以来，我们的教育都围绕着教育中人的主体性实现这一问题展开讨论，这也始终是一切教育的出发点和落脚点。

（二）选择青少年感兴趣和必需的内容

叶圣陶指出：办任何刊物，都为的是读者。要把刊物办得有特色，先得为自己的读者考虑：什么是他们关心的，什么是他们喜欢的，什么是他们所必需的，什么是对他们有益处的。如果离开了读者，却别出心裁去搞什么特

---

① 周振甫：《编辑出版家叶圣陶先生》，叶圣陶编辑出版思想专业委员会编：《叶圣陶编辑思想研究》，开明出版社 1999 年版，第 24 页。

② 叶圣陶：《要理解少年儿童——祝贺少年儿童出版社建社 30 周年》，《叶圣陶集》（第 18 卷），江苏教育出版社 2004 年版，第 89 页。

③《叶圣陶教育文集》（第 2 卷），人民教育出版社 1994 年版，第 484 页。

④ 叶至善：《叶圣陶和编辑工作》，《出版发行研究》1994 年第 5 期，第 16 页。

色，就跟为读者办刊物的宗旨背道而驰。① 这也是基于他秉持学生是有着自觉能动性的学生观的延伸。

青少年有着强烈的好奇心，充满了求知欲，促使他们积极地去探索未知世界；在成长的不同阶段，他们也会面临着各种矛盾，充斥着亟须解决的问题。这就需要教育编辑与出版人员认真做好青少年读物的编辑出版工作，刊登学生感兴趣的、需要的内容，满足他们的求知欲望，并满足群体性教育文化需求，继而提高整个民族的文化素养。叶圣陶在他的教育编辑出版工作中就践行了这一理念：《中学生》杂志创刊之初就成立了答问栏，专门用来回答读者提出的问题。后来考虑到答问栏只是做一些零散的回答，并没有对青少年关注的问题形成系统的知识体系，因此，便取消了这一设置，进而就青少年普遍关注的问题专门请专家撰稿，进行详细论述。叶圣陶还认为，作为青少年应关心国家命运，了解国际形势，以便开阔眼界，因此他主张择机刊登对国际形势问题作系统论述之文，例如，张明养的《国际学概论》、祝伯英的《国际政治经济之研究》等文章；青少年最关心的问题莫过于毕业之后的出路，是升学还是就业，该如何做选择，不同的选择又该怎样去做，叶圣陶多次组织文章进行了回答，在《中学生》杂志中设特辑《升学与就业》，发表了《青年们的打算》《出了中学以后的两条路》《对于中学生的一些小贡献》等；因很多读者问及性知识，他还请人写了《性的生理》《弗洛伊德说与性教育》《从性病说到医学革命》一组文章，来帮助青少年树立对性的正确认知。此外，对于青少年感兴趣的文学问题、梦的问题，抑或是使青少年产生苦闷、陷入疑惑的师生关系问题、恋爱问题等，叶圣陶都组织专家进行撰稿，对青少年予以正确引导。可以说，叶圣陶在他的教育编辑出版工作中非常看重读者的需要，他在给儿子叶至诚的信中也提到了这一点：你为什么不能好好迎合观众和读者？迎合并不是坏的字眼。你要向观众和读者宣传什么东西，你要使观众和读者有所提高，总得引起他们的看和读的兴趣才行。讲究如何迎合他们的兴趣，这就是迎合。②

（三）内容难度应是青少年可以理解和接受的

对于出版的教科书，叶圣陶要求一定要使教师容易教，学生容易学。在人民教育出版社担任社长期间，他亲自参与每一本教科书的审阅工作，要求内容的难度要符合中学生的认知水平。他常说：我对于有些学科是外行，但

① 叶圣陶：《谈特色——祝〈艺丛〉创刊》，《叶圣陶集》（第 18 卷），江苏教育出版社 2004 年版，第 74—76 页。

② 叶圣陶：《给至诚信》，《叶圣陶集》（第 25 卷），江苏教育出版社 2004 年版，第 480—481 页。

是总达到了中学生所具备的知识水平吧，如果编出的教科书叫我都看不懂，印出去不是难为教师、难为学生吗?①叶圣陶在约稿的时候，除了邀请这方面相关专家负责撰稿，更在一开始就反复向专家强调读者对象为青少年，希望专家能够写出符合青少年接受水平的内容，对于专业性知识力求深入浅出，举的例子要生动有趣，文章行文要轻松愉快，解释问题要具体明白，使读者喜欢看、看得懂、用得上。《中学生》杂志中的文章，例如顾均正的《科学趣味》《电子姑娘》、许莼舫的《趣味数学》、贾祖璋的《生物素描》、别莱利曼的《趣味物理学》等，便是兼具知识性与趣味性。为了更好地将知识传达给青少年读者，叶圣陶还强调文章写作要先把学习到的东西化为自己的语言，在理解的基础上再化成通俗的语言深入浅出地传达给读者，要学会说话，尽量在语言表达上不要产生隔阂。他强调：最好尽量用通行的说法。通行的说法是大多数人用来传达意思的，是大多数人说惯听惯了的，咱们拿来用，就一丝儿不隔。语言出在咱们的口里心里，意思透进人家的耳里心里。不太通行的说法、绕一些弯子的说法就不然，即使意思没有错，人家总觉得有些儿生分、不自然，这多少就是隔。②坚持出版适合青少年难度的教科书，一方面是为了更方便教学，使教师能够在领会教材的基础上将知识传达给学生，另一方面也更能体现出教育编辑出版工作者坚持的理念，即心中有他人，始终将读者放在第一位，这也值得当下所有教育编辑工作者学习。

（四）讲求内容的科学性

叶圣陶的多重角色，使其对时代更具敏感性，其文学作品都蕴含着深厚的时代气息和文化背景，并将这种认识植根于教育思想，实践于教育编辑工作。20世纪上半叶，中国社会充斥着封建迷信，极为愚昧落后，尤其是在文化落后的偏远乡村，而当时文坛的现状也不容乐观。民众所喜闻乐见的读物是《包公案》《施公案》《济公传》之类，受这类文学作品的影响，人们对于书中像济公活佛、黄天霸等人物盲目崇拜，将他们视为救世主进行供奉、祈求保佑。在此时代背景下，叶圣陶坚决拥护科学、拥护真理，在他的教育编辑工作中多次强调文章内容要体现科学性，与迷信作斗争：从前的本刊是专致力于文学的，现在却要更论及其他诸事。从前的本刊是略偏于研究文学的，现在却更要与睡梦的、迷路的民众斗争。总之，我们今后所要打破的是文艺

---

① 张志公：《编辑家叶圣陶》，叶圣陶编辑出版思想专业委员会编：《叶圣陶编辑思想研究》，开明出版社1999年版，第14页。

② 叶圣陶：《为了听众，为了读者》，《叶圣陶集》(第17卷)，江苏教育出版社2004年版，第53—57页。

界的诸恶魔，是迷古倒流的思想，我们所要走的是清新的活泼的生路。①

叶圣陶主张教育编辑工作应有所为有所不为，要坚持出版科学的、有益于读者的内容。有所为，就是出书出刊物，一定要考虑如何有益于读者；有所不为，明知对读者没有好处甚至有害的东西，我们一定不出。② 这不但是编辑的原则，更是做人的原则。叶圣陶的教育编辑思想顺应了科学的、民族的、大众的时代观念，依附于教育思想。因此，在出版内容上应仔细审阅，无论内容还是形式，都要像叶圣陶一样做到有所为有所不为，选择青少年所关注的、必需的知识，熟悉青少年的语言和思维发展水平，出版兼具科学性和趣味性的刊物，注重文学作品对于青少年的影响，使读者在阅读的过程中受到有益启迪。

四、用教材教：教材编写育人

教材是进行教育的重要工具，承载着长久以来人们知识和经验的总结，同时又是建构国家形象、维护国家形象和构建未来人的形象的重要载体。因此，教材的编写和选择对教育具有举足轻重的作用。叶圣陶将教材视为教的材料，关键在于用教材开启学生寻知求真的大门，故而对待教材的正确态度应该是在受教材的基础上受教育，合理编写教材以达到育人的目的，最终也要将教材知识回归学生生活。是教教材还是用教材教，依然是值得教育编辑工作者思考的取向问题。

（一）教材仅是教的材料

叶圣陶所处时代的教育界存在对教材的两种认识：一种是唯教材主义，即对于教材盲目迷信和依赖，认为教材上的内容都是对的，是绝不会出错的；另一种则对新编的教材虽然持不满态度，但却不愿意公开指出，只是在暗地里说说。对此，叶圣陶认为这两种态度都是不正确、不可取的，他认为：对于教科书的内容应该特别重视，因而对于教科书的批评是应该特别受到欢迎的。只有通过群众的意见，才可以把教科书这一工作做得更好。③ 在叶圣陶看来，教材上的所有知识并不都是金科玉律、一成不变的真理，群众要敢于开

① 叶圣陶：《今后的〈文学周报〉》，《叶圣陶集》(第 18 卷)，江苏教育出版社 2004 年版，第 103—104 页。

② 叶圣陶：《浅谈开明书店》，《叶圣陶出版文集》，中国书籍出版社 1996 年版，第 56—57 页。

③ 叶圣陶：《一年来的出版工作》，《叶圣陶集》(第 18 卷)，江苏教育出版社 2004 年版，第 19—24 页。

口、敢于批评，才能促进教科书编写工作的改进和发展。教材是教师教和学生学的材料，它是依照课程标准编制的，因而具有一定的教育性、思想性和科学性，能够帮助学生更好地获得系统的知识，是教学活动的主要依据；但同时，教材本身是为教育工作服务的，它只是一种教育工具，教材不是目的，教育才是目的。教材只能作为教课的依据，要教得好，使学生受到实益，还靠老师的善于运用。① 换言之，教材不是学生学习的终点，而要通过教师的循循善诱，引发其学习知识和深究问题的兴趣。教育编辑工作者在编写和出版教材或教辅读物时应明确所有的教材都是为了实现育人的目的，即为培养全面发展的人民服务的，培养人、塑造人才是最终目的。教师在教学过程中也应注重教材的生活化、实践化，与学生实际生活发生联系，从而实现教材自身价值的最大化。

（二）在受教材的基础上受教育

在认识到教材性质的基础上，叶圣陶进一步认为受教材不等于受教育。在他看来，一本书的内容是极其有限的，哪怕我们把书中所有的知识全部学会，也并不会有太大的进步。对于教材和教育之间的关系，叶圣陶在《我们的宗旨与态度》一文中提到：学校教育如果只能使学生受教材，那是欠缺，如果连教材也受不到，当然更不成话。必须使教材像食物一样，在学生的身体里消化，转化为血肉；学生就在受教材的当时得到补益与受用，那才是受教育。② 也就是说，要在受教材的基础上受教育。教材等以学生为主要读者对象的出版物，首先应具有一定的知识性，能够丰富学生的见识，开阔学生的眼界，使学生掌握科学知识，提高认知发展。然而，知识是无穷尽的，真正的受教育也绝不仅限于书本上知识的死记硬背，受教材只是第一步，教材作为教的材料，其更重要的作用在于使青少年读者对书中的科学知识产生兴趣，从而主动学习、乐于学习。他强调书中的内容要具有启发性，通过教材引导与启发学生的思考，从书中学到解决问题的方法，举一反三，勤于练习，从而达到疑难能自决、是非能自辨、斗争能自奋、攻关能自勉的程度。因此，在教材的编辑和出版工作中，一方面要注重向读者传授科学知识，另一方面在知识的编排顺序和方式上要能够引导学生独立思考、积极探索，自觉地掌握科学知识和发现问题、解决问题的能力，这也是教材编辑的内在要求。

（三）教材知识最终要运用于实践

叶圣陶在教育编辑工作中尤其强调劳动教育，阐明要培养热爱劳动的习

---

①《叶圣陶教育文集》（第 2 卷），人民教育出版社 1994 年版，第 516 页。

② 叶圣陶：《我们的宗旨与态度》，《叶圣陶出版文集》，中国书籍出版社 1996 年版，第 31—34 页。

惯，对青少年进行劳动训练。他认为，教育要和每人的整个生活发生交涉，教育要为生产劳动而设计。[1] 他在《中学生》编辑后记中指出：我们有一双手，我们生存在需要每人的一双手的社会里，我们愿意劳动。但关涉到劳动的问题正多。这些问题萦绕在青少年的心，引起了寻根探源的动机。[2] 这些问题涉及青少年所普遍关注的劳动机会、劳动路向、劳动报酬等，叶圣陶专门请专家撰稿进行剖析，为青少年解答疑惑。这也反映了叶圣陶在其教育编辑工作中体现出来的教育观，即学习应与劳动、与生活、与实践紧密相连，只有书本上的知识能够反映现实，并应用到日常生活中，这样的学习才是有价值的，才是能促进学生自身发展的。叶圣陶这一思想是针对当时社会应试教育愈演愈烈的现状提出的，应试教育使学生整日从事高强度脑力劳动，对于双手的实际操作能力却不重视，如此会损害学生健康，摧残人才。教育编辑工作中也应注重教材内容的生活性和实践性，重视对青少年劳动意识、劳动观念、劳动技能的培养，鼓励学生进行创造性劳动，促进德智体美劳全面发展。

结　语

叶圣陶先生为教育编辑事业奋斗了一生，其教育编辑思想发轫于民国，发展于新中国，所进行的编辑工作立足大众性，并自觉地将教育编辑事业同教育改革与发展相对接，折射出时代性。教育思想是叶圣陶教育编辑思想的里，由此衍生出他对编辑工作性质的认识、教育编辑目的的认知、教育编辑工作的内容选择和对教材编辑的理解，这些见识构成了叶圣陶教育编辑思想的机制，经历从实践到思想、再由思想到行动的认知过程，具有很强的指导性和实践性。从编辑工作的角度看，编辑发挥着联结作者与读者的桥梁作用，文字的表情达意离不开编辑者的审阅、校对，严谨地咬文嚼字成为编辑者的基本素养，推敲二字更是编辑工作的不二法门。在叶圣陶的教育编辑思想中，教育思想作为里，在于教之隐微；文质语脉作为表，重在文之显白。他所追求的是两者的统一，即求文教合一，亦为表里如一。文学和教育都应照进时代，文教合一是对出版物逻辑性和科学性的守护，即用以准确文字表述思想之要的出版物影响灵魂，唤起读者内心的善知，树立正确的三观，自觉担负起社会责任，实现自我价值。至此，叶圣陶的文教合一是将教育与时代、教

---

①《叶圣陶教育文集》(第2卷)，人民教育出版社1994年版，第168页。

② 叶圣陶：《〈中学生〉的〈编辑后记〉》，《叶圣陶集》(第18卷)，江苏教育出版社2004年版，第116—188页。

审局局长。参加会议、批阅文件等日常行政事务相当繁多，叶先生有时为之无奈，如1950年3月25日日记“竟日杂阅公文……其他未了事亦多，如何是好”①，3月31日日记“上午开署务会议。通过稿酬办法，余确深感疲劳，而所作事殊无佳绩，奈何”②，1950年12月20日日记“所论多无关紧要，而发言甚多……开会大都类此，余所深畏者也”③，1951年4月19日日记“会以五点过散。竟日时间，大半费于集会，生涯如此，非始料所及也”④。而叶先生对行政之外的教科书编审更投入了大量的精力，其日记中“竟日为赶编教科书而忙碌”“整日为修改课文忙”“连日赶编，紧张之至”的记载时时可见。

（一）多学科教材的审核把关

叶圣陶以往编写过多套具有很大影响的国语、国文课本，在新课本的编审过程中，语文学科无疑仍是其关注最多的方面。譬如1949年10月24日，“建功来，与语文组同人共读高小语文第二册课文，仅十余篇，已至日暮”，25日“下午作成《国旗歌》一首，插入高小语文第一册”，27日“看同人修改之小学语文两本，教育部送来之农民读本第四册一本”，28日“改文叔所撰高小语文课文”，29日“续改文叔所为课文”。⑤作为著名的教育家、教科书出版家，身膺编审局局长之任的叶先生还审读了中小学其他学科的多种教科书。1949年11月19日“上午在会中看武行（纡）生所编高小政治课本”⑥，28日“看蠖生所为近代史教本稿”⑦，1950年3月7日“看曾次亮所

① 叶圣陶：《北游日记（甲抄）》，叶至善、叶至美、叶至诚编：《叶圣陶集》（第22卷），江苏教育出版社1994年版，第101页。

② 叶圣陶：《北游日记（甲抄）》，叶至善、叶至美、叶至诚编：《叶圣陶集》（第22卷），江苏教育出版社1994年版，第203页。

③ 叶圣陶：《北游日记（甲抄）》，叶至善、叶至美、叶至诚编：《叶圣陶集》（第22卷），江苏教育出版社1994年版，第155页。

④ 叶圣陶：《北游日记（甲抄）》，叶至善、叶至美、叶至诚编：《叶圣陶集》（第22卷），江苏教育出版社1994年版，第188页。

⑤ 叶圣陶：《北游日记（甲抄）》，叶至善、叶至美、叶至诚编：《叶圣陶集》（第22卷），江苏教育出版社1994年版，第78-79页。

⑥ 叶圣陶：《北游日记（甲抄）》，叶至善、叶至美、叶至诚编：《叶圣陶集》（第22卷），江苏教育出版社1994年版，第82页。

⑦ 叶圣陶：《北游日记（甲抄）》，叶至善、叶至美、叶至诚编：《叶圣陶集》（第22卷），江苏教育出版社1994年版，第83页。

作本国地理稿”①，11月7日“竟日除谈杂事外，续改植物教本”，9日“谈杂事外，看乔峰所编动物下册之全稿，略为修润”②，1951年2月13日“看许南溟所编初中物理，盖与陈同新合编者”③，1952年4月18日“仅改初中化学稿十三页”，21日“续改化学稿”④。

新中国成立初期统一教科书的编写，受方针、政策、课程、标准、机构、人员等各方面的限制，不可避免地会存在这样或那样的问题，因此叶圣陶的审读、修改成为必不可少的关键环节。其1950年1月19日日记，“即以教科书而论，同人作稿而不需董理者不多”，20日日记“四时半，为同人语文学习组讲话。取不妥文字一篇，一一指其谬误。诸君或未必有此意兴，甚且以为此是小节，不讲亦可。余唯愿于业务上略有所助益也”⑤。特别是自叶圣陶担任人教社社长兼总编辑之后，其更自觉地将审读教材书稿作为自己的一项极为重要的工作。1952年1月10日人教社要开全体大会，按规定社长须检讨自己的工作，叶圣陶在9日“夜半醒来想两时许，今日即笔录之……一、余明知我社之教本质量甚低……拟自白今日为始：一、各稿必须仔细看过，必认为可以拿出去然后发稿”。⑥ 这种“改课本原稿”的工作一直持续下来，1953年3月19日“去年三反之时，余作检讨，曾当众明言，新编之稿，将逐一细细看过。三学期之修改稿本，为实践斯言耳。灿然谓此项工作若作总结，将有助于同社诸君，至少可资编撰时参考”⑦。以一人之力修改一社课本，工作繁重是可想而知的，1953年2月28日“晨至社中，诸编辑室纷纷送稿来，初中物理，高中物理，高中语文，小学自然。大家均欲按计划规定时间交稿，

---

① 叶圣陶：《北游日记（甲抄）》，叶至善、叶至美、叶至诚编：《叶圣陶集》(第22卷)，江苏教育出版社1994年版，第98页。

② 叶圣陶：《北游日记（甲抄）》，叶至善、叶至美、叶至诚编：《叶圣陶集》(第22卷)，江苏教育出版社1994年版，第145页。

③ 叶圣陶：《北游日记（甲抄）》，叶至善、叶至美、叶至诚编：《叶圣陶集》(第22卷)，江苏教育出版社1994年版，第68页。

④ 叶圣陶：《北游日记（甲抄）》，叶至善、叶至美、叶至诚编：《叶圣陶集》(第22卷)，江苏教育出版社1994年版，第318-319页。

⑤ 叶圣陶：《北游日记（甲抄）》，叶至善、叶至美、叶至诚编：《叶圣陶集》(第22卷)，江苏教育出版社1994年版，第91页。

⑥ 叶圣陶：《北游日记（甲抄）》，叶至善、叶至美、叶至诚编：《叶圣陶集》(第22卷)，江苏教育出版社1994年版，第271-272页。

⑦ 叶圣陶：《北游日记（甲抄）》，叶至善、叶至美、叶至诚编：《叶圣陶集》(第22卷)，江苏教育出版社1994年版，第442页。

而未将余看稿之时间详加估计。余亦甚愿诸稿按期交出，竭力以赴，而劳困甚矣”①。

（二）读改工作过程

教科书编审委员会仅成立一月，叶圣陶、宋云彬等编审高小国语课本时，即请人朗读、修改，以修正“国语词汇及语调之失。叶圣陶对这一工作模式“久已存心”，“迄未试过，今语同人，俱以为然，乃得实行”。初次诵读课本是 1949 年 5 月 21 日，请了北平的“小学教师周女士”“诵读高小国语第一册”，只是周女士虽然久居北平，但“语感不甚强，且不甚了解我人之旨”，所以 5 月 23 日上午来后将国语第一册读完，后面就改成了魏建功。② 5 月 25 日“今日请魏建功为校读国语课本。自上午九时至下午三时半，仅通过一十三篇”，魏建功不只熟谙京音，且本身就是语言学家，所以他“不特留意语言，并及内容，较之周小姐自有大不同”，叶圣陶于此颇感满意，“此书经如此琢磨，可以拿得出去，亦是一乐”。③ 这之后，魏建功就常来参与语文课本的读改了，譬如 1949 年 6 月 20 日“上午建功来，共读国语第三册之十余课”④。读改语文课本的工作一直持续了很多年，到 1953 年 1 月 6 日“今日在讨论小学语文稿时得一新知。稿由王湉朗诵”⑤。除请北京当地人朗诵外，叶圣陶先生也常自读，1952 年 3 月 18 日，“早上仲仁来言，初中语文课本经数人看过，各有修改意见，最好集三位原编者共同通读，定其然否……从第一篇起，由余朗读其课文，并及注解、提示。遇有可商处，即停止而细商之”⑥。

叶圣陶亲自读改的教科书，语文之外比较多的是丁晓先的历史课本。1950 年 2 月 6 日“夜听晓先读其所撰历史第一章之第一节，已四易其稿矣”⑦；1951 年 9 月 25 日“夜间与晓先共读其重编之小学历史第三册之课文，

---

① 叶圣陶：《北游日记（甲抄）》，叶至善、叶至美、叶至诚编：《叶圣陶集》（第 22 卷），江苏教育出版社 1994 年版，第 435 页。

② 叶圣陶：《叶圣陶日记：一九四九年》，《叶圣陶研究年刊》2011 年版，第 55 页。

③ 叶圣陶：《叶圣陶日记：一九四九年》，《叶圣陶研究年刊》2011 年版，第 56 页。

④ 叶圣陶：《叶圣陶日记：一九四九年》，《叶圣陶研究年刊》2011 年版，第 63 页。

⑤ 叶圣陶：《北游日记（甲抄）》，叶至善、叶至美、叶至诚编：《叶圣陶集》（第 22 卷），江苏教育出版社 1994 年版，第 410 页。

⑥ 叶圣陶：《北游日记（甲抄）》，叶至善、叶至美、叶至诚编：《叶圣陶集》（第 22 卷），江苏教育出版社 1994 年版，第 304 页。

⑦ 叶圣陶：《北游日记（甲抄）》，叶至善、叶至美、叶至诚编：《叶圣陶集》（第 22 卷），江苏教育出版社 1994 年版，第 94 页。

随即修正其文辞。工作两小时，看过半册”①。后来的10月13日“夜间与晓先共校高小历史第四册之校样半册，即顺便为之修润”，14日“与晓先续为校改历史课本，又经三时有余而毕”② 也应该是采用了相同的读改办法。

二、读改课本的基本考虑

教科书读改模式，在叶圣陶“久已存心”，它之所以在新中国成立初期的教科书编审过程中得到启用，是因为受到了来自个人认识、工作要求到社会形势等多个方面的影响和推动。

（一）个人语言认识的激发

1. 语言与思维的关系

新中国成立前，叶圣陶、宋云彬等编审教科书时即敏锐地注意到，人们中间流行着“只要思想搞通，文章写不通也无关重要”的论调。宋云彬1949年8月19日日记提及傅彬然与朱智贤合辑了一本来自解放区讲各科教学法的师范教本，其文句不通“出人意表”，“圣陶曾因此大为不快，颇有辞职不干之意”。宋云彬借此联想，“圣陶拟订中学课程标准，其中有一项说明：‘一个词儿用得合适不合适，一个虚字该补上还是该删掉，都是内容问题，不是文字问题。表达内容既然以语言为工具，唯有语言运用得得当，才能表达得得当。’……圣陶殆有为而发欤？”③。

叶圣陶后来对语言与内容、思想的关系作过很多思考。1950年10月28日日记，“伏案作文……题为《没有什么文字问题》。言文字问题实为语言问题，亦即思想问题，缘思想必凭借语言而进行也”④；1950年12月9日“乔木续发言，承认中国文字之混乱现象，而要求语言学者予以准绳，确定文法。余意混乱是事实，而毛病不在讲文法，乃在词汇之乱用，语言之不精练，毛病还在思想方面”⑤；1952年5月7日，“晨八点半，至干部学校讲语文课……

① 叶圣陶：《北游日记（甲抄）》，叶至善、叶至美、叶至诚编：《叶圣陶集》（第22卷），江苏教育出版社1994年版，第234页。

② 叶圣陶：《北游日记（甲抄）》，叶至善、叶至美、叶至诚编：《叶圣陶集》（第22卷），江苏教育出版社1994年版，第242页。

③ 宋云彬著，海宁市档案局（馆）整理：《宋云彬日记》，中华书局2016年版，第210页。

④ 叶圣陶：《北游日记（甲抄）》，叶至善、叶至美、叶至诚编：《叶圣陶集》（第22卷），江苏教育出版社1994年版，第142—143页。

⑤ 叶圣陶：《北游日记（甲抄）》，叶至善、叶至美、叶至诚编：《叶圣陶集》（第22卷），江苏教育出版社1994年版，第153页。

今日余之所讲仍为老套，无非思想依靠语言云云”①。叶圣陶的观点得到了同人的认可和响应，在宋云彬之外，尚有魏建功和朱文叔等人。叶圣陶 1950 年 12 月 9 日说语言混乱的“毛病还在思想方面”，日记里即提到“此意建功与余相同”。② 朱文叔在撰写的《小学语文教学法》中，“于概念与词之关系讲得甚多，期教师深明思想与语言之关系，然后施教，用心甚可钦”③。

叶圣陶的很多认识，和斯大林在《马克思主义与语言学问题》中表达的观点切近，因此他几次演讲、作文介绍斯大林的说法。1953 年 2 月 7 日至中宣部干部学校“应约为作讲……余依斯大林之说，讲语言为工具、语言与思维之关系等，一讲三小时，自觉尚满意”④。3 月 20 日，“重看斯大林关于语言学问题之著作。午睡醒来，作文就斯大林语，浅释语言与思想之联系，供《语文学习》之用”⑤。这篇文章在 23 日写完，题作“语言跟思想的联系”，交给了张志公。斯大林的论述与叶圣陶的观点多有相合处，以致一个月后的 4 月 25 日，叶圣陶又重读了“《马克思主义与语言学问题》一遍”，并感慨“斯氏之作，言简而含意深广，余重读一遍，辄增加若干新的体会”。叶圣陶 1952 年 5 月 14 日为俄文编译局演讲时强调：“语言既为思想所凭借，则思想之表达与传递，非求语言之正确明白不可。不能谓某人之思想固正确明白，而其语言文字则草率谬误。脱离语言文字，又何从判其思想之正确明白乎……‘语言是思想的定型’。”⑥ 此后 1953 年中国文学艺术工作者第二次代表大会上发言，叶圣陶重申了这个想法。思维、认识活动的结果，在叶圣陶看来“无非是说成明白通畅的语言”⑦，编审教科书时读改文字，通过“说出来”的语言判断、完善认识和思想当然是必要的途径了，在一定意义上说，

① 叶圣陶：《北游日记（甲抄）》，叶至善、叶至美、叶至诚编：《叶圣陶集》(第 22 卷)，江苏教育出版社 1994 年版，第 325 页。

② 叶圣陶：《北游日记（甲抄）》，叶至善、叶至美、叶至诚编：《叶圣陶集》(第 22 卷)，江苏教育出版社 1994 年版，第 153 页。

③ 叶圣陶：《北游日记（甲抄）》，叶至善、叶至美、叶至诚编：《叶圣陶集》(第 22 卷)，江苏教育出版社 1994 年版，第 335 页。

④ 叶圣陶：《北游日记（甲抄）》，叶至善、叶至美、叶至诚编：《叶圣陶集》(第 22 卷)，江苏教育出版社 1994 年版，第 426 页。

⑤ 叶圣陶：《北游日记（甲抄）》，叶至善、叶至美、叶至诚编：《叶圣陶集》(第 22 卷)，江苏教育出版社 1994 年版，第 442 页。

⑥ 叶圣陶：《北游日记（甲抄）》，叶至善、叶至美、叶至诚编：《叶圣陶集》(第 22 卷)，江苏教育出版社 1994 年版，第 327—328 页。

⑦ 中央教育科学研究所：《叶圣陶语文教育论集》，教育科学出版社 1980 年版，第 637 页。

"修改文章不是什么雕虫小技，其实就是修改思想，要它想得更正确、更完美"①，"修改语言同时是修改意思"②。

2. 语与文的关系

叶圣陶主持、宋云彬等编写1950年12月人教社出版的《初级中学语文课本》第一册《编辑大意》说："说出来是语言，写出来是文章，文章依据语言，'语'和'文'是分不开的。语文教学应该包括听话、说话、阅读、写作四项。因此，这套课本不再用'国文'或'国语'的旧名称，改称'语文课本'。"③ 教科书上对于"语文"学科性质的界定，实际导源于叶圣陶一贯秉承的思想。其于1946年5月1日《中学生》上发表了《谈文章的修改》一文，里面提到，"写文章就是说话，也就是想心思。思想，语言，文字，三样其实是一样"④，"思想是脑子里在说话——说那不出声的话，如果说出来，就是语言，如果写出来，就是文字"⑤。1951年1月10日，又在《新观察》上撰《写话》，"话怎么说，文章就怎么写"⑥。

文章既然是语言的书面形式，那么检验、修正文字的有效办法，当然是重新把它读出来，看看读着是否合适、怎样修改读着合适。叶圣陶认为，"写话是要写成的文章句句上口，在纸面上是一篇文章，照着念出来就是一番话。上口，这是个必要的条件……通篇上口的文章不但可以念，而且可以听，听起来跟看起来念起来一样得清楚明白，不发生误会"，对照"上口"的要求，检查文章的办法则是"把写成的文章念一遍"，"不要把它当文章念，要把它当话说，看说下去有没有不上口的地方，有没有违反现代语言规律的地方"。⑦ 叶圣陶一直到晚年都关注基于"语"的"文"，1978年4月20日在新

---

① 中央教育科学研究所：《叶圣陶语文教育论集》，教育科学出版社1980年版，第448页。

② 中央教育科学研究所：《叶圣陶语文教育论集》，教育科学出版社1980年版，第632页。

③ 中央人民政府出版总署编审局：《编辑大意》，宋云彬等编：《初级中学语文课本：第一册》(第一次修订原版)，人民教育出版社1950年版。

④ 中央教育科学研究所：《叶圣陶语文教育论集》，教育科学出版社1980年版，第447页。

⑤ 中央教育科学研究所：《叶圣陶语文教育论集》，教育科学出版社1980年版，第448页。

⑥ 中央教育科学研究所：《叶圣陶语文教育论集》，教育科学出版社1980年版，第454页。

⑦ 中央教育科学研究所：《叶圣陶语文教育论集》，教育科学出版社1980年版，第456—457页。

华社国内记者业务训练班上讲话仍说：“文章改完之后，最好是念一两遍。这也是个好习惯。怎么念法呢？要跟平常说话一样地念，而不是像有些同志在会上做报告念稿子那样念法。要念起来上口，听起来顺耳……要念到没有什么别扭，没有什么听不明白的地方才好。”① 文章固然需要加工，不过“要在平常说话习惯的基础上加工，做到比平常说话更好”②。

（二）中小学课本的语言特点

鉴于心智发展水平和环境、阅历的限制，中小学生的学习既须注重学科，又要兼顾语言。能够为学生理解接受的，首要的当然是其平时常用的通俗口语。教科书涉及的对象语言、叙述语言，在新中国成立初期一般都以通俗、流畅、准确、清晰作为评判标准。

1. 教科书审读意见中的语言取向

1949 年 7 月 6 日，中共中央宣传部印发了由编审委员会草拟的《中小学教科用书审读意见书》。因为“编撰没有那么快”，委员会先做了对新中国将用的以往的教科书的审读工作，然后再行修订和新编。《意见书》以举例的方式，对教科书语言做了限定和说明。

国语、国文以语言的学习为重点，自然重视语言的品质。《开明新编国文读本甲种》“每篇文字经编者修润，相当顺适”③；叶圣陶编《幼童国语读本》《儿童国语读本》“文句均能上口”④；哈尔滨市教育局编《初中临时教材国文》“注释采用口语，较过去直抄辞书字典者，较为生动活泼”⑤；山东省政府教育厅编审《小学课本国语》“就文字而论，比较华北的来得流利通畅，没有什么大毛病”⑥。教材语言运用得不好，自然免不了修润，华北新华书店印行的《初中国文》“文字大概没有经过编者修润，不免有些毛病，如果用书写

① 中央教育科学研究所：《叶圣陶语文教育论集》，教育科学出版社 1980 年版，第 584 页。

② 中央教育科学研究所：《叶圣陶语文教育论集》，教育科学出版社 1980 年版，第 487 页。

③ 华北人民政府教育部教科书编审委员会：《中小学教科用书审读意见书》，中国共产党中央宣传部 1949 年版，第 39 页。

④ 华北人民政府教育部教科书编审委员会：《中小学教科用书审读意见书》，中国共产党中央宣传部 1949 年版，第 24 页。

⑤ 华北人民政府教育部教科书编审委员会：《中小学教科用书审读意见书》，中国共产党中央宣传部 1949 年版，第 37 页。

⑥ 宋云彬著，海宁市档案局（馆）整理：《宋云彬日记》，中华书局 2016 年版，第 21 页。

须用纯粹口语的观点来看，该修润的地方更多了”①；东北政委会编《高小国语》“但文字上如能再加修润，效果必然更大”②；贾祖璋编开明版《初中植物学教本》“此书叙述简单明瞭，文字有时稍有语病”③；周颂久编商务版《物理学》“叙述与说理颇能照顾到中学生的对象，但似过分要节省篇幅，致使许多地方未能得到应有的清楚明白”④。

新中国成立初期的教科书，因为成于众手且个人理解不同，其在语言使用方面仍然存在一定问题。叶圣陶1950年5月16日日记“座谈我局所编高中初中第一册语文课本。诸君皆先认真阅过原稿，见无不言，深可感激。以为课文在语言方面尚欠纯粹”⑤。不只语文要注意语言，其他学科都须讲究语言锤炼，叶圣陶1950年10月26日日记“理科之教学而至于讲解文字，其教学效果必寡矣”⑥；宋云彬1951年1月5日日记，“下午自然组组务会议，余以副总编辑名义出席。余谓自然课本亦须注意语文方面，否则我们辛辛苦苦编语文课本，而其他课本之文字不能与之配合，一齐人傅之，众楚人咻之，不等于白费工夫乎？圣陶颇韪余言”⑦。当年的课本书稿，在最后印制之前，一般都需要叶圣陶审改把关，他对此多有记录。1950年5月19日为曾次亮初中地理“重读一过，润色其文字”⑧，5月26日“曾君之文字实粗糙，余修改亦不能精细也”⑨；1951年10月15日“墨偶以高小自然校样嘱至善阅看，至善发见其书多粗糙含糊之语，谓实非善本”；1952年4月1日“王芝九与颜逦

① 华北人民政府教育部教科书编审委员会：《中小学教科用书审读意见书》，中国共产党中央宣传部1949年版，第35页。

② 华北人民政府教育部教科书编审委员会：《中小学教科用书审读意见书》，中国共产党中央宣传部1949年版，第23页。

③ 华北人民政府教育部教科书编审委员会：《中小学教科用书审读意见书》，中国共产党中央宣传部1949年版，第46页。

④ 华北人民政府教育部教科书编审委员会：《中小学教科用书审读意见书》，中国共产党中央宣传部1949年版，第57页。

⑤ 叶圣陶：《北游日记（甲抄）》，叶至善、叶至美、叶至诚编：《叶圣陶集》(第22卷)，江苏教育出版社1994年版，第112页。

⑥ 叶圣陶：《北游日记（甲抄）》，叶至善、叶至美、叶至诚编：《叶圣陶集》(第22卷)，江苏教育出版社1994年版，第142页。

⑦ 宋云彬著，海宁市档案局（馆）整理：《宋云彬日记》，中华书局2016年版，第299页。

⑧ 叶圣陶：《北游日记（甲抄）》，叶至善、叶至美、叶至诚编：《叶圣陶集》(第22卷)，江苏教育出版社1994年版，第113页。

⑨ 叶圣陶：《北游日记（甲抄）》，叶至善、叶至美、叶至诚编：《叶圣陶集》(第22卷)，江苏教育出版社1994年版，第114页。

卿之稿可谓最粗之毛坯，皆信笔挥洒……余为之修润不能甚细”①。当初翻译苏联教科书不少，不过译笔不佳，也需要为之大幅改动。1950 年 10 月 16 日“唯译笔不佳，我国中学生读之，颇多文字上之障碍”②；又 10 月 26 日日记“余续阅植物教本，加以修改。此书翻译之成分多，供初中用，学生多文字上之障碍，但令自观，未必能明。于是教师须为讲解文字。理科之教学而至于讲解文字，其教学效果必寡矣”③；1951 年 5 月 3 日“观梁君所译苏联某氏心理学稿。译文又殊粗劣，观之似懂非懂，文句多莫可辨析，辄为皱眉，一一记之于纸”④；1952 年 10 月 8 日“理化室诸君翻译尚不恶，但尚有不类我国语言处，又有尚欠精密处，拟为之仔细校改，使成较善之本”⑤。

在强化思想政治教育的目标要求之下，当时很多编审者偏向将与政治相关的时事报道选作教材，不过叶圣陶对此并不赞同，他甚至认为报纸文风影响了教科书表达，称其为“报纸调”。1951 年 11 月 19 日“上午看语文组所选教材，将以修订已出之教本者。诸君多取材于杂志，而杂志文字往往报道一时一地之事，事过境迁，即感乏味。语文教本并非报章文章之汇辑，此意向不为同人所通晓也”⑥。对于取材报章的担忧一直延续，1952 年 3 月 5 日叶圣陶又与蒋仲仁谈起此事：“语文组同人不注意语文，所写所撰教材顾到思想政治一面，忽略艺术一面，致中学教本无异于报道时事时人之杂志，各篇皆不能起感染作用。余自以为颇关心我国语文之前途，而我社之书若是，实使余颇为懊丧。”⑦ 金灿然对此亦持相同见解，他在 3 月 6 日告诉叶圣陶，“初中语文本第一册之提示多及政治而疏于语文方面，殊非所宜”，叶圣陶则“告以所选文篇可诵者甚少，仅注意解放以来之新事物，而文皆平平，告诉人家

---

① 叶圣陶：《北游日记（甲抄）》，叶至善、叶至美、叶至诚编：《叶圣陶集》（第 22 卷），江苏教育出版社 1994 年版，第 311 页。

② 叶圣陶：《北游日记（甲抄）》，叶至善、叶至美、叶至诚编：《叶圣陶集》（第 22 卷），江苏教育出版社 1994 年版，第 139 页。

③ 叶圣陶：《北游日记（甲抄）》，叶至善、叶至美、叶至诚编：《叶圣陶集》（第 22 卷），江苏教育出版社 1994 年版，第 142 页。

④ 叶圣陶：《北游日记（甲抄）》，叶至善、叶至美、叶至诚编：《叶圣陶集》（第 22 卷），江苏教育出版社 1994 年版，第 191 页。

⑤ 叶圣陶：《北游日记（甲抄）》，叶至善、叶至美、叶至诚编：《叶圣陶集》（第 22 卷），江苏教育出版社 1994 年版，第 377 页。

⑥ 叶圣陶：《北游日记（甲抄）》，叶至善、叶至美、叶至诚编：《叶圣陶集》（第 22 卷），江苏教育出版社 1994 年版，第 254 页。

⑦ 叶圣陶：《北游日记（甲抄）》，叶至善、叶至美、叶至诚编：《叶圣陶集》（第 22 卷），江苏教育出版社 1994 年版，第 298 页。

有这么一回事而已，能感动人者、足以生感染作用者不多见，此为最无可奈何事”。① 叶圣陶洞察报章文字缺点，认为“殊少能表出作者个性，用词布局俱有程式，喜长不喜短，不熟悉之事物亦强欲挥写”②；而摘选报章已成同人选材习惯，1952 年 3 月 24 日日记“今日之语文本为报章杂志文字之选辑，与时事杂志无异。同社诸君乐趋此道”③；“乐趋此道”甚至影响了教科书文风，1952 年 3 月 1 日“同人笔下多用报纸调，句长，句之组织累赘，去语言甚远，唯能‘目治’而不适于耳受”④。认识报纸调缺点、改正文风，使其由“目治”转向“适于耳受”，读改当然是一个较为直接的办法。

2. 教科书编审新人的语言能力培养

从事新中国教科书编审的人员，无论是编审委员会还是编审局，甚至是成立之初的人教社，除叶圣陶、宋云彬、朱文叔、蒋仲仁、丁晓先、金灿然、田世英等数人从事过教科书编纂外，其他陆续加入的人多为普通教师等一般的教育工作者，他们对于教科书编审业务并不熟悉。

教科书编审是特殊的编辑、研究工作，对于语言文字的把握要求极高，而新人容易在这个方面存在不足。叶圣陶 1951 年 1 月 4 日日记提及，“同人中于编辑少经验，文字训练亦差，殊觉看不顺眼”⑤；1951 年 4 月 13 日“其余诸君于编辑皆少经验，写成之稿是否像样，莫可预料”⑥。宋云彬日记于此亦屡次谈起，1950 年 2 月 22 日日记，“编课本实大难事，人手少，仅一蒋仲仁可帮忙，余均大小庸才，奈何奈何”⑦；其 3 月 13 日的日记表达了同样的感受，“一组里能真正作编辑工作者，除余外只仲仁、文叔，而文叔兼第四处工

① 叶圣陶：《北游日记（甲抄）》，叶至善、叶至美、叶至诚编：《叶圣陶集》（第 22 卷），江苏教育出版社 1994 年版，第 299 页。

② 叶圣陶：《北游日记（甲抄）》，叶至善、叶至美、叶至诚编：《叶圣陶集》（第 22 卷），江苏教育出版社 1994 年版，第 232 页。

③ 叶圣陶：《北游日记（甲抄）》，叶至善、叶至美、叶至诚编：《叶圣陶集》（第 22 卷），江苏教育出版社 1994 年版，第 308 页。

④ 叶圣陶：《北游日记（甲抄）》，叶至善、叶至美、叶至诚编：《叶圣陶集》（第 22 卷），江苏教育出版社 1994 年版，第 297 页。

⑤ 叶圣陶：《北游日记（甲抄）》，叶至善、叶至美、叶至诚编：《叶圣陶集》（第 22 卷），江苏教育出版社 1994 年版，第 158 页。

⑥ 叶圣陶：《北游日记（甲抄）》，叶至善、叶至美、叶至诚编：《叶圣陶集》（第 22 卷），江苏教育出版社 1994 年版，第 185 页。

⑦ 宋云彬著，海宁市档案局（馆）整理：《宋云彬日记》，中华书局 2016 年版，第 248 页。

作，不能专心修改课文，杜子劲等皆庸才耳，奈何奈何”①；6月15日日记，“注释《语文课本》，发见杜子劲修改《撞车》一课，反将原文改坏了，点金成铁，此之谓也”②；6月21日日记则言，“我处宜添聘一文字通顺，能专事修改原稿者。以此意告之圣陶，圣陶亦以为然，其奈不易物色何”③。语文能力的薄弱，体现在课本的编写上则是影响了教科书的质量。叶圣陶几年的日记里对此有持续的记载，1949年12月21日“与云彬、文叔、子勤（劲）、仲仁会谈初中语文一二册材料。此材料系同人所选，由子勤（劲）编定者。其中不能满意者多，还待重选，而实未易得也”④；1950年5月12日“阅看语文选材，满意者太少，殊感闷损”⑤；9月7日“下午，看国文教材，多不当意者”⑥；1952年3月17日“与少数同人共谈刘御所撰小学语文第一册之稿……此册实平平，无多大毛病亦无多精彩……诸君下笔均欠精细”⑦；4月11日“上下午俱与语文组编初中课本几位共读补选之两篇教材。他们眼光较差，看文篇不辨好坏，用力虽勤，而大多归于浪费”⑧。

为提升编审新人的语言能力，叶圣陶亲自规划业务学习。1949年10月12日“上午与少数同人集谈，商如何培植新同人”⑨；1950年1月20日“四时半，为同人语文学习组讲话。取不妥文字一篇，一一指其谬误”⑩；2月23

① 宋云彬著，海宁市档案局（馆）整理：《宋云彬日记》，中华书局2016年版，第252页。

② 宋云彬著，海宁市档案局（馆）整理：《宋云彬日记》，中华书局2016年版，第270页。

③ 宋云彬著，海宁市档案局（馆）整理：《宋云彬日记》，中华书局2016年版，第271页。

④ 叶圣陶：《北游日记（甲抄）》，叶至善、叶至美、叶至诚编：《叶圣陶集》（第22卷），江苏教育出版社1994年版，第87页。

⑤ 叶圣陶：《北游日记（甲抄）》，叶至善、叶至美、叶至诚编：《叶圣陶集》（第22卷），江苏教育出版社1994年版，第111页。

⑥ 叶圣陶：《北游日记（甲抄）》，叶至善、叶至美、叶至诚编：《叶圣陶集》（第22卷），江苏教育出版社1994年版，第129页。

⑦ 叶圣陶：《北游日记（甲抄）》，叶至善、叶至美、叶至诚编：《叶圣陶集》（第22卷），江苏教育出版社1994年版，第304页。

⑧ 叶圣陶：《北游日记（甲抄）》，叶至善、叶至美、叶至诚编：《叶圣陶集》（第22卷），江苏教育出版社1994年版，第315页。

⑨ 叶圣陶：《北游日记（甲抄）》，叶至善、叶至美、叶至诚编：《叶圣陶集》（第22卷），江苏教育出版社1994年版，第75页。

⑩ 叶圣陶：《北游日记（甲抄）》，叶至善、叶至美、叶至诚编：《叶圣陶集》（第22卷），江苏教育出版社1994年版，第91页。

日“九时至总署，参加署中总学委会之首次集会……政治学习与文化学习应并重，尤宜与业务连结”①。叶圣陶培植新同人的一个非常重要的方式，是集合数人共同探讨。譬如 1952 年 3 月 20 日“上下午俱修改语文教本……且如是同斟共酌，凡与其役者皆有进境。提高业务，此为正轨”②；22 日“仍与语文组数人共同修改语文教本，一天工夫仅得四篇”③；4 月 7 日“下午，与仲仁、计志中、霍德元三人共读小学算术课本，略加修改”④。1951 年 5 月 5 日，“晓先所撰高小历史课本第二册已排校，而文字尚草率，须加修整。因就其校样与晓先共商改正”，因为张允和 4 月份才来人教社工作，于是请她和苗孕华二人旁听，也略微参加意见⑤。共同读改收到了预想的效果，1952 年 3 月 18 日“初中语文课本经数人看过集三位原编者共同通读……从第一篇起，由余朗读其课文，并及注解、提示。遇有可商处，即停止而细商之。此稿余已看过数回，今在通读中，又颇发见其未安。集思广益之效，诚足深信”⑥，叶圣陶将读改课本与当时流行的“集思广益”联系到了一起。这样的工作与学习兼顾的方式，也得到了其他参与者的认可，参加这次讨论的“梁君”就跟叶圣陶表达了自己的收获，“前数日参加初中语文编辑之梁君语余，谓连日共商改教材，于彼颇有益处，与仅凭稿端批改、字条达意者不同。余闻其言亦复欣然”⑦。其他素有经验者也借此方法培养新人，1951 年 7 月 11 日“灿然细看初中外国地理课本，发现错误及文理不通处甚多，为地理组同人讲之，亦期其提高识力之意”⑧。

---

① 叶圣陶：《北游日记（甲抄）》，叶至善、叶至美、叶至诚编：《叶圣陶集》（第 22 卷），江苏教育出版社 1994 年版，第 96 页。

② 叶圣陶：《北游日记（甲抄）》，叶至善、叶至美、叶至诚编：《叶圣陶集》（第 22 卷），江苏教育出版社 1994 年版，第 306 页。

③ 叶圣陶：《北游日记（甲抄）》，叶至善、叶至美、叶至诚编：《叶圣陶集》（第 22 卷），江苏教育出版社 1994 年版，第 307 页。

④ 叶圣陶：《北游日记（甲抄）》，叶至善、叶至美、叶至诚编：《叶圣陶集》（第 22 卷），江苏教育出版社 1994 年版，第 313 页。

⑤ 叶圣陶：《北游日记（甲抄）》，叶至善、叶至美、叶至诚编：《叶圣陶集》（第 22 卷），江苏教育出版社 1994 年版，第 192 页。

⑥ 叶圣陶：《北游日记（甲抄）》，叶至善、叶至美、叶至诚编：《叶圣陶集》（第 22 卷），江苏教育出版社 1994 年版，第 304 页。

⑦ 叶圣陶：《北游日记（甲抄）》，叶至善、叶至美、叶至诚编：《叶圣陶集》（第 22 卷），江苏教育出版社 1994 年版，第 309 页。

⑧ 叶圣陶：《北游日记（甲抄）》，叶至善、叶至美、叶至诚编：《叶圣陶集》（第 22 卷），江苏教育出版社 1994 年版，第 212 页。

（三）对文字改革的顺应

与以往汉字汉语改革不同的是，和新中国成立几乎同时的文字改革运动，是政府领导、专家支持、民众参与的国家行为。叶圣陶指出："我们的书对读者进行社会科学、自然科学、文学美术种种方面的教育，同时对读者进行语言的教育……语言跟内容是拆不开的，必须语言方面毫不马虎随便，才可以恰如其分地表达出那个内容。想到这些，我就不敢存马虎随便的心思。"①

1. 参与文字改革的设计论证

叶圣陶早期对"大众语文"持肯定、支持态度，1934 年 6 月 25 日在《申报・自由谈》上撰《杂谈读书作文和大众语文学》，提出"大众语文学须由大众的努力，才得建立起来。教育家、语言学家、文学家等等尤其要特别努力"，② 并创作了大量的白话小说、散文。

1949 年刚到北平，叶圣陶就参与了最初文字改革的设计和论证工作。1949 年 5 月 29 日，应吴玉章、黎劭西之招，讨论发起成立中国文字改革研究会，"大家倾向于改用拼音文字"③；8 月 7 日，又到华北大学总部，开文字改革会发起人第二次会，定名为"中国文字改革协进会"④；10 月 10 日"至协和礼堂，开文字改革协会成立大会……余在理事之内"⑤；10 月 20 日"开文字改革协会理事会……诸人发言，多主张拼音文字用北方拉丁化方案为基础，而加以改进……末了选举常务理事二十五人，余在其内"⑥。关于拼音文字的讨论，在 1950 年又延续下来，除了文字改革协会会议⑦，也到教育部探讨文

① 中央教育科学研究所编：《叶圣陶语文教育论集》，教育科学出版社 1980 年版，第 641 页。

② 中央教育科学研究所编：《叶圣陶语文教育论集》，教育科学出版社 1980 年版，第 604 页。

③ 叶圣陶：《叶圣陶日记：一九四九年》，《叶圣陶研究年刊》2011 年版，第 57 页。

④ 叶圣陶：《叶圣陶日记：一九四九年》，《叶圣陶研究年刊》2011 年版，第 77 页。

⑤ 叶圣陶：《北游日记（甲抄）》，叶至善、叶至美、叶至诚编：《叶圣陶集》(第 22 卷)，江苏教育出版社 1994 年版，第 75 页。

⑥ 叶圣陶：《北游日记（甲抄）》，叶至善、叶至美、叶至诚编：《叶圣陶集》(第 22 卷)，江苏教育出版社 1994 年版，第 77 页。

⑦ 叶圣陶：《北游日记（甲抄）》，叶至善、叶至美、叶至诚编：《叶圣陶集》(第 22 卷)，江苏教育出版社 1994 年版，第 111 页。

字改革,[①] 更有私下与胡愈之、魏建功、孙伏园、萧家霖等人的交流。[②] 在同胡乔木的座谈中，胡传达了毛泽东等领导人的意见，“乔木主张文字改革，多造简体汉字，以毛主席亦倾向此意”[③]。1950 年 12 月 9 日，叶圣陶到中国科学院听罗常培报告斯大林关于语言学问题论著中之要点及其与中国语言学方面之联系问题，胡乔木在接下来的发言中“承认中国文字之混乱现象，而要求语言学者予以准绳，确定文法”。不过叶圣陶认为，“余意混乱是事实，而毛病不在讲文法，乃在词汇之乱用，语言之不精练，毛病还在思想方面”[④]。

自 1951 年始，叶圣陶对文字改革的关注转向对于语言规范的侧重。在胡乔木的推动之下，叶圣陶、罗常培、吕叔湘、胡绳等人，开始在新闻报道、语言研究、教科书编纂等领域，大力倡导语言规范。1951 年 1 月 14 日，“偕建功访莘田，三人同应乔木之招，会于中南海，乔木主语言文字以毛主席与鲁翁之作为准。……以彼为范式，固可以号召，但举例之时，编辑者不妨斟酌其间，择其纯粹者而用之”[⑤]。后又与胡乔木一道，商请吕叔湘、朱德熙在《人民日报》连载语法修辞讲话；《人民日报》为此于 1951 年 6 月 6 日发表社论说“我们还有许多同志不注意这个问题，在他们所用的语言中有很多含糊和混乱的地方”，要“正确地使用祖国的语言，为语言的纯洁和健康而斗争”[⑥]。此后叶圣陶于缓急之间，在新华社、中央团校、北京市文联、民盟天津支部、人教社等多个单位，为学员讲授语言规范、剖析语文疵病、倡导崭新文风。为扩大宣传效果，叶圣陶与同人商量由工会与广播事业局联合发起推出语法讲座的广播，并专为此事“作一书致叔湘”[⑦]。叶圣陶对于语言规范的热情，甚至让他对胡乔木写的《中共的三十年》也挑了语病：“胡乔木作

---

① 叶圣陶:《北游日记（甲抄)》，叶至善、叶至美、叶至诚编:《叶圣陶集》(第 22 卷)，江苏教育出版社 1994 年版，第 147 页。

② 叶圣陶:《北游日记（甲抄)》，叶至善、叶至美、叶至诚编:《叶圣陶集》(第 22 卷)，江苏教育出版社 1994 年版，第 96，133 页。

③ 叶圣陶:《北游日记（甲抄)》，叶至善、叶至美、叶至诚编:《叶圣陶集》(第 22 卷)，江苏教育出版社 1994 年版，第 132 页。

④ 叶圣陶:《北游日记（甲抄)》，叶至善、叶至美、叶至诚编:《叶圣陶集》(第 22 卷)，江苏教育出版社 1994 年版，第 153 页。

⑤ 叶圣陶:《北游日记（甲抄)》，叶至善、叶至美、叶至诚编:《叶圣陶集》(第 22 卷)，江苏教育出版社 1994 年版，第 161 页。

⑥《正确地使用祖国的语言，为语言的纯洁和健康而斗争!》，《人民日报》，1951 年 6 月 6 日第 1 版。

⑦ 叶圣陶:《北游日记（甲抄)》，叶至善、叶至美、叶至诚编:《叶圣陶集》(第 22 卷)，江苏教育出版社 1994 年版，第 259 页。

‘中共的三十年’……而造语遣词，疏漏颇多。在号召群众留意语文之今日，且为文者为乔木，实不宜有此。”于是请人教社同人一一举出疏漏，“由文叔加以整理，送请采纳”①。除此而外，叶圣陶先后撰写《语文随笔》《拆开来说》《多说和少说》《一些简单的意见》等在《人民日报》《中国语文》发表，积极倡导说写简洁、明白、上口的语言。

2. 在课本编撰中贯彻文字改革精神

叶圣陶在论及文字改革、语言规范的多篇文章中，均提到了学校教育、教科书编纂的促进作用。语文的学科价值无疑在语言学习方面，“小学里的语文课，中学里的文学课，除了思想政治教育的任务以外，都是对学生进行语言教育的”②。而其他学科也须以语言文字为知识传达的载体，因此叶圣陶又强调，“学生用的教材，无论是历史、地理、化学、物理……同时也都是语文教材，从这些教材中都可以学习语言”③。

叶圣陶认为，“在规范化的意义上说，只是指出个明确的目标，希望大家努力学会北京语音”④，在词汇上“无论说话写文章最好全用普通话的词”⑤，语法上要将北京语音的学习与普通话的语法实践联系到一起⑥，在文风上“起码的是简洁明快……明晰畅达”⑦。总之，“语言规范化的工作就要展开……目的要求是做到语音、语汇、语法都有规范……这样，全国人民说话写文章就有了标准……所谓语言规范化，也以首都语为基础”⑧。对如何以首都话为基础做到语言规范化，叶圣陶就锻炼语言、提高语言修养给出了建议，

① 叶圣陶：《北游日记（甲抄）》，叶至善、叶至美、叶至诚编：《叶圣陶集》(第22卷)，江苏教育出版社1994年版，第207页。

② 中央教育科学研究所编：《叶圣陶语文教育论集》，教育科学出版社1980年版，第656页。

③ 中央教育科学研究所编：《叶圣陶语文教育论集》，教育科学出版社1980年版，第685页。

④ 中央教育科学研究所编：《叶圣陶语文教育论集》，教育科学出版社1980年版，第668页。

⑤ 中央教育科学研究所编：《叶圣陶语文教育论集》，教育科学出版社1980年版，第669页。

⑥ 中央教育科学研究所编：《叶圣陶语文教育论集》，教育科学出版社1980年版，第670页。

⑦ 中央教育科学研究所编：《叶圣陶语文教育论集》，教育科学出版社1980年版，第692页。

⑧ 中央教育科学研究所编：《叶圣陶语文教育论集》，教育科学出版社1980年版，第655页。

其中一项是“在日常工作中要多揣摩，多研究，多修改”，“修改文章，可以用自己说话的调子来念。自己的嘴代表一个人，耳朵代表另外一个人，好像这个人说给那个人听一样。用耳朵听，比光凭眼睛看能多看出一些毛病，多发现一些问题。要改到没有办法再改，然后送到排字房去”①，“到现在，文字将要是全体人民的工具，虽然还是拿来看，可不能不充分顾到说和听了，因为唯有能说能听的东西，看起来才能毫无隔阂……写东西非设想到放到口头去说凭耳朵去听不可”②。

叶圣陶特别推广人教社集体听改稿件的经验：“在我们出版社里，有些稿子是集体改的。起稿人写成稿子，打印出来，发给好些人先看，然后大家在一起，念一段改一段。这样修改，当然比自己修改好。”③ 在其主持的很多听改稿件的场合，叶圣陶也的确重视了语言问题。1952 年 3 月 28 日“琢磨文叔复加修改之小学语文本。共谈者六人，余与文叔、仲仁、刘御、王漪及王老师（本京小学之优秀教师，由教部调来，为编辑方面顾问）。除斟酌内容外，余特别嘱王漪与王老师留意课文之语言，务期正确而有神，不违普通话之规律，以二王皆本地人也。一字之增删，一语之改易，遇有佳处，人各会心，亦复有味”④。叶先生 1952 年里参与的类似读改不少，如 10 月 10 日“与文叔、安亭、刘御、季纯、芷芬共同讨论小学语文第二册之稿子……依北京话分别用‘你’‘您’、‘我们’‘咱们’，于是逐课讨论，研磨其文字”⑤。不难发现，指向普通话的规范得到了重点关注。1953 年 1 月 6 日和语文室同人续改小学语文稿时，叶圣陶惊喜地记录了一个生动的例子：“今日在讨论小学语文稿时得一新知。稿由王漪朗诵。‘月亮掉在井里了’，‘小羊儿跑到树林里去了’，她念作‘月亮掉井里了’，‘小羊儿跑树林里去了’，动词与地位词之间不复用通常所谓之介词。历试许多话皆然，此殆是北京话之规律。教本究以

---

① 中央教育科学研究所编：《叶圣陶语文教育论集》，教育科学出版社 1980 年版，第 694 页。

② 中央教育科学研究所编：《叶圣陶语文教育论集》，教育科学出版社 1980 年版，第 662 页。

③ 中央教育科学研究所编：《叶圣陶语文教育论集》，教育科学出版社 1980 年版，第 694 页。

④ 叶圣陶：《北游日记（甲抄）》，叶至善、叶至美、叶至诚编：《叶圣陶集》（第 22 卷），江苏教育出版社 1994 年版，第 309 页。

⑤ 叶圣陶：《北游日记（甲抄）》，叶至善、叶至美、叶至诚编：《叶圣陶集》（第 22 卷），江苏教育出版社 1994 年版，第 377 页。

北京话口语为标准否，今尚未明确，大家决定暂用‘在’与‘到’。”① 这次讨论透露的一个极为重要的信息是，普通话的基础方言、北京话口语与普通话的关系已经引起了叶圣陶等人的关注。查看人教版 1956 年的小学语文课本，《猴子捞月亮》里仍旧是“月亮掉在井里头啦”，这体现出叶圣陶等人对于普通话的精准把握。

三、读改课本的启示

集体读改课本的教科书编审模式，为教材提升内容、形式的质量提供了相当可靠的保证。参与这一工作的多人，于工作能力上颇有提升，满意之情往往溢于言表，“今日有数处改得颇为满意……诸人相对欣然”②，“一字之增删，一语之改易，遇有佳处，人各会心，亦复有味”③，“修润改动至得意处，大家欣然”④。叶圣陶本人于此也多所赞赏：“今在通读中，又颇发现其未安。集思广益之效，诚足深信。”⑤

教科书编写在今天仍旧是国家教育、出版事业中极为重要的一个方面，在与其相关的方针政策、人才保障、发行制度等诸多要素中，质量始终都是无法回避的最为基础的问题。回顾叶圣陶编纂教科书的读改模式，可以得到如下启示：

第一，语言规范仍是新时代课本的主要任务。2000 年以来的语文生态，丰富多彩也纷繁复杂，高扬个性的创意言说，在凸显自我时也突破了常规，包含低级语病的缺陷表达借由便捷快速的自媒体工具，得到了最大范围的传播，产生了最为消极的影响。通过读改课本强化对于规范语言的检视，在这个时代具有了新的讨论空间。

第二，口传心授仍是教科书编纂人才成长的重要途径。新中国成立七十多年来，课程与学科的建设无疑取得了长足的进步，然而与之对应的教科书

① 叶圣陶：《北游日记（甲抄）》，叶至善、叶至美、叶至诚编：《叶圣陶集》(第 22 卷)，江苏教育出版社 1994 年版，第 410 页。

② 叶圣陶：《北游日记（甲抄）》，叶至善、叶至美、叶至诚编：《叶圣陶集》(第 22 卷)，江苏教育出版社 1994 年版，第 336 页。

③ 叶圣陶：《北游日记（甲抄）》，叶至善、叶至美、叶至诚编：《叶圣陶集》(第 22 卷)，江苏教育出版社 1994 年版，第 309 页。

④ 叶圣陶：《北游日记（甲抄）》，叶至善、叶至美、叶至诚编：《叶圣陶集》(第 22 卷)，江苏教育出版社 1994 年版，第 412 页。

⑤ 叶圣陶：《北游日记（甲抄）》，叶至善、叶至美、叶至诚编：《叶圣陶集》(第 22 卷)，江苏教育出版社 1994 年版，第 304 页。

却并非学科的简单微缩，无论知识是否前沿，以合乎中小学生身心特点的方式传达出去，始终是功能强大的人工智能无法解决的问题。知识储备与教育经历的丰厚，并不意味着教科书内容设置与传达的得体，做好这项工作仍需专门人员的专门培养，教科书读改模式在这一方面的作用明显无可替代。

第三，读改模式的实施仍需专家引领。教科书读改要求一边读一边改，主持其事者需要具备深厚的学养、敏锐的思维和高超的语言能力。即如语言艺术炉火纯青似叶圣陶者，对于教科书修改都难保万无一失，其审改方宗熙《达尔文主义基础》，“唯有一处误会其原意，改成错误”①。即使是叶圣陶所熟悉的语文这样的学科，他仍旧多所反思，1952 年 3 月 31 日与同人“续读小学语文本稿小学教师王女士之修订颇有见，斟酌内容，改易语调，皆中窍要。我人勉强写北方语，往往有杜撰之说法，经渠说破，不觉失笑。因思文艺作者欲使语言灵活，妙达神趣，必须多方咨询”②。叶圣陶在审改化学时，甚至专门提醒原编者：“余不习化学，仅思其所叙，发见欠精密处则改之。余之改笔仍须请陈看过，固不能遽以为是也。”③

综观之，教科书编审中的读改模式在图书编审环节之外别具意义。叶圣陶编审新中国初期教科书的读改实践，既是确保图书质量的编辑工作，也是开展教科书研究的别开生面过程。高度重视教科书读改工作，既是教材编写的历史经验，也是教材编纂和教材研究的必然要求。

（原载《课程·教材·教法》2021 年第 41 卷第 12 期）

---

① 叶圣陶：《北游日记（甲抄）》，叶至善、叶至美、叶至诚编：《叶圣陶集》(第 22 卷)，江苏教育出版社 1994 年版，第 299 页。

② 叶圣陶：《北游日记（甲抄）》，叶至善、叶至美、叶至诚编：《叶圣陶集》(第 22 卷)，江苏教育出版社 1994 年版，第 310 页。

③ 叶圣陶：《北游日记（甲抄）》，叶至善、叶至美、叶至诚编：《叶圣陶集》(第 22 卷)，江苏教育出版社 1994 年版，第 318 页。

国语文教学专著

■ 刘怡伶

新文化运动文学革命后至20世纪40年代关注国语文教学的专业研究或讨论，集中在以下诸家：夏丏尊、朱自清、叶圣陶（叶绍钧）、吕叔湘、刘薰宇等人。尤其是在20世纪30年代，他们凭借《中学生》园地，与各地中学生、第一线的中学国文教师交流意见，他们为《中学生》撰写文章，连载结束又再结集成册，发售单行本，加乘其影响力。知名的语文学习指导书，即有：夏丏尊与刘薰宇的《文章作法》；夏丏尊与叶圣陶的《国文百八课》；朱自清与叶圣陶的《国文教学》及《文章讲话》；夏丏尊与叶圣陶的《文心》；叶圣陶与朱自清的《精读指导举隅》及《略读指导举隅》等。

（一）商务印书馆专著举隅

《精读指导举隅》与《略读指导举隅》是叶圣陶及朱自清合写的，主要在培养阅读习惯与写作技巧，专供中学国文教师参考之用。这两册指引中学国文教学的书籍，原是四川省立教育科学馆“国文教学丛刊”之一，后亦收入商务印书馆的“人人文库”“新岫庐文库”“新中学文库”，海峡两岸迄今亦有多种版本流通，风行久远，影响亦大。

《精读指导举隅》选取六篇文章当例子，有叙述文一篇、短篇小说一篇、说明文一篇、议论文两篇。《略读指导举隅》则收六部书作，包括经籍、名著节本、诗歌选本、专集、小说类。叶、朱分别解释精读略读含意、阅读应注意事项，并且详细说解文白范文，尤其是《精读指导举隅》对白话范文的解说，颇费笔墨，有别于坊间国文教本注释简略或全不注明，打破新文学运动以来对白话文无可解析的偏见。

前述编写者，以夏丏尊、朱自清、叶圣陶为重要，三人都当过中学老师，对语文教育都有深刻的体悟。夏丏尊早年留日，“五四”阶段曾在浙江第一师范教国文，后又受聘于白马湖春晖中学任国文教师，20世纪20年代翻译过世界名著《爱的教育》，在商务印书馆的《东方杂志》连载，颇受读者欢迎。他与叶圣陶还以办学的心态编辑《中学生》杂志，“把读者当作自己的学生来对待。在学校学生不过几十几百，而《中学生》的读者却是成千上万”。除编杂志，夏丏尊与叶圣陶还合编教科书，如《开明国文讲义》。至于朱自清，

1920年适从北京大学哲学系毕业，时任哲学系主任的胡适提倡白话文运动，朱自清亦受启发及影响，擅写白话文，致力散文创作，早期也加入文学研究会。他和叶圣陶于1921年均在上海中国公学教授国文，两人颇有交谊。此前，叶圣陶即任商务印书馆附设尚公小学国文教师，参与组织文学研究会，而朱自清也是会员，两人作品亦曾发表在商务印书馆的《小说月报》上。1923年，叶圣陶进入商务印书馆编译所服务，编辑国文教科书，1930年才离开商务印书馆转进开明书店，编辑《中学生》杂志并编写多种国语文书刊。朱、叶先后与商务印书馆、开明书店结缘，同备教授中学国文的经历，抗战期间两人撤退到大后方，叶圣陶任职四川省教育厅，朱自清则在昆明西南联合大学中文系教书，且均身兼《文史教学》编辑委员。

（二）开明书店专著举隅

《文章作法》原是夏丏尊于长沙第一师范及白马湖春晖中学的讲义，后来刘薰宇在原讲义的基础上，融入个人的教学经验后改编而成。该书依据各种文体的特性，介绍语文知识以及写作方法。《国文百八课》主要供应初中国文科教学与自修使用，夏丏尊及叶圣陶不满意当时国文教材教法多数未能顾及各年级选文的内在联系与合理的循序渐进原则，遂按初中三年六学期之一百零八周的时程（每学期十八周，一年即三十六周，三年即一百零八周），按周次设计教材，并取名为《国文百八课》。这套书原规划出六册，但因抗战而中断，最后仅出四册，其体例特色是每课都有“文话”“选文”“文法修辞常识”“习问”，兼顾了阅读及写作、练习及问题思考训练，尤其文话部分设计了七十二个主题，论述阅读、写作之道。《文章讲话》共十章，由夏丏尊及叶圣陶合写，其中七章原刊于《中学生》1935年至1937年的“文章偶谈”专栏（其中《开头与结尾》是叶圣陶执笔，余皆夏丏尊所为），另三章则是夏丏尊后来新写的。这本书主要是以名家名篇为范例，说明写作及阅读的诸多问题，包括：句读和段落、开头和结尾、句子的安排、文章的省略、文章中的对话、文气的使用等等。

《国文教学》分编为上、下两辑及附录，主要针对中学国文教学，大学国文则兼及若干。上辑收叶圣陶之文，计八篇（《对于国文教学的两个基本观念》《论国文精读指导不只是逐句讲解》《论写作教学》《谈语文教本》《论中学国文课程的改订》《认识国文教学》《中学国文教师》《关于大学一年级国文》）；下辑为朱自清之文，亦收八篇（《部颁大学中“国文学系科目表商榷”》《论大学国文选目》《中学生的国文程度》《再论中学生的国文程度》《论教本与写作》《论朗读》《剪裁一例》《写作杂谈》）；附录则是一篇浦江清所写的《论中学国文》。该书序由朱、叶共笔，序文特别说明两人重视“教学的技巧”，并认为青年学生们应该要具备两种能力：“写得通”“读得懂”。写、读之间，他们从课程及实际教学角度分析，原本应该是两者并重，但现实面却是“讲读的时数既多，而向来教师也没有给予作文课足够的注意，便见得读重了。其实重读也只是幻象，一般的讲读只是逐句讲解，甚至于说些不相干的话敷衍过去”，朱、叶也指出学生们畏惧读文言，这方面可透过白话注释或题解或导读补强，且学生还是要有相当的咬文嚼字训练才能阅读文本大意。此外，朱、叶对课程标准规定初中采混合教学的模式不以为然，而是赞成白话与文言分别教学，就教本选文来说，所选的文言“花样太杂”，学生“不易摸着门路”；就教学方法，混合教学也易使学生“彷徨”——“弄不清文言和白话的分别”。这本书根据两人多年的教学经验写成，是很实际的指导书籍。

《文心》亦由夏丏尊及叶圣陶执笔，采小说故事体裁叙述学习国文的智识和技能，内容虚构了一位国文教师王先生，在王老师与学生们的教学互动中，很自然地融入了国语文的相关知识和方法，故事里的王老师教学认真、态度和蔼，与学生亲切互动。读者王旬对这种故事体，高度赞赏而视之为“创举”，他说：“这本书，没有一些教训的态度，没有板着面孔说理的地方，他把青年日常可以遇到的事情，都具体地记述出来，使得你感到亲切有味；又因为他把应当所学的智识，都于不知不觉之间，一一地告诉了你，当你读的时候，只是有味，快意地读，等到读了之后，不知不觉地，你得到他想要告诉你的一切了。”

夏丏尊、叶圣陶利用故事把语文的读法及作法打成一片，有别其他教条琐碎或笼统空泛的指引，他们设计了三十二个中学生应学习的国文常识题目，例如：领略文章境界、区别文言与白话、认识字的性质、阅读课外书籍、文章的组织、文章的修改、读书笔记作法、鉴赏的态度、读文章的声调、读古书的态度等等。由于写得生动又实用，一位来自杭州的读者方时杰形容《文心》正像“牛奶那样的既富营养又多兴味”。

（三）重要教学专著评析

以下举《略读指导举隅》《文心》为例，说明这类语文参考书对提升国语文程度的益处，以及20世纪三四十年代如何持续建设与深化新文化运动以来的国语文教育。

关于《略读指导举隅》，朱自清在书前附了一篇《例言》说明使用的对象以及内容特色。该书专供中学国文教师参考。书内举了七部书作，包括：适合高中生阅读之《孟子》《史记菁华录》《唐诗三百首》《胡适文存》以及初中生阅读之《蔡孑民先生言行录》《呐喊》《爱的教育》。这些书的选录依据，除源于两人的语文专业判断，部分也是回应了教育部订定的课程标准。以《史记》为例，中学以上的国文教材常常列为选文，然卷帙浩繁，欲饱览通读，学生恐力有未逮，且若局限为历史而读，亦非中学生所能胜任，但若着重其中之叙人叙事的文学性，则对中学生未尝不宜。

为便阅读，朱、叶遂推荐了清朝姚祖恩所编的选本《史记菁华录》，姚于《史记》篇章与相关人物事迹亦附加评点，叶圣陶指出：

> 中学生读《史记》，目的并不在也能写出像《史记》一般的古文，而在借此训练欣赏文学的能力和写作记叙文的技术；换句话说，借此养成眼力和手法，以便运用到阅读和写作方面上去，得到切实的受用。……教育部颁发的“中学国文课程标准”，在“实施方法概要”项的“教材标准”目下，初中和略读部分列着“有诠释之名著节本”一条，高中的略读部分列着“选读整部或选本之名著”一语，就是这个意思。现在提出的《史记菁华录》，就是一种“名著节本”或“选本之名著”。

朱、叶二君把《史记》视为文学名著，直言节本裨于“训练欣赏文学的能力和写作记叙文的技术”，并可以培养“眼力和手法”，进而运用在“阅读和写作”。叶圣陶基于国文教学立场而发，所谓指导如何精读及略读，这仅是训练学生有效阅读及培养书写技能的手段，从精读而略读，叶圣陶以孩童学走路比喻，初由大人扶肩牵手或在旁边护着，防其跌跤，待孩子步履纯熟而能自由行走时，大人便无须再亦步亦趋了。所以精读时教师给予“纤屑不遗”的指导；略读时，给予“提纲挈领”的指导，以养成学生的习惯，待习惯养成未来即可自由阅读了。

叶圣陶与朱自清对于中学生阅读课内、课外读物，已指出具体的学习步骤，教材选取也顾及多面向，并强调文字及思想上的“应用”价值，《史记》可提升叙述文的写作力，而《蔡孑民先生言行录》的说明及议论技巧亦可借镜。蔡书原印行于1920年，列为新潮社编辑之“新潮丛书”第四种，蔡元培早年即看重应用文，叶、朱将蔡文作为学习范本，此无疑也是实践蔡元培的理念，朱自清对该书所呈现的蔡元培言论，分门别类，指出：

> 第一类共十八篇，论世界观与人生观，哲学与科学，劳工神圣，国文的趋势等等。第二类共十六篇，论教育方针，新教育与旧教育，美育，平民教育，五四运动等等。第三类共十八篇，说明办北京大

学的宗旨和对于学生的希望，还有提倡学生课外活动——音乐，书法，新闻学等——的文字。关系重大的《致公言报并答林琴南君函》便在这一类里。第四类共十一篇，所论以中法文化的沟通为主。第五类共十一篇，杂论修养，学术教育。第六类共十篇，杂论学术，时事，教育，其中有四篇是民国纪元年旧作。

《略读指导举隅》收六类，含文言文、白话文，共计八十四篇。这些篇章，朱自清特别点出蔡元培在五四运动的言行，并直言蔡元培在北京大学的诸多建树，“值得后人景仰”，因此，第三类关于当时北大的文字应有阅读的“兴味”，且兴味不低于其他几类。显然《略读指导举隅》除着眼蔡元培的文字，亦不偏废其思想的影响力。其实，无论精读或略读的取材，朱、叶都不忽略五四时期的领导者蔡元培、胡适，他们亦把胡适新文化运动风潮中的代表作《谈新诗》《胡适文选》均列为中学生该读的书目。此外，叶圣陶在《文章讲话》里也引用胡适作品当解说样本，如谈到写议论文该怎样提出主张时，叶圣陶归纳了两种开头的方式：一、所论题目广为周知，文章开头即可将自己的主张提出；二、所论题目非大众所熟悉，应先述说清楚，让读者有考量的范围而不至于茫然无所知，然后再端出个人的主张。叶圣陶便将胡适《不朽》列为第二种开头的范例，说道：

“不朽”含有怎样的意义，一般人未必十分了然，所以那篇文章的开头说：

不朽有种种说法，但是总括看来，只有两种说法是真有区别的。一种是把“不朽”解作灵魂不灭的意思。一种就是《春秋左传》上说的“三不朽”。

这就是指明从来对于不朽的认识。以下分头提出这两种不朽论的缺点，认为对于一般的人生行为上没有什么重大的影响。到这里，读者一定盼望知道不朽论应该怎样才算得完善。于是作者提出他的主张所谓“社会的不朽论”来。在列举了一些例证，又和以前的不朽论比较了一番之后，他用下面的一段文字作结尾：

我这个现在的“小我”，对于那永远不朽的“大我”的无穷过去，须负重大的责任；对于那永远不朽的“大我”的无穷未来，也须负重大的责任。我须时时想着，我应该如何努力利用现在的“小我”，方才可以不辜负了那“大我”的无穷过去，方才可以不遗害那“大我”的无穷未来。

这是作者的“社会不朽论”的扼要说明，放在末了，有引人注意、促人深省的效果。所以，就构造说，这实在是一篇完整的议论文。

朱自清及叶圣陶重视蔡元培、胡适之作，其实是延续了五四新文化运动的精神，朱、叶虽主要以语文工具视域看待蔡、胡作品，但取材的本身也将作品所呈现的新旧观念（社会不朽论，大我、小我）一并带给读者了。

至于《文心》，原载于《中学生》，1932 年 6 月由开明书店结集成单行本，陈望道与朱自清为这本写了序文，因深入浅出，备受读者欢迎。笔者收藏三册不同年份发行的《文心》：一是上海开明书店 1949 年发行的第二十二版、一是台湾开明书店 1967 年台二版、一是台湾开明书店 1981 年的重印七版。从 1933 年的初版到 1949 年、1967 年、1981 年的多次再版印刷，发行地横跨上海及台湾，这些都显示它的长销与畅销，在中国近现代语文教育史上，《文心》绝不能被轻忽，其占相当重要的位置。

这本书面向中学的师生，除给中学生自修学习外，也提供给国文教师阅读参考，学习怎样当一个称职尽责的教师，因是故事体裁，故非死板或琐碎，更非空泛笼统，诚如陈望道的评语：“这里罗列的都是极新鲜的极卫生的吃食。青年诸君可以放心享用，不至于会发生食古不化等病痛。假使有一向胃口不好的也可借此开胃。”《文心》内容丰富，下列举其谈诵读教学、读古书态度为例，以明其可观之处。

关于诵读教学，朱自清曾提到外界讨论中学生的国文程度，多从写作方面着眼，仅强调写作技能，相对忽视了诵读教学的重要，因此他对《文心》所提示的读法及诵读符号，特别认同。《文心》里的王老师在教授学生之前，先在教本文字旁以红字标示符号，而这些符号和普通的标点符号不同，有：“△”“▽”“·”“〉”“〈”“〈 〉”“—”“——”“﹏﹏”。每种符号的代表意思，分别是：

△是表示全句须由低而高的，▽是表示全句须由高而低，·是表示句中某一字或几字须重读的，这都是高低方面的符号。〉是表示句的上半部读音须强的，〈是表示句的下半部读音须强的，〈〉是表示句的中央部分读音须强的。这是强弱方面的符号。—表示须急，——表示须缓。这是缓急方面的符号。声音的差异，不外高低、强弱、缓急三种。此三种符号以外还有一个﹏﹏，是表示读到这里须摇曳的。

夏丏尊与叶圣陶笔下的王老师，对于诵读教学非常用心，他不但备课积极，还努力想为学生提升“读”的能力，他对学生说：

> 读，原是很重要的，从前的人读书，大都不习文法，不重解释，只知在读上用死功夫。他们朝夕诵读，读到后来，文字也自然通顺了，文义也自然了解了。一个人的通与不通，往往不必去看他所作的文字，只须听他读文字的腔调，就可知道。近来学生们大家虽说在学校里“读书”或“念书”，其实读和念的时候很少，一般学生只做到一个“看”字而已。我以为别的功课且不管。如国文、英文等科是语言学科，不该只用眼与心，须于眼与心以外，加用口及耳才好。读，就是心、眼、口、耳并用的一种学习方法。

王老师亲自示范说明，与学生直接互动。以指导“·”符号为例，他在纸上作了一小“·”号，告诉学生这是某字须重读的符号，然后再写出三句同样的文句，分别加注“·”如下：

> **张君**昨天曾来过吗？
> 张君**昨天**曾来过吗？
> 张君昨天**曾来过**吗？

接着询问学生：“这句疑问句，可有三种读法。你们看，如果叫人回答，是否相同的？”学生答以：“不同。第一句可以回答说‘张君的用（按：佣）人曾来过’，第二句可以回答说‘张君前天曾来过’，第三句可以回答说：‘不曾来过’。因为三句的着眼点不同了。”先让学生经由实践体会不同“读”法，再由教师作结“文句之中，有特别主眼，或是前后的词彼此相关联照应的时候，通常都该读重读。”这种教学的方式，让学生增进了解诵读的重要性。此处所援，仅是诸多诵读教学示例之一隅，《文心》还有不少篇幅着墨在读白话文及文言诗歌时，该怎样控制升降调、声音缓急的问题，学生依提示的符号试读，“脸上都现出理解的喜悦”。

至于怎样看待读古书，《文心》首先正视社会既存的两派意见：其一，维持国学招牌，以正人心、隆世道；其二，抛弃古书，走进实验室，注重科学。其次，指两派皆一偏之见，说道：“既然有人把国学看作珍贵的宝贝，自然来了反响，另外有人把它看作腐败的‘骸骨’。实则双方都是一偏之见。”如何破除偏见，《文心》提示如下意见：“对待思想、学术不能凭主观的爱憎的，最重要在能用批判的方法，还它个本来面目。说得明白点，就是要考究出思想、学术和时代、社会的关联；它因何发生，又因何衰落。这样得来的才是真实的知识，对于我们的思想、行为最有用处。在这样的研究态度之下，古书就和现代的论文、专著同样是有用的材料，而并不是什么‘骸骨’。”这里强调不能为反对而反对，应要仔细研究材料的本身，而非拘泥是新是古，至于怎么应用及研究材料，得看阅读者的背景而区分，有些是学者的研究范围，有些则是大学生可负荷的，而多数中学生《文心》认为是不必负担研究之责的。《文心》问世的十一年前，1922 年教育部颁布新学制课程标准办法，当时胡适对新学制的内容规划还有疑虑，他说：

> 学制系统的改革究竟还是纸上的改革；它的用处至多不过是一种制度上的解放。我们现在需要的是进一步研究这个学制的内容。内容的研究并不是规定详细的课程表，乃是规定每种学校的最低限度的标准。这件事决不是教育部的几个参事司长能办到的。我很盼望国内的教育家应该早日作细密的研究，把研究的结果发表出来，引起公开的讨论。……我以为新学制的大部分（中学一段尤其如此）应该从试验学校办起。旧制之下的学校暂时不去改动；旧制学校非确有最高成效为专家公认的，不得改为新制。等到试验学校的成效已证明了，然后设法推行这个新制。

胡适当年对学制改革不放心，希望各界多多研讨，且认为应该要有试验阶段而非一纸命令就尘埃落定；叶圣陶等人则在新学制课程标准施行文白混合教学多年后，反省了混合式不利于国文教学，20 世纪 30 年代先以《文心》辅助中学的国文教学，在书中清楚传达了对文白的看法，分析了读古书之目的以及客观区分文言阅读的层次，后又于 20 世纪 40 年代编纂专选白话《开明新编国文读本（甲种）》《开明新编高级国文读本》及专选文言《开明新编国文读本（乙种）》《开明文言读本》的课本，改进教学。胡适发言之际仍是现代语文教育初期改革的阶段，诸多体制的试验色彩较浓；而叶圣陶等人则深入了教学的核心问题，所提示的革新做法更具体可行，较少陷入制度面的纠缠了。

（摘自《现代语境中的国语文教育》第一章）

教育思想研究

叶圣陶研究年刊

叶圣陶对儿童人际关系的观察与思考

■ 杨　燕

观察是叶圣陶进行教育研究的重要方法之一。本文从叶圣陶对儿童人际关系的观察与思考的视角梳理叶圣陶教育思想，尝试进一步探讨叶圣陶的儿童本位思想。

一、叶圣陶对儿童人际关系的观察

叶圣陶的儿童文学作品《地动》《成功的喜悦》《一课》《损害》《阿菊》《阿凤》《义儿》《小铜匠》《一桶水》等包含了许多对儿童人际关系的描述，虽然这些作品带有文学创作性，但它们是叶圣陶在日常生活、学校工作和社会活动中对儿童人际观察的提炼，在客观上反映了叶圣陶对儿童人际关系观察的基本特征。在这些作品中，叶圣陶对儿童的语言、动作、神态、声音等观察细致入微，给许多人留下了深刻的印象。除这些关键性特征外，叶圣陶对儿童人际关系的观察还提供了观察线索和观察结论，这三个要素形成了叶圣陶对儿童人际关系观察的基本结构，也展现了叶圣陶对儿童人际关系观察的独特之处。

表 1　叶圣陶对儿童人际关系观察的基本结构

类型	代表性作品（写作时间）	线索	关键性特征	结论
亲子关系	《地动》（1921 年）	明儿听父亲讲地动故事，母亲和祖母也在旁边。	动作、声音、神态和情绪：面孔贴在父亲的膝上，眼睛注视着父亲……“呀”的一声，打断了父亲的讲说，明儿哭了	假如父亲、母亲、祖母三个的心可以比作车轮的辐，那么明儿就是中心的轴了。
	《成功的喜悦》（1921 年）	幼儿自己爬上凳子，去玩桌上的玩具	动作： 老太太把他抱起来，他啼声乍发，身子一溜，两脚又站在地	他不作什么说明，只是继续他的尝试，最终，玩具在他的手里，笑容浮上他的两颐。

（续表）

类型	代表性作品（写作时间）	线索	关键性特征	结论
师生关系	《一课》（1921 年）	课堂上，他浮想联翩，却对老师的声音和其他同学的活动都无所知觉	动作： 随便从抽屉中取出书，摊在书桌上，手里不拿什么东西，连绵的思虑却开始了	窗外的自然风景能打动他的内心，人为的风琴声不能。
	《损害》（1921 年）	几个学生遇到老师的那一瞬间	声音和动作： 笑声息了，步调齐了，一会儿，他们去得远了，忽然起异样的感觉，非常难受	师生之间异样的感觉令人难受。
同伴关系	《一桶水》（1936 年）	兄弟两人想办法防范草屋被火烧	语言和动作： 我总是这么想，防火烧该有旁的法子，阿秋接上说："这一回……"	假如大家识字，救火的方法就可以一句一句写出来。阿掌和阿秋从学校回来练习造句，说救火方法。

上述代表性作品反映叶圣陶对儿童人际观察的基本结构有三个特点。

第一，叶圣陶对儿童人际关系观察的焦点是儿童教育问题。线索中的事件发生在儿童与他人建立人际关系的场域，它反映出儿童与亲人、师长和同伴建立联系的活动场所、交往方式和活动内容，并将儿童在人际交流活动中的各种表现自然地、集中地呈现出来。这一场域有的对于儿童的成长具有积极意义，如在《成功的喜悦》中，幼儿终于独立拿到玩具，而有的不具有积极意义，如在《义儿》中，义儿与他的母亲和英文先生发生激烈的冲突；这一场域有的属于文化性的交流，如在《成功的喜悦》中，幼儿奋发努力，获得了潜力发挥的机会，而有的不属于文化性交流，如在《阿凤》中，阿凤的生活备受继母的责骂，还有在《阿菊》中，阿菊的家庭生活狭隘而贫困。叶圣陶在文学作品中建构的这些场境，一方面为社会生活中的弱势儿童呐喊，呼吁为弱势儿童提供受现代教育的机会，另一方面是批判家庭教育和学校教育存在不足，儿童的发展受限，呼吁通过加强儿童本位意识提高家庭教育和学校教育的质量。当时青年叶圣陶在社会大变革的影响下，怀着“教育救国”

的理想投身教育工作，这两个方面是叶圣陶对儿童教育的有与无、好与不好两个问题的敏锐观察。教育场域指在教育者、受教育者及其他教育参与者相互之间所形成的一种以知识的生产、传承、传播和消费为依托，以人的发展、形成和提升为旨归的客观关系网络。① 由此可见，叶圣陶对儿童人际关系的观察既是对社会问题的犀利批判，也是对建构儿童教育场域的深层次思考。也就是说，叶圣陶的儿童本位思想具有提升教育质量的目的，是对儿童人际关系的假设性认识。此外，文中提到的儿童中心地位指儿童教育的主体地位，不是人际关系中的核心地位。

第二，叶圣陶主张从儿童的语言、声音、神态、动作等关键性特征中发现儿童的志趣。例如，在《地动》中，明儿听故事的过程中展现出了对父母之爱的渴望；在《一课》中，这位学生对课堂无动于衷，心思放在自然界的美妙和神奇上；在《成功的喜悦》中，幼儿拒绝祖母的帮助，终于获得了成功。可见，幼儿有奋发的潜力，追求自由和享受成功。在《两个孩子》中，一个孩子表达纯朴的宽慰，另一个孩子吃到苹果后表现出纯朴的欢喜。渴望、追求、奋发和纯朴等志趣对儿童而言是与生俱来的或自然而然形成的，儿童不一定能描述或明确了解自己的志趣。叶圣陶认为，儿童在人际关系交往中自然表露出来的志趣是可以被发现的，应受到重视、尊重甚至进一步强化或转化。由此可见，儿童教育活动中的儿童本位不是以儿童个体为中心的教育活动，而是以儿童的志趣为依据的教育过程。叶圣陶对儿童志趣发现的教育意义建构了教育过程的儿童形象，儿童志趣是实施儿童本位的起点，对儿童志趣的发现和强化形成了施教者对儿童的教育过程。

第三，通过观察，叶圣陶提倡与儿童建立亲密的关系。在《地动》中，明儿的祖母和父母爱明儿，明儿也爱他们。当明儿听到故事里的孩子暂时不能见到母亲时便开始哭泣，他哭得非常伤心，身躯抽搐，呼吸又粗又急，似乎离开母亲的这一悲哀是永久的、深深潜入内心的。在《义儿》中，义儿没有得到一丝赞美，只能听到愚笨懒惰、欢喜捣乱的责备，义儿与母亲、英文先生都有激烈的冲突，以至于三叔和级任先生决定对义儿以恶制恶。但是，当义儿远离唠叨和责备，心情反而是高兴。这说明义儿是渴望远离责备的。叶圣陶对人际关系的很多思考谈论到心灵。叶圣陶把内心的孤独比作身体的束缚："我如漂流在无人的孤岛，我如坠入于寂寞的永劫，那种孤凄彷徨的感觉，超于痛苦以上，透入我的每一个细胞，使我深思混乱，对于一切都疏远、

① 刘生全：《论教育场域》，《北京大学教育评论》2006年第1期。

淡漠。我的躯体渐渐地拘挛起来，似乎受了束缚。”① 因此，叶圣陶提出解除束缚非得触及心灵不可：“我有一种空想，人与人的隔膜不是自然的，不可破的。我没有什么理由，只是一种信念罢了。这一层膜，是有所为而遮盖着的；待到不必需的时候，大家自然会赤裸裸地相见。到时，各人相见以心不是相见以貌。”② 叶圣陶把儿童当作真正的人，而人是害怕孤独的，儿童也是如此，叶圣陶据此提出与儿童相处不能有隔膜，而要相见以心，即建立亲密的关系，这对儿童教育既有方法论的启示，也有目的论的意义。

由此可见，叶圣陶对儿童人际关系的观察是以儿童教育活动为观察的视角，以儿童志趣的发现为观察内容。通过观察，叶圣陶提出教育过程的儿童本位指为儿童提供教育和为儿童提供更有质量教育的假设性认识。此外，叶圣陶从方法论和目的论的角度提出，应与儿童建立亲密的关系，即以心相见。为儿童提供教育是儿童本位思想的重要表现，而叶圣陶对儿童人际关系思考主要讨论如何为儿童提供更有质量的教育。因此，下文通过叶圣陶对儿童人际关系的思考进一步讨论在向更高教育目标追求的过程中，叶圣陶如何认识儿童本位。

二、叶圣陶对儿童人际关系的思考

观察与思考是互为表里的关系，叶圣陶也对儿童人际关系进行了深入的思考。在这些思考中，叶圣陶也反思了儿童教育活动中存在的问题，形成了进一步提高儿童教育质量的思考。这些思考可以概括成五个方面。

（一）家庭的隔膜不利于儿童国文水平的提高

叶圣陶批判家庭的隔膜妨碍了儿童国文能力的提高。1922 年，叶圣陶在《教育杂志》上发表的《小学国文教授的诸问题》指出：

> 在不理孩童的家庭里的孩童，便异常不幸，他止从成人那里学到些习见的器物的名称，和日常行动的不完全的表现语，此外就没有情思，没有话语，因为他没有发引情思、练习话语的机会……情思的训练和言语的练习，与国文程度的高下有关系，家庭里设备着引起情思的境遇，常与孩童谈话，便可说是国文教授的正常的基础。

---

① 叶至善、叶至美、叶至诚编：《叶圣陶集》(第 1 卷)，江苏教育出版社 2004 年版，第 160 页。

② 顾颉刚：《〈隔膜〉序》，叶至善、叶至美、叶至诚编：《叶圣陶集》(第 1 卷)，江苏教育出版社 2004 年版，第 207 页。

反过来，置孩童于不理，不为他们植重要的基础，便阻遏了他们几分之一关于国文程度的发展力——被阻遏的当然不止此。①

儿童语言的贫乏是家庭隔膜的外在表现。儿童在家庭被隔离可能由于客观的原因，如在《阿菊》中，阿菊的父亲在外做被零雇的仆役，母亲在家搓草绳，他们迫于生计没有精力照顾儿童。但是，儿童在家庭被隔离更多的是父母在主观上就没有与儿童建立亲密关系的意识，如在《一个朋友》中，朋友生了儿子就请乳母来养育，等孩子几个月大了，会笑了，小手会招人了，父母才理会孩子：

(孩子的父母——引者注) 觉得他很好玩，是以前不曾有过的新鲜玩意儿。一个便从乳母手中抱过来和他接个吻，一个不住地摩抚他的小面庞。他觉得小身体没有平常抱的那样舒服，不由得哭了起来。他们俩没趣，更没法止住他的哭，便叫乳母快快抱去。“我们不要看他的哭脸!”那小孩子到了七八岁，他们俩便送他进个学校。他学些什么，他们俩总不问。受教育原是孩子的事，哪用父母过问呢!

幼儿用哭声反抗父母的隔膜，但父母无动于衷，甚至进一步加深隔膜。因此，叶圣陶激烈地批判家庭中的隔膜：“我看见许多家庭里，不仅是贫苦而无暇顾及孩童的，对于孩童，不承认他的本有的地位，不了解他具有可以发展的能力；对他止有玩弄，止有责骂，而没有谈话。更有绝对不理孩童的，当给衣给食或斥责的时候，用着命令的语气吩咐，就完了。在这种家庭里的孩童，虽然同成人住在一起，差不多完全隔离。”②

(二) 教师眼中无儿童的教育是机械的、形式的

叶圣陶还批判有些教师的教育是形式的、机械的教育，他们的眼中没有儿童。这也是国文教育不好的原因。

他们 (指教师——引者注) 也是置儿童于不理，非授课时间竟判若两国，绝无笑语一堂的时机。所谓授课，便是授学童以教科书，教他们读音、识形、讲解、书写。这四事做完，便谓责任已尽；不管他是机械不机械，切实不切实。教科书里所讲的不是学童所能讲

① 朱永新编：《叶圣陶教育名篇选》，人民教育出版社 2021 年版，第 273 页。
② 朱永新编：《叶圣陶教育名篇选》，人民教育出版社 2021 年版，第 273 页。

> 的，爱讲的？这一层更不暇顾虑。教科书之外，不复与学童以读物。他们也要学童练习，看能否应用所学习的。可是止本自己的主观，课学童以无从设想、莫名其义的文题。学童苟本平日上课时所听闻，鹦鹉似的学语，便可得很好的奖评。倘若本童年的真心，勉强成文，那便招不通的斥责。①

教师眼中无儿童，为了完成任务而教学，他们重复地做着教授教科书、布置课后习题、测评学生甚至责骂儿童的工作。例如，在《一课》中，任课老师自我陶醉地讲课，同学们的注意力却在窗外的蝴蝶上，先生还斥责道："一个蝴蝶，有什么好看！让他在那里飞就是了。我们且讲那经度……距离……多少度。"②

（三）接触儿童的内心

叶圣陶批判与儿童相处中存在的隔膜，还提出了与儿童以心相见的方法，具体包括三步。第一步，与儿童生活在同一地方。③ 与儿童一起生活是基本的，否则谈不上以心相见。第二，融入儿童的生活空间。与儿童生活在同一个地方指物理空间的共处，生活空间的共处指明白儿童的想象、欲求和嗜好。④ 第三步，找到机会让儿童的"内面"产生新东西并表达出来。⑤ 机会有的是偶然的，有的是特意创设的。当儿童的眼神、话语或微笑传达出求知的渴望时，就是很好的偶然的机会。叶圣陶说道：

> 一个儿童放出好奇的眼光来问："这东西为什么这样子呢？"以及一个儿童走进我们，脸上含着颇像亲近的微笑，仿佛等待我们的招手，都是所谓偶至的机会，很可宝贵的……于是我们回答先前这一个，很自然地，绝非做作地说："你从这边想，又从那边想，你一定会知道这东西为什么这样子了。"对于后来这一个，我们又说："来吧，我知道你要同我在一起呢。但是，你能告诉我为什么要同我在一起么？"

叶圣陶还指出，学校教育一般使用创设的机会，如为儿童讲"整理的必

① 朱永新编：《叶圣陶教育名篇选》，人民教育出版社 2021 年版，第 274 页。
② 朱永新编：《叶圣陶教育名篇选》，人民教育出版社 2021 年版，第 274 页。
③ 朱永新编：《叶圣陶教育名篇选》，人民教育出版社 2021 年版，第 290 页。
④ 朱永新编：《叶圣陶教育名篇选》，人民教育出版社 2021 年版，第 291 页。
⑤ 朱永新编：《叶圣陶教育名篇选》，人民教育出版社 2021 年版，第 291—292 页。

要”，就把学校整理得秩然有序。这样之后，他们所知道的“整理的必要”才会真切，说出来才是真的发表而不是鹦鹉学舌；为儿童讲古代的历史，把一些古物以及原始人生活的图画模型有条理地陈列起来，让儿童获得形象的认知；等等。①

（四）为儿童创设境遇，引发情思

所谓的偶然机会或创设机会，指接触儿童内心的实施步骤。这一步骤可进一步细分为创设境遇和引发情思两个环节。

关于境遇，叶圣陶指出：“儿童既处于特设的境遇里，一切需要，都从内心发出。教师于这个当儿，从旁导引，或竟授与。这个在儿童何等的满足、安慰，当然倾心领受，愿意学习。”② 可见，境遇是与儿童进行教育交流的场域，是假设的，有明确的提升儿童身心发展的目标。因此，尽管学校实施分科教育，但叶圣陶主张小学不实施分科教育，而创设一个普遍适应各科的境遇。

关于情思，叶圣陶指出：“求成功的教师，当从为儿童特设的境遇里，发展儿童的心灵，务使他们情绪丰富、思想绵密，能这么做，才是探源的办法。”③ 可见，情思，是儿童心灵的外在表现形式，是儿童志趣的源泉，是文化性的，是塑造儿童身心发展的依据。情思对教师的启示是教授儿童记录和写作等技能是形式上的教育，发展儿童的心灵才是根本上的教育。此外，叶圣陶也提醒教师，教师的情思不能强加给学生：“教者有思想欲发挥，有情感欲抒写，未必即可命题，因学者未必有此思想有此情感也。教者心赏某文，玩索有素，未必即可选为教材，因学生读此文，其所摄受未必同于我也。”④ 另外，叶圣陶主张教材用语体文，以使儿童对周围有了解并想有所表达时能够表达自己的情思。

（五）尽到责任还要推进一步，减轻学生的依赖性

20 世纪 60 年代，叶圣陶提出了“教是为了达到不需要教”的著名教育思想。这是叶圣陶对儿童人际关系反思的进一步提升。这一时期，叶圣陶在不同场合多次提到“教是为了达到不需要教”，其中包含的思想与儿童人际关系相关的有四个方面。

第一，教学贵在让学生举一反三。1962 年，叶圣陶在《语文教学二十

① 朱永新编：《叶圣陶教育名篇选》，人民教育出版社 2021 年版，第 291—292 页。

② 朱永新编：《叶圣陶教育名篇选》，人民教育出版社 2021 年版，第 275 页。

③ 朱永新编：《叶圣陶教育名篇选》，人民教育出版社 2021 年版，第 276 页。

④ 叶圣陶著，中国教育科学研究院编：《叶圣陶语文教育论集》，教育科学出版社 2015 年版，第 252 页。

韵》写道："教亦多术矣，运用在乎人，孰善孰寡效，贵能验诸身。为教纵详密，亦仅一隅陈，贵能令三反，触处自引伸。"① 教师教学为学生着想，教学方法有很多种，贵在对学生有效，贵在使学生举一反三，触类旁通。

第二，教师尽到责任还要推进一步。1963 年，叶圣陶在评改一位初中语文老师的工作汇报时指出："尽心尽力地教，目的在达到不需要教。学生真正不需要教了，这才是教学工作和教育工作的大成功。所以语文教师的责任并不是专为学生讲书和批改作文。尽到责任还要推进一步，讲书要达到不需要讲，学生自己能够读书，批改作文要达到不需要批改，学生自己能够认真下笔，完稿之后又能够斟酌修改。"② 教师要不断追求教学的改进，从无儿童到有儿童，即便教师接触儿童的内心，仍要继续去探索改进教学的方法。

第三，减轻学生的依赖性。叶圣陶在一封给语文老师的信中说："如扶孩子走路，虽小心扶持，而时时不忘放手也。我近来常以一语语人，凡为教，目的在达到不需要教。以其欲达到不需要教，故随时宜注意减轻学生之依赖性，而多讲则与此相违也。"③ 教师眼中无儿童不可取，让学生过于依赖亦不可取，减轻学生的依赖性也是老师的工作职责。

第四，教育要让学生自己学习一辈子。1983 年，叶圣陶在一次教师茶话会上讲道："（教是为了达到不需要教）是不是不教了，学生就学成了呢？非也。不教是因为学生能够自己学习了，不再需要老师教了。不要说小学毕业就学完了，中学毕业也没有学完，大学毕业考上了研究生，也不能算毕业。……达到不需要教，就是要教给学生自己学习的本领，让他们自己学习一辈子。"④ 学生的学习也不是一劳永逸，教师为学生长远计，交给学生自己学习的本领，让他们自己学习一辈子。

由此可见，叶圣陶对儿童人际关系的思考有一个变化过程，从亲密与隔膜的二元对立逐渐转变成教与不教的辩证关系。与此同时，叶圣陶对儿童教育的思考有一些变化：在前一阶段，叶圣陶激烈地批判儿童教育活动中的隔膜，极力主张建构亲密的儿童人际关系；在后一阶段，叶圣陶提出在儿童教育中辩证地看待儿童人际关系。其中批判和建构在儿童教育中是一体两面的，

---

① 叶圣陶著，中国教育科学研究院编：《叶圣陶语文教育论集》，教育科学出版社 2015 年版，第 4 页。

② 叶圣陶著，中国教育科学研究院编：《叶圣陶语文教育论集》，教育科学出版社 2015 年版，第 388 页。

③ 叶圣陶著，中国教育科学研究院编：《叶圣陶语文教育论集》，教育科学出版社 2015 年版，第 523 页。

④ 朱永新编：《叶圣陶教育名篇选》，人民教育出版社 2021 年版，第 212 页。

辩证地看待儿童人际关系是叶圣陶儿童教育思想的升华。此外，虽然叶圣陶对儿童教育思想的思考有变化，但叶圣陶的儿童本位思想没有变化，始终是以儿童成长为目的的假设性认识。

三、启示：叶圣陶儿童本位思想的实质是发展与开源

叶圣陶在对儿童人际关系的观察与思考中提到了儿童的本能、欲望和兴趣，还提到了儿童的心灵、情思和生活经验，这些构成了对儿童本位的阐述。具体而言，叶圣陶的儿童本位思想包含三层含义。

第一层，尊重儿童的本能、欲望和兴趣。这是教学方法层面的含义。

儿童在人际交往中自然流露的志趣表明，儿童不是容器，不能将知识直接传递给儿童，并且，知识不是物质的，是精神的，因此，儿童教育的儿童本位是指尊重儿童的本能、欲望和兴趣，引导儿童主动求知。叶圣陶说："使儿童从事物中寻求真知识，并用真知识来支配他们的行动。儿童遇到事物，发生了求知识的动机，于是亲自去观察，去试验，结果，他们对于这事物得到了一宗新知识，他们在生活中就有了一个新趋向。这种活动创造的能力，什么时候什么地方都用得着，这才是怎样做人的根本方法。"①

在知识传递过程的以心相见指儿童和教师生活在一个环境里，彼此是同情的互助的。"要使儿童经常有求知识的动机，须要根据他们的本能、欲望和兴趣，想方法来引导他们的本能，顺应他们的欲望，扩充他们的兴趣。教育者要尽这许多义务，仿佛戏台上值场面的人，把种种事物都安置个极其适当的环境，自己却忘记了自己是教师，而且使儿童也忘记了我是个教师，只觉得我是他们的环境之中的一个同情的互助的伴侣，这才是今后所需要的教育者。儿童和教师生活在一个环境里，彼此是同情的互助的，那么学校便是社会，学校生活便是社会生活。"②

第二层，发展儿童的心灵。这是教育目的层面的含义。

叶圣陶提出，儿童的发展包括内心的发展和技能的发展，而内心的发展是首要的。叶圣陶提出儿童国文教学有心灵发展、语言训练和写作训练三个目标，而且其中心灵发展是首要的，其次才是语言训练和写作训练。叶圣陶特别强调这个顺序不能颠倒，否则徒劳无功。"求成功的教师，当从为儿童特设的境遇里，发展儿童的心灵，务使他们情绪丰富，思想绵密，能这么做，

① 朱永新编：《叶圣陶教育名篇选》，人民教育出版社2021年版，第30页。
② 朱永新编：《叶圣陶教育名篇选》，人民教育出版社2021年版，第32页。

才是探源的办法。欲顺次而训练学童的语言，使其恰当所思，明显有序，最后乃着力于记录写述等形式的方法。”①

发展论的目标是“情绪丰富，思想绵密”，即培养儿童丰富的情感和训练儿童绵密的思想。这是叶圣陶提出的情思论。情感和思想都来源于经验。“情感与经验有密切的关系。它能引起种种机会，使我们留意观察，设法试证，以获得经验；它又在前面诱导着，使我们勇往直进，全心倾注，去享用经验。”② “经验愈丰富，则思想进行时假设的来源愈广，批评、判断种种假设的能力愈强，造出方法以证明假设的是非真假也愈有把握。”③ 叶圣陶进一步指出情感与思想的关系：“思想情感是互相联涉。” “有了真切的经验、思想，必将引起真切的情感，成功则喜悦，失败则痛惜，不特限于一己，对于他人也会兴起深厚的同情。而这喜悦之情的享受与痛惜之后的奋发，都足以使生活愈益充实。”④ 并且，情感更珍贵：“我们所以要希求充实的生活，而充实的生活的所以可贵，浅明地说，也就只为我们有情感。”⑤

第三层，充实儿童的生活经验。这是教育性质的层面。

叶圣陶指出，做人就是“要使生活向着求充实的路，有两个致力的目标，就是训练思想与培养情感。从实际讲，这二者也是互相联涉，分割不开的”⑥。做人，要过充实的生活，只有训练思想和培养情感才有充实的生活，这是叶圣陶提出的开源论。叶圣陶说：“生活充实，才会表白出、发抒出真实的深厚的情思来。生活充实的涵义，应是阅历得广，明白得多，有发现的能力，有推断的方法，情性丰厚，兴趣饶富，内外合一，即知即行……我们的生活充实到某程度，自然要说某种的话，也自然能说某种的话。……我们最当自戒的就是生活沦没在虚空之中，内心与外界很少发生关系，或者染着不正当的习惯，却要强不知以为知，不能说、不该说而偏要说。这譬如一个干涸的源头，那里会倾注出真实的水来？假若不知避开，唯有陷入模仿、虚伪、

① 朱永新编：《叶圣陶教育名篇选》，人民教育出版社 2021 年版，第 276 页。

② 叶圣陶著，中国教育科学研究院编：《叶圣陶语文教育论集》，教育科学出版社 2015 年版，第 263 页。

③ 叶圣陶著，中国教育科学研究院编：《叶圣陶语文教育论集》，教育科学出版社 2015 年版，第 262 页。

④ 叶圣陶著，中国教育科学研究院编：《叶圣陶语文教育论集》，教育科学出版社 2015 年版，第 263 页。

⑤ 叶圣陶著，中国教育科学研究院编：《叶圣陶语文教育论集》，教育科学出版社 2015 年版，第 263 页。

⑥ 叶圣陶著，中国教育科学研究院编：《叶圣陶语文教育论集》，教育科学出版社 2015 年版，第 263 页。

浮夸、玩戏的弊病里罢了。"①

训练思想和培养情感，一方面，这是儿童内心的需要："这样的训练，其实就是要促迫儿童的内面有所产生，合理且丰富地产生。换一句话说，就是要他们磨练思想，培养情感。② 另一方面，这是儿童充实生活的外在表现形式。叶圣陶说："要促迫儿童向外发表，尽量地发表。尽量发表则内面与外面一致，内面的活动更见有意义。成为习惯，对于自己的享受与生活的实际都有益处，至少会感到这生命是充实而不是空虚。"③

综上，从叶圣陶对儿童人际关系的观察与思考看，在叶圣陶的儿童教育思想中，尊重儿童是儿童本位的起点，发展与开源是儿童本位的实质。

---

① 叶圣陶著，中国教育科学研究院编：《叶圣陶语文教育论集》，教育科学出版社2015年版，第261—262页。

② 朱永新编：《叶圣陶教育名篇选》，人民教育出版社2021年版，第287页。

③ 朱永新编：《叶圣陶教育名篇选》，人民教育出版社2021年版，第287页。

叶圣陶论家庭教育的主要内容

■ 张　璐　刘立德

1912年，叶圣陶中学毕业以后开始担任小学教员，并先后在苏州言子庙小学、上海商务印书馆附属尚公学校和苏州甪直吴县第五高等小学执教了六七年时间。这段时间奠定了他一生教书育人的坚实基础。此后，叶圣陶在繁忙的学校教育教学、文学创作、编辑出版和社会活动之余，一直不忘家庭家教家风建设，特别是在子女教育方面积累了不少经验，也进行了一些理论探讨。叶圣陶在自己的日记、书信、论文和著作等作品中，零零散散地记录下他对家庭教育的认识、观点和实践状况。这些论述涵盖了对子女人生观的教育、行为习惯的养成、情感态度的激发、听说能力的培养、阅读能力的提高、写作能力的训练等各个方面的内容，对当今的家庭教育仍然具有重要的参考和借鉴价值。

一、论家长对子女人生观的教育

叶圣陶认为，父母要培育子女的想象力和求知欲，使他们树立真实的人生观。他认为儿童拥有超越父母的胆识和勇气，“小孩有勇往无畏的气概，对于一切无所畏怯，这应该善为爱惜，善为发展，才可以使他们成为超过父母的人”①。在幼年时期，儿童需要在父母的引导下构建完整的精神世界。在叶圣陶看来：“人由幼小而长大，对于事物知识渐广。所谓知识之事，止取利于生事，适切于应用，其他便不是普通人所欲深求了。所以这等知识只是外面的，分析的，一切事物都陷于冷静和破碎。”② 也就是说，儿童对知识的把握应与内在的感知加以结合，不然一切都是零碎的片段。叶圣陶认为孩子需要了解真实的世界，不能被隐瞒在成人编造的谎言中。他说：“世界上就有那么

① 叶至善、叶至美、叶至诚编：《叶圣陶集》(第9卷)，江苏教育出版社2004年版，第17页。

② 叶至善、叶至美、叶至诚编：《叶圣陶集》(第9卷)，江苏教育出版社2004年版，第21页。

些痛苦和悲哀，要瞒是瞒不住的，不如适当地讲一点给孩子听。”①

父母应当培养儿童热爱自然、人类社会和一切事物的能力。在自然方面，叶圣陶将世界的一切事物看作一个彼此融合的整体：“‘感’较‘知’深入一层；‘知’是我与事物对立，以我‘知’彼；‘感’是我与事物的融合，彼我不分。”② 对自然存在一切的事物，都应该以一种感知觉融入进去，赋予其生命力与创造力。在社会方面，每一个儿童都是生长在一定社会里的人，不是孤立的个体，需要具有爱国、爱集体的精神。叶圣陶将青年看作是不忧不惧的。他认为：“青年最富于‘胞与’的感情。大同世界，理想国土，人人自由自在地生活着，谁也不欺侮谁，谁也不压迫谁，这是青年共同的憧憬。青年最看不过不平的事。”③ 当青年人懂得了做人的道理和做事的方法，生活才丰富、才美满。当孩子们对世界充满了热爱和希望时，他们就具备了对自我生命的珍惜和对美好生活的向往。

叶圣陶倡导父母应当培养儿童积极的生活态度和人生理想。在生活态度方面，叶圣陶认为：“努力奋发的精神，任何时代做任何事业的人都不可缺少。而在现代的我国人尤属必需，假设如果没有这种精神，简直是罪恶。”④ 他坚信，当代的青年应该是“不忧不惧的，把握住心情，认真地生活，思想自会走上正当的大路”。青年应该自我决策取舍，把握自我的命运。在理想抱负方面，叶圣陶认为家长必须引导孩子树立坚定的信念与理想。关于理想的确立，他认为内容人人可以不同，但是要有一个事实上人人需要的，理论上人人应有的共同的理想；在人生观与价值观方面，叶圣陶指出：“对于那些本来存着投机的卑劣心理的人，我们无须加以论列，而其中的大部分未始不由于缺乏真诚的态度，对任何方面观察和认识不深刻的缘故。”⑤ 由此可以看出，叶圣陶十分看重父母对子女在建立真诚的人生观与价值观方面的帮助。

① 叶至善著：《父亲长长的一生》，四川文艺出版社 2015 年版，第 70 页。

② 叶至善、叶至美、叶至诚编：《叶圣陶集》（第 11 卷），江苏教育出版社 2004 年版，第 171 页。

③ 叶至善、叶至美、叶至诚编：《叶圣陶集》（第 12 卷），江苏教育出版社 2004 年版，第 141 页。

④ 叶至善、叶至美、叶至诚编：《叶圣陶集》（第 12 卷），江苏教育出版社 2004 年版，第 123 页。

⑤ 叶至善、叶至美、叶至诚编：《叶圣陶集》（第 12 卷），江苏教育出版社 2004 年版，第 126 页。

二、论家长对子女行为习惯的养成

习惯养成教育思想是叶圣陶教育思想体系的最重要的组成部分之一，不仅体现在学校教育上，也体现在家庭教育上。叶圣陶认为儿童不仅要从小养成做事认真的好习惯，养成处处为别人着想的好习惯，而且要养成处理生活的能力。这些习惯养成和能力训练重在平时的家庭教育之中。他指出："养成小朋友的好习惯，我将从最细微最切近的事物入手；但硬是要养成，决不马虎了事。譬如门窗的开关，我要教他们轻轻的，'砰'的一声固然要不得，足以扰动人家的心思的'咿呀'声也不宜发出；直到他们随时随地开关门窗总是轻轻的，才认为一种好习惯养成了。"① 另外，叶圣陶还提出家长应当让孩子将学到的知识应用到现实生活中去，养成自主解决问题的习惯。他指出："处理生活的知识当然该从一桩桩一件件的事情上去取得，处理生活的能力当然该从一桩桩一件件的事情上去历练。"② 这些小事如果能够让孩子独立解决并完成，那么在生活的其他方面他们也可以处理得很好。最后，叶圣陶十分关注家长对子女学习习惯的培养。在听说读写的各个方面，叶圣陶都强调家长应当配合学校，做好家庭中的知识预习和巩固。他在教育自己的子女上，亲自辅导孩子们的功课，指导子女们的写作。在叶圣陶看来，教育就是要培养孩子良好的习惯，从而使孩子们能自主、自立，达到不需要教。值得注意的是，叶圣陶对儿童习惯的培养一直是特别重视的，他将教育的最终目的也归为培养良好的习惯，教人学会做人。这些教育理念是贯穿着叶圣陶整个教育实践历程之中的，也是他在不同时期都不断重申、反复谈到和论及的内容。

三、论家长对子女情感态度的激发

叶圣陶十分强调父母对孩子的情感教育。他认为，家庭应当为儿童提供良好的身心发展空间，父母对子女的情感呵护更是一种深爱。他说："子女身体上的要求，父母能使他们满足，不能说这不是爱。但是能够给子女以教育，更是深浓强烈的爱，因为饱了他们心灵的饥饿，暖了他们心灵的寒冷了。若

① 叶至善、叶至美、叶至诚编：《叶圣陶集》(第11卷)，江苏教育出版社2004年版，第130页。

② 叶至善、叶至美、叶至诚编：《叶圣陶集》(第12卷)，江苏教育出版社2004年版，第81页。

能适宜地生育子女，一一与以教育，当然是父母的深爱。”① 父母应当为子女的到来做好充足的准备，并学会欣赏和尊重每一个孩子。在叶圣陶眼中，他所“接触无数的儿童，他们纯洁且自然。他们将心赤裸裸地呈露，我们因而认识他们各异的个性，辨知他们各异的天才”。这些“小孩子不是一个模型里产出的！把他们当作艺术品，鉴别他们，欣赏他们，已是无穷的趣味，况且谁都有运转社会的可能，谁都应改造黑暗的社会”②。

叶圣陶认为，父母要对儿童的情感发展作出榜样，“凡戕贼儿童智识道德之事，不可行之，不可言之，行则为儿童所模仿，言则为儿童所听从”③。父母的养育方式决定了儿童早期的性格特点。④ 例如，小朋友顽皮的时候，大多数父母会举起手来一顿拍打，“然而这一下不只是打了他们的身体，同时也打了他们的自尊心；身体上的痛或红肿，固然不久就会消失，而自尊心所受的损伤，却是永远不会磨灭的”。这不仅会造成儿童的自卑心理，还会使得他们变得更加胆怯、懦弱。叶圣陶认为，情感的培育与孩子的善性密切相关。⑤ 他将这种情感称为内发的、自觉的心理状态，它通过行为表达出来而被外界了解。有些父母对孩子的态度冷漠，或者忽冷忽热，对身边的人也表现出自私的一面，这些不良行为都会给孩子的心灵带来冲击和影响。

除此之外，叶圣陶还强调，父母应当重视培育儿童热爱自然、人类社会和一切事物的情感。叶圣陶认为，情感与事物应看作一个彼此融合的整体。⑥ 他认为，父母在情感表达方面要注重向上向善，做到身体力行，以身示范，以良好行为给孩子的心灵带来正面的影响。因此，他呼吁父母应当对子女的情感教育给予高度的重视。

---

① 叶至善、叶至美、叶至诚编：《叶圣陶集》（第 11 卷），江苏教育出版社 2004 年版，第 51 页。

② 叶至善、叶至美、叶至诚编：《叶圣陶集》（第 1 卷），江苏教育出版社 2004 年版，第 232-235 页。

③ 叶至善、叶至美、叶至诚编：《叶圣陶集》（第 11 卷），江苏教育出版社 2004 年版，第 131 页。

④ 叶至善、叶至美、叶至诚编：《叶圣陶集》（第 11 卷），江苏教育出版社 2004 年版，第 4 页。

⑤ 商金林著：《叶圣陶全传》（第 1 卷），人民教育出版社 2014 年版，第 222 页。

⑥ 商金林著：《叶圣陶全传》（第 1 卷），人民教育出版社 2014 年版，第 222 页。

四、论家长对子女听说能力的培养

从一定意义上说，父母是子女最初的“国文教师”，承担着教授儿童听说读写方面知识的责任。作为一名国文教师，叶圣陶在很早就提出，国文教授的开始不在学校而在家庭，不在学龄时代而在幼孩时代。一个学童的国文程度的好坏，与他的家庭、他的幼孩时代很有关系。在他看来，父母是儿童的最初的最重要又是无所不教的教师，当然也是儿童的国文教师。

叶圣陶提出，家庭需要帮助儿童扫除语言障碍，为培养儿童的听说能力打下良好的基础。他认为，真正有用的教育是能让儿童在实际生活中认识事物，这单靠文字的识别是没有用的，而听说则是首要的任务。针对许多家庭教育中关于“听说”方面的缺失，叶圣陶大致概括为两个方面：首先，贫困家庭中“无暇顾及孩童，对于孩童，不承认他的本有的地位，不了解他具有可以发展的能力；对他止有玩弄，止有责骂，而没有谈话”。其次，有些家庭甚至是“绝对不理孩童的，当给衣给食或斥责的时候，用着命令的语气吩咐，就完了。虽然同成人住在一起，差不多完全隔离”①。因此，在叶圣陶看来，“儿童的不善于说话，固然因不经训练，而也因大人从来不与儿童好好地说话”②。叶圣陶认为，在儿童所处的家庭环境中，如果大人能与儿童好好地说话，就是不再给儿童特意训练，也同样可以使儿童得到些浸染的益处。

除此之外，在叶圣陶看来，听说不是能够简单地交流就算完事儿的，家长还要将话说好，讲究礼貌。孩子要想能说复杂的句式，首先是得经常听了家长的日常用语。如果一个家庭中的谈话是礼貌的，那么孩子也会在耳濡目染中学会了礼貌用语。叶圣陶指出：“说话要有礼貌，语言要和礼貌联系起来。”“礼貌是和思想意识、生活习惯有密切联系的。”③ 这些看似细微的事情都在不断影响着子女的身心发展，也为孩子们的健康成长打下了坚实的基础。

---

① 叶至善、叶至美、叶至诚编：《叶圣陶集》(第13卷)，江苏教育出版社2004年版，第4页。

② 叶至善、叶至美、叶至诚编：《叶圣陶集》(第13卷)，江苏教育出版社2004年版，第23页。

③ 叶至善、叶至美、叶至诚编：《叶圣陶集》(第17卷)，江苏教育出版社2004年版，第165页。

五、论家长对子女阅读能力的培养

叶圣陶认为，家庭应当帮助儿童养成良好的阅读习惯，要让子女在读书的过程中能够处理信息，“喜明辨”“爱真理”，不提倡马马虎虎地读书。他指出：“所谓阅读书籍的习惯，并不是什么难能的事，只是能够按照读物的性质作适当的处理而已。”① 而在这一过程中，家长需要在子女遇到困难和疑惑时给予适时地引导。读书要“喜明辨”“爱真理”，“只求记忆，没有研究的方法，没有实验的机会，那究不会切合人生，丝毫没有用处。然而听讲、记忆、背诵，一件件做去，却费了许多精神占了许多时间”②。因此，家长在子女的课外阅读中应当培养其客观评价的意识，使孩子们做到“看一篇文字，要知道作者的观点与立场，要知道他处在怎样的一种思想环境与现实环境之中，才会得到客观的理解”③。当阅读一本书时，家长可以让孩子说出值得赞美或者有待商讨的内容，不仅能够分析文字的好坏，还要引导孩子说出其中的原因。

需要特别提醒一下，叶圣陶提倡实实在在的阅读，他强调家长应当有意识地培养孩子们在阅读中深入思考的能力。叶圣陶认为，家长不能一味地称赞孩子读书的量，还要查一查读得怎么样。他曾说：“如果只是眼睛在书页上跑过，只知道故事的极简略的梗概，那不能不认为只是马马虎虎地读。一部《创业史》没读好，问题不算大，养成了马马虎虎的读书习惯，可要吃一辈子的亏。”④ 可以看出，养成良好的阅读习惯至关重要，而习惯不好，再多的阅读量，都只能起到事倍功半的效果。总而言之，阅读必须认真，先求认真，次求迅速，这是极重要的基本训练。

---

① 叶至善、叶至美、叶至诚编：《叶圣陶集》(第 14 卷)，江苏教育出版社 2004 年版，第 5 页。

② 叶至善、叶至美、叶至诚编：《叶圣陶集》(第 11 卷)，江苏教育出版社 2004 年版，第 15 页。

③ 叶至善、叶至美、叶至诚编：《叶圣陶集》(第 14 卷)，江苏教育出版社 2004 年版，第 112 页。

④ 叶至善、叶至美、叶至诚编：《叶圣陶集》(第 15 卷)，江苏教育出版社 2004 年版，第 182 页。

六、论家长对子女写作能力的训练

关于写作，叶圣陶认为：“写作就是说话，为了生活上的种种需要，把自己要说的话说出来；不过不是口头说话，而是笔头说话。”① 因此，这种出于某种需要的表达来源于生活，正同孩子们幼儿时说“吃”和“抱”一样自然。而现实生活中，大部分家长却经常对子女说：“你的文字这么坏，考试怎么能及格。”这是科举时代的精神。在叶圣陶看来，“人类是社会的动物，从天性上，从生活的实际上，有必要把自己的观察、经验、理想、情绪等等宣示给人们知道。”② 叶圣陶将写作看成出于内心的愿望，写的内容当然要是诚实的、自己的话。父母要引导孩子在写作中“不说假话，不说空话，任何场合都必须如此，一辈子必须如此”③。其实这看似是一件小事儿，但却在潜移默化中培养了孩子诚实守信的品质。叶圣陶认为，家长希望孩子做到表达自如、抒发真实的情思，就必须带领他们过充实的生活。这里生活充实的涵义，应是阅历得广，明白得多，有发现的能力，有推断的方法，情性丰厚，兴趣饶富，内外合一，即知即行，等等。

叶圣陶认为，作文离不开生活，而生活中的阅历积累离不开家庭积累。他提出，家长要有意识地培养子女积累正确和深切经验的能力。叶圣陶说：“经验有深切和浅薄的不同，有正确和错误的不同。”④ 父母在生活中，应当去调动子女深入探究某一问题的积极性，不能一味地浅尝辄止，半途而废。同时，父母在能力范围内也要多指导和评价孩子的写作，提倡写作后自己先进行检查，形成独立修改的文章习惯。在文章的写作中，父母也要帮助孩子形成“节约”“为他人着想”的意识。叶圣陶指出：“咱们写文章，道理也一样，该长的地方，长而不嫌其长，该短的地方，多一两个字也是啰嗦，也是浪费。”⑤ 写作不能一味地以自我为中心，需要考虑阅读者的需求，这就得站

① 叶至善、叶至美、叶至诚编：《叶圣陶集》（第13卷），江苏教育出版社2004年版，第80—81页。

② 叶至善、叶至美、叶至诚编：《叶圣陶集》（第15卷），江苏教育出版社2004年版，第12页。

③ 叶至善、叶至美、叶至诚编：《叶圣陶集》（第17卷），江苏教育出版社2004年版，第81页。

④ 叶至善、叶至美、叶至诚编：《叶圣陶集》（第15卷），江苏教育出版社2004年版，第75页。

⑤ 叶至善、叶至美、叶至诚编：《叶圣陶集》（第17卷），江苏教育出版社2004年版，第80页。

在他人角度想问题。

从整体上看，叶圣陶十分注重对子女的家庭教育，经常亲自辅导孩子们的功课，并现身说法，提出了一系列关于家庭教育内容的论述。他不仅重视对子女听说读写方面的训练，而且关注到了对孩子人生观、行为、习惯、情感和兴趣等方面的综合培养。在他的笔下，家庭教育是可以被分解和实施的，那些细节和习惯将决定着孩子们的未来成长。总之，叶圣陶关于家庭教育主要内容的思想是十分丰富和完善的，对建立好新时代家庭教育理论和实践体系是大有裨益的，学习和应用他的思想来对子女实施教育也是切实可行的。

新时代“养成良好习惯”教育思想的创新探索

■ 任苏民

在人类文明史上，自古以来就有“习惯养成”的教育主张。20 世纪，我国著名教育家叶圣陶在一生的教育改革探索中，不断适应中国现代社会变革与人的发展要求，继承优秀传统教育思想，总结教育实践经验和人生修养体悟，把这一主张创造性地转化并发展成为比较完整、系统的，具有中国特色、富有科学内涵的“养成良好习惯”现代教育思想。在新时代以立德树人为根本任务的中国特色社会主义教育发展中，特别是在我国 2035 年远景目标中提出实现“国民素质和社会文明程度达到新高度”① 的背景下，“养成良好习惯”教育思想进一步彰显其时代价值和深远意义，需要我们更加努力地去创新实践与发展。

一、“养成良好习惯”教育思想的历史生成

“习惯养成”作为一种教育主张，在中外文明发展进程中很早就被提倡。据《尚书·商书·太甲上》记载，早在公元前 1600 年，夏末商初政治家、思想家伊尹就曾训导商汤嫡孙太甲：“兹乃不义，习与性成。”他认为，习惯决定性格，一个人的行为习惯怎样，就会形成怎样的性格，这对于将要继承王位的太甲来说，关系尤其重大。春秋时期，以道德修养为根本、培养君子为目的的大教育家孔子更是重视习惯养成。他指出：“性相近也，习相远也。”② 人的天性本来是相近的，只是因为后天养成的习惯不同而使人与人产生很大的差异。因此，他主张从小就要培养人的良好习惯。《大戴礼记·保傅》引用其语：“少成若性，习贯之为常。”一个人年少时候养成的好习惯会像他的天性一样，成为其生命自然。这种主张，一直为传统教育所奉行，并在从《三

①《中华人民共和国国民经济和社会发展第十四个五年规划和 2035 年远景目标纲要》，《人民日报》2021 年 3 月 13 日第 5 版。

② 徐志刚：《论语通译》，人民文学出版社 1997 年版，第 220 页。

字经》到《弟子规》等许多蒙学经典中得到具体、生动的体现。

放眼世界，公元前330年，古希腊思想家亚里士多德在为城邦公民撰写的《尼各马可伦理学》一书中也曾指出："道德成自于习惯。"要"从年少时代就以某一种方法起风习作用"，培养合德性的行为与有德性的人。① 17世纪，英国教育家洛克在为刚夺取政权的资产阶级和新贵族描画"绅士教育"时，把"使学生养成良好的习惯，怀抱德行与智慧的原则"看作是"导师的重大的工作之一"②。20世纪初，美国哲学家、教育家杜威在阐述他的民主主义教育理论时，提出"教育的目的是要养成配做社会的良好分子的公民"③。其中包括：一是"须养成智能的个性"；二是"须养成共同活动的观念和习惯"。④

由此可见，"习惯养成"的教育主张在中外都可谓源远流长。无论是在东方的"君子培养"中，还是在西方的"公民教育"里，这一主张都是跟文明的传统，同时跟特定时代的教育使命相联系，具有德性的本质特点。

20世纪初新文化运动兴起后，中国教育开始自觉参与社会变革，以"新民救国"为使命，以"造成健全的公民"为目标，向着适合本国需要的现代教育转型。在这一历史进程中，"习惯养成"的传统教育主张，被许多进步教育家同中国现代教育的使命和目标联系起来，赋予了新的价值和内涵。例如，陶行知倡导"生活教育"，就很注重让学生从小在生活中养成各种好的习惯。他指出："凡人生之态度，习惯，倾向，皆可在幼稚时代立一适当基础。"⑤杨贤江发表多篇文章专论人的习惯养成。他认为"学生时代是最好、最适当的养成种种善良习惯的时代"，提出了养成教育的一些规律和原则⑥。而在这些教育家中，最早自觉从培养现代中国人的新的时代要求和高度深刻阐述，并在其后整个教育生涯中一直坚持、不断发展、系统形成"养成良好习惯"的现代教育思想的，是叶圣陶。

---

① 日本筑波大学教育学研究会编、钟启泉译：《现代教育学基础》，上海教育出版社1986年版，第363页。

② 洛克著、傅任敢译：《教育漫话》，人民教育出版社1985年版，第97页。

③ 王天一、夏之莲、朱美玉编著：《外国教育史（下册）》，北京师范大学出版社1985年版，第153页。

④ 涂诗万、张斌贤：《〈民主主义与教育〉在中国的早期传播》，《教育研究》2016年第6期。

⑤ 陶行知：《陶行知文集》，江苏教育出版社1991年版，第111页。

⑥ 叶圣陶研究会编：《叶圣陶研究论文集》，开明出版社1991年版，第79页。

二、“养成良好习惯”教育思想的科学内涵

翻开叶圣陶的教育著作，从1916年发表的《我校之少年书报社》，到1984年发表的《教育工作者的全部工作就是为人师表》，关于“养成良好习惯”，几乎在他所有重要的教育和教学专论、文章、讲话、书信中都有论述。将这些论述作为一个历史生成而又具有内在逻辑的整体系统来解读，就会发现，叶圣陶“养成良好习惯”教育思想，涉及了中国现代教育的目的和价值、本质和主体、目标和内容、范式和方法等一系列基本问题、范畴、要义，从而在一定意义上构建了一种“养成良好习惯”的“中国教育学”理论和话语。

（一）“养成良好习惯”的教育目的和价值

叶圣陶1919年在《新潮》杂志发表的《小学教育的改造》这篇教育改革宣言式的论文，第一次将“养成良好习惯”作为中国现代教育目的和价值的基本内涵来加以阐述。他指出：“小学教育的意义，概括的说来，便是使儿童在行为上得到新的人生观。要达到这个目的，须承认人生必须是自觉的，自动的，发展的，创造的，社会的，而以教育做手段使学生养成这种种品德和习惯，以至于达到最高的高度。那玄虚的、抽象、仿效、克制、被动的人生观，当然不是现代人所应当具有的，当然不能拘守着作为教育的出发点。”①这段论述明确告诉我们，中国现代教育的目的和价值就在于培养“现代人”，小学教育必须为之奠定根基，“使儿童在行为上得到新的人生观”，也即是要使学生对“自觉的，自动的，发展的，创造的，社会的”新人生观，通过自己的践行而内化和内生，从而“养成这种种品德和习惯，以至于达到最高的高度”。这里“最高的高度”，可以理解为“止于至善”② 的境界，“习惯成自然”的境界。叶圣陶认为，养成“现代人”的基本品德和习惯，正是中国现代小学教育目的和价值的真谛所在。

当然，养成“现代人”的良好品德和习惯，不仅限于小学教育，而且在整个基础教育阶段，以至高等教育阶段，都是必须努力实现的教育目的和价值。叶圣陶指出：“教育就是养成好习惯”。“普通教育的目标是养成一般人当

① 叶至善、叶至美、叶至诚编：《叶圣陶集》（第11卷），江苏教育出版社2004年版，第37页。

② 胡平生、张萌译注：《礼记（下）》，中华书局2017年版，第1161页。

公民的好习惯，高等教育的目标是养成一些人做专门人才的好习惯”。[①]

“养成良好习惯”作为教育目的和价值，既对“现代人”的培养与成长具有基础性，又对“现代人”的修养与发展具有终身性。20 世纪 40 年代中期，在二战结束、现代社会加速发展的新形势下，叶圣陶进一步强调了这一观点。他在《“习惯成自然”》等文章中指出：“养成习惯，换个说法，就是教育。”“我们在学校里受教育，目的在养成习惯，增强能力。我们离开了学校，仍然要从种种方面受教育，并且要自我教育，目的还是在养成习惯，增强能力。”[②] 这里已经把“养成良好习惯”与“终身教育”联系起来，对“终身教育”形成一种独到见解。

值得注意的是，在此期间，叶圣陶还将习惯的养成与政治人物和世界发展联系起来。他指出：“推广开来说，凡是为非作歹的人，他们为非作歹的原因固然有许多，也可以用一句话来概括，他们的病根在养成了妨害他人的习惯。”“一切习惯偏向妨害他人的方面，他们就成了恶人。如希特勒、墨索里尼、日本军阀，是头等的恶人……这些恶人向来为人们所痛恨，今后的世界上尤其不容许他们立足。谁要立足在今后的世界上，谁就得深切记住，不要养成妨害他人的习惯。”[③] 很显然，叶圣陶对“养成良好习惯”之于人民民主和福祉增进、之于人类向善和文明进步的内在关联与根本意义，在新的时代条件下尤其具有超越先贤之深刻见地。

20 世纪 70 年代末 80 年代初，中国进入改革开放和社会主义现代化建设新时期。面临新时期我国社会变革与人的发展趋势，叶圣陶对“养成良好习惯”教育目的和价值做了进一步的思考。他在《读书和受教育》等论著中指出：“受教育的意义和目的是做人，做社会的够格的成员，做国家的够格的公民。想到‘做’字，就可以悟出光记住些什么是远远不够的。必得把某些精要的东西化为自身的血肉，养成永久的习惯，终身以之，永远实践，这才对于做人真有用处。”[④] 从这些论著中可以看到，叶圣陶既深化了“养成良好习惯”作为教育目的的一贯思想，又凸显了终身自学、改革创新等“养成良好

---

① 叶至善、叶至美、叶至诚编：《叶圣陶集》(第 11 卷)，江苏教育出版社 2004 年版，第 149 页。

② 叶至善、叶至美、叶至诚编：《叶圣陶集》(第 12 卷)，江苏教育出版社 2004 年版，第 315 页。

③ 叶至善、叶至美、叶至诚编：《叶圣陶集》(第 12 卷)，江苏教育出版社 2004 年版，第 318 页。

④ 叶至善、叶至美、叶至诚编：《叶圣陶集》(第 11 卷)，江苏教育出版社 2004 年版，第 350 页。

习惯”教育新的价值内涵，使他的“养成良好习惯”教育目的和价值论有了与时俱进的发展。

（二）“养成良好习惯”的教育本质和主体

一定时代教育的本质，是由反映该时代社会与人的发展根本要求的教育目的和价值这个核心确定的。正是在以养成“现代人”品德习惯为教育目的和价值的思想前提下，叶圣陶在《如果我当教师》一文中，面向广大教师，既通俗又精辟地阐释了中国现代教育的本质。他指出：“我想‘教育’这个词儿，往精深的方面说，一些专家可以写成巨大的著作，可是就粗浅方面说，‘养成好习惯’一句话也就说明了它的含义。无论怎样好的行为，如果只表演一两回，而不能终身以之，那是扮戏；无论怎样有价值的知识，如果只挂在口头说说，而不能彻底消化，举一反三，那是语言的游戏；都必须化为习惯，才可以一辈子受用。”① 他认为，在现代中国，“教育”这个总概念的含义，简而言之可以用“养成好习惯”一句话说明。教育的本质，不只是授予学生“好的行为”和“有价值的知识”，而在于引导学生将“好的行为”反复实践，终身以之；将“有价值的知识”彻底消化，举一反三，也就是都“化为习惯”，使之“一辈子受用”。

此后，叶圣陶又面对青年学生，阐述了他对教育本质的这一理解。他指出：“原来‘教育’这个词儿，如果解释得繁复，几本书未必说得完；简单的解释，一句话就可以说尽，就是‘养成好习惯’。怎样的习惯才算好？能使才性充量发展的是好习惯，能把事情做得妥善的是好习惯，能使公众得到福利的是好习惯，大概也不过如此而已。”② 在他看来，教育所要养成的“好习惯”，应当既是符合个体才性充分发展需要的，又是能把事情做好的，更是有利于公众福祉的。这也即确立了做己、做事、做人三者统一的“好习惯”基本价值尺度。

进入改革开放和社会主义现代化建设新时期后，针对教育界和社会上出现的“应试教育”倾向，叶圣陶进一步重申并发展了“教育即养成良好习惯”的观点。他指出：“教育是什么？往简单方面说，只须一句话，就是要养成良好的习惯。”“咱们社会主义社会的教育，就是要使学生养成在社会主义

① 叶至善、叶至美、叶至诚编：《叶圣陶集》（第11卷），江苏教育出版社2004年版，第129页。

② 叶至善、叶至美、叶至诚编：《叶圣陶集》（第12卷），江苏教育出版社2004年版，第154页。

社会里生活的一切良好习惯。”①

叶圣陶的相关论述表明，所谓“良好习惯”，是指人的体现优良传统与时代精神和个体健康发展需要的相对稳定的价值取向、人生态度和行为方式。“养成良好习惯”，就是要引导受教育者自觉地持之以恒地在学习和实践中，将“现代人”或“社会主义社会成员”应有的正确价值取向、人生态度和行为方式转化为自己的习惯，终身受用，并使他人和社会受益。这也正是中国现代教育的本质。

“养成良好习惯”的教育目的和本质，必须要由教育的主体之一——教师来实现。这就赋予了中国现代教师以基本的任务职责。叶圣陶曾在写给一位乡村教师的信中指出：“依我想，从小学老师到大学教授，他们的任务就是帮助学生养成良好习惯，帮助学生养成政治方面、文化科学方面的良好习惯。而教师要完成这个重大任务，自己就得继续不断地养成这些良好习惯。”② 他主张，教师作为教育主体的基本任务，就是帮助学生养成良好习惯。而要完成这个“重大任务”，“言教”必不可少，“身教”尤其重要。教师不仅自己首先要养成好习惯，而且在“帮助学生”过程中要继续不断地养成这些良好习惯。1984 年，面对新科技革命与社会变革，叶圣陶进一步发展了自己的这一观点，指出：“教育工作者的全部工作就是为人师表。”“教育工作者必须为当前的受教育者着想，将来攀登新高峰窥见新奥秘的正是他们，非趁早给他们打基础不可，基础怎么打？还是身教为要。事事不马虎，样样问个为什么，受教育者看在眼里，印在心里，自然而然会养成钻研探索的良好习惯”。③

“养成良好习惯”本质上也是一种自我教育。因此，叶圣陶在许多文章中同时十分强调发挥学生的主体作用。他指出：要“把依赖性的‘受教育’转变为主动性的‘自我教育’”。“所谓‘自我教育’，就是不去依傍他人的力量，自己来养成这些好习惯。”④ 他谆谆教导学生：“同学们一定要努力学会自学的本领，养成自学的习惯。”“学会了自学的本领，养成了自学的习惯，将来离开了学校，才能在工作和生活中不断地自我充实，自我修养，成为有

① 叶至善、叶至美、叶至诚编：《叶圣陶集》(第 11 卷)，江苏教育出版社 2004 年版，第 264 页。

② 叶至善编：《叶圣陶答教师的 100 封信》，开明出版社 1990 年版，第 86 页。

③ 叶至善、叶至美、叶至诚编.：《叶圣陶集》(第 11 卷)，江苏教育出版社 2004 年版，第 378—379 页。

④ 叶至善、叶至美、叶至诚编：《叶圣陶集》(第 12 卷)，江苏教育出版社 2004 年版，第 154 页。

益于人民的人，有益于社会的人。”① 显而易见，叶圣陶关于“养成良好习惯”教育思想，同他“教是为了不教”的教育思想精髓是相贯通的。“不教”，也可以说就是学生在教师的引导和示范下，由“受教育”而学会“自我教育”，成为自己教育自己的主体，自己来养成终身受用的好习惯。

（三）“养成良好习惯”的教育目标和内容

为了实现“养成良好习惯”的教育目标，教师要在实践中根据实际情况制定“养成良好习惯”的教育内容。1958 年，叶圣陶在给新任教师的一封信中叮嘱：“你在大学学的是凯洛夫教育学，那是苏联的教育学，不是中国的教育学。因此在实践中必须根据我们中国的实际……灵活适当地运用。”紧接着，他就教师的教育目标和内容提出了自己的意见。他指出：“我想教师工作的最终目的，无非是培养学生具有各种良好的社会习惯。诸如热爱国家关心他人的习惯，礼貌诚笃的习惯，虚心自强的习惯，阅读书写的习惯，勤劳操作的习惯，求实研索的习惯等等。”② 这段论述，立足教师实践，根据中国实际，从家国情怀、为人态度、自学精神、语文修养、劳动品质、探索创造等方面，提出了“培养学生具有各种良好的社会习惯”的教育目标和内容主要框架。

此后，叶圣陶又站在全面贯彻教育方针的高度，从德、智、体全面发展的教育实践出发，对“养成良好习惯”的教育目标和内容作了阐述。他指出：“所谓教育，无非是从各方各面给学生好的影响，使学生在修养品德、锻炼思想、充实知识、提高能力、加强健康各方各面养成好的习惯。”③ “德育方面，要养成待人接物和对待工作的良好习惯；智育方面，要养成寻求知识和熟悉技能的良好习惯；体育方面，要养成保护健康和促进健康的良好习惯。”④ 这些目标和内容阐述，看似用语平淡，实则意蕴深刻。例如在体育方面提出要养成保护和促进健康的良好习惯，叶圣陶就曾针对学校教育现状，指明其中尤为重要的是要让学生养成卫生习惯。他强调：“比起竞技运动来，卫生习惯

---

① 叶至善、叶至美、叶至诚编：《叶圣陶集》（第 11 卷），江苏教育出版社 2004 年版，第 347 页。

② 叶至善编：《叶圣陶答教师的 100 封信》，开明出版社 1990 年版，第 1 页。

③ 叶至善、叶至美、叶至诚编：《叶圣陶集》（第 11 卷），江苏教育出版社 2004 年版，第 258 页。

④ 叶至善、叶至美、叶至诚编：《叶圣陶集》（第 11 卷），江苏教育出版社 2004 年版，第 264 页。

是根本的，所以尤其紧要。”①

除此以外，叶圣陶还从人的终身发展视角，对作为自我教育主体的学生提出恳切要求。他指出：“凡是好的态度和好的方法，都要使它化为习惯，包括日常生活方面的，待人接物方面的，求知识方面的，干工作方面的。只有熟练得成了习惯，好的态度才能随时随地表现，好的方法才能随时随地应用，好像出于本能，一辈子受用不尽。”②

叶圣陶的这些论述，坚持根据中国实际，基于教育实践，将时代发展要求与中华传统美德相结合，将贯彻全面发展的教育方针与学生终身发展的人生需要相统一，为具体制定“养成良好习惯”的教育目标和内容提供了正确依据。

当然，叶圣陶论“养成良好习惯”教育目标和内容，不仅有总体的概括，而且在教育活动和学科教学层面亦有具体的展开，给教育实践以更多启示。例如，在《中学生守则》《小学生守则》颁布后，他指出：必须让学生“实践《守则》各条”。如“热爱祖国”，“要在日常的思想、态度、行动、言谈中习惯于爱国，自然而然地爱国，那才见得你真能热爱祖国”。“《守则》里的具体的话和抽象的话，都要化为生活里的习惯才行”。③ 在关于“辅导少先队员们读书”的谈话中，他指出：辅导员“要跟孩子们共同读书，共同联系实际。读一本讲天文的书，就跟他们共同看星星；读一本讲植物的书，就跟他们共同种植些什么。这样就容易使他们养成爱好读书的习惯，养成读书联系实际的习惯，养成好动手爱钻研的习惯”。④

叶圣陶对“养成良好习惯”教育目标和内容的论述，更具体更系统地体现在其语文教学著作中。他早就明确指出：国文教学“必须讲求方法”，“必须使种种方法成为学生终身以之的习惯”。⑤ “得到阅读和写作的知识，从而

① 叶至善、叶至美、叶至诚编：《叶圣陶集》(第12卷)，江苏教育出版社2004年版，第58页。

② 叶至善、叶至美、叶至诚编：《叶圣陶集》(第11卷)，江苏教育出版社2004年版，第271页。

③ 叶至善、叶至美、叶至诚编：《叶圣陶集》(第11卷)，江苏教育出版社2004年版，第275页。

④ 叶至善、叶至美、叶至诚编：《叶圣陶集》(第11卷)，江苏教育出版社2004年版，第332页。

⑤ 叶至善、叶至美、叶至诚编：《叶圣陶集》(第13卷)，江苏教育出版社2004年版，第43页。

养成阅读和写作的习惯，就是学习国文的目标。”① 以后他又指出，听说读写并重，听说训练要“养成学生自觉地说话的好习惯”②。语言文字结合，写字练习要使学生“心到手到”，“认认真真地写”，“久而久之，成为习惯”。③“语言的好习惯也就是思想的好习惯”。④“学习语文还可以养成想得精密的习惯”；“还有培养品德的好处”。⑤ 在这些方面的论述中，最典型的是对语文教学第一目标和内容“养成阅读书籍的习惯”的分析。叶圣陶将之分为精读和略读两部分，指出：在精读教学中，要培养学生预习教材的习惯，讨论听讲的习惯，诵读感悟的习惯，练习应用的习惯等；在略读指导中，要培养学生自主阅读的习惯，质疑研究的习惯，讨论报告的习惯，速读增效的习惯等。而这些习惯，又都分别包含了更多的具体内容要点。与此同时，叶圣陶还指出，这两部分在教学中又是相互联系、前后贯通的：“学生从精读而略读，譬如孩子学走路”，“其目的唯在学生习惯养成，能够自由阅读”。⑥

（四）“养成良好习惯”的教育范式和方法

教育主体要真正实现“养成良好习惯”的教育目的和本质，不仅要根据实际具体制定正确的教育目标和内容，而且要从实践中探索总结有效的教育范式和方法。叶圣陶指出：“养成良好习惯，直到终身由之的程度，是一条规律。”⑦“养成良好习惯”教育范式和方法，必须遵循其自身的教育规律，体现其实现“养成良好习惯”教育目的和本质的必然要求。

关于“养成良好习惯”的教育范式，叶圣陶大多是在探讨教育和教学实践中有所论及，比较集中的阐述首先可见于《两种习惯养成不得》一文。在这篇主要面向少年朋友专谈养成习惯的文章中，他指出：哪怕是最起码的良好习惯，也“不是一会儿就会有的，也得逐渐养成。在没有养成的时候，多

---

① 叶至善、叶至美、叶至诚编：《叶圣陶集》（第 13 卷），江苏教育出版社 2004 年版，第 94 页。

② 叶至善、叶至美、叶至诚编：《叶圣陶集》（第 13 卷），江苏教育出版社 2004 年版，第 163 页。

③ 叶至善、叶至美、叶至诚编：《叶圣陶集》（第 13 卷），江苏教育出版社 2004 年版，第 195—197 页。

④ 叶至善、叶至美、叶至诚编：《叶圣陶集》（第 11 卷），江苏教育出版社 2004 年版，第 130 页。

⑤ 叶至善、叶至美、叶至诚编：《叶圣陶集》（第 13 卷），江苏教育出版社 2004 年版，第 181 页。

⑥ 叶至善、叶至美、叶至诚编：《叶圣陶集》（第 14 卷），江苏教育出版社 2004 年版，第 162 页。

⑦ 杜草甬、商金林编：《叶圣陶教育文集》，河南教育出版社 1990 年版，第 360 页。

少要用一些强制功夫，自己随时警觉，坐硬是要端正，站硬是要挺直，每天硬是要洗脸漱口，每事硬是要有头有尾。直到‘习惯成自然’，不待强制与警觉，也能行所无事的做去，这些就是终身受用的习惯了”。[①] 叶圣陶认为，“养成良好习惯”的教育，不同于以认知为主要目的的知识教学，也不同于简单从外部施加的规范训练，而是主体从具体行为入手，将好的价值取向、人生态度和行为方式的认识转化为自觉实践的过程；是主体在实践中依靠自身情感驱动特别是意志努力，坚持将好的价值取向、人生态度和行为方式付诸自己行动的过程；是主体在持之以恒的实践中不断修养历练，直到好的价值取向、人生态度和行为方式在自己身上“习惯成自然”的过程。对好的价值取向、人生态度和行为方式，从自觉实践，到自强行动，以至自然养成。这就是叶圣陶初步总结的“养成良好习惯”的教育范式。

1982 年，叶圣陶发表的《关于思想品德课》一文对他上述总结有了新的重要发展。他在这篇文章中指出：“要有好思想好品德不仅是听人讲讲就够了的事”。“在听讲的同时还必须自动地动脑筋，把有关的种种关系辨认得一清二楚，这才不仅知道，而且确信；由于确信，就咬定非如此如彼不可，积久而习惯成自然”。这样，好思想好品德就可以“成为终身的伙伴”了。[②] 这段话，是在新时期学校增设思想品德课的情境下，论述如何使学生将好思想好品德养成习惯的。文中用“听讲”“自动地动脑筋”“辨认”“知道”“确信”“咬定”“积久”“习惯成自然”等一系列关键词，从引导受教育者自主发展着眼，进一步展开了学生在接受教育的同时自我教育、自觉实践的过程，对“养成良好习惯”教育范式的基本结构作了新的概括。尤其值得注意的是，这里揭示了作为学生实践养成基础的主体内在自觉的形成机制，突出了使学生由正确认知上升为行动信念这一最关键环节。在一定意义上可以说，这也是基于教育实践对作为“中国教育学”哲学基础之一的辩证唯物认识论的丰富。除此以外，叶圣陶在这篇文章中还探讨了在新时期学校教育大环境中，由思想品德课到各门课程，由思想品德课教师到全校教师，由学校到家庭、社会各方面，通力协作培养学生好思想好品德的“养成良好习惯”教育范式的宏观系统。《礼记 · 中庸》早就有对道德教育范式“五步法”的经典性概括：“博学之，审问之，慎思之，明辨之，笃行之。”[③] 叶圣陶关于“养成良好习惯”

---

① 叶至善、叶至美、叶至诚编：《叶圣陶集》(第 12 卷)，江苏教育出版社 2004 年版，第 317 页。

② 叶至善、叶至美、叶至诚编：《叶圣陶集》(第 11 卷)，江苏教育出版社 2004 年版，第 338 页。

③ 胡平生、张萌译注：《礼记（下)》，中华书局 2017 年版，第 1026 页。

教育范式的论述，很显然既有对优秀传统的继承，又是根据新的时代条件和教育实践，遵循其本身的教育规律，对前人相关思想的创新性发展。

叶圣陶在实践中不但探索概括了“养成良好习惯”的教育过程和范式，而且总结形成了一套“养成良好习惯”的教育原则和方法。

1. 正确引导，彰明德性。《礼记·大学》指出，教育的道理，首要的是在“明明德”①。叶圣陶认为，在中国现代社会，每个儿童或青少年学生都具有向善的天性和本能，即内在的德性。关键在于正确引导。“儿童的某一本能倘若有善的倾向，便应该设法使他们尽量发展，渐渐成为有意识的习惯；倘若有恶的倾向，便应该设法引导他们转向积极，不使造成恶的结果。”② 由此可见，所谓“正确引导”，当然要用正确的社会价值、人生态度和行为方式来引导，同时又要适应学生的生命自然和发展需要因势利导。学生是“有生机的种子，本身具有萌发生长的机能，只要给以适宜的培育和护理，就能自然而然地长成佳谷、美蔬、好树、好花”。③ 因此，“养成良好习惯”的教育，首先就要以将上述二者辩证统一的教育目标、教育内容和教育方法来引导学生，唤醒和激发他们内在的德性，并使之在自觉实践中得以彰显和升华。要让学生在接受教育的同时自我教育，“自明”明德④，自强不息，自能生长，自己来养成好习惯；“让他们自己衷心乐意向求真崇善爱美的道路昂首前进”⑤。

2. 知行合一，注重实践。叶圣陶自提出“养成良好习惯”之初，就十分推崇我国古代著名思想家王阳明的“知行合一”说（1927 年商务印书馆出版的叶圣陶校注的王阳明《传习录》，至今仍被学界视为上选读本），将其作为最基本的教育原则和方法。他认为，要养成良好习惯，必须引导学生知行合一。而这“知”，并非仅仅听老师讲授得来，而主要是从学生亲身的“行”包括对实际事物接触、操作、体验中来。“真要收到知行合一的好结果，必须使儿童从实际中获得知识。”⑥ 并且，获得的有关知识包括道理、方法又必须付

---

① 胡平生、张萌译注：《礼记（下）》，中华书局 2017 年版，第 1161 页。

② 叶至善、叶至美、叶至诚编：《叶圣陶集》（第 11 卷），江苏教育出版社 2004 年版，第 39 页。

③ 杜草甬、商金林编：《叶圣陶教育文集》，河南教育出版社 1990 年版，第 331 页。

④ 胡平生、张萌译注：《礼记（下）》，中华书局 2017 年版，第 1165 页。

⑤ 叶至善、叶至美、叶至诚编：《叶圣陶集》（第 11 卷），江苏教育出版社 2004 年版，第 348 页。

⑥ 叶至善、叶至美、叶至诚编：《叶圣陶集》（第 11 卷），江苏教育出版社 2004 年版，第 33 页。

诸实践。“使儿童从事物中寻求真知识，并用真知识来支配他们的行动。……他们在生活中就有了一个新趋势”，“这才是怎样做人的根本方法”。① 因此，叶圣陶的“知行合一”主张，更注重实践，更注重实践对人内心的唤醒、启示、革新和塑造。他强调：“养成好习惯必须实践。换一句话说，那不仅是知识方面的事，心里知道怎样怎样，未必就能养成好习惯，必须怎样怎样做去，才可以养成好习惯。”② 譬如拿卫生习惯养成来说，“不只是限于学校里的事情，要随时随地加以注意，躬行实践，成为习惯，才能收到相当的效果”。③ 不仅做人和生活方面的习惯养成，而且学习等方面的习惯养成也一样。“一定要把知识跟实践结合起来，实践越多就知道得越真切，知道得越真切就越能起指导实践的作用。不断学，不断练，才能养成好习惯，才能真正学到本领。”④

3. 情境熏陶，身教示范。新文学创作与教育改革探索的结合，使叶圣陶从一开始就非常重视“情境”这一中国优秀传统文艺思想在养成儿童良好习惯中的运用，并使之有了更深刻的教育意蕴。他在1921年《晨报副刊》上发表的《文艺谈》中就曾指出：“果真要养成他们（指儿童）良好的习惯，最重要的是顺应他们的心情，在起居饮食嬉游说笑各方面造成良好的环境，使他们潜移默化。”⑤ 不久，叶圣陶就将这一重要原则和方法推广到整个教育和学科教学，指出：“教育所以可贵，乃在能为儿童特设境遇使他们发生需求，努力学习。”“为国文教授的奏功着想，也当特设一种相当的境遇”。⑥ 他所说的“环境”或“境遇”，显然指的不只是一般的学校物质和制度环境，而是能够充分体现教育特性的顺应儿童心情，有利于他们良好习惯养成的校园和课堂生活等育人情境。他认为，这种育人情境，具有“教训”所没有的对学生情感熏陶，引起“共鸣”，唤醒德性，“使之自化”的力量⑦。同时，叶圣陶又特别强调了创设和构成这种“环境”的主要因素，即教育者的身教示范。

① 叶至善、叶至美、叶至诚编：《叶圣陶集》(第11卷)，江苏教育出版社2004年版，第39页。

② 叶至善、叶至美、叶至诚编：《叶圣陶集》(第13卷)，江苏教育出版社2004年版，第137页。

③ 叶至善、叶至美、叶至诚编：《叶圣陶集》(第12卷)，江苏教育出版社2004年版，第58页。

④ 叶至善、叶至美、叶至诚编：《叶圣陶集》(第13卷)，江苏教育出版社2004年版，第182页。

⑤ 杜草甬、商金林编：《叶圣陶教育文集》，河南教育出版社1990年版，第37页。

⑥ 叶至善、叶至美、叶至诚编：《叶圣陶集》(第13卷)，江苏教育出版社2004年版，第6—7页。

⑦ 杜草甬、商金林编：《叶圣陶教育文集》，河南教育出版社1990年版，第38页。

他指出："造成这样的环境，老师的示范作用和熏染作用极关重要。在一切教育工作中，老师以身作则总归是主要的原则，而且是最易见效的方法"。[①]《礼记·大学》写道："君子有诸己而后求诸人，无诸己而后非诸人"。[②] 要使学生养成各方面的良好习惯，教师以及父母等其他教育者自己就要以身作则，首先养成这些好习惯。

4、从小做起，奠定基础。叶圣陶认为，养成良好习惯，作为伴随人一生成长和发展的教育过程，其起点应该是从小做起，从年幼开始，并且根据儿童身心特点和生活实际，从最细微最切近的事物入手。他指出："我将特别注意，养成小朋友的好习惯。""养成小朋友的好习惯，我将从最细微最切近的事物入手；但硬是要养成，决不马虎了事。"[③] 譬如门窗的开关，要教他们轻轻的，"砰"的一声固然要不得，足以扰动人家心思的"咿呀"声也不宜发出；直到他们随时随地开关门窗总是轻轻的，才认为一种好习惯养成了。这样的好习惯，不仅对于某一事物本身是好的行为习惯，而且由于内蕴着正确的价值取向和人生态度，可以由此及彼、由小及大推广到其他事物其他行为方面去，从而为学生健康成长，为他们在更多以至更重要的做人做事方面养成良好习惯奠定基础。对于"为公"这一大德即核心价值观的养成，叶圣陶运用日常生活中不拿公家信封信笺写私信等等例子教导学生："为公决不能只是口头跟笔下的道德教条，而必须是从今以后人人必须终身以之的行为习惯。""说到养成行为习惯，必须在最微细最平常的场合入手，积渐功深，遇到不微细不平常的场合也自然而然能够为公。"[④] 在他看来，即便是"大道之行"[⑤]、至善之德，也往往是从一件一件小事做起，最终成就的。这也是体现"养成良好习惯"本身规律的一个重要教育原则和方法。

5. 持之以恒，不断积累。叶圣陶强调，养成良好习惯，不仅要引导学生自觉实践，而且不同于一般的实践活动，必须使学生持之以恒地实践，反复历练巩固，方能有效。他曾经批评有些训育老师试图通过"仁爱周""和平周"之类活动来养成学生相关习惯的做法，指出："养成良好习惯必须持之以

---

① 叶至善、叶至美、叶至诚编：《叶圣陶集》(第 13 卷)，江苏教育出版社 2004 年版，第 165 页。

② 胡平生、张萌译注：《礼记（下)》，中华书局 2017 年版，第 1169 页。

③ 叶至善、叶至美、叶至诚编：《叶圣陶集》(第 11 卷)，江苏教育出版社 2004 年版，第 129—130 页。

④ 叶至善、叶至美、叶至诚编：《叶圣陶集》(第 6 卷)，江苏教育出版社 2004 年版，第 48—49 页。

⑤ 胡平生、张萌译注：《礼记（上)》，中华书局 2017 年版，第 419 页。

恒，现在想在一个什么周内养成什么习惯，过了那个周就丢开不管，试问能不能收到实效?”“做一个人，确乎需要各种好习惯，好习惯累积得越多，其人的生活越上进，越充实，像上面说的‘一曝十寒’轮流串演的办法，却说不上养成习惯，更说不上累积习惯。”① 实践证明，这样做还容易流于形式，以致产生弄虚作假等负面影响。由此可见，持之以恒地实践历练，由长期坚持而不断积累，也是“养成良好习惯”体现本身规律，取得真实功效的一个重要教育原则和方法。运用这一原则和方法，当然要依靠学生自己的努力，而教育者尽到督促之责尤为关键。叶圣陶指出：“就老师的方面说，采用种种有效的办法，循序渐进地教导学生练，固然极为重要，而督促学生认真练，经常练，尤其是奏功收效的关键。”“必须督促学生循规蹈矩地练，积日累月地练，练到非常纯熟，再也丢不了了，学生身上才真正有了这项能力。”②《荀子·劝学》说：“不积跬步，无以至千里；不积小流，无以成江海”③。不断积累还有一层意思，就是知道一点做一点，知道几点做几点，积累起来，逐步在各方面都养成好习惯。这也是对一个人全面发展和终身发展切实有效的教育方法。

6. 科学评价，追求自然。考察养成良好习惯的教育实效，其根本标准应该是“习惯成自然”。以“习惯成自然”为根本标准的评价，也是一种让教育返璞归真，更符合教育本质和基本规律的科学评价。叶圣陶曾经指出，要结合实际对学生进行思想政治教育。“而考察其成效如何，不仅在学生之能否领悟，尤贵在学生之能否实践。”④ 衡量养成良好习惯教育成效，首先要看学生能否实践。而这里的“实践”，不仅是指学校组织的或有老师、家长督促的学生实践活动，更不是指“只表演一两回”的所谓“实践”，而是指学生在真实生活中自然而然表现的做人做事具体行为。这种“实践”，“必将通过日常的思想、态度、行动、言谈才行。譬如说，要在日常的思想、态度、行动、言谈中都表现真正爱国，才够说得上能够实践热爱祖国”。⑤ “习惯成自然”的评价，不仅强调养成良好习惯的教育实效，在于摒除形式主义的真实、自

① 叶至善、叶至美、叶至诚编：《叶圣陶集》(第11卷)，江苏教育出版社2004年版，第166页。

② 叶至善、叶至美、叶至诚编：《叶圣陶集》(第13卷)，江苏教育出版社2004年版，第165页。

③ 张晚林导读注译：《荀子》，岳麓书社2019年版，第6页。

④ 叶至善编：《叶圣陶答教师的100封信》，开明出版社1990年版，第77页。

⑤ 叶至善、叶至美、叶至诚编：《叶圣陶集》(第11卷)，江苏教育出版社2004年版，第275页。

然的实践，日常生活中思想、态度、行动、言谈相统一的本真实践；而且注重评估这种教育实效的渐进性、深刻性、持久性。叶圣陶指出："就作用的方面说，进步的教育偏重在熏陶。熏陶就是在潜移默化之中，渐渐地养成好思想，好习惯。见效虽不怎么快，可是它的影响是深刻的，持久的。"① 这样的评价，才能促进学生不断向"习惯成自然"的人生境界健康成长，才能促进教育和教育者遵循"道法自然"② 的根本法则健康发展。

三、"养成良好习惯"教育思想的创新发展

时代不断在跃上新的征程，教育不断在进行新的变革。新时代以立德树人为根本任务的中国特色社会主义教育，"国民素质和社会文明程度达到新高度"的国家教育等事业 2035 年远景目标，进一步彰显了叶圣陶"养成良好习惯"教育思想的时代价值和现实意义，并且为这一教育思想创新实践与发展开辟了广阔的前景。

正是在认真学习习近平新时代中国特色社会主义思想中不断增强历史自觉和文化自信，笔者进一步深入研究"养成良好习惯"教育思想。一方面，结合当代中国和世界教育面临的重大现实课题，寻求新的理论突破；一方面，组织本土更多中小学校以及幼儿园，乃至在自己任教的苏州大学教育学院，进行新的实践探索，努力推动新时代"养成良好习惯"教育思想理论与实践相结合创新发展。

（一）"养成良好习惯"教育目的和价值的创新

"养成良好习惯"教育思想的创新探索与发展，最根本的是要把这一教育思想及其实践置于中国特色社会主义新时代这一全新的时代背景和视野下，与立德树人这一新时代教育使命紧密联系起来，使之实现教育目的和价值的创新。

习近平总书记在党的十九大报告中提出，新时代教育，"要全面贯彻党的教育方针，落实立德树人根本任务"。他进一步指出："《礼记・大学》说：'大学之道，在明明德，在亲民，在止于至善。'""人才培养一定是育人和育才相统一的过程，而育人是本。人无德不立，育人的根本在于立德。"③ 在立德树人根本任务的落实中，习近平总书记特别强调"培育和践行社会主义核

① 杜草甬、商金林编：《叶圣陶教育文集》，河南教育出版社 1990 年版，第 238 页。

② 汤漳平、王朝华译注：《老子》，中华书局 2014 年版，第 95 页。

③ 习近平：《在北京大学师生座谈会上的讲话》，《人民日报》2018 年 5 月 3 日第 2 版。

心价值观”这一基本要求，高度重视养成教育。他指出：“少成若天性，习惯之为常。”培育和弘扬社会主义核心价值观必须从小抓起，从学校抓起。“青年的价值取向决定了未来整个社会的价值取向，而青年又处在价值观形成和确立的时期，抓好这一时期的价值观养成十分重要。这就像穿衣服扣扣子一样，如果第一粒扣子扣错了，剩余的扣子都会扣错。人生的扣子从一开始就要扣好。”[①] 对于少年儿童来说，养成教育尤其重要。“养小德才能成大德”，要“从小做起，就是要从自己做起、从身边做起、从小事做起，一点一滴积累，养成好思想、好品德”。[②]

按照习近平总书记的重要论述，立德树人，培育社会主义核心价值观，必须从小抓起，从学校抓起，从人生与教育的起点抓起，引导学生在知行合一、自觉养成中落到实处，取得实效。因此，“养成良好习惯”教育思想实践，可以说为新时代落实立德树人，遵循教育规律，培养社会主义建设者和接班人提供了切实有效的现实途径；而落实立德树人，为培养社会主义建设者和接班人奠定坚实的基础，也正是新时代“养成良好习惯”教育思想实践的根本目的和价值所在。

近年来，不少学校探索“养成良好习惯”教育思想的创新实践，一个最显著的共同点，就在于认真学习领悟习近平总书记关于教育的重要论述，自觉地赋予其思想实践以立德树人的时代价值和本质内涵，引导和帮助学生正确认知，从小做起，在自己的行为里，从而也在自己的内心里，播下社会主义核心价值观的种子，使其萌芽生长，通过自觉地持之以恒地实践，逐步在思想品德及其他各方面养成良好习惯，为他们未来成长为社会主义建设者和接班人，成长为能够担当民族复兴大任的时代新人厚植根基。

（二）“养成良好习惯”教育目标和内容的创新

“养成良好习惯”教育思想的创新探索与发展，必须紧紧围绕立德树人根本任务，同发展素质教育，构建德智体美劳全面培养的教育体系有机结合起来，使之实现教育目标和内容的创新。

习近平总书记在全国教育大会上指出，落实立德树人根本任务，“要努力构建德智体美劳全面培养的教育体系”。“要把立德树人融入思想道德教育、文化知识教育、社会实践教育各环节”，“健全立德树人落实机制”，促进学生

① 中共中央文献研究室编：《十八大以来重要文献选编（中）》，中央文献出版社 2016 年版，第 6 页。

② 习近平：《从小积极培育和践行社会主义核心价值观——在北京市海淀区民族小学主持召开座谈会时的讲话》，《人民日报》2014 年 5 月 3 日第 2 版。

以德为本，全面发展。① 这一重要论述启示我们，新时代“养成良好习惯”教育思想实践，必须围绕立德树人根本任务，有机融入德智体美劳全面培养的教育体系构建之中，创新形成德智体美劳全面养成良好习惯的教育目标和内容。

正是根据这样的思路，我们在《小学生好习惯养成的实践探索》这项江苏省“中小学生品格提升工程”中，对教育目标和内容作了如此设计：全面贯彻教育方针，坚持落实立德树人，立足基础，把握精要，针对当代学生成长与教育现实问题，构建涵盖德智体美劳全面发展，贯穿小学六个年级螺旋上升的“养成良好习惯”教育目标和内容。其基本框架，一是道德好习惯，包括爱国、诚信、友善等；二是学习好习惯，包括好学、善思、探究等；三是健康好习惯，包括卫生、运动、乐观等；四是审美好习惯，包括尚美、鉴赏、表现等；五是劳动好习惯，包括自理、勤劳、创造等。上述每一方面基本的良好习惯，都是体现新时代要求与优秀传统文化和个体健康发展需要的，相对稳定的正确价值取向、人生态度和行为方式的有机统一，都各包含了若干项具体的习惯养成内容，并且要求与各年级学生特点和教育内容相结合，与各校实际相结合，细化为多套各具特色、切实可行的“养成良好习惯”教育目标和内容。当然，这些还只是初步的设计。“养成良好习惯”教育目标和内容需要在学校教育教学与管理的具体实践中不断调整完善、创新发展。

（三）“养成良好习惯”教育路径和形态的创新

“养成良好习惯”教育思想的创新探索与发展，必须紧紧围绕立德树人根本任务，同深化教育教学改革和广大学校、教师丰富多彩的教育创新实践有机结合起来，使之实现教育路径和形态的创新。

习近平总书记指出，要以立德树人为根本目标深化教育教学改革。“学科体系、教学体系、教材体系、管理体系要围绕这个目标来设计，教师要围绕这个目标来教，学生要围绕这个目标来学。凡是不利于实现这个目标的做法都要坚决改过来。”② 要把社会主义核心价值观的基本内容和要求渗透到学校教育教学之中，体现在学校日常管理之中，做到进教材、进课堂、进头脑。这一重要论述启示我们，新时代“养成良好习惯”教育思想实践，必须围绕立德树人根本任务，密切结合深化教育教学改革包括课程改革、教材改革、教学改革、管理改革，渗透到学校教育教学和日常管理之中，充分发挥学校、

① 张烁：《习近平在全国教育大会上强调坚持中国特色社会主义教育发展道路　培养德智体美劳全面发展的社会主义建设者和接班人》，《人民日报》2018年9月11日第1版。

② 张烁：《习近平在全国教育大会上强调坚持中国特色社会主义教育发展道路　培养德智体美劳全面发展的社会主义建设者和接班人》，《人民日报》2018年9月11日第1版。

教师和学生及其家长的养成教育积极性、主动性、创造性，不断探索“养成良好习惯”，发展核心素养，落实立德树人的教育新路径、新形态。

正是基于这样的自觉，我们以理论研究创新为引领，组织中小学探索实践“三结合”的“养成良好习惯”教育新路径。一是以道德与法治课或思想政治课为核心，整合其他课程以及课外相关资源实施的好习惯养成主题教育；二是学科教学各单元实施的好习惯养成综合学习；三是渗透学生一日生活、家校合作实施的好习惯养成自我修炼。

将这三类课程结合起来，构成中小学“养成良好习惯”的教育实践创新系统。例如昆山玉峰实验学校，从学校课程、环境、网络以及家庭和社区全方位开发教育资源，初步构建聚焦好习惯养成目标，开展好习惯主题活动，并且将教育内容和要求融入学生日常生活、课程学习、校外实践的“养成良好习惯”教育新体系。在这过程中，该校教育集团所属信义小学，还充分利用悦丰岛有机农场的校本资源，开发富有特色的田园劳动课程，弘扬优秀农耕文化，综合培养小学生德智体美劳各方面的良好习惯，探索创建了“养成良好习惯”教育的一种新模式。

正是本着这样的追求，我们以专项课题实施为抓手，组织幼儿园探索实践“园本化”的“养成良好习惯”教育新形态。有的秉持“养成良好习惯”本于生命自然、走向人化自然的“绿色教育”理念，构建以绿色家园、绿色目标、绿色活动、绿色生活等为要素培养幼儿良好习惯的绿色生长课程；有的从“养成良好习惯”与中华优秀传统文化和乡土文化的血脉相通中，构建以“家乡之灯”“水乡之桥”“戏乡之昆曲”等为主题培养幼儿良好习惯的人文熏陶课程；有的将传统美德融进“养成良好习惯”教育，构建培养幼儿孝敬父母、文明礼貌、勤劳节俭、友善互助等良好习惯的美德修身课程；有的以因地制宜、富有童趣的沙艺游戏为切入点，构建培养幼儿热爱劳动、追求创新、合作共享、保护环境等良好习惯的创意劳作课程。将这些探索综合起来，形成幼儿园“养成良好习惯”的教育实践创新图谱。

“养成良好习惯”教育思想的创新探索与发展，必将有助于新时代教育工作者更好地遵循教育规律，落实立德树人，为培养德智体美劳全面发展的社会主义建设者和接班人，为实现“国民素质和社会文明程度达到新高度”的国家教育等事业 2035 年远景目标作出重要贡献；同时也必将会推动这种“中国教育学”的理论和话语本身更加完善，走向世界，走向未来，为人类健康发展、和平幸福和文明进步提供教育智慧。

如何实现“教是为了不教”

■ 周　序

提到“教是为了不教”，很多人往往会想到叶圣陶先生的“凡为教，目的在达到不需要教”①。但如果将叶圣陶和王钟麒两位先生 1919 年共同提出的小学生作文教学重点在于引导学生“自求得之”② 这一类似主张作为起点，那么“教是为了不教”的思想，迄今已经走过了百余年的历史。今天，“教是为了不教”的说法日益深入人心，影响范围不断扩大，早已超出了语文学科的范围，而是成为在整个基础教育阶段广为流行、影响深远的一种理念。在满堂灌输、死记硬背盛行的片面应试大环境当中，提倡“教是为了不教”，就显得更有现实针对性。

然而，若不能正确理解“教是为了不教”的内涵与价值，不能用一种恰当的方案来落实“教是为了不教”，就可能“把好经念歪了”，不但无益，反而可能有害。因此，结合现实状况对“教是为了不教”的理论蕴含和实践思路进行分析，就颇有必要。

一、追求“不教”：将表象当作本质的一种误解

长期以来，“满堂讲”“满堂灌”一直是基础教育的常态。在教师们心中，所谓高效的教学，就是在单位时间内教得更多，传授的知识量更大的教学。“教是为了不教”的提出，让人有醍醐灌顶之感：原来教的目的是为了实现不教！那么一直以来追求教得更多的思路，就需要被彻底颠覆。将“不教”作为教学的追求，既能实现叶圣陶先生笔下的“理想教学”，又能大为减轻一线教师的压力和负担，因而“教是为了不教”的说法，自然呈现出独特的魅力。

要实现“单位时间内教得更多”并非易事，但要在一堂课中做到“少教”乃至“不教”却相当容易。有教师设计了“10+30”的教学模式：“前 10 分钟学生集中精力以导学案为主线自主学习、充分预习；后 30 分钟实现

① 叶圣陶：《答梁伯行》，叶圣陶著，刘国正主编：《叶圣陶教育文集》(第 3 卷)，人民教育出版社 1994 年版，第 491 页。

② 叶绍钧、王钟麒：《对于小学作文教授之意见》，《新潮》1919 年第 1 期，第 98 页。

‘展示、达标’”①，这其中并没有给教师的“教”留下空间。还有教师干脆对学生说：“你喜欢读哪一段就读哪一段”“你想先学什么就学什么”“你想怎么学就怎么学”“不要紧，你想说什么就说什么”……②连最基本的启发和引导都没有了。这样一些做法和洋思中学、杜郎口中学的教学改革经验宣传之间存在密切的联系。有教师认为，洋思中学关于课堂上教师讲授的时间不准超过 10 分钟的规定“很有科学性”③，以至于有人把“教是为了不教”看成是“用不着‘讲’和‘教’”④ 的“理想”境界。客观地说，“少教”乃至“不教”已经是基础教育课堂教学当中的一个普遍的追求。

这类尝试和观念还得到了部分理论研究者的认可。有学者主张：“教师在课堂教学过程中要尽量少地进行给予式的讲解……从而把宝贵的课堂真正变为学生主动学习、研究、亲身感悟和体验的地方，而不是欣赏教师讲演、被动静听、接受结论的场所。”⑤ 有学者建议，“教师只应该进行‘有限教导’，有限教导是指教师尽最大可能给予学生的最低限度的教导，即教师的教导不超过能帮助学生勉强掌握相应内容这一限度”⑥，而在“勉强掌握”之外的深度理解、融会贯通，则应交由学生通过“活动”来完成。

可见，人们往往认为，好的教学就是教师“少教”乃至“不教”，而学生则可以多学的教学。按照这一观点，提倡减少教师的讲授时间，将课堂“还”给学生，就显得颇为理直气壮。

问题在于，“少教”“不教”和“多学”之间并不存在必然的联系。教师教得少，学生未必就能学得多；将课堂“还”给学生，也不一定就能促进学生的发展，学生也可能会偷懒，可能造成学习时间上的浪费。很显然，导致学生偷懒、浪费时间的“不教”并不值得追求；只有当教师“不教”的时候学生还学会了，知识增长了，核心素养提升了，这样的课堂才值得肯定。因此，教师在多大程度上做到了“不教”并不重要，在“不教”的情况下如何实现学生的发展，才是我们真正需要关心的问题。关于这一点，叶圣陶先生

① 张渭平：《浅谈高中数学“10+30”高效课堂教学模式的构建》，《赤子》(上中旬) 2015 年第 6 期，第 273 页。

② 余文森：《新课程教学改革的成绩与问题反思》，《课程·教材·教法》2005 年第 5 期，第 7 页。

③ 梁万年：《关于有效教学的几点思考》，《中国教育学刊》2009 年第 3 期，第 85 页。

④ 刘雁：《“自主”和“深度”：让“教是为了不教”真正落地》，《中学政治教学参考》2020 年第 19 期，第 52 页。

⑤ 温恒福：《少讲多学：中国教学新理念》，《教育探索》2002 年第 6 期，第 6 页。

⑥ 罗祖兵、温小川：《学习独立性的意蕴及其实现》，《全球教育展望》2013 年第 3 期，第 36 页。

打了一个比方："譬如孩子学走路，起初由大人扶着肩，牵着手，渐渐的大人把手放了，只在旁边遮拦着，替他规定路向，防他偶或跌跤"，在这个过程中大人缓慢放手，直到"孩子步履纯熟，能够自由走路"。[①] 如果把学生的成长发展比喻为孩子学会走路，那么在教师"放手"、实现"不教"之前，是需要有"教"这一前提的，如扶着牵着、在旁边遮拦着、规定路向之类。所以没有以"教""教好""教到位"为前提的"不教"，并不值得歌颂，反倒更像是教师的不作为。叶圣陶先生还说："教师之为教，不在全盘授与，而在相机诱导。必令学生运其才智，勤其练习，领悟之源广开，纯熟之功弥深，乃为善教者也。"[②] 故而，当我们指责中小学教师"教太多""满堂讲"的时候，我们的批判似乎找错了靶子：真正的问题并不在于"教太多"，而在于"不擅教"，未能做到叶圣陶先生所说的"相机诱导"，没法让学生实现"领悟之源广开，纯熟之功弥深"，以至于我们没法实现"不教之教"。对叶圣陶先生的教育思想进行过深入研究的当代学者任苏民也认为，"不教"必须以"教"为途径。[③] 若不对可以实现"不教"之"教"进行深入研究，简单地追求"不教"，那就会走偏了方向，绝非课堂教学的福音。

因此，"不教"只不过是理想教学的表象。不少一线教师纷纷追求"不教"，这其实是将理想教学的表象当作其本质的一个误会。"教是为了不教"这一思想的核心并不在于我们在多大程度上做到了"不教"，而在于在"不教"的情况下，学生到底有没有实现无师自通，有没有实现自身的发展。要实现这一点，就需要思考究竟要什么样的"教"，才符合叶圣陶先生提出的能够令学生"运其才智，勤其练习"的要求；究竟要什么样的"教"，才能让学生举一反三、闻一知十，在教师"少教"乃至"不教"的情况下还能实现知识的增长和素养的提升。

对"不教之教"的讨论，涉及到底应该教什么和应该如何教这两个方面。历史上对这两个问题的回答虽然多，但围绕着"教是为了不教"这一理念展开的回答并不多，因而有必要进行有针对性的探讨。

---

① 叶绍钧：《前言》，叶绍钧、朱自清：《略读指导举隅》，商务印书馆 1943 年版，第 2 页。

② 叶圣陶：《语文教育书简》，叶圣陶：《叶圣陶语文教育论集》(下册)，教育科学出版社 1980 年版，第 721 页。

③ 任苏民：《论"教是为了不教"的科学内涵和理论体系》，《课程·教材·教法》2018 年第 2 期，第 72 页。

二、教什么：实现“不教”需要怎样的知识基础

学校到底应该教给学生什么？学术界给出的答案复杂多样，知识、思维、能力、素质、核心素养……不同观点之间的碰撞还产生过不少的争议。不过在这些回答当中，知识应该居于核心的、基础性的地位。为什么我们常说“没文化真可怕”？为什么教师长期被称作“教书先生”？因为一个“没文化”、知识欠缺的人，其个人修养、综合能力常常也令人担忧；教师所教之“书”，其本质是知识的载体，不然我们也不会说“书中自有黄金屋”。在历史上，从斯宾塞到杜威，从赫尔巴特到麦克·扬，无一不强调知识的重要性。雅斯贝尔斯甚至认为：“谁要是不知古希腊罗马，谁就仍停留在蒙昧、野蛮中。人们从小不假思索学到的东西将影响他整个的一生。”① 诸如培养思维比传授知识更重要之类的观点，其倡导者大约是忘记了杜威的提醒：“思维不能在真空中进行；暗示和推论只能在头脑里发生，而头脑里必须具有知识，把知识作为暗示和推论的材料。”② 正是因为知识无比重要，所以教给学生知识就成为教学的核心任务。夸美纽斯说，我们应该“应许一种‘大教学论’，就是一种把一切事物教给一切人们的全部艺术”③。藤田英典也将学校教育的任务看作“传授‘正统、有用的知识（学校性知识）’”④。

然而，千百年来，人类积攒下来的知识门类何其庞杂，知识总量何其庞大，即便是我们从中筛选出基础性的、适合中小学生认知发展水平的知识并编入教材，这些知识的分量也为数不少，要一一全都教给学生，无疑是一项浩大的工程。新课改关于“改变过于注重知识传授的倾向”⑤ 的说法表明：将数量庞杂的知识全都从头到尾、事无巨细地教给学生，是费力不讨好的。因此，让教师们具备对知识内容进行筛选、重组的能力，能够辨别出哪些知识可以“不教”，哪些知识“必须教”，就显得非常重要。

---

① 雅斯贝尔斯著，邹进译：《什么是教育》，生活·读书·新知三联书店1991年版，第56页。

② 杜威著，姜文闵译：《我们怎样思维·经验与教育》，人民教育出版社2005年版，第61页。

③ 夸美纽斯著，傅任敢译：《大教学论》，教育科学出版社1999年第1期。

④ 藤田英典著，张琼华、许敏译：《走出教育改革的误区》，人民教育出版社2001年版，第192页。

⑤ 教育部基础教育司：《走进新课程：与课程实施者对话》，北京师范大学出版社2002年版，第254页。

所谓教知识，并不是指知识的“平移”或“复制”，虽然知识的“平移”也是教学的内容之一，但绝非其核心和关键所在。知识教学的关键在于帮助学生理解，所谓“触类旁通”“知其然更知其所以然”，都是学生理解知识的表现。皮亚杰强调的同化和顺应之所以能够发生，是因为学生理解了知识的原理；赫尔巴特提出的教学过程四阶段，若无学生的理解作为基础，则“明了”便沦为“知晓”，“联想”也成为“瞎想”，“系统”或分崩离析，“方法”亦无章可循；巴班斯基提出的教学五原则，也包含“使学生理解学习过程”。不过，虽然人人都强调理解，但真要在教学中实现学生对知识的理解却并非易事。毕竟，能够称为知识的内容，应该是人类系统经验的精华，是艰苦卓绝的研究成果，不但高深，而且离学生的生活经验无比遥远，因而“理解”便成为一个难题。历史上，大大小小的教学改革，无非都是在探索如何让学生对知识的理解更加快捷、更加深刻。杜威主张通过“做中学”的方式来让学生理解知识，有了“做”的过程，无须教师再专门讲解，学生自然也都理解了。布鲁纳倡导“发现学习”。学生需要“发现”的，不是生活中的经验，而是“任何知识”，包括最难、最高深的知识。而要保证学生能够理解这些高深知识，就需要学生去“发现”知识的“基本结构”，即基本概念、基本原理①，从而在这些概念和原理基础之上逐渐演绎出整个学科知识的高楼大厦。还有人基于布鲁纳的“基本结构”和维果茨基的“最近发展区”理论，提出了“支架教学”的概念，主张通过教师给学生搭建“脚手架”，来帮助学生理解知识。

“做中学”的结果是美国基础教育质量下滑，因而人们发现“做中学”不能让学生理解到高深的、最顶端的知识内容。而要让学生从一些基本概念、原理入手自行演绎推导出整个学科的知识体系乃至极高深的内容，无疑也不太现实。所以杜威式的“不教”和布鲁纳式的“少教”，都不是理想的教学方案。

“支架教学”在理论界也颇受推崇。但长时间以来，我们对“支架”的理解似乎也就仅仅是听说过这一概念。关于支架的内容、支架的搭建方式、支架的使用策略等内容，均不甚清楚。有学者曾专门翻译了美国督导与课程开发协会倡导的“支架”内容，发现其不过是教师鼓励学生在读了一篇文章后使用“谁”“什么”“何时”“何地”“如何”“为何”来提问；或者先呈现一个简单的问题，然后为解题的每一步提供练习，逐渐增加作业的难度；或者就

① 布鲁纳著，邵瑞珍译：《教育过程》，文化教育出版社1982年版，第36—48页。

是让学生扮演教师来主持讨论等“不过尔尔”、让人“哑然失笑”的内容。①让学生使用“谁”“什么”“何时”“何地”等来提问，学生完全可以无须思考，只需要“照本宣科”即可完成；为解题的每一步都提供练习，则“支架”过密，让学生丧失了自我探索的空间；至于学生扮演教师来主持讨论，讨论的深度便无法保证，甚至还有思维跑偏的可能。

当然，既有的这些“支架”的不成熟，并不意味着教师不应该给学生搭建“支架”。关键在于，“支架”有没有搭建在学生思维的关键节点之上。学生从“接触”一个全新的知识，到最终理解、掌握这一知识，中间存在不少的艰难险阻。这些艰难险阻本身也难易有别。对于那些学生只要经过努力就能自己解决的内容来说，这些内容其实并不在“必须教”的范围之内；但总有一些内容，是学生怎么努力都思考不明白的，是制约学生理解和掌握这一知识的关键，若教师不帮助学生克服这一困难，不但影响学生的理解，甚至可能导致学生灰心丧气，失去学习的动力，这样的知识，就属于“应该教”的范围。当学生迈过了第一个“险阻”之后，或许又能自己“攻克”接下来的几个困难，然后再遇到无法独立解决的第二个“险阻”，这个时候第二个“险阻”又成为教师“应该教”的内容，依此类推。这样一来，我们会发现，教师所搭建的“支架”，即“应该教”的内容，必须处在学生理解知识的关键节点、重要环节之上，从而能够在学生面临理解障碍的时候起到“搭把手”的作用。

“支架”的设计，需要教师依靠自己的教学经验和对所教学生的了解，分析、判断出学生思维可能面临的难点、障碍，找出学生现阶段无法独立解决的问题，从而将这些问题作为“支架”，也就是必须要教的部分。如此一来，方能在不影响学生的自主思考的前提下，拓展学生“最近发展区”的范围，帮助他们扩大自己认识的领域和空间。

例如，小学语文课文《草地夜行》，课文的中心思想是歌颂过草地的红军战士为革命不怕牺牲的思想感情。中心思想虽然重要，甚至还是“考点”所在，但并非学生理解课文的关键。学生理解上的障碍在于：过草地为什么会危险？为什么过草地会有那么多红军牺牲？在公园的草坪上跑来跑去不是挺舒服的吗？红军过草地到底险在何处，是小学生依靠现有的知识、生活经验无法解决的问题。但若理解不了这一点，则课文的中心思想就会被盲目背诵，不得其要。因此，“过草地险在何处”就成为教师必须教的内容。而一旦学生理解了这一点，后面的中心思想便可以不用去专门“教”，学生也能自己得出

① 袁军：《“支架”的一个标准解》，《外国中小学教育》，2006年第9期，第45—46页。

"过草地真的太难了""红军战士真伟大"的认识。

总之，知识体系中的重要节点、关键环节，即对学生来说存在困难的内容，就在"教"的范围之内，不但必须教，还得教明白、讲透彻。做到这一点，其他的知识内容才有资格去"不教"。

三、如何教，才能实现"不教"

如果仅仅是提炼出了属于"支架"范围的知识内容，还不能说教学就一定能取得成功。接下来的问题在于，这些知识应该怎么教，才能保证知识教学的高质量。越是关键的、在知识结构中居于核心位置的知识，就越可能成为考试中的重点内容，因而学生对这类知识就存在越高的"应试"需求，需要在考试中获得好的分数。而根据教师的经验，对"应试"最有效的偏偏是满堂灌输、题海战术等最机械、最僵化、最不关心学生是否"理解"了知识的教学方式。因而，知识教学往往在"应试"和"育人"之间陷入两难。

既有关于课堂教学改革的理论主张与实施方案，如素质教育、新课程改革、生成性教学、回归生活世界、核心素养等，它们共同的特点在于都将理想的教学建立在"应试教育"的对立面上，认为课程教学改革要实现"育人"的宗旨，就要"突破应试教育的桎梏"①。如果教师依然秉持着"分数导向""唯成绩马首是瞻"的想法，那么就难以实现高质量的教学。不追求分数、不专注于"教"考点，则教学的确可以在很多方面做到"少教"乃至"不教"。这样的教学，呈现出"采菊东篱下，悠然见南山"的诗意，也蕴含着对学生主体性的尊重和认可，自然令人神往。但遗憾的是，在课堂教学中要彻底撇开分数是不现实的。人民群众"对高考最大的期望也就是公平公正，其表现即'在分数面前人人平等'……它最直观地体现出高考的公平性，最为社会大众所接受，因此在大力推行'素质教育'的今天，反而发展出将分数的重要性推到极致的平行志愿录取模式"②。可以说，完全没有应试和分数压力的课堂教学，只不过是一种乌托邦式的幻想罢了。

有学者显然意识到了"应试"的必要性，试图协调"提分"与"育人"之间的关系，并将分数的提升建立在"以生为本"的教学理念之下。该学者举例说："某二类高中的一个 63 人的实验班（非重点班）的数学考试平均分

---

① 尧新瑜：《基础教育课程功能的问题、原因与对策》，《教育理论与实践》2007 年第 11 期，第 47 页。

② 刘海峰、刘亮：《恢复高考 40 年的发展与变化》，《高等教育研究》2017 年第 10 期，第 8 页。

146分（满分150分），超出了当地一类高中34分，原因只在于执教者把短视的有效转变为服从和尊重学生的兴趣，把核心性的学习还给了学生。”① 这一案例虽令人鼓舞，但指望一线教师能够普遍地用这样一种“不斤斤计较分数”的心态来获得学生考试分数的自然提升，无疑不太现实。在一线教师那里，因为不搞“应试”而导致的“南京高考之痛”“河北涿鹿教改失败”等“教训”，更加令人印象深刻。所谓“学生的综合素质高了，分数就能自然提升”，在多数时候更像是一种理想而非可实现的目标。

满堂灌输、题海战术的教学方案，虽有利于“应试”，却会消磨学生对知识的兴趣，弱化学习的积极性，不利于“不教”的实现；而取法自然、“不斤斤计较分数”的主张，又会引发学生考试成绩会受影响的担心，导致“不教”之后到底该学什么、怎么学的茫然。因而有效的“不教之教”需要在上述二者之间达到平衡。

例如，一元一次方程属于初中数学知识体系中关键的、起着“支架”作用的知识内容。它不但是初中数学重要的“考点”之一，也是学生将来学习二元一次方程、一元二次方程的基础。但一元一次方程的解法，却不是教师“不教”、学生可以“自学”得来的。一元一次方程中“移项”的思路、把未知数的系数化为1的做法，是前人千百年来研究经验的提炼，是高度抽象的数学符号，不但需要依靠教师的清晰讲解才能听懂，而且需要不断地练习才能加深理解以至熟能生巧。传统关于一元一次方程的教学，是教师先讲解原理，然后学生做题巩固。这种教学思路既让学生觉得枯燥无聊，也无益于学生将所学知识用在考试之外的其他地方，不利于核心素养的提升。2021年4月，郑州高新区三十七中关于“一元一次方程”的一堂公开课，对我们分析到底知识应该“怎么教”很有启发意义。在课上，教师出示了以春秋时期诸侯争霸为背景的题目：

> 敌军侵扰齐国边境，齐桓公采取围魏救赵的策略，命令将领带兵一万攻击距离齐国边境1000里远的敌军国都。根据《汉书·陈汤传》记载：“重装日行三十里，轻装日行五十里。”《武经总要》记载：“平常日行三十里，快速时行六十里。”据此可以推知军人一天行军约50里。如果每人每天消耗掉一斤粮食，每个人可负重60斤，军人负重包含作战装备50斤，民夫则不用背负作战装备，那么假如

① 郭思乐：《静待花开的智慧：教育是效果之道还是结果之道：关于有效教学的讨论》，《教育研究》2011年第2期，第19页。

军人自己携带粮食，最多可攻击多少里之外的敌军？假如每个军人携带一个民夫，则最多可以攻击多少里之外的敌军？携带两个民夫呢？如果不限制民夫数量，攻击距离有极限吗？到底雇用多少个民夫，携带多少粮食，对于完成作战任务来说最经济、最合算？①

这堂课的成功之处，就在于它不是脱离“应试”的内容去谈学生核心素养的提升，而是将知识的运用能力建立在“应试”内容的基础之上，让学生以幕僚、谋士的身份，“卷入”题目提供的问题情境当中，设身处地地思考这一作战计划当中的后勤供给方案。不同学生设计出来的供给方案还可能有优劣之别，因而学生之间产生了良性的竞争——都希望自己能够设计出最好的方案，从而都在努力、认真地思考。要计算出攻击距离的极限，以及携带民夫的最佳数量，则需要用到一元一次方程的知识。这样一来，学生对一元一次方程的运用和计算就不是“被迫”去完成教师布置的作业，而是积极、主动地用它来解决一个自己感兴趣的问题。从而，知识的学习和训练过程不再是一个枯燥而乏味的过程，而是充满了兴趣和动力，达到了叶圣陶先生所说的“运其才智，勤其练习”的效果，知识的理解和训练的效果也因此变得扎实。不但如此，学生们还实现了“转识成智”，能够将一元一次方程的知识用到一项实际任务当中，完满地解决了一个自己感兴趣的问题，从而获得了学习的成就感。

当学生扎实地掌握了一元一次方程之后，很多相关的内容其实就可以“不教”了，如一元一次方程中的同类项合并、一元一次方程中的去括号和去分母、方程等式的变形之类。这些内容可以在学生理解方程的前提之下，结合早已学过的整式的加减、分数的计算等知识，来实现“领悟之源广开”，从而自行消化和掌握。

“应试”和“育人”之间，并不是相互对立、此消彼长的关系。“应试”原本就是学生的正当需求，不应苛责，而课堂教学若不能为学生的“应试”提供帮助，就未免失之偏颇。“考点”或许普遍枯燥无聊，“支架”或许也晦涩难懂，教学的意义就在于将这些原本让学生觉得困难的、不易理解的知识变得鲜活、有趣、通俗易懂。斯霞老师“把每天的课表、值日生名字写在黑板上”，以引起学生的无意注意和增加乐趣，目的在于“提高识字教学的效

① 周序：《“深度学习”与知识的深度认识》，《四川师范大学学报》(社会科学版)，2021 年第 5 期，第 174 页。

果”①，这无疑就是将知识的掌握作为教学的落脚点；北师大二附中的纪连海老师甚至将甲午战争讲到了央视“百家讲坛”，而“百家讲坛”的宗旨，就在于“普及优秀中国传统文化”，其实也就是知识的传播。同样是在教知识，斯霞老师、纪连海老师等之所以令人称道，其关键不在于他们所教的知识本身是“非应试”的内容，因而学生才会感兴趣，而在于知识的教学技巧：上斯霞老师的课让小学生们觉得是一种享受；听纪连海的讲座也让听众沉浸其中，流连忘返。可见，知识虽难，“支架”虽深，却并非只有“枯燥”这一副面孔。知识究竟以什么样的面貌呈现在学生面前，取决于教师以什么样的方式来对知识进行“加工”和“包装”。加工得好，再枯燥的知识也可以变得生动鲜活；包装得妙，再晦涩的知识也可以做到深入浅出。即便是“应试”的知识、“考点”中的内容，在经过恰当的技术化处理之后，同样可以在学生面前焕发出独特的魅力。

因而，真正高质量的教学思路，既非“唯分数马首是瞻”的“应试”训练，也不是在“隔离”了分数压力的情况下去品味教学的“诗意”，而是要将“应试”的需求和“素养”的提升有效地结合起来，将枯燥的应试内容改造得生动、鲜活，把不易理解的知识变得容易掌握，从而调动学生的兴趣和积极性，用一种学生乐意接受的方式，来积极、主动地追求考试分数。当“知识体系”中的关键环节不再让学生觉得难以理解，当“考试范围”中的重要内容不再让学生感到茫然失措，则教师方可放心地“不教”其他相关的、处在学生“最近发展区”范围内的知识。这个时候教师虽然“不教”，但学生可以在“支架”的帮助下作出进一步的探索；虽然“不教”，学生依然可以获得充分的发展。这样的“不教”，才是有意义的“不教”。

（原载《课程·教材·教法》2022年第5期）

① 余林茂：《永远的小学教育家：斯霞教育思想与实践的变奏》，《南京晓庄学院学报》2018年第3期，第63页。

试论叶圣陶关于高校如何培养语文教师的探索

——以叶圣陶在北师大中文系的一次演讲为中心的考察

■ 刘 畅

语文教育是一切教育活动的基础，也是一个国家文化传承、血脉赓续的重要手段。进入新时代以来，党和国家愈发重视语文教育。日益提高的语文教育教学标准为中国语文教师队伍建设带来了新的机遇与挑战。如果说师范教育是推进和革新教育事业的根本，那么高校汉语言文学师范教育就是语文教师队伍新鲜血液的根本来源。只有建设好汉语言文学师范教育专业，才有可能打造一支高素质、专业化、创新型的语文教师队伍。总之，师范教育是一切教育的母机，语文教育是一切教育的前提，语文师范教育的重要性不言而喻。一段时间以来，语文师范教育发展面临困境，各高校的汉语言文学师范教育存在一些共性问题，例如：培养目标唯知识教化、唯技能主义①，课程内容单一陈旧、落后于教育教学实践②，教育实习重理论、轻实践③等等。要革除上述弊端，有必要继承和弘扬语文教师教育优良传统，守正创新。1963年2月26日，叶圣陶来到北京师范大学，与该校中文系学生座谈，主题是如何成为一名语文教师。④ 叶圣陶在这次座谈会上的演讲比较集中和充分地体现了其汉语言文学师范教育思想。本文紧紧围绕叶圣陶《当语文教师的准备——跟北师大中文系学生讲话的提纲》展开研究，挖掘整理叶圣陶的汉语言文学师范教育思想观点，充分汲取这位语文教育大家的智慧，以期为拨开当下汉语言文学师范教育迷雾提供参考和借鉴，助力新时代语文教师队伍建设。

---

① 唐代兴：《突破实践困境 重构师资培养目标视野——汉语言文学师范专业教学改革的当代思考》，《中国大学教学》2011年第6期，第42页。

② 倪文锦：《推进教师教育课程创新 提高未来教师培养质量——兼谈高师汉语言文学专业的课程改革》，《课程·教材·教法》2008年第3期，第78—82页。

③ 闫潇宏：《汉语言文学专业毕业生服务基础教育的现状、问题及应对策略》，《就业与保障》2022年第7期，第196—198页。

④ 商金林：《叶圣陶年谱长编》(第3卷)，人民教育出版社2005年版，第706页。

叶圣陶在与北京师范大学中文系师范生进行座谈时，指出了汉语言文学师范教育应重视语言训练的重要性、学科知识的全面性、运用技能的熟练性、教育实习的必要性和教育方针的引领性。这些关于汉语言文学师范教育的真知灼见为解决当下汉语言文学师范教育问题、进一步深化汉语言文学师范教育改革提供了重要参考和借鉴。

一、论语文学科师范生语言训练的重要性

叶圣陶认为语文学习归根结底是语言学习："语就是口头语言，文就是书面语言。把口头语言和书面语言连在一起说，就叫语文。"① 因此，语文教师必须要充分掌握语言工具。这就要求汉语言文学师范教育充分开展语言训练。具体而言，叶圣陶认为语言训练包括以下五个方面：语音、语法、修辞、逻辑、篇章结构②。

叶圣陶强调，语音是语言学习的基础，根基不牢，就不可能顺利开展语文教育。汉语言文学师范专业的学生应充分掌握语音学知识，做到发音准确、字正腔圆。方言区的教师尤其要重视这一点，应掌握对应规律，坚持练习，举一反三。汉语言文学师范专业的学生还应掌握较系统的语法知识，能够在教学时观察语言现象，深入浅出地进行讲解，就语言现象开展简单的课堂练习。修辞是增强语言表达效果的重要途径。汉语言文学师范专业的学生应学习系统的修辞知识，理解修辞并非"外加"，而是表达的本身的要求，进而熟悉名人大家常用的修辞手法，这样才有能力指导学生的读写作业，胜任语文教学工作③。在熟练掌握了语音、语法、修辞后，就要展开语言逻辑的学习。作为一名准语文教师，在平时的语言训练中，师范生们应注意概念的正确与一致、语句的准确性、句与句之间的合理性等等。④ 此外，篇章结构也是语言训练中非常重要的一环。"思想不是凭空的，是用语言的形式来固定的。"⑤ 篇章结构往往能体现出作者的写作思路、中心思想。因此，语文教师必须拥有分析篇章结构的能力，对课文架构烂熟于心，这样才能讲好语文课。

叶圣陶指出，汉语言文学师范教育必须重视语言训练，这种训练既要重视"语"也要重视"文"。从"语"的角度看，"教师教学生，除开'身教'

① 叶圣陶.：《叶圣陶集》(第 13 卷)，江苏教育出版社 2004 年版，第 180 页。
② 叶圣陶：《叶圣陶集》(第 13 卷)，江苏教育出版社 2004 年版，第 190 页。
③ 叶圣陶：《叶圣陶集》(第 13 卷)，江苏教育出版社 2004 年版，第 190 页。
④ 叶圣陶：《叶圣陶集》(第 13 卷)，江苏教育出版社 2004 年版，第 190—191 页。
⑤ 叶圣陶：《叶圣陶集》(第 13 卷)，江苏教育出版社 2004 年版，第 191 页。

就是‘言教’，言教必须得凭正确的语言”①，因此必须强化语音学习，作为准语文教师，更需特别重视语言发音。从“文”的角度看，书面语言的表达方法、篇章结构等都是非常重要的，需要潜下心来，认真学习。这就要求汉语言文学师范专业教育在课程设置上下功夫，着重培养师范生的专业基础能力，全面开展语言训练，以提高其表达能力、阅读能力、分析能力和写作能力。

二、论语文学科师范生学科知识的全面性

叶圣陶认为，一名准语文教师不仅应接受完善的语言训练，还应进行全面的学科知识学习。教师“必须有比较全面的知识”，“如果仅仅知道三四分或者一二分，那就连三四分或一二分也教不好”。② 这种完善的学科知识学习能够帮助汉语言文学师范专业的学生全面地理解和掌握语文教学内容。但在实际的专业教学过程中，往往会出现偏科的现象。叶圣陶就曾指出：“在中文系里，教经籍的巴望学生成为经学家，教考据的巴望学生成为考据家，教小学的巴望学生成为小学家，偏偏忘了学生学习研究的对象是中国文学。捧住《文心雕龙》的似乎不忽略中国文学了，可是认《文心雕龙》为取之不尽用之不竭的宝藏，未免缺少了开拓新天地的勇气。”③

尽管上述观点是叶圣陶在新中国成立前发表的，但这种现象至今存在：部分教师只对自己研究领域的内容进行精讲、细讲，其他内容则一带而过；部分师范生只选自己感兴趣的课程，对其他课程置之不理。这两种情况都非常不利于汉语言文学师范教育的发展。尤其是在经济快速发展、社会日益进步的当下，随着教育在高质量发展的道路上高歌猛进，国家和社会对语文教育质量的要求愈来愈高。在基础教育阶段，学校、家长、学生对教师的专业水平要求也愈来愈高。因此语文教师必须具有全面的学科知识和较高的综合素质，这就倒逼汉语言文学师范教育必须抓住学科知识的全面性这一点，做足文章，不能让学生的学科知识学习有所偏废。只有掌握全面的学科知识，才能做好新时代的语文教师。

叶圣陶对汉语言文学师范教育学科知识全面性的要求是符合历史发展趋向和时代需求的。这一要求与我们国家今天的高校语文专业教学目标是高度

① 叶圣陶著，刘国正主编.：《叶圣陶教育文集》(第 2 卷)，人民教育出版社 1994 年版，第 551 页。

② 叶圣陶：《叶圣陶集》(第 13 卷)，江苏教育出版社 2004 年版，第 191 页。

③ 叶圣陶：《叶圣陶集》(第 13 卷)，江苏教育出版社 2004 年版，第 114 页。

契合的。2018 年，为提高人才培养质量，教育部发布《普通高等学校本科专业类教学质量国家标准》，其中《中国语言文学类教学质量国家标准》指出：该专业的学生应“系统掌握中国语言文学的基本知识，具有较强的文学感悟能力、文献典籍阅读能力、审美鉴评能力和运用母语进行书面、口语表达的能力”，“能够综合运用所学知识鉴赏、评价文学作品和相关文化现象”①。上述要求无一不是对学科知识全面性的要求。

三、论语文学科师范生技能运用的熟练性

对汉语言文学师范教育而言，知识学习是必不可少的一环，而此后相关技能的熟练运用也是对师范生的要求。叶圣陶指出：语言训练和知识学习都是在武装师范生的头脑，使他们拥有良好的知识储备，但如何运用这些知识，则是另一个问题。教师既要有比较全面的知识，还要有熟练的运用技能。②

汉语言文学师范教育必须重视技能的运用，强化练习，深化对知识的理解。对此，叶圣陶以作文为例做了深入浅出的解释，他说：“教师要教好作文，固然要研究些方法，如何指导，如何批改，如何评讲，但是尤其重要的，教师自己有丰富的作文经验，深知其中甘苦。假如自己经验不多，指导和评讲或将是公式化的，批改也可能不中要害。”鉴于此，他语重心长地告诉师范生：“你们将来要教学生作文，改作文，现在作文要特别留意。现在知道其中甘苦，将来对于学生就能多所助益。”③

按照叶圣陶的观点，汉语言文学师范教育不仅要注重知识的学习，还要重视技能的运用。这种技能练习不能仅靠师范生的自觉，在平时的课堂教学中也应予以重视。汉语言文学师范专业应积极调整课堂结构，为学生提供技能训练的时间，如在课堂上设置发言环节、每周举行读书心得交流会、布置作文作业等，以培养学生的综合能力，提高学生的技能运用水平。④

---

① 教育部高等学校教学指导委员会编：《普通高等学校本科专业类教学质量国家标准》(上)，高等教育出版社 2018 年版，第 85—86 页。

② 叶圣陶：《叶圣陶集》(第 13 卷)，江苏教育出版社 2004 年版，第 191 页。

③ 叶圣陶：《叶圣陶集》(第 13 卷)，江苏教育出版社 2004 年版，第 191 页。

④ 王白云：《如何培养师范生的语文教师素质》，《课程·教材·教法》1998 年第 11 期，第 57—58 页。

四、论语文学科师范生教育实习的必要性

尽管汉语言文学师范生仍是学生，但他们必须具有“教师”的职业意识。① 曾几何时，由于高校教师缺乏基础教育经历，对中小学教育现状和实际所需技能了解不够深入，汉语言文学师范生无法通过大学课堂教学习得日后工作所需的教学技能。仅靠课堂教学习得的专业知识，汉语言文学师范生毕业后难以胜任语文教学和研究工作。② 因此，汉语言文学师范教育必须强调该专业的师范特色，充分加强和改革教育教学实习环节。③ 叶圣陶曾反复强调师范生进行教育实习的重要性，指出师范生应当多去中小学校进行教育实习，了解中小学教育的现状，多多向一线老教师请教。④ 叶圣陶认为汉语言文学师范生教育通过这种教学实习至少要达到以下三个目的：

第一，学习一线优秀教师的教学经验。叶圣陶认为，教学实习不能止步于参观，要细心考虑一线教师的长处在哪里，即观察他们“对学生非常有益的教学活动”。师范生应该在教学实习的过程中反复琢磨一线教师的教学方法、教学思路和教学效果，进而设想如果自己要去教这堂课，应该怎么做，还有哪些是需要改进的。⑤

第二，利用实习多接触学生，了解学生的实际情况——为准备当教师而了解学生。⑥ 教学实习是一个非常好的接触中小学生的机会，只有真正认识学生、理解学生，才能更好地从事教学活动。

第三，通过教育实习练习教学技能。汉语言文学师范专业培养的对象是未来的语文教师，因此学生必须掌握一定的教学技能，能够在毕业后迅速完成角色转化，投入到教育教学活动中来。教育实习就给了师范生这样的一个练习教学技能的机会，他们可以在老教师的帮助下，进行教育实习，开展试讲，锻炼教学技能，这是课堂学习无法做到的。

---

① 王白云：《如何培养师范生的语文教师素质》，《课程·教材·教法》1998 年第 11 期，第 57—58 页。

② 唐代兴：《突破实践困境 重构师资培养目标视野——汉语言文学师范专业教学改革的当代思考》，《中国大学教学》2011 年第 6 期，第 42 页。

③ 谢奇勇：《从专业出发认识特色的基本特征 促进特色专业建设——以汉语言文学（师范）专业为例》，《中国大学教学》2012 年第 3 期，第 48 页。

④ 任苏民：《叶圣陶教育思想研究》，山西人民出版社 2018 年版，第 108 页。

⑤ 叶圣陶：《叶圣陶集》（第 13 卷），江苏教育出版社 2004 年版，第 192 页。

⑥ 叶圣陶：《叶圣陶集》（第 13 卷），江苏教育出版社 2004 年版，第 192 页。

总之，我们要发扬光大叶圣陶关于语文学科师范生必须重视教育实习的思想。高师院校应承担起学生的教育技能培养工作，不能将其后置到学生以后的工作中去。① 汉语言文学师范教育应注重教育实习，充分利用实习机会，以解决当下汉语言文学师范毕业生在工作中课堂效率低下、教学技能不熟练、师生沟通障碍等问题。②

五、论语文学科师范生必须把握教育方针的引领性

叶圣陶指出，汉语言文学师范教育要特别注重教育方针的引领性。他认为："讲透课文，这件事的本身就是一项重要的政治工作。"③

叶圣陶在给北师大中文系毕业班学生讲话时告诫他们："无产阶级政治，是怎样的意思？服务，怎样才服务得好？教育与生产劳动相结合，究竟怎样结合？从在校的学习，从自己的实践，从学习毛泽东著作，从看书看报，从参观访问，只要随时记住，随时都会有新的体会。而这些体会，都将影响你们将要从事的教学工作，会使你们左右逢源，当成具有积极性创造性的语文教师。"④ 叶老进一步勉励他们：在教育革命浪潮日益高涨的时候，作为未来的语文教师，要坚持为无产阶级服务的精神，积极投入到教育改革中去。⑤ 教育方针除了能引领师范生思考教育改革等形而上的问题，对于基础的一线语文教学实践活动也有着不可忽视的作用。

语文教育是思想政治教育的重要载体。叶圣陶指出，不能将政治思想教育看得过于狭隘，部分教师"总认为只有和当前形势和中心任务有关的文章才富有政治思想意义"⑥，这种思想是错误的。之所以会产生这种错误认识，归根结底是因为教师对教育方针、时事政治的理解不够深刻、浮于表面。事实上，政治思想的范围是很广的。如果教师能够深入理解政治，就能发现语文教育中的思想政治元素，在潜移默化中完成思政教育。

尽管时代变迁，教育方针的核心和重点不断演变，但教育方针对师范生

---

① 王森：《地方高校汉语言文学专业毕业生就业形势及对策分析》，《河北职业教育》2017 年第 5 期，第 108 页。

② 闫潇宏：《汉语言文学专业毕业生服务基础教育的现状、问题及应对策略》，《就业与保障》2022 年第 7 期，第 196—197 页。

③ 叶圣陶：《叶圣陶集》（第 13 卷），江苏教育出版社 2004 年版，第 169 页。

④ 叶圣陶：《叶圣陶集》（第 13 卷），江苏教育出版社 2004 年版，第 192 页。

⑤ 叶圣陶：《叶圣陶集》（第 13 卷），江苏教育出版社 2004 年版，第 192—193 页。

⑥ 叶圣陶：《叶圣陶集》（第 13 卷），江苏教育出版社 2004 年版，第 170 页。

的重要性始终不曾改变。如果不理解教育方针，就无法真正讲好语文课。因此，我们要永远牢记叶圣陶的殷切嘱托，推动汉语言文学师范教育更加重视教育方针的引领性，在平时的教育教学活动中将教育方针的精神传递给师范生，让他们将这种精神内化于心、外化于行。

综上所述，叶圣陶的汉语言文学师范教育思想可总结为以上五点，即注重语言训练的重要性、学科知识的全面性、运用技能的熟练性、教育实习的必要性和教育方针的引领性。这五点是相互联系、息息相关、相得益彰的。在当前我国全面深化教育改革的背景下，新时代语文教育发展面临新机遇①，要抓住这一机遇，就必须发展好汉语言文学师范教育。叶圣陶的汉语言文学师范教育思想为当下的汉语言文学师范教育改革创新提供了思想参照、智慧引领和路径借鉴，我们必须在实践中对其进行创造性转化和创新性发展，为构建和完善中国特色语文师范教育体系而不懈努力！

---

① 顾之川:《迎接语文教育新时代》,《课程·教材·教法》2018 年第 6 期，第 4 页。

教育思想实践研究

叶圣陶研究年刊

生生课堂：叶圣陶教育思想指导下的课堂转型

■ 沈华明　王　燕

1917年春至1921年夏，叶圣陶到甪直吴县第五高等小学（苏州叶圣陶实验小学前身）任教员，在这里四年多的教育实践，孕育了其教育思想的萌芽。其中“教是为了达到不需要教”的理念是叶圣陶先生一生教育思想的精髓所在，不仅仅是作为理论，而且也是一种创造性的实践问题。“教”是一种手段，是适合于所有阶段以及学科的教育，不仅仅包括语文教育，还包含其他科目，即是对于所有以全面培养个体的综合素质为宗旨的教育而言的；“为了”表示教的目的，即教育者的追求；“不需要教”表示学习结果，受教育者获得了学习方法后能自主再学才达标。苏州叶圣陶实验小学自2002年以“叶圣陶”先生的名字命名以来，始终把传承和实践叶圣陶教育思想作为学校的立校之本和发展之路。随着国家中长期教育的改革和发展纲要的发布，苏州教育苏式课堂的提出，“生生课堂”基于叶圣陶“教是为了达到不需要教”思想指导下的课堂转型应运而生。它是学校发展的必然，也是苏州叶圣陶实验小学人的价值认同与自觉追求。

一、生生课堂的文化传承

1.“生生”两字的来源。为了给儿童“特设一种相当的境遇”，叶圣陶带领学生挥锄破土，在“五高”银杏树旁的乱砖地上创办了“生生农场”，种植瓜豆莱蔬。创办“生生农场”是叶圣陶做了中国教育史上从没有过的事，是他教育改革的试验田，取名“生生农场”，寓意先生、学生“生生不息”。

2.“生生”意义的发展。叶圣陶早在1919年就提出语文教学要“以学生为本位”，后来又明确指出教师要起“主导作用”。“生生”是以教师为主导，以学生为主体的“双主观”的体现，是以“教是为了不教”教育思想为理论基础。学校根植于这一思想，提出“善教善导　主动发展”的校训。“善教善导”是对教师的要求，善教者授人以渔，最终达到不需要教，善导者“导而弗牵”，最终让被导者自己健步如飞；“主动发展”是对学生的期望，表示让学生做到“疑难能自决，是非能自辨，斗争能自奋，高精能自探”，即以积极的状态投入到自主学习和探究，养成终身发展的必备品格和关键能力，形成良好的生活学习习惯，成为生活和学习的主人。

3. 生生课堂的转型。生生课堂基于叶圣陶“教是为了达到不需要教”思想，以学生的“学”为中心，突出教师为主导、学生为主体，以导学案、学生学习小组为载体，以“驱动学习”“交流评议”“迁移提升”为课堂基本程序，“生生”互动，以不教之教，实现学以再学的课堂。这是师生智慧得以生长的课堂，是师生生命得以生长的课堂，是生生不息指向立德树人的课堂。

二、生生课堂的培养目标

叶圣陶先生曾明确提出：“学校教学应对儿童‘采用自学辅导主义’，‘务以养成其自力研修之习惯’。”他还指出：“将来的人生事实是只顾进步，没有穷尽的；所以最要紧是练成他们‘处置未来，进而为更高尚的人的自动能力’”，做到“疑难能自决，是非能自辨，斗争能自奋，高精能自探”。结合叶圣陶先生这一教育思想，对应中国学生发展核心素养，我们提出了“自主、自探、自辨、自律”的育人目标，希望培养的学生不仅具有健全的人格和高远的志向，还拥有良好的习惯以及实践创新的能力，在教师善教善导下成长为能主动发展的幸福完整少年。为此，学校通过改革我们的课堂，实现指向立德树人的教学转型。

1. 自主：乐学善学　自我管理

一个积极向上的学生一定不会被边界所限制，不会被困难所牵绊。教育最终目的是帮助学生从被动走向主动。生生课堂就是要培养学生的自主学习意识、自主学习能力。在课前做好预习，课上热情参与，课后及时查漏补缺，充分发挥主动性、积极性，变“老师要我学”为“我要学”，摆脱对老师的依赖。真正意识到学习是自己学来的，而不是教师或其他人教会的，自己才是学习的管理者。

2. 自探：勇于探究　乐于创新

叶圣陶先生说过：“每个孩子都有好奇心，好奇心驱使孩子们干这干那，努力在尝试中发现自己的长处和能力。”生生课堂就是要激发学生探究的好奇心，创设适宜探究的环境，组织适宜探究的活动，点拨适宜探究的方法，让学生在不断的探究中获取创新的力量。

3. 自辨：人文底蕴　批判思维

在信息化快速发展的未来，学生只有在纷繁复杂的信息中有效获取、使用信息，才能获得全面发展。因此，生生课堂希望学生能够正确认识自己，具有解决问题和批判思维能力，还具有发现、感知、欣赏、评价美的意识和基本能力。

4. 自律：身心健康　社会责任

叶圣陶先生认为，应“把依赖性的‘受教育’转变为主动性的‘自我教育’”，即使在不利的环境中也能够“严格自律”。生生课堂希望学生懂得自我约束、督促，具有规则意识，能自觉遵守行为规范，养成良好的学习和生活习惯，能对自己的行为后果承担责任。

三、生生课堂的范式建构

英国著名数学家、哲学家怀特海提出“教育节律”理论，教育应该根据学生心理发展的阶段性特点，采用不同的学习内容和学习方式，使整个教育过程呈现出周期性往复的节律感。他认为智力发展过程分为“浪漫”“精确”“综合运用”三个阶段。教育节律具有普遍性，根据这种“浪漫”“精确”“综合”的教育节律，不同科目中不同的学习方式可以在学生的思维发展达到适当的阶段时采用，大到终身教育，中到学科教育，小到每一节课，都包含这种节律。依据“教育节律”理论实现生生课堂的转型，我们构建出了基于“教是为了达到不需要教”教育思想下的“驱动学习”“交流评议”“迁移提升”的教学过程。“驱动学习”环节：激发动机、明确目标、自主学习、记住内容。“交流评议”环节：展示交流、师生评议、理清思路、总结归纳。“迁移提升”环节：学会反思、自我认知、方法迁移、拓展提升。

在整个生生课堂的流程中，我们应该注意以下几个方面：

1. 找准起点。每个学生在开启新学习活动时，总是带有基于自己原有的知识水平、心理发展水平对新的学习的适应度。适应度越高，学生学习的认同度越高，发展的可能性也越大。因此，教师在驱动学习环节可以以预习学案的方式，让学生对即将要学的内容进行预习，在这个过程中，了解学生的知识起点、能力起点、情感起点、兴趣起点等，站在学生的角度想学生之所想，想学生之所需，把学生的个人知识、直接经验和现实世界作为新学习活动的重要资源带进课堂。

2. 搭建支点。叶圣陶说：“儿童既处于特设的境遇里，一切需要，都从内心发出。”心理学研究也表明，儿童的情感易于被激发，而儿童的认知活动一旦有情感参与，他们的认识会更丰富，体验会更深刻。在小学阶段，学生的学习是以感性、直觉为主，在开启新学习活动时，教师要给学生“特设的境遇”，有了这样的支点，往往会起到事半功倍的作用；教师还要为学生搭建敢于质疑问难的支点，即“想知”，学生一旦明确了自己想学什么，就会成为教堂教学中主动的探索者；当然，在整个学习过程中，各种学习方法的指导，也应是教师必须给予学生的一个支点。

3. 发现亮点。普罗塔戈说：“头脑不是一个要被填满的容器，而是一个需要被点燃的火把，一个人发自内心的动力、爆发力最强。”因此，作为一个教育者，我们就是那个点燃火把的践行者，作为教育的践行者，我们需要观察与寻找出每个学生的亮点，再以学生的亮点进行沟通与教育，其目的就是充分发挥学生的能力，培养学生的兴趣，增强学生的自信心和自强心，从而点燃他们内心的火把，燃起智慧的火焰，触动他们内心的学习动力，以达到最有效的学习。

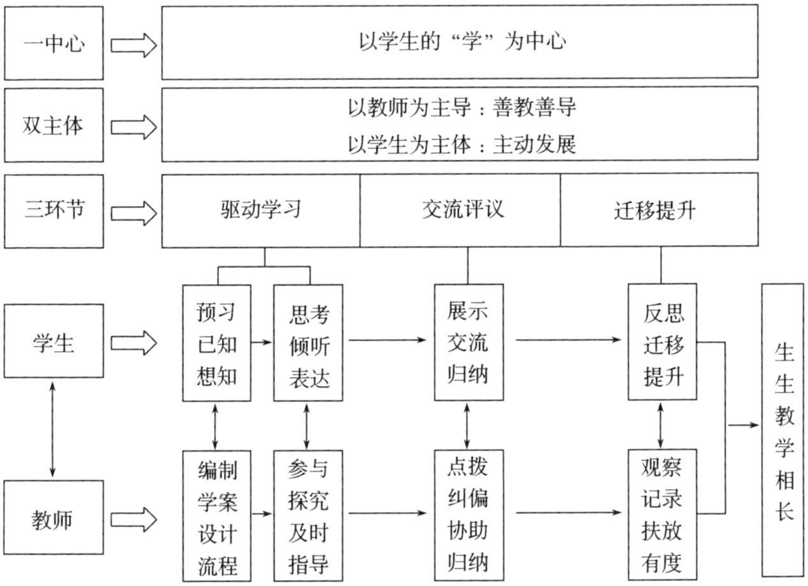

生生课堂流程图

四、生生课堂的实践要点

教师通过集体备课的形式，共同探讨、深入研究，编写最佳的课堂教学导学案。导学案根据学科特点来设置，按照“双主体，三环节”的要求，做到知识问题化，问题层次化。分课前预习、课堂自学、课堂展示、课堂迁移四个部分。

1. 课前预习要关注两方面的内容：已知，学生在新知学习前已掌握了哪些知识；想知，学生在新知学习中想知道哪些内容和想解决哪些疑问。通过导学案中的课前预习的任务，了解学生的知识起点、能力起点、情感起点、兴趣起点等。在此基础上，学生带着自己的感受、体验、进入课堂，以原始的、真正的、发自内心的学习动力作为课堂教学的起点。

2. 课堂自学包括学生个人的自主学习与小组的合作学习两方面。自主学习是学生能通过独立地分析、探索、实践、质疑、创造等方法来获得新知。它强调培育学生的学习动机和学习兴趣，因此在学生自主学习部分的任务要切合学生的年龄特征、心理特点、知识层次结构等降低起点、疑趣结合、分层设计，以激发学生学习兴趣，探究欲望。合作学习是学生以合作和互助的方式获得新知，它应是在学生自主学习基础上的相互交流、相互启迪、相互促进，从而实现学习的“增值”。因此在学生合作学习部分的任务要深入研究教材，认真分析，精心设计。这一任务要有挑战性、开放性和探索性，还要有处于学生“最近发展区”的难度，一般围绕本课的重难点来设计。学生进行合作学习时，既要引导学生独立思考，表达自主学习的结果，引发思想的碰撞；又要引导学生形成小组的共识，培养合作精神。

3. 课堂展示是生生课堂中最精彩最关键的一环，是学生、教师、教材等之间多边活动的动态结构。课堂展示不仅展示成果和过程，在展示中还要发现和搜集疑难，并且针对疑难想办法、找规律、找方法。展示过程中组内学生要相互帮助、相互补充，表现出团队精神，各组之间即要相互竞争又要相互鼓励。每个小组选择一个“主持人”和“主讲人”，主持人协调组员有序展示，主讲人展示本组成员学习的过程和共识，其他成员可以纠正和补充。其他小组可以在此基础上进行质疑或补充等。教师要当好导演，重点做好“点”和“控”两项工作。“点”即善于启发和引导，当学生讲解不到位时要补充；偏离主题时要点拨。“控”即要控制课堂时间进度；控制好整体课堂气氛，调动、激励学生，使学生主动参与、积极思考、人人都体验、个个有收获。当课堂展示完毕后，师生还要一起对所学新知、学习方法等进行整理与归纳，找出与已知知识之间的共同因素，纳入自己的知识结构中。

4. 课堂迁移是学生高效、灵活运用知识的关键，是衡量一堂课中培养和发展学生的能力这一目标是否达成的教学实践。教师要紧扣课堂教学内容、学生学习起点等精选迁移训练的素材，以生活为切入点选择学生感兴趣的典型性资源，为学生带来新鲜感，使学生对知识活学活用，解决实际问题。课堂迁移训练形式也要多样，激发学生迁移训练热情，调动迁移思维，主动学习，主动发展。

五、生生课堂的评价转型

《中国教师报》总编助理、著名教育记者李炳亭先生在《高效课堂之“评价系统”》中指出：“高效课堂的教学评价，依照‘以学评教’原则，主张把教学目标转化成‘学习目标’，把‘教学过程’转化成‘学习过程’，通过学生的‘学情’来加以评价。”生生课堂是传统课堂的转型，由教师的教为中心向学生的学为中心转型；教师的角色也由知识的传授者向学习的策划者、指导者转型；课堂氛围也由“一言堂”向“百家争鸣”转型。其评价内容、评价方式、评价路径等也应随之转型。

1. 评价重点的转换：从“评教法”转换为“评学情”。针对传统课堂重点评价教师的教法艺术，生生课堂的评价重点应转换成学生的学情，即学习内容上是否把握了本质与变式；学习过程是否展开了建构与反思；学习方式是否亲历了探究和协同；学习结果是否学会了迁移和运用等。

2. 评价方式的转变：从“一元化”转变为“多元化”。由教师“一元化”课堂教学评价向学生、教师、家长的自评、互评，甚至是学校、家庭、社会等所有教育参与者的多元评价转变。

3. 评价路径的转向：从“单线式”转向为“立体式”。听课评课由传统的针对教师课堂教学的单线式“听—说—评”向备课组“集体备课—观课（重点是察学情）—验评—反思研讨—改进”全环节的立体式转向。

养成教育：赓续叶圣陶教育思想的校本实践

■ 高月新　薛勇军

叶圣陶先生曾说："教育是什么？往简单方面说，只须一句话，就是要养成良好的习惯。"① "养成良好习惯"对"现代人"的培养与成长具有基础性。② 引导和帮助学生养成良好习惯，是教育的重要任务，是学校的重要工作。角直高级中学着眼于学生的健康成长和终身发展，大力推进"养成教育"实践，帮助学生养成良好习惯，成就美好人生。

一、为什么要开展"养成教育"

（一）"养成良好习惯"是学生发展核心素养的有效途径

党的十八大报告把"立德树人"明确为教育的根本任务。2014 年教育部印发《关于全面深化课程改革　落实立德树人根本任务的意见》，组织研究学生发展核心素养体系，明确了学生应具备的适应终身发展和社会发展需要的必备品格和关键能力。2016 年，《中国学生发展核心素养》研究成果发布，《中国学生发展核心素养》以培养"全面发展的人"为核心，分为文化基础、自主发展、社会参与三个方面，综合表现为人文底蕴等六大素养，具体细化为国家认同等 18 个基本要点。③ 中国学生发展核心素养体系既借鉴了国际上的教育研究成果，更结合我国教育实际和时代特点，对"核心素养"作出了中国表达。

那么，如何让核心素养发展在学校落地生根？教师又该通过哪些途径培

---

① 叶至善、叶至美、叶至诚编：《叶圣陶集》(第 11 卷)，江苏教育出版社 1991 年版，第 228 页

② 任苏民：《叶圣陶"养成良好习惯"教育思想新探》，《人民教育》2020 年第 23 期，第 54—58 页。

③ 核心素养研究课题组：《中国学生发展核心素养》，《中国教育学刊》2016 年第 10 期，第 1—3 页。

养学生的核心素养呢？这是关系到此轮课程改革能否成功的大问题，也是基层学校和一线教师需要完成的具体任务。学校积极探索把“养成良好习惯”融入日常教学工作，推行“养成教育”，从而切实、有效地发展学生核心素养，为党育人，为国育才，培养适应未来社会发展需要的人。

（二）“养成良好习惯”是传承叶老教育思想的实践之路

角直是叶圣陶先生曾经工作和生活的地方，角直给叶老提供了文学创作灵感，在这里他创作了《多收了三五斗》等文学作品；角直更是叶圣陶先生“真正的教书生涯开始”的地方。在这里，叶老萌发了诸多教育思想，“教育就是养成良好习惯”就是其中之一。叶圣陶先后发表《习惯成自然》《两种习惯养成不得》等文章谈习惯养成对于教育的重要性。他认为“我们在学校里受教育，目的在养成习惯，增强能力。我们离开学校，仍然要从种种方面受教育，并且要自我教育，目的还是在养成习惯，增强能力。”

叶老亲切地把角直称为第二故乡，即便因工作关系离开角直后也非常关心这里。解放后，叶老与角直的师生保持着书信交流，通过书信了解这里的教学情况，也指导着这里的教育工作。叶老还手书墨宝“吴县角直中学”赠予学校，用于制作校牌。新时代的角直中学也将“践行叶圣陶教育思想、办人民满意教育”作为办学思想。2014 年，角直中学将初中、高中分设，异地新建的高中校取名为“角直高级中学”。学校将“养成良好习惯”确立为校训，重视学生的“养成教育”，传承叶老教育思想，培养时代新人。

二、养成学生的哪些良好习惯

从睁开眼睛的那一刻开始，习惯影响着我们生活的每一环节。从个人卫生打理到阅读学习思考，从饮食内容的取舍到运动项目的选择，无不受到习惯的影响。面对那么多的习惯，学校又该从何处入手开展“养成教育”呢？这需要结合学生的年龄、生源、地域等特点综合考虑。从育人目标的角度来看，角直高中重视学生在以下五个方面养成良好习惯。

（一）养成爱生活、能自律的“健康人”

青少年犹如初升的太阳，朝气蓬勃、富有活力。养成健康的生活方式和自律的生活习惯非常重要。合理膳食、坚持锻炼、充足睡眠、规律作息等因素都对身体健康有很大的好处。当然，心理健康与身体健康同样重要。远离或摆脱网瘾、社交恐惧、学习焦虑等负面影响，让学生保持热爱生活、积极阳光的生活态度，对学生的心理健康至关重要。然而，少数学生由于残疾、家庭、经济等因素在生活上遇到一些困难，有的学生由于学习任务重、升学竞争激烈等出现心理压力过大的问题，有的学生由于不能抵制烟酒、游戏、色情等诱惑深陷泥潭。学校成立“学生发展指导中心”，由心理专业教师帮助学生解决成长中的困惑和烦恼。学校以班主任和学科教师正面管教为主，体育教师和心理教师干预纠正为辅，生活指导教师和后勤团队为保障，以期把学生培养成为爱生活、能自律的“健康人”。

（二）养成爱文明、守礼仪的“文明人”

我国自古是礼仪之邦，对于个体来说，文明礼仪体现了一个人的素质和教养，而对于一所学校而言，文明礼仪体现了学校的校园文化。走出校园，文明礼仪代表着一个集体的精神风貌或一座城市的文明程度，甚至一个国家的对外形象。爱文明、守礼仪是学生必须养成的良好习惯。2010 年教育部制定的《中小学文明礼仪教育指导纲要》指出，加强中小学文明礼仪教育，对于提高中小学生的思想道德修养，努力构建社会主义和谐社会，提升全民族的文明素质，增强国家的文化软实力具有重要意义。处于青年期的高中生，容易接受新鲜事物，但也容易受到不良习气的影响。学校以国旗下讲话、入团仪式、成人仪式等活动开展正面引导；以一日常规考评、月度文明班级评选、学生积分入团等措施激励督促整改。从两方面抓实文明礼仪教育，以期把学生培养成为爱文明、守礼仪的“文明人”。

（三）养成爱学习、求发展的“上进人”

学习是学生在校活动的重要内容，叶圣陶先生认为“务以养成其自力研修之习惯”，“教是为了达到不需要教”。能自力研修的学生首先是热爱学习的学生。因此培养学习兴趣、激发学习热情是第一要务。同时学校多元育人、教师因材施教也是非常重要的。学校录取分数处于区内中等，部分学生对个人成长有些迷茫，学校重视生涯规划指导，帮助学生树立学习信心、确定发展目标。学校注重批判性阅读与写作、理科实验操作、科技创新活动、劳动教育等活动，让学生在活动中动脑、动手、动心。尊重学生个体差异，积极探索多元评价，遵循叶老“受教育的目的不是为了应付考试”，不唯分数论优劣，而是更重视学生发展，以期把学生培养成为爱学习、求发展的“上进人”。

（四）养成爱社会、有担当的“社会人”

叶圣陶先生认为“受教育是为了做社会的合格成员”。《中国学生发展核心素养》指出“社会性是人的本质属性，社会参与，重在强调能处理好自我与社会的关系，养成现代公民所必须遵守和履行的道德准则和行为规范，增强社会责任感，提升创新精神和实践能力，促进个人价值实现，推动社会发展进步，发展成为有理想信念、敢于担当的人”①。“两耳不闻窗外事、一心只读圣贤书”的学生无法适应社会、融入社会，更谈不上未来服务社会。合格的社会公民需要遵守道德规范、履行公民义务、承担社会责任，才能行使公民权利。处于青春期的学生容易出现叛逆情绪，学校从细处着手，帮助学生养成良好习惯。教会学生与家长、老师、同学和睦相处，处理好自我与他人的关系；培养学生自觉勤俭节约、厉行光盘行动，主动参与垃圾分类、参与志愿者服务；组织学生参观工厂，走进田野，开展劳动实践，逐步学会处理自我与社会、自我与自然的关系，以期把学生培养成为爱社会、有担当的“社会人”。

（五）养成爱祖国、察世界的“中国人”

叶圣陶先生认为“受教育是为了做国家的合格公民”。《中小学生守则（2015年修订）》第一条便是“爱党爱国爱人民”，《中国学生发展核心素养》十八个基本要点包含了国家认同和国际理解。让学生认识国情、了解历史，增强民族自信和文化自信，认同国民身份，这关系到“为谁培养人”。学校重视传统文化教育和爱国主义教育，在完成国家课程基础上，挖掘本地非物质文化遗产资源开展乡土教育，让学生从热爱脚下的土地开始，热爱家乡，热爱祖国。中国的发展离不开国际交流，国际交流必然存在竞争与合作。培养学生“具有全球意识和开放的心态”、“尊重世界多元文化的多样性和差异性”、“关注人类面临的全球性挑战”是时代的要求。尽管学校是一所乡镇高中，但也非常重视国际理解教育，创造条件开展对外交流项目，把外方友好学校迎进来、把本校学生送出去，多角度观察世界；除英语之外，学校还开设了日语、西班牙语等小语种文化课，让学生深度体验多元文化，积极参与跨文化交流，以期把学生培养成为爱祖国、察世界的“中国人”。

三、如何培养学生的良好习惯

习惯是一个人在后天影响下，逐渐形成的一种自动化、下意识的思维方式、行为倾向和价值选择。② 对于高中生来说，良好习惯既需要学生个人努力养成，也需要学校创设良好的教育环境，更离不开教师的言传身教。甪直高中在教育工作中摸索出“养成教育”校本实践路径。

---

① 核心素养研究课题组：《中国学生发展核心素养》，《中国教育学刊》2016年第10期，第1—3页。

② 朱永新：《习惯养成是核心素养形成的行动路径——新教育实验推进“每月一事”的理论与实践》，《课程·教材·教法》2017年第1期，第4—15页。

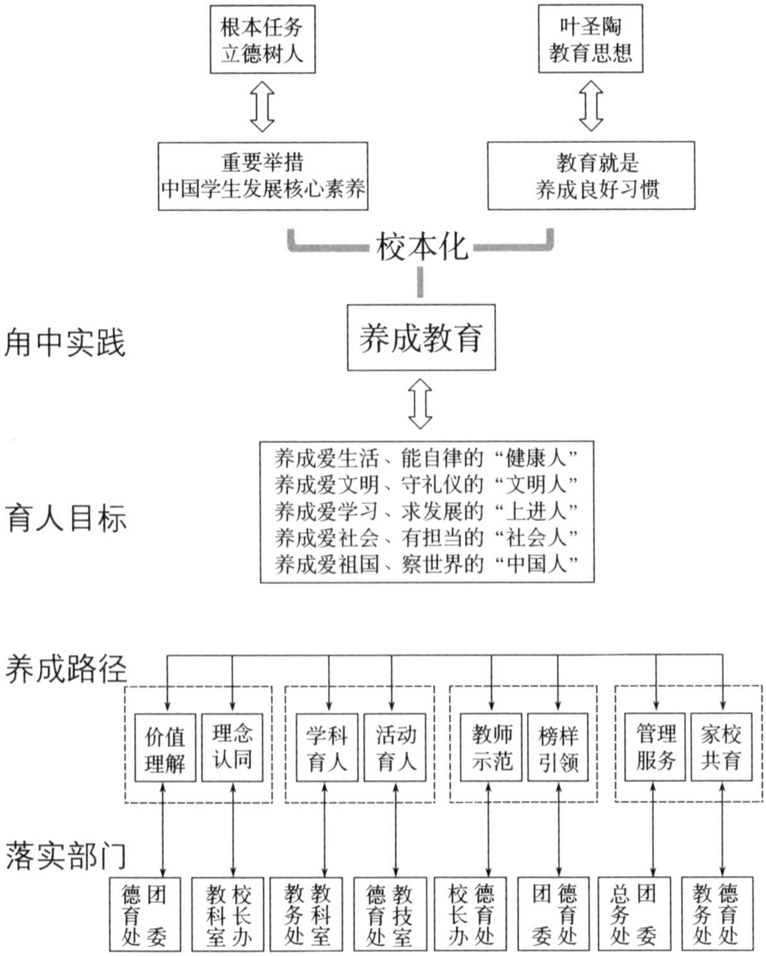

甪直高中“养成教育”校本实践路径

（一）注重价值理解与理念认同

价值理解是指学生理解良好习惯对人生存、成长、发展的价值。高中是基础教育的最后学段，学生逐渐成长为成年人，这一阶段是帮助学生养成良好的习惯、纠正不良习惯的关键期。高中生身体快速成长，自我意识显著增强，在心理和行为上都有明显的自主性，让这个年龄段的学生理解良好习惯的重要价值显得尤为重要。倘若学生认为一个好习惯对自己、对他人或对社会有益，他会积极养成；倘若学生意识到一个坏习惯于己于人都有不利影响，他便逐渐改正。比如在应对新冠疫情的背景下，学生逐渐养成了公共场所自觉戴口罩、打喷嚏时要掩面等好习惯；而校园里随地吐痰、乱丢垃圾等陋习也变少了。从新生到校报到，学校便抓住入学教育、军训、开学典礼等关键环节，组织学习《好习惯手册》、好习惯主题宣讲、学生交流好习惯等活动，让学生充分理解好习惯能让人受益终生，坏习惯必须尽快改变。学校把每年的9月定为“养成教育月”。

理念认同是指教师对学校办学理念的认同。一所学校的办学理念如果只是停留在书面上，办学思想如果只是停留在宣传上，缺少了教师的高度认同就不可能有教师的全面参与，办学理念也就无法落实到具体教育教学行动中。学校将“养成良好习惯”确立为校训后，重视校园文化建设。校园环境方面，学校围绕“叶圣陶教育思想”进行整体设计与建设；师资方面，学校重视组织教师学习叶圣陶教育思想。除学习《叶圣陶集》等著作外，学校还定期邀请省、市叶圣陶教育思想研究专家、叶圣陶先生后人、本地研究叶圣陶的学者来校讲学，力争让每一位教师把“教育就是养成良好习惯”的教育理念内化于心。重视对新教师的培养，每年组织新入职教师参观叶圣陶纪念馆，学习叶圣陶教育思想，撰写围绕“养成教育”的研修论文，让每位新教师尽快融入学校。学校帮助教师快速成长，教师推动学校不断发展，相融共生。

（二）注重学科育人与活动育人

2014年，《教育部关于全面深化课程改革落实立德树人根本任务的意见》特别强调：“统筹各学科，特别是德育、语文、历史、体育、艺术等学科，充分发挥人文学科的独特育人优势，进一步提升数学、科学、技术等课程的育人价值。”学科育人越来越受到重视。每门学科都有其独特的教育价值，这不只体现在学科知识和学科技能上，也体现在学科德育上。从习惯养成方面来说，不同学科对学生习惯养成发挥着不可替代的作用。例如语言类学科培养了学生听说读写的习惯，而数理科学类学科则培养了学生善于思考的习惯。具体来说，每门学科培养学生的学习习惯也各有侧重。比如同属理科的数学与化学在培养学生思维习惯方面也存在差异，数学强调演绎推理，而化学重视解释说明；前者注重动脑习惯的养成，后者不仅注重动脑习惯，而且注重动手习惯的养成。习惯养成不可能脱离教学主阵地，必须坚持在学科学习中养成良好习惯。学校以省、市课题研究为抓手，注重教学实验改革，注重学科育人，近年获得苏州市教育教学成果特等奖、一等奖。

在活动中帮助学生养成良好习惯是另一条重要途径。活动育人是学科育人的延伸，更是重要的补充。积极开展各项活动不仅能够解决单科教学不能完成的育人任务，还能提供跨学科学习机会。尽管高中学习时间非常紧张，学校依然十分重视各类学生活动的开展。学校以省级劳动教育课程基地、市级前瞻性教改实验项目为平台，开展各类学生活动，获“苏州市社团建设先进学校”等荣誉称号。学生科创类活动能有效弥补分科学习视角单一、知识割裂的缺陷，基于真实问题的解决方式不仅要求学生综合运用数学、科学、工程等知识，而且培养了学生动脑动手、多角度解决问题的良好习惯。再如学生辩论赛不仅推动学生去阅读与思考，而且培养学生关注前沿科学、关注社会等好习惯。学校选择的“转基因食品该不该推广”等辩题能很好地发展学生核心素养。

（三）注重教师示范与榜样引领

学生以老师为学习和模仿的对象，教师的言行举止对学生都产生着潜移默化的影响。这种影响不仅体现在知识的学习和积累上，而且能深入思想行为、处事态度、求知精神、思维方法等方面。要求学生养成良好习惯，教师必须带头示范。比如在仪容仪表方面，禁止学生穿奇装异服，学校教师首先自觉做到，从着装风格到发型饰物都高度符合职业身份，端庄大方、整洁得体。要求学生养成守时惜时的好习惯，学校教师也严格遵守着学校的作息时间安排。高中生学习时间长，老师的加班多，但学校的每间教室，从早读到晚自习都有班主任或任课老师在陪伴学生，学生不只是获得知识，提高了成绩，老师的工作态度和敬业精神也让学生终生难忘。每逢毕业季，总有学生与老师难舍难分，对母校依依不舍。

高中生所处的年龄段容易出现叛逆等现象，同伴引领作用有时比师长的教育更为奏效，因此，在学生中树立好的榜样非常重要。首先，学校在学生评优评先、入团推荐、奖学金发放等工作中，把习惯作为重要的考察指标；在班级常规考核评比中，把班级的集体习惯表现作为重要依据。让个人习惯好的同学、集体习惯好的班级成为全校学习的榜样。其次，在榜样宣传表彰方面，注重宣传途径的多元化，表彰形式的多样化。除了借助传统的橱窗张榜、电子屏显示公布，还利用学校广播站、校报等多渠道宣传，近几年更加注重校园网站、微信公众号等新媒介的运用。

（四）注重服务管理与家校共育

学生良好习惯的养成需要全面的引导和管理，教学区域是多数学校工作的重点，而教学区外往往容易被忽略。学校重视学生宿舍和食堂的管理，学生宿舍、食堂均为校总务处直接管理，坚持零利润服务师生，拒绝外包服务。学校拥有区域内领先的硬件，为学生养成良好的习惯提供了物质基础。比如学校装有电辅太阳能热水系统，生活区内 24 小时供应热水，这为学生养成良好的卫生习惯创造了条件。学校组织党员干部、青年教师轮流值班，与学生同吃同住，帮助学生养成按时就寝、文明就餐等良好习惯。每栋学生宿舍每天晚上都安排一位教师陪同宿舍管理员共同值班，晚自习后督促学生及时洗漱、按时就寝，早晨提醒学生按时起床、打扫卫生。食堂就餐，除了学校领导陪餐外，每餐都有教师指导学生按序排队、按需取餐。

学校积极搭建家委会等家校沟通平台，通过钉钉群等渠道与家长密切配合，力求形成合力，帮助学生养成良好习惯。比如寒暑假期间，学校借助苏州线上教育中心、吴中教育智慧云平台等网络资源指导学生的假期学习和生活，培养学生自主安排、自觉学习的好习惯。高中面临高考升学，无论家长还是学生都面临很大压力。学校邀请专家借助家长会、网络直播等途径与家长交流，缓解家长精神压力、提升家长共育能力，共同帮助学生养成好习惯、改掉坏习惯。高中生学习成绩分化明显，为避免部分同学因升学前景堪忧而出现厌学等不良习惯，学校积极发展多元育人模式，因材施教。学校整合校内外资源，为英语薄弱同学开设了日语、西班牙语等小语种选课；通过人才引进的方式特招信息学奥赛教练，帮助特长生专项发展；参与国际教育交流项目，积极拓宽学生升学渠道。在家长的理解和支持下，多元育人的模式提升了学生的学习兴趣、增强了学生的信心，帮助学生养成积极向上的好习惯、远离消极堕落的坏习惯。

耕读育人实践中小学生好习惯持续养成的策略研究①

■ 许蕴霞 邹怡莹 朱明荷

"好习惯持续养成"是"正确的价值取向、人生态度和行为方式"从"自觉实践，到自然行动，以至自然养成"② 的长期过程，也是"学生品格自我培育、锤炼和提升过程"③，需要学校、家庭和社会三者的协同参与。昆山市信义小学联通校园、田园、家园三大场域，整合学科与实践、课堂与课外、学校与家庭，融通以耕践行的劳动教育与以读悟心的素质教育，形成知行合一的耕读育人模式，围绕好习惯养成目标，立足情境熏陶、课程引领、日常实践、自然评价四个维度，开启了长周期的学生好习惯持续养成探索。

一、积极营造全系统的耕读情境

学校联通校园、田园、家园三大场域，从可视化的环境文化、互动性的关系文化和学生的反思性文化三方面建构起全系统的耕读情境，使学生在其中产生情感共鸣，实现潜移默化的熏陶与滋养，最终促进好习惯的持续养成。

（一）可视化环境文化建设

学校基于"耕读育人"理念，积极构建校园物态环境，建成耦耘堤、农耕长廊、锄禾馆、又满楼、澄美堂等信义十景，同时打造澄义班级农场、澄心园丁农场、一米亲子菜园、澄萃果园、澄青稻田五大实践基地。一花一叶、一草一木、一馆一廊、一堤一塘将在学生的成长过程中留下印记并发生作用，促进学生的审美素养在环境熏陶与浸染中自然生成。学生们耕作劳动，学会

① 本文系许蕴霞、朱小敏主持的江苏省教育科学"十三五"规划2020年度叶圣陶教育思想研究专项课题《指向品格提升的小学生好习惯养成实践探索》的研究成果之一。

② 任苏民：《叶圣陶"养成良好习惯"教育思想新探》，《人民教育》2020年Z3期，第54—58页。

③ 朱小敏、吴雅雯：《小学生好习惯持续养成的体系化实践与创新》，《中国德育》2021年第23期，第61—64页。

了垦地、播种、除草、插秧、收割等等技能，提高了劳动能力。每年油菜飘香、水稻压穗、满园收获之际，学生吟咏诗篇、挥毫作画、泼洒文墨，接受艺术熏陶的同时，审美创造力得到进一步的发展。

（二）互动性关系文化建设

教室既是学生的日常学习空间，也是班级的公共空间。这一重要空间的文化环境应尽可能保证学生成长的延续、天性的表达，满足学习的需要。一面微笑墙或者一张晴雨表，将学生的照片、学习状况展示在墙上。它一定会成为学生驻足停留的网红之地。设置一面涂鸦墙，学生可以根据好习惯主题任意发挥，这是教育的痕迹也是学生成长的印记。当然还有个性化储物空间、个人风采展示、奖惩比拼树，甚至每日清晨的一声问候，一个温暖的拥抱，都在营造良性的互动空间，从而引导学生树立正确的价值观，持续推进好习惯的养成。

（三）自省性反思文化营造

学校注重环境美育，营造好习惯培养的环境氛围，追求“润物细无声”的教育境界。每天的晨诵午读暮省，学生在书海中徜徉，自省于心，内化于行。结合不同的主题月活动，学校适时更换课间操以及课间铃声，午读时间配以轻音乐，在动静结合的视听之间，营造一种躬身自省的文化氛围。同时，学校充分利用微信公众号等融媒体宣传平台，发布学生的优秀习作、精彩活动表现，展示学生风采，在榜样引领示范下，唤醒学生内在的上进心，潜移默化地引导学生养成好习惯。

二、动态建设全覆盖的课程体系

学生是“有生机的种子，本身具有萌发生长的机能，只要给以适宜的培育和护理，就能自然而然地长成佳谷、美蔬、好树、好花”①。好习惯的持续养成需要唤醒学生的内在感知，体认好习惯的价值，从而成为行为的内在信念，在持之以恒中不断强化。学校多维度、全方位地开发了覆盖低、中、高三个学段的心育课程、农耕课程，同时注重学科融合，促进学生好习惯的持续养成。

（一）心育课程，涵养好习惯

“小敏校长讲习惯”和“班级节气微课堂”是学校心育课程的两大品牌。“小敏校长讲习惯”传播正确的价值观和行为方式，各年级学生共同观看视

① 杜草甬、商金林编：《叶圣陶教育文集》，河南教育出版社 1990 年版，第 331 页。

频，形成对好习惯的价值认同。“班级节气微课堂”是学生自我教育的重要途径，以“二十四节气”为主线，各班选取相应节气介绍任务，学生围绕主题，搜集资料，从节气由来与物候、节气农事活动、节气习俗、节气美食和节气文学等方面完整地介绍节气。

学生在课程实践过程中产生对历史、文学、科学的兴趣，逐步形成探索好习惯，并在传统文化之美的熏染中树立审美好习惯。

（二）农耕课程，滋养好习惯

学校依照四季时序，遵循节气轮回，开发了长周期大单元的生产劳动课程，包括一、二年级的种子课程，三、四年级的油菜课程以及五、六年级的水稻课程，使学生在亲身劳动中与自然建立情感的联系，探究生命的奥秘，养成好学善思、勤劳创造的好习惯。以中年级的油菜课程为例，学生跟随一粒油菜籽的探险，亲历育苗、移栽、观察、收割、榨油的全过程，形成真实的价值体悟，也在出力出汗的劳动中明晰了勤劳“五要”意识：我要亲手实践、我要不怕辛苦，我要直面困难，我要坚持不懈，我要善于创造，最终形成良好的劳动好习惯。

（三）学科融合，生成好习惯

好习惯的持续养成需要逐步积累，循序渐进。学校立足学科，从学生实际出发，围绕特定的主题，开发出有层次、递进性的课程内容。在培养阅读好习惯的实践中，学校开发了全学科阅读课程，具体分为语文学科的整本书阅读、数学学科的应用性阅读、英语学科的创造性阅读、艺术学科的审美性阅读，设置了低中高年级螺旋上升的序列，如语文学科从低年级的朗诵比赛，到中年级的阅读 PK 赛，再到高年级的创意绘本展层层递进，在一次次趣味互动中阅读好习惯逐步深化、积累起来。

三、有效开创全方位的系列活动

涂尔干在《道德教育》中提及的：“我们不能如此僵硬地把道德教育范围局限于教室中的课时：它不是某时某刻的事情，而是每时每刻的事情。我们必须把道德教育融合在整个学校生活之中，就像道德本身卷入集体生活的整张网中一样。”① 好习惯的持续养成需要长期坚持，需要融入学生的生活常态之中，因此学校的德育活动立足学生生活特点，从日、周、月三个维度，融入家庭、社区、社会的力量，建构了丰富多彩的活动。

① 涂尔干：《道德教育》，上海人民出版社 2006 年版。

（一）融入日常活动养成好习惯

学校着重在日常活动中培养学生的规则意识，促进其形成良好的学习习惯。以有序的好习惯为例，确定具体化的目标和学生运用的实际场景，并为教师和家庭提供了观测点。一年级新生入学最重要的就是有序好习惯的训练，学校设计为期一周的幼小衔接课程，基于学生的作息时间进行了全方位的学习与适应，一步一步渗透有序的要点，让学生喜欢整洁的生活环境和有节律的作息时间。辅以教室环境的有序标志装饰，班级榜样的打卡展示和“家庭有序小达人”的评选，使学生获得对有序好习惯的价值认同，将之逐步融入自己的生活中。有序的习惯要点随着年级的升高呈现螺旋上升的态势，学校探索无处不在的运用场景，研发相应的观测点，将日常教育与价值观念的体认相联系，在学生行为的波动期反复强化，促进学生习惯常态化与稳定化。

（二）立足主题活动养成好习惯

好习惯的持续养成范式为一个月聚焦一个习惯养成主题，从主题要求、主题发布、主题阅读、主题课程、主题展示五个方面进行顶层设计，全面助推学生好习惯的持续养成。学校将学生健康好习惯培养落实于每年 11 月，伴随着“小敏校长讲习惯”的微课播放和校园中随处可见的健康宣传 logo，学生从内心深处认可健康好习惯的重要价值。每日午读时间阅读推荐的心理健康专题书籍，每周红领巾电视台播放健康教育月专属栏目——卫生小课堂，加上本月专属的心理团辅课程和带有丰收意味的趣味运动会共同构成了独具特色的主题月活动。这样的健康习惯养成还将扩展到校外，跳绳打卡、卫生知识竞赛等线上活动，网络平台的及时展示，更让他们在伙伴的示范和引领中内省，在他人的鼓励和肯定中坚持。健康好习惯就这样在学生的体验、经历、实践中内化于心，外化于行，逐步融入学生的生命之中，形成自觉。

（三）推进协同活动养成好习惯

学校在活动开发中重视多方合作、多方协调，形成了校园、家园和社会联动的协同育人体系。5 月是劳动教育月，疫情封控形势严峻的现状迫使学校开展“线上线下”劳动教育月活动。教师录制线上劳动教育视频微课，邀请竹艺工作者讲解竹文化和竹编，推行家庭劳动教育“四个一”实践活动，开展线上“劳动主题”的主题演讲和“采访家庭劳动模范”主题征文，学生在家长的指导下制定劳动计划，和同伴分享劳动妙招，坚持了长期的劳动实践。通过有品格意义的日常生活关照，劳动的价值观就在家长和学生的心间流淌，劳动的好习惯也就在全员育人中持续养成。

四、动态整合全维度的评价指南

好习惯的养成是一个持续的过程，我们不能简单地以行为的单次表现作为衡量学生好习惯养成的唯一标准，关注学生平时的表现评价和过程性评价，依据学生年龄特征和好习惯要点，制订循序渐进的评价目标，邀请家长、学生进行评价，根据不同的习惯特点选择多样的评价方法，充分发挥评价的反馈改进作用。

（一）确定常态化的评价指标

学校从行为表达、时间表现、范围表现、稳定表现四个维度入手设计了四级指标的行为评估体系，关注学生能否形成行为表达、能否在不同的时间表现、在不同的地点场合运用和是否形成了稳定的习惯。在习惯养成的不同关键期及时反馈，第一阶段为习惯养成的强化期，即第一周至第二周，教师或家长每周进行三次以上的反馈，引导学生改变，规范学生行为；第二阶段为习惯养成的波动期，即第三周至第五周，反馈次数减少为每周一次，但不固定反馈的具体时间，在学生变化的时期进行突击反馈；第三阶段为行为的稳定期，即第六周后，根据学生实际状况进行有针对性的反馈。每个月的主题习惯都有一张行为评估体系表作为全面性评价，根据年级的不同，渐次提高要求，形成螺旋上升的评价指南，等到学生毕业后装订成册，装入成长档案袋。

表 1　专注好习惯四级指标的行为评估体系

观测方	观测行为	反馈时间及结果												结论：（是否稳定）
学校观测	1. 课堂上要注视老师或同学的眼睛，用眼睛回应“我在听”													
	2. 倾听别人发言时，用心记住别人说话的重点													
	3. 我们要以微笑、点头，表示感兴趣或赞同													
	4. 倾听或者游戏时根据手势的要求做出相应的动作													

（续表）

观测方	观测行为	反馈时间及结果												结论：（是否稳定）
家庭观测	1. 在倾听时看着爸爸妈妈的眼睛，不东张西望													
	2. 我们要仔细听爸爸妈妈说话，不受其他声音的影响													
	3. 我们要对爸爸妈妈的说话内容做出相应的面部表情：微笑、疑惑、难过……													

（二）吸纳多元化的评价主体

好习惯的养成并非一蹴而就，需要同伴的引领与家长的督促。习惯评价也需要发挥教师、家长和学生等多元主体力量，学校以线上线下结合的方式形成了全员性的评价模式。细化线下常规评价，红领巾监督岗定时定点巡视、记录，周周进行流动红旗的评比。同时邀请专家和家委会代表进校随机走班，观察学生表现，定格下学生的好习惯，利用线上平台进行展示。学校构建更具影响力的“互联网+”评价模式，及时表彰优秀学生，带动更多的学生、家长、社会各界人士关注学校的好习惯培养，展现学生好习惯的榜样，引导学生正确的价值观行为，促进习惯的自觉养成。

（三）选择多样化的评价方法

习惯养成的评价是为了让学生了解自己的行为表现，正确对待问题并能自己提出改进策略，以表现性评价为主，如习惯打卡清单、成长档案袋等。习惯打卡清单明确好习惯养成的“底线要求”，将在行为评估体系和全员关注中坚定落实。成长档案袋则如实记录学生参与各类课程、活动的关键事件，突出学生的成果、体悟、感受等，如在《稻田里的耕耘》课程中，我们建立“耕读”体验档案袋，记录农耕成就，探索了有利于学生好习惯稳定形成的跟踪式评价机制。

当今时代，核心素养导向的教育改革正在如火如荼地进行着。学校将继续坚持“立德树人”的根本任务，呼应教育改革的趋势，基于“耕读育人”的校本实践，将“好习惯持续养成”教育贯穿于不同学段，设计有梯度的教育内容，引导学生感知价值，将其持之以恒地内化于日常行为之中。通过师生长期的反馈互动强化，学生提升、锤炼并形成良好品格，最终成长为有理想、有本领、有担当的新时代少年。

以“养成良好习惯”教育思想引领幼儿园绿色发展[①]

■ 冯义芳

“养成良好习惯”，实质上就是“本于生命自然，走向人化自然”的“绿色教育”。多年来，我们以叶圣陶“养成良好习惯”教育思想引领幼儿园绿色发展，顺应幼儿生命成长需要和规律，致力于挖掘和创设园所内外自然与人文交织的生态育人环境，引导和帮助幼儿在其中“自由、自主、创造、愉悦”地生活、游戏、学习、劳动和交往，从而逐步使幼儿养成良好习惯，实现健康成长。并且在此过程中，形成了较为系统、完整的旨在“养成良好习惯”的园本绿色课程，办园质量不断提高。

一、创设自由自然环境，以参与原则促儿童健康习惯养成

“教育必须顺应儿童的天性，创设自由而良好的活动环境，精心保护和培植他们心灵中的创新萌芽。”②《叶圣陶集》中提到“体育方面，要养成保持健康和促进健康的良好习惯”。生态思维中的参与原则是在促进儿童与自然建立关系的教育实践中，要重视并尊重儿童在参与自然教育决策时的话语权。如何让儿童养成健康习惯？大自然与游戏是解决这一难题的良方。走近大自然，儿童尽情地跑跳游玩，总能玩嗨到满头大汗。对照《3—6 岁儿童学习与发展指南》，儿童全面健康发展，要在走、跑、跳、投掷、平衡、钻爬多方面均衡得到培养。我们利用大自然设置自由、自然的情境，让孩子每天在户外得到全面的锻炼。孩子在自然、开放、多样的自然环境中，打破班级界限，自主选择游戏材料，合作搭建层次多样、情境有趣的游戏场地：平衡区、跨跳区、钻爬区、投掷区、骑行区……孩子在户外共同创设体育活动的情境、

---

① 本文系江苏省教育科学“十三五”规划 2018 年度叶圣陶教育思想研究专项课题《绿色发展新理念下旨在“养成良好习惯”的幼儿园绿色课程构建》的研究成果。

② 任苏民：《试论叶圣陶教育思想里的“中国教育学”》，《中国教育科学》2020 年第 5 期。

内容，大胆探索、勇于挑战，锻炼了走、跑、跳、投掷、平衡、钻爬能力，成为游戏的主人。

户外操场上，大自然中的开放性材料，充分满足《指南》指出的适合幼儿年龄特点的走、跑、跳、攀登、钻爬、投掷、平衡等多方面的需求，支持了幼儿运动技能的发展。如：绿草茵茵的小山坡上设置了山洞进行钻爬，大树边的树屋钻笼进行攀爬，弯弯曲曲的小路可以进行骑车平衡活动，小树林里进行跑跳摘果子活动，大树下用废旧轮胎加绳子梯子进行攀登活动，冬天干枯的小池塘进行投掷活动，有水的小池塘进行跨跳、玩冰活动……

大自然的活动中，根据幼儿的兴趣与不同的材料进行结合，提高动作发展的趣味性，进一步提升幼儿爱运动、会运动的能力。例如户外小山坡游戏区材料投放了竹梯、平衡木板、背篓、沙包、拱桥、五彩圈、障碍、小拖车，结合小班幼儿以具体形象思维为主、喜欢模仿的特点，创设“小刺猬要过冬”的情境，通过小刺猬做运动、小刺猬练本领、小刺猬搬果子等好玩的游戏，让幼儿在自由、宽松、愉快的环境中玩耍、尝试、探索、交流，从而掌握弯腰钻和手膝着地爬行的动作要领，提高身体动作的协调性，健康习惯在说说做做中自然养成。

二、注重事实愤悱启发，以倾听原则让儿童生活习惯养成

叶圣陶指出，“儿童的天性本是注重事实的，欢喜自己去做的”。① “愤悱启发是一条规律；好比扶孩子走路，能放手时坚决放手是一条规律”②，这是叶圣陶先生常说的一句话，我们要把倾听看作是一种“欢迎”的形式，欢迎儿童表达自己自然体验中的所思所想。比如：一群孩子在小山坡上东挖西挖。倾听一下孩子的理由：“小山坡的草下有一些石块，让小山坡不舒服生病了，小朋友踩到石块会不安全。”于是改造小山坡的活动开始了，重视儿童对可持续性问题的想法，这种倾听可以引导行动。

置身大自然，感受自然界的奇妙变化，在一日生活中学会生活，倾听孩子，才能找到最好的：“我们在班级里假的玩玩呀”“这个面条要假吃吃”“这个假装理理发就可以了”……这些儿童间的谈话抨击心灵，直抵人心，我们精心准备的游戏场景是培育作假的习惯？于是，在倾听孩子心声后，我们注重真实生活，带孩子走进大自然，感受大自然，让孩子自己来营造生活场

① 叶至善、叶至美、叶至诚编：《叶圣陶集》(第11卷)，江苏教育出版社2004版，第17页。

② 杜草甬、商金林：《叶圣陶教育文集》，河南教育出版社1990年版，第40、359页。

景……孩子自己做吃的、用的，全是大自然的开放性材料、低结构材料来营造生活场景，挖掘了孩子对大自然无尽的喜欢：春有百花泡茶做香包，草地上撒欢；秋天有桂花美食；冬天用芦秆树枝做帐蓬，为动物搭过冬屋子，用绳子为果树绑保暖的衣服；夏天摘葡萄、枇杷吃，在大树下游戏……只有让孩子做主，以问题导向才能让其自然地担起生活责任，激发思考，学会生活。

当我们倾听孩子的心声，追随儿童，发生了件有趣的事——“让菜儿去旅行”：“我奶奶家就有种韭菜，种得可好了，它们天天都能晒到太阳，我们也应该让韭菜晒到太阳。”“我们得把蔬菜种到别的有太阳的地方去。”……那如何将植物们运输过去呢？“用我们的滑板试一试吧。”“滑板太小啦，放不下这么多的泡沫箱。”“我想到了，我们可以像平时抬床那样，把种了菜的泡沫箱放在运床的滑板车上，把菜苗们运过去。”孩子把种在泡沫箱里的菜放上土装上滑板车，运到有太阳的地方，让种的菜去旅游晒太阳，看着绿油油的青菜、大蒜等一天天长大，孩子一边记录温度一边测量菜的长势，天冷每天放学前要盖上薄膜，一来上学就关心着让菜儿晒晒太阳，乐在其中……整理活动用具、关心周围环境卫生、了解不同食物有不同营养等良好生活习惯也在潜移默化中养成。“大自然是活教材”，让孩子亲近自然，是符合幼儿身心发展特点的，更能养成自理、清洁、饮食、休息的良好生活习惯，回归自然已成发展趋势。

三、发现问题解决问题，以关爱原则助儿童学习习惯养成

叶老说“学生的主观能动性不断发展，将会达到这样一个境界：在事事物物中，随时随地地能够发现问题并解决问题。”① “探索自然是培养能力的一个方法，这些能力对全世界的科学家、研究者、工程师都非常重要，也是他们经常使用的。这些基本能力包括观察、描述、分类、调查现象、提出问题、预测结果、得出结论、说明成果等。”② 在自然教育中，关爱原则强调相互依赖关系，反映的是一种“守护”自然的概念，对自然关爱的责任感。如孩子发现小山坡上的新冒出来的小花感到很新奇，会喊同伴一起来观察它，而不破坏它。爱会激发人去学习，使得人所爱的事物同人的精神心理密切相联系。

① 叶至善、叶至美、叶至诚编：《叶圣陶集》(第11卷)，江苏教育出版社1991版，第244页。

② 帕蒂·博恩·塞利著，肖凤秋等译：《儿童自然体验活动指南》，教育科学出版社2017年版，第22页。

通过发放的600份问卷，我们了解并统计到家长在幼儿学习习惯培养方面的530个困惑和期待。由图1可知，家长对于幼儿学习习惯培养方面的困惑和期待主要表现在对幼儿在专注、耐心、注意力、时间意识、能力、自觉性、自律、持之以恒、努力、动手能力、小动作改善、兴趣、坐不住、情绪、独立自主、散漫、依赖性、自卑等方面。

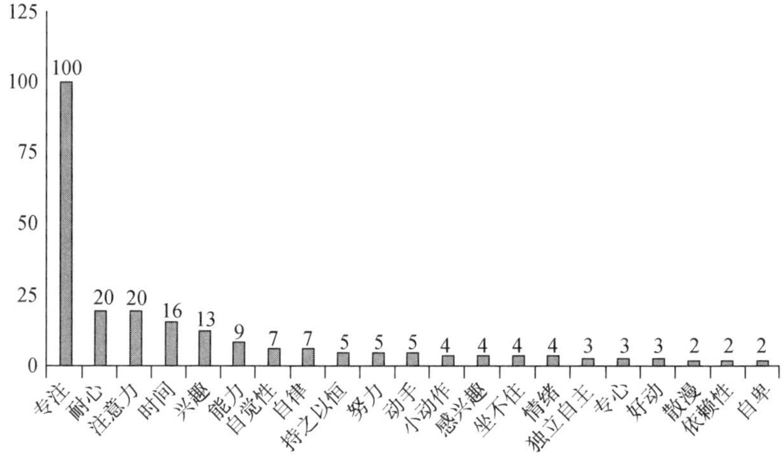

图1　幼儿在家学习习惯培养的关键词

“大自然是一本书，是思维的摇篮，它具有一种奇怪的特性：儿童发现得越多，因思维获得的快乐感越强，他们就会感到未知的越多，因而提出更多的问题。”重视引导幼儿在直接感知、实际操作、亲身体验的问题导向过程中实现对知识意义的追求，帮助幼儿形成受益终身的探究自觉，通过大自然开放性的教育环境，从空间、时间、材料、人际关系等多个方面着手，架构与幼儿深度学习的联结，挖掘其教育价值，探究支持幼儿深度学习的相关策略，从而提高幼儿解决问题的能力，提升学习品质。

挑战困难、解决问题的能力很重要，我们以初级困难、中级困难、高级困难的“三步五段”赋能模式，逐步提高他们解决问题的能力，真正从提升核心素养的视角着眼、赋能，让孩子养成良好的学习习惯。

第一阶段：面对困难，维持注意。注重把困难交给幼儿，激发挑战，以此引发和维持孩子们的“注意”。

第二阶段：相关讨论，挑战困难。注重顺应孩子们喜爱游戏和挑战好胜的天性和需求，在“倾听讨论”梳理中，让孩子在主动思考、分析中，选择自己喜欢的方式挑战困难。

第三阶段：渐进体验，解决问题。注重让孩子勇敢参与活动，拆分步骤，以渐进方法充分经历和体验小困难到大困难的过程，支持其最终能解决困难，实现目标。

第四阶段：同伴激励，增强信心。注重用“同伴赞扬”的方法给予赏识激励——维持和增强孩子战胜困难的信心。对孩子阶段性进步慷慨肯定，使孩子们情绪高涨，兴趣稳定，信心十足。

第五阶段：能者为师，获得满足。注重组织孩子们展示能力，在活动中解决问题并获得的成功，体验成功感。用趣味性合作游戏与比赛活动增加难度，进一步让孩子获得满足感，具有后续挑战性。

对自然的责任感支撑着幼儿良好学习习惯的养成。孩子参加各种游戏，如：在户外涂鸦区的树桩涂色、小树林挂饰手工、轮胎涂鸦、围墙涂鸦、破旧桌椅涂鸦、扎染、造纸上色、保鲜膜绘画、自然写生等会接触丰富的自然物材料，孩子在与材料的互动中养成习惯。

四、举一反三终身以之，以希望原则助儿童做人习惯养成

叶圣陶重视“做人的教育”，强调德育的重要性。在他的教育思想中把以德育人、引导学生自觉“做人”，做现代中国合格公民和社会主义建设人才，作为教育的核心价值和根本任务。论及做人，叶圣陶先生指出：“要做对社会主义建设有用的公民。”① 他强调德育是“养成待人接物和对待工作的良好习惯”。“所有做人的必需的东西非常之多，教不尽的，各种教育机构只能取其重要的，作为例子来教……教了一，同时要引导来学的人能够反三”②。“必得把某些精要的东西化为自身的血肉，养成永久的习惯，终身以之，永远实践，这才对于做人真有用处”③。

希望原则是使幼儿满怀信心面对周围的问题，展望未来的美好。永远充满希望，感恩生命，乐观地面对一切。我们的快乐可以来自大自然的美景、来自别人的赞美、帮助，来自自己给予他人的成就感。向大自然学习做人的一些准则，如枇杷树在冬天叶落枝枯春天长出希望之芽，小草花在被踩踏入泥后又冒出新的希望，给予孩子希望很重要，未来能把日益严重的青春期抑

---

① 叶至善、叶至美、叶至诚编：《叶圣陶集》（第11卷），江苏教育出版社1991版，第282页。

② 叶至善、叶至美、叶至诚编：《叶圣陶集》（第11卷），江苏教育出版社1991版，第294页。

③ 叶至善、叶至美、叶至诚编：《叶圣陶集》（第11卷），江苏教育出版社1991版，第293页。

郁扼杀在摇篮里，能激励孩子直面问题、乐观向上、改变现状，学会做人。

自然中每一种生命都有自身的价值，都值得珍惜。对每一种生命的毁灭性伤害最终将通过生态链伤及其他生命，甚至伤及人类。共生才能共长，从某种意义上说，我们与大自然是命运共同体，合作、与人为善是大自然给孩子最好的做人启示。例如：儿童对生活自理这块内容举一反三，满怀自信、快乐地为他人分发餐盘、收发玩具、整理书籍、摆放小椅子等，这就是做人习惯中的学会服务，终身以之。儿童长大了要服务于社会，不能自私自利，必须培养儿童的服务精神，引导儿童帮助别人，肯为他人服务。

五、和谐共生持续发展，以生态原则促儿童劳动习惯养成

叶圣陶先生提出“养成勤劳操作的习惯”。人类是会劳动、会思考、会创造的高级生命，人类对生态保护负有重要的责任。从一定意义上说，世界的未来取决于人类对自己行为的约束程度。如探索大自然的纪录片《地球四季》，述说、呼喊着人与自然间和谐的美好与重要性，鸟儿在鸣唱，蝴蝶在飞舞，用美去触动心灵，从而唤起人们保护地球的责任感，去深思人与自然的关系。看大自然中生活的动物们，在生存领地中肆意奔跑、嬉戏，学习磨炼着生存的技能，感受到世界的温暖，一起领略世界的繁华美景，了解和理解各种生命的价值和相互关系。大自然中生命主动、积极地生长，在孩子心中种下善意的种子，我们有理由也有义务和责任，珍惜它，呵护它，维系它，延续它。唯有这样，人与自然的和谐共生，才不再会是梦，大自然让儿童学会善良，学会劳动。

针对儿童年龄特点和个性差异开展洗碗、扫地、整理等力所能及的家务活动，帮助父母长辈整理物品，看到有需要整理的主动劳动。劳动能帮助孩子了解动植物生长的过程，掌握简单种植、饲养的一般方法。例如大班劳动习惯四级目标：知道动物生活习性和生活习惯，并给予适当的照顾。孩子们在幼儿园养鹦鹉、照顾小兔子，兔妈妈生了 14 只兔宝宝，孩子们在认养与照顾中知道了兔妈妈会打地洞、拔自己的毛铺好温暖的窝，清理兔子粪便时知道要戴一次性手套，或加隔尿垫，放点活性炭除臭。又如《保护大运河》中的“我送螺蛳回家”活动，孩子们把鱼苗和螺蛳轻轻地放下去，期待着螺蛳会把大运河里的垃圾吃光，河里的小鱼能长成一条条大鱼，吃掉水中的藻类，净化母亲河的水质，改善母亲河的生态环境。

生态的可持续发展，取决于人的可持续发展。让儿童用适宜其身心的方式，在自然中、行动中、生活中学习，是促进可持续发展的重要途径。让可

持续发展一代代延续，促进世界的可持续发展。儿童在自然中成长，热爱自然的健康儿童是可持续发展的，是充满创造欲望的，大自然是充满自由的，所以儿童在其中的创造力是无限的，面对任何挫折，我们心怀希望，遇到任何困难，我们想法解决。“养成良好习惯”教育思想是可持续发展的教育。

我与“教科研”的情缘

■ 邹文珍

1987年7月，我毕业于江苏省新苏师范普师专业，同年8月，分配到吴县甪直中心小学（2002年12月更名为苏州叶圣陶实验小学）任教，从事低年级语文、班主任等教育教学工作。作为一名新老师，学校开展了校史教育，但因为刚刚走上工作岗位，虽经过师范学习，但理论化为实践，还是有不小的差距，需要学习的很多，所以对学校的办学历史也没有多往心里去。

1990年9月，学校突然忙起来了，因为要承办全国叶圣陶研究会年会！为此，学校重新修建了校史室，安排青年教师进行校史介绍，我才真正意义上对学校的历史有了进一步的了解，也梳理清了叶圣陶先生与我们学校的渊源，在实践叶圣陶教育思想的过程中，我不断成长并与教科研建立了深厚的感情。

一、邂　逅

1988年2月，叶圣陶先生辞世，他对甪直充满感情，把甪直称作“第二故乡”。1988年12月，先生骨灰安葬在他曾经工作的校园里。1989年10月，叶圣陶纪念馆在甪直开馆。为了更好地纪念叶圣陶先生，传承先生的精神，民进中央牵头成立了叶圣陶研究会。

1991年4月22—24日，叶圣陶研究会第一次年会在苏州召开，我校承担了4月24日现场教学研讨活动。我有幸作为青年教师代表，承担了一节语文公开课的任务。著名语言学家、叶圣陶研究会会长张志公先生带队来学校听课，了解学校实践叶圣陶教育思想的具体做法。对于当时仅有三年教龄的我，学校还是有所担心的，没有把叶研会会长张志公先生安排在我的公开教学现场。然而面对我班作为迎宾小主人的高琛同学的热情相邀，以及孩子“爷爷，爷爷，听我的课”的热情呼唤，张志公先生乐呵呵地走进了我的教室，并坐在高琛小朋友的旁边，开始了随堂听课。课后，张志公先生走上讲台，充分肯定了我的课堂教学设计与教学实施，也肯定了孩子们良好的行为习惯和学习习惯，他高兴地说：“不愧是叶圣陶先生曾经工作过的地方。”还把组委会献给他的花转送给我，课后邀请我合影留念。我深知那是张老对青年教师的厚爱和鼓励，也是激励我踏实走好每一步的动力。此后，我成了学校“九五”课题研究组的一员，一起参与学生养成教育研究方面的实践研究。就这样，我与教科研“邂逅”了。

二、结　缘

我与教科研的“结缘”是担任副校长后分管教科研工作，也兼任了一段时间的教科室主任。教育科研有工作的规范和要求，讲究操作的规范和研究的科学，通过上岗培训，理论考核，虽然还是在摸索过程中，但也算是“持证上岗”了。我自知创新性不强，但做事比较扎实，于是秉承“要做，就要做好”的原则，我开始了教科研的探索：

我们“九五”期间确立的课题“叶圣陶‘两善三育’教育思想实践研究”，是苏州市重点课题。课题中的“两善三育”提法源自叶圣陶先生离开甪直55年后再次踏上第二故乡这片热土时给我校的题词：两善即“善教善导”，三育即“德智体”诸育，通过老师的善教善导，促进同学们的全面发展。该课题的研究重在发掘叶圣陶先生的“两善三育”理论，统领教育全过程。在主课题下设立的子课题“养成教育的研究”“自主学习课堂教学模式的研究”“学生特长兴趣培养”，均收到良好效果。结题报告发表于苏州市《教育科研信息》，并获苏州市教科研成果二等奖。20万字的专著《善教善导育新葩》作为“中国特色学校丛书”之一独立成卷，2002年由中央文献出版社出版。我们研究时还发现，叶圣陶先生所倡导的“善教善导，三育并进”不正是新课程所提出的“以教师为主导，以学生为主体”的具体实施方法吗？于是，我们把“善教善导，主动发展”作为学校的校训让全体师生努力践行。

“十五”期间，我校的主课题“以叶圣陶教育思想为指导，培养小学生创新能力实践研究”被列为全国教育科学“十五”规划重点课题“叶圣陶教育思想的文化底蕴和当代价值”的重点子课题。实施之际，恰逢新中国成立以来第八次基础教育改革如火如荼在全国顺利推进的大好时机，为将课题研究开展得扎实有效，我们举办了“青年教师读书班”，组织骨干教师一方面反复通读《叶圣陶教育文集》五卷本，选摘叶圣陶先生有关创新教育的论述，汇编成《叶圣陶教育论语》；另一方面通览各科的新课程标准，将各科的课程性质、基本理念选摘出来，附上新课程标准的应知应会题，汇编成《新课程，新理念》，提供给每位教师学习，为课题研究的实施做好理论上的准备。同时，我们注重让课题走进课堂，将科研和教研紧密结合。教科室和教导处合署办公，各年级科研负责人兼任教研组长，使各年级、各学科、各条线都开展实践研究活动，真正做到人人参与教育研究，个个体验科研成果，共同享受教育成功。30 万字的研究成果集《传承创新求发展》，由江苏人民出版社正式出版，并获苏州市教科研成果一等奖。学校被评为“苏州市教育科研先进集体”。《人民教育》《江苏教育》均对我校传承、实践叶老教育思想的办学特色作了相关报道。

三、钟　情

通过两轮的课题研究，一方面我们对叶圣陶教育思想有了比较全面、深入的了解，另一方面通过参与研究，走出去，请进来，一次次的培训、研修，学校培养了一批批青年教师，特色日趋明显，让我们尝到了教育科研“甜津津”的味道。我也从前任张洪鸣校长手里接过接力棒，继续走在“科研兴校”的光明大道上。

学校规模不断扩大，送走了一批批学生，迎来了一批批新的老师，如何让叶圣陶教育思想的精髓更展现出与时俱进的魅力？于是我们又确立了“实践叶圣陶教育思想，培养小学生良好的学习习惯”的学校主课题，继续深入开发叶圣陶教育思想宝库，深化对叶圣陶教育思想价值的认识，将叶圣陶先生的养成教育观、素质教育思想、新课程理念和我们学校的教育实际相结合，探索新形势下养成学生良好习惯的途径和方法。着重训练学生通过“识字、写字、阅读、作文、计算”等学科教学和实践活动，培养各方面的良好习惯。正如叶圣陶先生曾说的：“教育是什么？往简单方面说，只须一句话，就是养成良好的习惯。”

有了这一校级研究的基础，我们申报的“十二五”课题“构建小学生自主学习梯次型、多类型框架的研究”，是苏州市教育科学“十二五”规划 2011 年度重点课题，后又获批为江苏省教育科学“十二五”规划 2013 立项课题。该课题研究历时五年，于 2016 年 9 月顺利结题。申报这一课题的初衷是构建适合农村小学生的“教是为了不教”梯次升级教学模式，让学生在教师的善教善导下学会学习方法主动发展，在梯次升级的过程中掌握自学方法，增强自学能力，从而“不待老师教”主动学习，往“教为不教”的目标迈进。在课题研究过程中，我们初步构建了“教是为了不教”梯次升级教学模式的“四级标准三保障”体系。《构建适应农村小学生“教是为了不教”的教学模式》被评为苏州市“教是为了不教”教育教学改革试验成果一等奖。在课题实践研究中，我对教科研越来越重视，课题研究也让叶圣陶教育思想愈发深入人心，我将叶圣陶教育思想渗透课堂，用叶圣陶教育思想培育新人。学校的办学特色日渐凸显，我们的老师，播撒的智慧和汗水换来了喜悦的果实，尝到了教育科研带来的美好成果，专业发展也得到了同步提升。

如今，我钟情于在学校引领教师投身教育科研，确立各自的研究课题，开展微型课题研究，更钟情于为老师们创造各种培训机会，带头参加培训、研修，为他们搭设成长舞台，提供成功机会，让教育科研助老师成长！与时俱进传承实践叶圣陶教育思想对于我们学校来说，是义不容辞的责任，也是我们得天独厚的资源，所以“十三五”期间学校继续围绕叶圣陶教育思想申报了省级专项课题“小学生良好学习习惯的进阶式研究”，经过四年的研究，顺利结题。因为我深知学校要发展提升，教育科研是必经之路！“十四五”，我们的课题“基于叶圣陶教育思想的生生课堂建设”已经走在研究的路上，扬帆前行……

2022 年 9 月

怀念叶圣陶

叶圣陶研究年刊

我和商务印书馆

■ 叶圣陶

如果有人问起我的职业，我就告诉他：我当过教员，又当过编辑，当编辑的年月比当教员多得多。现在眼睛坏了，连笔画也分辨不清了，有时候免不了还要改一些短稿，自己没法看，只能听别人念。

做编辑工作是进了商务印书馆才学的。记得第一次校对，我把校样读了一遍，不曾对原稿，校样上漏了一大段，我竟没有发现。一位专职校对看出来了，他用红笔在校样上批了几个字退回给我，弄得我很不好意思。我才知道编辑不好当，丝毫马虎不得，必须认认真真一边干一边学。

我进商务是 1923 年春天，朱经农先生介绍的。朱先生当时在编辑所当国文部和史地部的主任。我在国文部，跟顾颉刚兄一同编《新学制中学国文课本》。这套课本的第一册是另外几位编的，其中有周予同兄。我参与了那时候颁发的“新学制中学国文课程标准”的拟定工作。

1927 年 6 月，郑振铎兄去欧洲游历，我代他编《小说月报》，跟徐调孚兄合作。除了大型的综合性的《东方杂志》人比较多，有十好几位，其余的每种杂志只有四位。《小说月报》除了调孚兄和我，还有两位管杂务的先生。他们偶尔也看看校样，但是不能让人放心。

那时正是大革命之后，时代的激荡当然会在文学的领域里反映出来。那两年里，《小说月报》上出现了许多有新意的作品，也出现了许多新的名字，最惹人注意的是茅盾、巴金和丁玲。当时大家不知道茅盾就是沈雁冰兄。他过去不写小说，只介绍国外的作品和理论。巴金和丁玲两位都不相识，是以后才见面的。

等振铎兄从欧洲回来，休息了一些日子，我就把《小说月报》的工作交回给他，回到国文部编《学生国学丛书》，时间记不太准，总在 1929 年上半年。到第二年下半年，我又去编《妇女杂志》，跟金仲华兄合作。1930 年初，开明书店创办《中学生》杂志，过了不久，夏丏尊先生、章锡琛先生要我去帮忙，我就离开了商务。我在商务当编辑一共八个年头。

商务创办于 1898 年，老板是几位印《圣经》发家的工人；两年以后，维新派的知识分子参加进去，成立了编译所，一个编译、印刷、发行三者联合的文化企业就初具规模了。后来业务逐渐发展，就编译和出版的书籍杂志来说，文史哲理工医音体美，无所不包；有专门的，有通俗的，甚至有特地供家庭妇女和学前儿童阅读的。此外还贩卖国外的书刊、贩卖各种文具和体育器械，还制造仪器标本和教学用品供应各级学校，甚至还摄制影片，包括科教片和故事片。业务方面之广和服务对象之广，现在的任何一家出版社都不能和商务相比。商务的这个特点，现在不大有人说起了。

商务的编译所是个知识分子汇集的地方，人员最多的时候有三百多位。早期留美回来的任鸿隽、竺可桢、朱经农、吴致觉诸先生，留日回来的郑贞文、周昌寿、李石岑、何公敢诸先生，都在商务的编译所工作过。稍后创办的几家出版业如中华、世界、大东、开明，骨干大多是从商务出来的；还有许多印刷厂装订厂，情形也大多相同。可以这样说，商务为我国的出版事业，从各方面培养了大批技术力量。

有趣的是1949年10月新中国成立，政务院有个管出版事业的直属机构叫出版总署，胡愈老任署长，周建老和我任副署长，二十多年前在商务编译所共事的老朋友又聚在一起了。后来人民教育出版社成立，我兼任社长。1954年9月，出版总署撤销，这一摊工作并入文化部。胡愈老调到文化部，出版工作仍旧由他主管；我调到教育部，主要还是在人民教育出版社做编辑工作。这一二十年来，老朋友过世的不少，周建老、胡愈老和我还健在。有人说，做出版工作的人就是长寿。

想起了《古代英雄的石像》

■ 叶小沫

我的爷爷叶圣陶过世已经三十四年了，人们依然没有忘记他。在新闻媒体上，在网络上，时不时会看到人们写的回忆和纪念他的文章。在提到新中国语文教材的编撰的时候，在提到第一本《新华字典》的诞生的时候，在讨论起中国现在的教育的时候，在人们听到孩子们读儿歌《小小的船》的时候……大家都会想起这位老者，想起他提倡的那些思想和理念。我作为爷爷的后代，每逢读到这些文章，看到人们对他的怀念，在从心里感到欣慰的同时，又自然而然地会想起他写的那篇童话——《古代英雄的石像》。

《古代英雄的石像》的故事很简单，说人们为了纪念一位古代的英雄，请石匠雕了一座石像，用凿下来的石块做成了石像的基座。石像做好了，人们崇尚英雄，天天有人来膜拜，于是石像就骄傲起来了。他对着那些做基石的小石头说，我的地位这么特殊，站得比谁都高，还天天得到人们的尊重，和我比起来，你们这些小石头算得了什么呢。小石头们不干了，说，在凿成石像之前，你和大家是一样的，都在一块石头上，根本没什么了不起。石像不服，争论变得越来越激烈，石像被小石块们说得开始怀疑自己了，怀疑自己只是被市民们崇拜的空虚的英雄。小石头们更委屈了，觉得自己竟然被垫在了空虚的英雄下面。后来大家都不言语了。半夜里，石像和石基一起倒下，成了一堆大大小小的石块，人们把这些石块铺成了一条路。最后大家皆大欢喜，他们说："咱们真平等！""咱们一点不空虚！""咱们一块儿，铺成真实的路，让人们高高兴兴地走！"爷爷在写这篇童话的时候，细心揣摩了故事的主人公石像和小石块的心理，把他们的对话写得特别精彩，看着挺有意思。

《古代英雄的石像》这篇童话写于 1929 年，写出来不久就被编进了教科书，教材一直沿用到了新中国成立以后。那几年爷爷常常会接到老师和同学们写来的信，询问这篇文章的写作背景和主题思想，还有人问这个石像雕刻的是谁。爷爷一般是每信必复的，信来得多了，实在是有些不堪重负。他当时就在负责编教材，于是把这篇童话从课文里拿掉了。1956 年，爷爷的《叶圣陶童话选》出版，他借这个机会，在后记中特意为《古代英雄的石像》写了一段话，算是给老师和同学们的一个公开答复。他说：

我想特别说一说《古代英雄的石像》。这篇童话曾经选在语文课本里，很有些老师和同学为了这篇东西写信来，他们依据各自的看法，问我是不是这样，是不是那样。我回信老是这么说，我只能把当时的想法写一些。我当时认为主要的思想放在这篇的末了儿。无论大石块小石块，彼此集合在一块儿，铺成实实在在的路，让人们在上边走，这是石块最有意义的生活。在铺路以前，大石块被雕成英雄像，小石块垫在石像底下做台基，都没有多大的意义。

关于这篇童话，我的爸爸叶至善曾经写过两篇文章。

一篇写在1988年3月16日，题目是《担心》。文中他说：

五十九年前，父亲写完了《古代英雄的石像》，让我先读一遍。那时我才十一岁，读完之后我想：父亲是要我做铺路的石子，别做那个代表空虚的石像。

后来我渐渐长大了——真是句废话，我今年都七十了，当然长大了。我老记住，我得做铺路的石子。能做铺路的石子已经很不错了，不会成为石像。

可是奇怪，这几年我又多了一份担心，担心父亲会成为石像。

难道父亲不是石子？我就是在许多前辈用自己铺成的路上走过来的；在无数铺成路的石子中间，毫无疑问，有一块就是我的父亲。

但是石子也会变成石像的，实在的也会向空虚的转化。我分明看见，有的石子已经完成了这样的转化，当然这不是石子的本愿。

我把我看到的，都一一跟父亲说过。父亲颇有点儿感慨，说确实有我所说的转化。我只是少问了一句，他自己会不会这样转化？我怕引起他担心，这样的担心是非常寂寞的。

简直语无伦次了，怀念父亲的文字哪有这样写法的，赶快打住吧——既然石子自己愿意铺成一条路，咱们就在上面大步走吧。

爸爸的这篇文章，写在爷爷刚刚过世一个月。那些天有关爷爷身后的事宜千头万绪，简直有些忙不过来，爸爸依然会习惯性地像爷爷在世的时候一样，事事向爷爷请示，事事和爷爷对话，只是对方的回应都只在他熟悉的印象里了，对方的话语都只在他静静的寂寞中了。尽管很忙，尽管时间一天天地过去，爸爸不用算也记得，那个父亲过世一个月的日子。他觉得应该写一篇祭文来纪念父亲，他也想写一篇祭文，只是恐怕连他自己也没有想到，最终写出来的文字竟是这样的沉重，沉重得就是在今天，读着依然能感受到那种被压得喘不过气来的窒息。那时候人们都还在为失去这样一位可敬的老人感到惋惜，而父亲已经在为他老人家担心了。他担心爷爷会由实在转化成空虚，会由石子转化成石像，虽然这并不是爷爷的本意。这篇短短的祭文，我读过很多次，每次读的时候我都会想：有谁能懂得一个儿子对已故父亲的这份担心，又有谁能体会出这份担心有多么沉重。

十年以后，爸爸写了一组他读爷爷的童话的读后感，有《稻草人和王子》《傻子和绿衣人》，还有一篇就是《骄傲的石像》。这是爸爸第二次写《古代英雄的石像》了，这次的这篇文章比较长，有五千多字。

从这篇文章里我知道了，爸爸看到这篇童话的时候还是一个小学生。爷爷把刚写好的《古代英雄的石像》拿给他读，还让他说说这个故事写的是什么。这个细节爸爸一直记得，可是直到他自己也做了编辑才明白，爷爷把童话拿给还是小学生的爸爸看，是让爸爸帮他做终审，爸爸看懂了，他就可以放心地发表在《中学生》杂志上了。我还知道了，对文章里石像说的："我代表的那位英雄总不会是空虚。"这句话中的"空虚"，爸爸早已经不知道想过多少回了，看来他在《担心》那篇文章中的一些想法，很早就在他的心里扎根了。

2014年，民进中央开会，纪念爷爷诞辰120周年。那时候爸爸过世也有八年了，只好由我和弟弟代表家里人在大会上作发言。在这样隆重的纪念会上，我们该说点儿什么呢。我们想了又想，又想到了爷爷写的《古代英雄的石像》，又想到了爸爸写的《担心》。在简单地说了爷爷的这篇童话和爸爸的担心后，我们说：

> 父亲的散文只有短短的六百多字，所包含的意思却挺深。他希望爷爷永远是一块铺路的石子，绝不做空虚的被人们顶礼膜拜的英雄。
>
> 现在看来，父亲的担心虽然不是没有缘由的，可是他应该可以放心了。因为这些年来，无论在教育界还是在编辑出版界，人们学习爷爷的教育思想，编辑出版思想，都在用来指导自己的学习和工作。令人感到欣慰的是，人们热爱爷爷，纪念爷爷，是觉得爷爷的这些理念，至今都有着强大的生命力。爷爷没有，也不会成为空虚的石像，在他和许多前辈铺成的路上，人们正在大踏步地向前走！

在这个发言中，我们说爸爸可以放心了，其实是因为，直到今天我们依然有着和爸爸一样的担心。因为我们看到，这些年爷爷的雕像一座又一座地竖了起来，有关爷爷的纪念会，研讨会一个又一个地在召开，在教育和教材上出现什么问题的时候，很多人依然会想起爷爷，说爷爷是怎么说的，又是怎么做的，可是有多少人是在真心实意地在研究他的教育思想，是在踏踏实实地照着他说的去做呢？又有多少人在为他的那个朴实的，把孩子培养成合格的社会公民的理想而奋斗呢？今天中国的教育还是爷爷提倡的教育吗？还是爷爷理想中的教育吗？这样的教育最终培养出来的会是什么样的人呢？说到这些，你是不是也会想起那座古代英雄的石像，是不是也会觉得有点儿空虚，是不是也会感到些许的悲哀。

我的话言重了，必须赶快打住。就让我用爸爸在《担心》中的话来做这篇文章的结束：

> 我父亲并没有把所有的石像都捣毁了拿去铺路的意思。在他过世之前十个月，朱自清先生的石像揭幕，父亲特地起了个大早，赶到清华大学去参加典礼来着。可见他并不反对纪念，并不反对给真为人民作出过贡献的造像。他反对的是盲目崇拜。

2022年6月10日

经典品读

叶圣陶研究年刊

写文章跟说话

■ 叶圣陶

写文章跟说话是一回事儿。用嘴说话叫作说话，用笔说话叫作写文章。嘴里说的是一串包含着种种意思的声音，笔下写的是一串包含种种意思的文字，那些文字就代表说话时候的那些声音。只要说的写的没有错儿，人家听了声音看了文字同样能够了解我的意思，效果是一样的。

写文章跟说话是一回事儿。要有意思才有话说。没有意思硬要说，就是瞎说。意思没有想清楚随便说，就是乱说。瞎说乱说都算不得好好地说话。用笔说话，情形也一个样。嘴里该怎么说的，笔下就该怎么写。嘴里不那么说的，笔下就不该那么写。写文章绝不是找一些稀奇古怪的话来写在纸上，只不过把要说的话用文字写出来罢了。

小朋友不要听见了“作文”“写文章”，以为是陌生的事儿，困难的事儿。只要这么想一想：这就是用笔说话呀。谁不会说话？谁不需要说话？想过之后，自然就觉得“作文”“写文章”是稀松平常的事儿了。而且，从小学一年级起，小朋友就写“爸爸做工”“妈妈洗衣服”这类的句子，这就是用笔说话的开头。如果开了头一直不断地写，三年、四年、五年，用笔说话的习惯必然养成了。这时候，谁叫不要写就觉得被剥夺了自由，能够随意地写正是极度的自由，哪会有嫌陌生怕困难的？

认定了写文章跟说话是一回事儿，就不必另外花什么工夫，只要把话说好就是了。话是本该要说好的，不写文章也得说好。咱们天天说话，时时说话，说不好怎么行？说好了的时候，文章也能写好了。咱们平常说谁的文章好，谁的不好，意思也是指的说好说不好。

现在要问，怎么才算把话说好？花言巧语，言不由衷，好不好？认是为非，将虚作实，好不好？含含糊糊，不明不白，好不好？颠三倒四，噜里噜苏，好不好？

问下去可以问得很多，不要再问吧。就把上面问的几点来想一想，那样的话绝不会有人说好。在前两点是不老实，在后的两点是不明确。说不老实的话，谁都知道无非想欺人骗人，怎么要得？说不明确的话，在自己是说了等于没有说，在人家是听了一阵莫名其妙，怎么能算说好？

咱们不妨简单地这么说：说话又老实又明确才算说好。以外当然还有可以说的，可是老实跟明确是最根本的两点。做到这两点，才可以谈旁的。这两点也做不到，旁的就不用谈了。

“作文”“写文章”到底是怎么一回事儿呢？回答也简单，就是用笔说又老实又明确的话。

《叶圣陶散文》[①] 导读

■ 商金林

叶圣陶（1894—1988）原名绍钧，字圣陶，出生于苏州城内一个平民家庭，1912 年中学毕业后担任小学教员。1918 年开始用白话写小说和新诗。1919 年加入傅斯年、罗家伦等发起组织的北京大学新潮社。1921 年 1 月，文学研究会成立，叶圣陶为十二位发起人之一，与沈雁冰、郑振铎等共同筹办文学研究会会刊《文学周报》，出版文学研究会丛书。1922 年，与刘延陵、朱自清、俞平伯创办《诗》月刊。1923 年春任商务印书馆国文部编辑。1927 年，代赴欧游学的郑振铎主编《小说月报》。1931 年，进入开明书店，主编《中学生》杂志。1937 年抗战全面爆发后举家西迁，在重庆巴蜀学校，以及复旦大学和武汉大学执教。1942 年到成都设立开明书店编译所成都办事处，主编成都《国文杂志》和桂林《国文杂志》。1946 年，被中华全国文艺界协会推选为常务理事兼总务部主任，接替老舍主持文协的日常工作，主编文协会刊《中国作家》。1949 年春任华北人民政府教育部教科书编审委员会主任。新中国成立后被任命为出版总署副署长和教育部副部长，并长期担任人民教育出版社社长兼总编辑。

叶圣陶是我国近现代史上著名的作家、教育家、编辑出版家和社会活动家。茅盾盛赞他的短篇小说集《隔膜》《火灾》等，“实为中国新小说坚固的基石”；“扛鼎”之作《倪焕之》的出版，标志着我国现代长篇小说走向成熟。鲁迅盛赞童话集《稻草人》，“给中国童话开了一条自己创作的路”。郁达夫认为叶圣陶的散文令人有“脚踏实地，造次不苟”的艺术风格，“一般的高中学生，要取作散文的模范，当以叶绍钧氏的作品最为适当”。

在 1917 年至 1949 年三十多年间，叶圣陶出版过《剑鞘》(与俞平伯合著)、《脚步集》、《未厌居习作》、《西川集》等四本散文集。可分散在各种报刊上的散文比已经收进集子的多一二十倍，现已编入《叶圣陶集》第五、六两卷。

作为作家，要使自己的作品成为引领民众前进的灯火；作为教育家，要

---

① 《叶圣陶散文》，人民文学出版社 2022 年版。

使受教育者成为德智体美全面发展的新人；作为编辑出版家，要使自己主编的书籍报刊能吸引读者，就必须有“一双透彻观世的眼睛”，真切地感知人生，对社会的风风雨雨都要“触景生情”。也正是因为这样，叶圣陶的散文写的都是他在那个年代亲历的见闻和思绪。就重大事件而言，叶圣陶写到辛亥革命、五四运动、五卅运动、“三一八”惨案、“四一二”惨案，以及“九一八”“一·二八”“七七”“八一三”“抗战胜利日”“中国人民站起来了”等许多重大事件。这些重大事件，其他许许多多作家也都抒写过，倘若把同时代写同一事件的散文排列在一起观摩，就不难看出叶圣陶的散文是我国社会“一鳞半爪”的写照，叶圣陶的思想情感总与同时代的一部分文化人相共鸣，以至形成了一种思想或思潮。

散文离不开写人。叶圣陶写人，总是把“人”放在真实的生活中去描绘。无论是“慌忙”的“永远的旅人的颜色”的散文大家朱自清；还是落落寡合的诗人兼画家的白采；还是“是深深尝了世间味，探了艺术之宫的，却回过来过那种通常以为枯寂的持律念佛的生活”的弘一法师；也不论是“别有一种健康的美的风致”，挑着一担“盛着鲜嫩的玉色的长节的藕”，沿街叫卖的村姑；还是身着“粗布的短衫”，“露着胸”，坚信中国人只要“心齐”，“就什么也不怕”的产业工人；还是在“五卅惨案”中“退隐了”清秀的颜色，“换上了北地壮士的苍劲”的青年学子，都栩栩如生，呼之欲出。叶圣陶笔下的艺术家、教育家、革命家、宗教家，以及农夫、村姑、牧童，都打上了鲜明的时代烙印，各有各的风采。

至于描写景物，叶圣陶强调要有“鉴识的工夫”。大千世界中的行云流水、花草树木，鸟兽鱼虫，并不仅仅是用来欣赏的，而是要在欣赏的同时或者说是在欣赏的过程中“移情”，按叶圣陶的话说是“良辰入奇怀”。“寻常的襟怀未必能发见‘良辰’，必须是‘奇怀’”，是“我”独有的情怀。中间连缀的这个“入”字，是动感的，不是被动的，只有“入”，才“来得圆融，来得深至”（《“良辰入奇怀”》）。且看叶圣陶笔下的“良辰”，无论是山水、名胜、街市、园林、里巷、村落、田野；还是晴空、轻风、急雨、月色、烛光、飞鸟、游鱼，都与“情”紧紧地浑成圆融，“以心接物”“心与物和，合而为一”（《关于谈文学修养》）。《没有秋虫的地方》写秋天乡村“凄凄切切”的“虫声”：

……在鄙野的乡间，这时候满耳朵是虫声了。白天与夜间一样地安闲；一切人物或动或静，都有自得之趣；嫩暖的阳光和轻淡的云影覆盖在场上，到夜呢，明耀的星月和轻微的凉风看守着整夜，在这境界这时间里唯一足以感动心情的就是秋虫的合奏。它们高低宏细疾徐作歇，仿佛经过乐师的精心训练，所以这样地无可批评，踌躇满志。其实它们每一个都是神妙的乐师；众妙毕集，各抒灵趣，哪有不成人间绝响的呢。

虽然这些虫声会引起劳人的感叹，秋士的伤怀，独客的微喟，思妇的低泣；但是这正是无上的美的境界，绝好的自然诗篇，不独是旁人最喜欢吟味的，就是当境者也感受一种酸酸的麻麻的味道，这种味道在另一方面是非常隽永的。

透过对秋虫的合奏的礼赞，反衬出“没有秋虫的地方”（现代都市）的沉寂和空虚，表达对于“淡漠无味”的人生和“死水”般的旧中国的诅咒，对充满“爱”和“生趣”的新生活的向往。《谈成都的树木》写的“野间的老树”，抒发的则是“人生境界”，且看其中的一小节：

根据绘画的观点看，庭园的花木不如野间的老树。老树经历了悠久的岁月，所受自然的剪裁往往为专门园艺家所不及，有的竟可以说全无败笔。当春新绿芜葱，生意盎然，入秋枯叶半脱，意致萧爽，观玩之下，不但领略它的形象之美，更可以了悟若干人生境界。我在新西门外，住过两年，又常常往茶店子，从田野间来回，几株中意的老树已成熟朋友，看着吟味着，消解了我的独行的寂寞和疲劳。

作者所说的“人生境界”，借用绘画的理论说就是不要“太满”，得“留一点儿空隙”；也不要像“庭园的花木”听凭园艺家去“剪裁”，而是要像“野间的老树”那样，在风霜雨雪中接“受自然的剪裁”，让人欣赏到自然的“形象之美”和鲜活的“精神”与“神韵”，读来启人心智。

新中国成立以后，叶圣陶在繁忙的工作之余，写了大量的散文。天津百花文艺出版社 1958 年出版的《小记十篇》，展示了叶圣陶解放后游记散文的基本风貌。在 1953 年至 1957 年的五年间，叶圣陶先后到临潼、雁塔、西安、兰州、雁滩、杭州、南京、无锡、黄山、金华等地游览访问，祖国的山山水水，以及社会主义革命和建设欣欣向荣的景象，让叶圣陶浮想联翩，用精细的笔墨，基于广博的知识、丰富的经历，带着欣悦欢快的情思，记叙了各地的地理概貌、历史传说、今昔对比、人情风俗，以及他在游览访问中的感兴。

“文革”结束后，叶圣陶的散文创作进入了一个新的丰收期。1978 年到

1988 年十年间的散文，比前三十年（1949—1978）的散文还多，内容大致分为四类：谈教育、谈语文教育、为朋友集子写的序跋、表彰新人以及追怀亲朋好友。北京三联书店 1984 年出版的《叶圣陶散文乙集》，是继《小记十篇》之后的第二本散文选集，所汇集的 189 篇散文均已到达了炉火纯青的境界。叶圣陶早年曾对散文家提出过严格的要求，他在《读者的话》中说：

> 我要求你们的工作完全表现你们自己，不仅是一种主张，一个意思要是你们的，便是细到像游丝的一缕情怀，低到像落叶的一声叹息，也要让我认得出是你们的，而不是旁的人的。

这是对艺术风格和创作个性化的高度要求，叶圣陶是做到了的。尤其是他晚年的散文，艺术上更加精湛，呈现出一种“自然”而“纯洁”的美：刻画深细，没有题外的枝节；用字务求明晰，删芟一切装点；行文舒卷自如，温和中寓有丰富的情感，凝重而又亲切，读之如得面晤，又富有“味外之味”的韵味。像《我钦新凤霞》《子恺的画》《从〈扬州园林〉说起》《〈苏州园林〉序》诸篇，都是散文中的极品。

2022 年 1 月 11 日

经典的魅力以及自证其说

——重读《叶圣陶语文教育论集》

■ 王艾然

叶圣陶先生是著名的作家、教育家、语言学家。在长达六十多年的教学、编辑和出版生涯中，他撰写了大量关于语文教育方面的论著，为语文教育事业做出了卓越贡献。1980 年，教育科学出版社成立伊始，便出版了《叶圣陶语文教育论集》(以下简称《论集》)，而在 2014 年，叶圣陶先生诞辰 120 周年之际，出版社又再版此书，除了表达对作者的深挚纪念之外，更有向经典致敬之意。

叶老的论著之所以成为经典，不只是因为这些著作是语文教育工作者，尤其是中小学语文教师的必读之书，更因为其中的教育理念始终具有令人深思的指导意义。譬如先生那句精辟的话语"教是为了不教"，既点明了教师在教学活动中的作用，又为语文教学设定了一个至高境界。尽管这个观点是先生几十年前提出的，但时至今日，所有从事语文教学工作的教师不是仍在朝着这个境界努力吗？就像先生所期盼的那样，语文课的最终目的，是让学生"自能读书，不待老师讲；自能作文，不待老师改。老师之训练必做到此两点，乃为教学之成功"①。

初读《论集》，还是在我上师范大学的时候，由于少有教学实践，所以对书中诸多论述只停留在理论解读的阶段。如今，我已在教学第一线工作数年，再读《论集》，特别是其中如何指导学生阅读和写作的篇章，就有了更为深切的感悟。

《论集》是一本厚重的著作，几乎涉及语文教育的方方面面，而其中的许多观点当然是需要"论据"来佐证的。如果检索叶老的生平履历就会发现，他的许多颇有建树的语文教育理论，绝非凭空想象、随意而发，而是在深厚丰富的实践基础之上提出的。这不仅因为他年轻时做过中小学教师，编辑过多种版本的国文教材和《儿童文学》《中国语文》《中学生》等刊物，还因为他

① 叶圣陶著，中国教育科学研究院编：《叶圣陶语文教育论集》，教育科学出版社 2015 年版，第 520 页。

创作了中国第一个童话集《稻草人》、中国现代文学史上第一部长篇小说《倪焕之》，发表了许多短篇小说、诗歌、散文、文学评论、话剧剧本等。此外，他还撰写了《文章例话》评点朱自清、鲁迅、茅盾、夏衍、老舍等作家的作品，以及亲自评改一些无名作者的总结、汇报、通讯等。所有这一切，都为他的语文教育理论的确立提供了足够充沛的“论据”。

比如，叶老在《拿起笔来之前》一文中强调了在生活中养成观察的重要性：“在实际生活中养成精密观察跟仔细认识的习惯，是一种准备功夫。不为写文章，这样的习惯本来也得养成。如果养成了，对于写文章太有用处了。”① 而在《作文论》第九章“描写”中，他又特别阐述了将观察付诸作文的“技巧”：“我们对于一切事物，自山水之具象以至人心之微妙，实时接触，从此有所觉知，有所感动，都因为有一个印象进入我们的心……描写这一印象，只有一种最适当的说法，正如照相器摄取景物，镜头只有一个最适当的焦点一样……”②

于是在入选小学教材的散文《牵牛花》和《爬山虎的脚》之中，我们跟随作者的“聚焦”镜头，不仅看到了牵牛花的“嫩头”随着时间而渐渐成长变化，进而发现了牵牛花顽强的生命力，也从爬山虎生长的环境、叶子和脚的特点，尤其是它怎样一脚一脚向上爬的生动描述中，读出了“精密观察”才能有细致描写的意义所在。

或者可以这样说，叶老关于要仔细观察生活的理论，是从创作的实践中得来，又在自己的作品中加以诠释，因而就更具说服力。

同样是在《作文论》中，叶老在谈及人物对话描写的作用时是这样说的，人物的对话“正可以表现出各人的内面，所以我们不肯放过，要仔细写出来这当儿最要留意的：我们不要用自己谈话的样法来写，要用文中主人翁谈话的样法来写，使他说自己的话，不蒙着作者的色彩……在对话中，尤其用得到这一种经心。果能想象得精，把捉得住，往往在两三语中就把人物的内面活跃地传状出来了”③。

叶老是这样论述的，也是这样实践的。例如收录于《一个少年的笔记》中的《三棵老银杏》，通篇几乎都是以人物对话的方式，从两个少年谈论作

① 叶圣陶著，中国教育科学研究院编：《叶圣陶语文教育论集》，教育科学出版社2015年版，第332页。

② 叶圣陶著，中国教育科学研究院编：《叶圣陶语文教育论集》，教育科学出版社2015年版，第275页。

③ 叶圣陶著，中国教育科学研究院编：《叶圣陶语文教育论集》，教育科学出版社2015年版，第277页。

诗，进而联想到家乡未来美好的图景，真切而生动地表达对故乡的热爱之情。在文中，表哥认为“诗不一定要诗人作，咱们学生也不妨试作。不懂得什么叫诗，没关系，作几回就懂得了”，而且，他也以三棵老银杏为题材，写出了这样的充满童真而又耐人寻味的诗句：“村子里三棵老银杏，年纪比我爷爷的爷爷还大。我没见过爷爷的爷爷，只看见老银杏年年发新芽。”接下来的对话，便是由这首诗引申出去，让话题有了更为丰富的内涵。表哥不仅想象到因为村子里种了千把棵小树，而在几年后“整个村子就是个密密丛丛的树林子，房子全藏在里头”，也想象到别的村子绿树成荫的景象。然而，文章最终还是要扣紧主题的，于是我们就读到了两人最后的对话——

> 我说：“尽管一个个村子都成树林子，我一望就能认出你们集庆村，保证错不了。你们村子有特别的标记，老高的三棵银杏树。”
>
> 表哥又重重地拍一下我的肩膀，笑着说：“你说的正是我的意思！所以我的诗一开头就说三棵老银杏。”①

这篇看似浅显直白、朴实无华的短文，正是借助两个孩童的对话，将他们的淳朴天真、乐观向上，善于幻想又勇于大胆尝试的“内面”活跃地传达出来，而结尾的对话，除了昭示出他们对美好生活的期待之外，不是也表达了他们对故乡的热爱、依恋之情吗？显然，叶老运用对话描写的“这一种经心”是别有奇效的。

叶老正是以这样丰富多样的创作实践，为他的语文教育理论提供了厚重的“论据”支撑。有研究者认为，叶圣陶先生教育思想的精髓，就在于不追求教科书式的抽象、静态的理论体系构建，而是植根于中国社会变革和教育改革实践，对传统教育思想既有反思批判，也有继承创新，并以朴实无华的语言形式传达其所思所悟和真知灼见。在很多篇著作中，叶老反对旧式教育尤其是作文教学中“模仿一套程式”的方法，而在实践中，先生也继承了“有其言，无其行，君子耻之”（礼记·杂记下）、“纸上得来终觉浅，绝知此事要躬行”（宋·陆游）、“不患出言之难，而患践言之难”（元·许衡）、“一语不能践，万卷徒空虚”（明·林鸿）等传统的理念，并且不懈探索，身体力行。也许，由创作而升华出见解、理论并不是叶老的独创，很多的文学名家——鲁迅、茅盾、巴金、老舍等，都曾有过这样的建树。但将自己的创作与语文教育理论相映照、相呼应，从而能够自证其说这一点上，叶老确是独树一

① 叶圣陶：《一个少年的笔记》，作家出版社 2016 年版。

帜的。

叶老不仅创作了大量文学作品、理论著述，也特别提倡教师能够“练笔”。他认为，如果真要对学生练习作文起作用，给学生切合实际的引导和指点，老师自己就应该经常动动笔，从而在实践中感知作文的甘苦，发现行之有效的指导方法。他甚至还引用了一个形象的比喻，即“教师下水”，进而说：“经常动动笔是大有好处的，‘教师下水’确然是个切要的要求。”① 这里的“确然”和“切要”，无疑凸显了叶老对教师练笔的重视程度。也出于这种提倡，他还专门撰写了一组文章——《和教师谈写作》，从写作前的准备、写作中的要求、写作后的修改，以及平日的积累和题材的选择等方面，都提出了细致而明确的建议。叶老之所以如此重视教师的写作训练，应该与他自身的经验有关。需要提及的是，叶老的创作始于从事教师工作之后，而后来的文学创作、理论文章以及编辑工作，都和语文教育密切相关。从这个意义上说，他是“教师下水”的示范者。正因为先生有了教授语文、创作文学作品的种种经历，深知作文的甘苦，明悟“凡是有关作文的事，老师实践越多，经验越丰富，给学生的帮助就越大”②，于是才有了对教师练笔的大力倡导。

至于教师练笔写什么，叶老也有明确的阐述：“我希望教师练习写文章，并不是专指练习写文艺作品而言。尤重要的是写一般文章。一般文章是文艺作品的基础……教师要指导写作，不能空讲些作法，一定要有写作的切实经验，才能随机应变，给学生真正有益的帮助。”③ 这也提示我们，作为语文教师，如果能够把平日的教案、总结、汇报、论文、发言稿等“一般文章”都当作练笔，并且努力“写好”，无疑是一种“切实经验”的积累。其实还有一层意思，叶老没有直说，那就是，倘若在教学之余，我们也能像先生示范的那样，除了写好“一般文章”，也尝试着写作一些随笔、散文、札记、诗歌、文学鉴赏等，日积月累，坚持不懈，从而品味创作的甘苦，探寻写作的“秘籍”，对于自身语文素养的提升以及有针对性地指导学生作文，也应该是大有裨益的。

学海无涯，对语文教育的研究和探讨也绝无止境。不过，无论时代怎样变迁，无论有多少新的学说层见叠出、异彩纷呈，《叶圣陶语文教育论集》作

① 叶圣陶著，中国教育科学研究院编：《叶圣陶语文教育论集》，教育科学出版社2015年版，第353页。

② 叶圣陶著，中国教育科学研究院编：《叶圣陶语文教育论集》，教育科学出版社2015年版，第354页。

③ 叶圣陶著，中国教育科学研究院编：《叶圣陶语文教育论集》，教育科学出版社2015年版，第521页。

为经典著作，总是能够给从事语文教育的人们带来更多思考，更多感悟，因而也是可以常读常新的——这正是经典的魅力所在吧。

（原载《中学语文教学》2021 年第 12 期）

动态关注

叶圣陶研究年刊

叶圣陶研究会第六届理事会第二次会议以通讯形式召开

■ 叶圣陶研究会

根据《叶圣陶研究会章程》第二十一条、第二十六条的规定，经会长召集，第六届理事会第二次会议以通讯形式于2022年1月10日至1月12日召开，全体理事参加。

会议审议了叶圣陶研究会2021年工作报告（草案）；审议了叶圣陶研究会2022年工作要点（草案）。全体理事同意所有审议事项内容。

举办《中华人民共和国家庭教育促进法》座谈会

■ 民进中央宣传部

2022 年 1 月 20 日上午，民进中央举办座谈会，庆祝《中华人民共和国家庭教育促进法》的颁布与实施

2021 年 10 月 23 日，十三届全国人大常委会第三十一次会议表决通过了《中华人民共和国家庭教育促进法》，该法已于 2022 年 1 月 1 日起施行。该法是我国首次就家庭教育进行专门立法，以法律的形式明确了“家庭教育是家事也是国事”，从家庭责任、国家支持、社会协同、法律责任等方面对家庭教育作出明确规定。为庆祝《中华人民共和国家庭教育促进法》的颁布与实施，2022 年 1 月 20 日上午，民进中央教育委员会、叶圣陶研究会联合举办座谈会。民进中央副主席、中国教育学会家庭教育专业委员会理事长朱永新出席会议并讲话。

在认真听取了大家的发言后，朱永新首先向与会校长和专家表示感谢。他说，中共十八大以来，习近平总书记站在培养担当民族复兴大任时代新人的全局高度，对注重家庭家教家风建设作出一系列重要论述，为做好新时期家庭教育工作指明了前进方向。家庭教育促进法今年 1 月 1 日起正式施行，标志着家庭教育全面纳入法治实施轨道，具有重要意义。

朱永新指出，家庭教育是儿童零起点教育的开端，让孩子拥有自我构建的学习，在学习中感受到心情愉悦，这样的学习才是有意义的。从这个角度看，建立家庭教育制度体系至关重要。我们还要关注那些没有家庭教育意识、没有家庭教育能力的家庭，给予他们关怀，思考如何为他们提供更好的家庭教育支持。家庭教育关乎广大未成年人的健康成长和国家民族的长远发展，家庭教育领域值得去关注和重视。

朱永新强调，民进是以教育文化出版为主要界别的中国特色社会主义参政党，始终坚持以推动教育事业改革发展为己任。这次座谈会也是一次非常好的参政议政的协商会，我们会认真梳理大家的意见，深入研究后，以提案、社情民意信息等形式，通过多种协商渠道予以反映。大家可以发挥各自优势，将家庭教育促进法学习好、宣传好、贯彻好。

民进中央教育委员会主任、北师大中国教育政策研究院执行院长张志勇，民进中央教育委员会副主任、北师大教育学部教授霍力岩，民进中央教育委员会委员、北京市东城区灯市口小学校长、叶圣陶研究会会员滕亚杰，中国青少年研究中心家庭教育首席专家、教育部家庭教育专委会副主任委员孙云晓，人民教育出版社编审、叶圣陶教育思想专业委员会主任刘立德，北京教育学院初等教育学院副教授、叶圣陶研究会理事李怀源，北京经济技术开发区亦庄一小党支部书记、校长、叶圣陶研究会会员徐辉，民进中央参政议政部一处副处长、河北省阳原县第三中学副校长（挂职）焦静等在会上作了交流发言。

会议由民进中央副秘书长、叶圣陶研究会秘书长左延珠主持。参政议政部部长黎晓英，研究室副主任、叶圣陶研究会副秘书长朱一多，参政议政部副部长姜其和参加了座谈会。

落实“双减”政策，优化作业设计

——苏州叶圣陶实验小学数学优化作业设计线上培训活动

■ 苏州叶圣陶实验小学

“作业是教学的延伸和拓展，是检验学生掌握学习内容的重要方式，更是‘双减’背景下实现‘提质增效’的重要方式。”为了贯彻落实“双减”政策，通过作业改革让教育回归本真，苏州叶圣陶实验小学全体数学老师开展了数学作业设计线上培训活动。

聚焦作业设计　夯实理论基础

本次培训主题是：“双减”背景下作业设计原理及其价值。讲座中，潘小福老师对于双减背景下一些作业概念给老师们进行了一一解读，明确作业分为两部分，一种是课堂内作业，其次是家庭作业，鼓励布置分层作业和个性化作业等。潘小福老师建议学校要构建学业质量提升研究体系，建立校本作业题库，利用信息技术满足学生个性化作业的需求。

认真聆听　细心记录

一部电脑，一支笔，一本笔记本，每一位老师都认真学习，仔细做笔记，各有各的收获和思考。

一页页的笔记，一笔一画无不彰显着老师们孜孜不倦的求学精神和专注认真的态度。

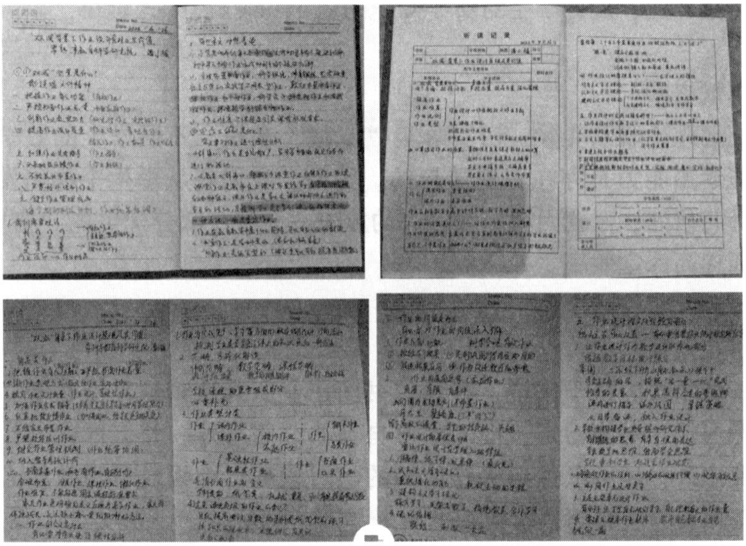

学习感悟　分享心得

唯有知之深，方可行之切。通过线上培训，老师们对“双减”背景下的作业设计有了更加深刻的理解和启发。

陈嘉皓老师

以往书面家庭作业，往往是变相在给家长布置作业。由此看来，教师布置作业的出发点是好的，但是“双减”下的作业并不是教师转嫁教学压力的工具，而应该转变成家长陪伴孩子的成长，关注孩子身心变化的“亲子作业”。

李伟老师

在“双减”政策下，我们应从学科的角度出发，思考如何让作业设计更

“叶圣陶先生的课程教学思想和教材观”专题学术讲座举行

■ 安徽师范大学教育科学学院

在纪念叶圣陶先生从教110周年之际，2022年5月26日下午，叶圣陶研究会副秘书长暨叶圣陶教育思想专业委员会主任、人民教育出版社党委委员刘立德编审受安徽师范大学教育科学学院的邀请，作“叶圣陶先生的课程教学思想和教材观”专题学术讲座。本次专题学术讲座通过线上线下相结合的方式举行。安徽师范大学教育科学学院博士生导师段兆兵教授主持，我院部分教师及2020级和2021级课程与教学论专业研究生聆听了学术讲座。

讲座开始前，段兆兵教授隆重地向线上线下的各位师生介绍了刘立德编审的学习工作经历、学术背景和成果等，并希望老师和同学们通过此次讲座有所收获，拓展学术视野。

刘立德编审从五个方面展开汇报。一是叶圣陶先生的生平和教育教学实践活动。刘老师详细介绍了叶圣陶先生的成才之路，并强调指出他是“小学校走出的大教育家”。二是叶圣陶先生的课程教学思想。刘老师从叶圣陶先生论课程教学目标、论课程教学以儿童为本位、倡导两个课堂结合、强调课程教学中师生关系要民主化、推行富有兴趣情感和爱的课程教学、教书育人身教第一等六个方面展开讲解，并对叶圣陶先生的课程教学思想的特点和价值进行了归纳。三是叶圣陶先生论怎样编教材。刘老师通过七个方面介绍了叶圣陶先生关于中小学教科书编辑的思想理论，并指出其对推动我国当前中小学教科书事业科学发展和中小学教科书理论建设都有十分重要的意义。四是叶圣陶论怎样用教材。刘老师认为：叶圣陶先生的教科书使用思想充满辩证法的意味，他反对“教材至上论”和“惟有读书高”。刘老师分析了叶圣陶先生的“教材例子说”，指出叶圣陶先生的教科书辩证法思想对当今教科书编辑出版工作仍有重要启发和借鉴价值。五是启示和小结。刘老师对叶圣陶先生的课程教学思想和教材观进行了简要的概括和总结，凝练了叶圣陶先生成长为一代宗师的五大品质，即为民服务的情怀、锲而不舍的韧性、善作爱写的习惯、团结协作的榜样和知行合一的模范。刘老师感慨地告诫同学们：不忘本来方能开辟未来，我们要站在以叶圣陶先生为代表的老一辈教育家的肩膀上，不断开辟创建中国特色课程与教学论体系及教材论体系的新境界。

最后，段兆兵教授对本次专题学术讲座进行了总结，表示刘老师的分享具有很强的启发性和指导性。他希望线上线下的老师和研究生能够从这场专题学术讲座中有所收获，在今后的研究中不仅要有国际视野，也要立足于中国本土伟大教育家的思想，将优秀的本土课程教材教法思想发扬光大。至此，本场专题学术讲座在师生们热烈的掌声中落下帷幕。

叶圣陶语文教育思想实践活动在石家庄举办

■ 民进中央宣传部

2022 年 5 月 27 日，叶圣陶语文教育思想实践活动暨民进石家庄市委会“同心大讲堂”在河北省石家庄市行知小学举办

2022 年 5 月 27 日，为纪念民进中央原主席叶圣陶从教 110 周年，叶圣陶语文教育思想实践活动暨民进石家庄市委会“同心大讲堂”在河北省石家庄市行知小学举办。民进中央主席、叶圣陶研究会会长蔡达峰向活动发表书面致辞。

民进中央副主席兼秘书长高友东，中共石家庄市委常委、宣传部部长、统战部部长郭建亭，叶圣陶先生亲属、叶圣陶研究会理事叶小沫出席活动开幕式并致辞。民进中央副秘书长、叶圣陶研究会秘书长左延珠宣读蔡达峰书面致辞。

本次活动采取线上线下相结合的方式进行，主题为“小学语文教育”。

蔡达峰在书面致辞中指出，叶圣陶先生留给我们的精神财富是民进优良传统的重要组成部分，也是叶圣陶思想的重要内容；民进的主界别与叶圣陶先生的工作研究领域高度吻合。共同的研究领域、共同的使命任务，使叶圣陶研究会工作与民进工作有着天然的联动基础，此次在石家庄举办的这项活动是很好的探索和实践。

致辞勉励各位会员和同志以叶圣陶先生为楷模，坚守初心，坚持理想，传承先进教育理念，提升教书育人本领，为努力办好人民满意的教育、加快推进教育现代化作出更大贡献。

民进中央副主席兼秘书长高友东出席活动开幕式并致辞

高友东代表民进中央向活动举办表示祝贺。他指出，近年来，民进中央越来越注重在民进工作的大局中谋划和加强叶圣陶研究会的工作。这是叶圣陶研究会第一次“走进”河北的小学，“走近”河北的教师，希望叶圣陶先生的教育教学理念可以影响、带动更多的一线教师精研教材教法，促进专业成长；更希望民进先辈的思想主张和道德风范，能够在第二个百年奋斗目标的新征程中薪火相传、发扬光大。

郭建亭代表中共石家庄市委向长期以来关心支持石家庄经济社会发展的民进中央表示衷心感谢。她说，石家庄是革命的土地、英雄的土地，当前石家庄发展站在新的起点上，对教育工作提出了新的更高要求。作为红色沃土上的教育工作者，有责任有义务继承发扬好叶圣陶先生的教育思想和实践，把这笔宝贵的精神财富发扬光大。

叶小沫在致辞中深情回忆爷爷叶圣陶先生的从教生涯。她说，关心基础教育、尽心竭力地为青少年服务，是叶圣陶先生生命里非常重要的部分。教育是国家的基础事业，教育救国、教育育人是一代代教育人的信念，我们纪念叶圣陶先生和所有一直以来战斗在教育战线上的前辈们，就要努力向他们学习，始终担负起教育的重任。

开幕式由民进河北省委会副主委、石家庄市委会主委张运凯主持。出席开幕式的还有民进中央研究室副主任、叶圣陶研究会副秘书长朱一多，民进河北省委会专职副主委李建强，中共石家庄市委统战部常务副部长张明其及石家庄市教育科学研究所、长安区人民政府领导。

活动期间，人民教育出版社小学语文室资深编辑郑宇，北京教育学院副教授、叶圣陶研究会理事李怀源，分别就“阅读策略：让学生觉察学习的路径”和“由叶圣陶‘读整本书’思想谈小学整本书阅读”作专题讲座。石家庄市百余所小学的语文教师及全国各地叶圣陶研究会会员聆听讲座。

此次活动由叶圣陶研究会和民进石家庄市委会共同主办，叶圣陶教育思想专业委员会、编辑出版思想专业委员会和民进石家庄市委会教育工作委员会协办，长安区教育局和石家庄市行知小学承办。

结合活动主题，叶圣陶研究会还精心挑选了《叶圣陶研究年刊》《叶圣陶教育名篇选》《叶研集》《叶圣陶论写作》《叶圣陶谈阅读》等七套共 22 册图书，赠送给石家庄市行知小学。

江苏省“十四五”重点课题《传承叶圣陶教育思想，项目化推进振兴乡村教育实验》开题研讨会成功举行

■ 江苏省语文整合教学研究所

沃野乡村，是民族振兴的根基；圣陶思想，是教育发展的灯塔。叶圣陶先生以教育为人生，坚守初心，育人一辈子，其教育思想对当今教育改革和教师的教育实践具有重要的指导意义。为更好地推动江苏省教育科学“十四五”规划 2021 年度“叶圣陶教育思想研究”专项课题研究工作的开展，2022 年 5 月 27 日下午，《传承叶圣陶教育思想，项目化推进振兴乡村教育实验》课题开题研讨会成功举行。

本次活动由江苏省教育科学规划领导小组办公室、江苏省叶圣陶研究会主办，江苏省语文整合教学研究所、常州市叶圣陶研究会、常州市武进区新安小学承办，采用线下+线上同步进行。常州分会场成员齐聚常州市武进区新安小学，开展线下研讨。

南京主会场出席领导有：江苏省政协副秘书长、民进江苏省委副主委朱毅民，江苏省教育科学研究院院长党委书记陆岳新，江苏省教育科学规划指导小组办公室主任董林伟，江苏省教育厅基础教育处二级调研员周明，江苏省教育厅统群处副处长郝峰，民进江苏省委调研处副处长三级调研员季伟。指导专家有：江苏省政协文史委副主任、民进江苏省委副主委、江苏省叶圣陶研究会会长刘锋，江苏省教育学会副会长陆志平，东南大学人文学院教授、历史系主任王华宝，南京师范大学教育科学学院教授项贤明，南京市玄武区教师发展中心、玄武区教科所所长杨向红。

常州分会场出席的领导与专家有：民进常州市委副主委、江苏省语文整合教学研究所所长戴晓娥，经开区教师发展中心主任何运耿，横山桥镇行政审批局副局长韩宇，清英外国语学校校长奚亚英及二十个项目共同体学校负责人。活动由新安小学刘红娟校长主持。

常州分会场活动

在主会场简单而不失隆重的开幕式后，《传承叶圣陶教育思想，项目化推进振兴乡村教育实验》常州分会场开题研讨会拉开了帷幕。

支持与关心

横山桥镇行政审批局副局长韩宇女士代表镇政府致欢迎辞，同时表达了地方政府对美丽乡村教育振兴的期许：期待学校能以叶圣陶教育思想为引领，借助叶圣陶专项课题研究平台，笃行不怠，踔厉奋发，走上高品质发展的快车道。

民进常州市委副主委兼秘书长戴晓娥女士首先对民进省委、省教育厅一直以来对常州教育的厚爱表示了感谢，对常州市三项课题立项为省“十四五”叶研会专项重点课题表示了祝贺。戴副主委表示：在振兴乡村的宏阔背景下，开展一场“为人生而教育”的“叶圣陶教育思想研究”意义深远，勉励二十所研究共同体成员系统学习叶圣陶教育思想，积极探索适合乡村学校高品质发展的路径，开启乡村学校高质量发展的新样态。

共同体导师清英外国语学校奚亚英校长感谢省教育科学规划办、民进常州市委为乡村教育开绿灯、指方向，让乡村校长、教师学有榜样、研有方向、创有可能。奚校长说，每一次参加课题活动，都看到乡村教育群智发展的景象：惊叹于他们人人贡献自己的智慧，追求精益求精的品质；震撼于他们个个着地深耕，以目标为导向，逢山开路、遇水搭桥的勇气、魄力和能力。

最后，奚校长恳请各界领导给予课题研究精神以及物质上的支持，为乡村教师保驾护航，也期望课题组团队成员能像叶圣陶先生那样做老师，为中国的、江苏的、常州的乡村教育开创新生命。

汇报与分享

课题组组长礼嘉中心小学副校长戴晓燕作课题阶段报告。戴校长把课题研究比作一棵树，围绕“深深扎根”“努力抽枝”“走向繁茂”三个方面生动形象地阐述了“为什么要做”“已经做了什么”“将要怎样做”，让与会者清晰地了解了课题的前期实践和未来的努力方向。二十所共同体学校，抱团发展，通过学习梳理叶圣陶教育思想、寻访各镇各校，让课题深深扎根，并在课题研究这个主干上抽出了新的枝条，长出了省前瞻性项目、“沃野·圣陶”乡村教育家培养项目等。近一年的实践，这棵研究之树已初具形态：研讨活动丰富有序，项目故事展示变化，公益宣讲推广辐射，项目成果提炼发表，多家媒体关注报道。后续，课题组将围绕“改革学科育人方式、探索实践育人路径、形成协同育人”等开展深入实践与研究。

汇报结束之后，五所项目学校作为代表，分享实践中的项目案例。

漕桥幼儿园：《我是乡土文化传承人》

位于常州南大门的漕桥幼儿园通过乡村寻访，架构了乡土文化名人资源地图；借助梳理与表达，实现了乡土名人资源的教育转化；向泽润相邻漫溯，形成了“个十百千”项目品牌。漕幼教师正努力成为助力乡村文化建设的生力军，逐步从“孩子王”华丽转身为“新乡贤”，他们用乡土文化滋养师生、浸润乡民，为振兴乡村教育发挥育人力量。

坂上小学：《戏曲传承　为乡村振兴“培根铸魂”》

坂上地处人文底蕴深厚的江南小镇，那里自乾隆嘉庆年间就盛行锡剧。为了让传统戏曲真正走进更多孩子的内心，让戏曲文化为乡村振兴“培根铸魂”，坂上小学以“立德树人”为根本任务，以“五育融合”为实践路径，重构校园空间，打造百花竞放的“向美园”；重整“戏曲+”课程，构建自主开放的“学习场”；重塑教育生态，呈现学校变革和学生素养发展的“新样态”，让学生在戏曲熏陶中规划、践行人生，在传承中留住乡音，守住乡情。

戴溪小学：《小康村里话振兴　楹联浸润谱华章》

百年老校戴溪小学地处常州市武进区洛阳镇，是清代著名史学家、诗人赵翼的故里，良好的育人环境使孩子们在优秀传统文化的浸润中，烙上了独特的文化印记。学校带着楹联走进了洛阳镇的岑村，在“香樟树下忆先辈，楹联笔墨颂党恩”，在“桃花源中觅春光，挥笔楹联筑梦想”，在“小康村里话振兴，共享楹联展新貌”……戴小学子用实际行动把握楹联文化的根脉，赓续名人赵翼的品质，传承乡土的红色精神，谱写新时期乡村新文化建设的新篇章。

冯仲云小学：《开发“基地”教育多维功能，推动校乡文化整体提升》

学校坐落在京杭大运河旁的横林余巷，十七年来的薪火相传，使得“冯仲云教育基地”落成，校名更替。为提升学校的内涵发展，使仲云学子成为乡村文化发展的推动力量，学校将依托冯仲云教育基地，站在“五育并举、协调发展”的层面上进行教育资源有效整合，开发“基地”红色文化的多维教育功能，使地方红色文化教育切实发挥其全面育人的价值，从而使这里走出的师生爱学习、会生活、有情怀、能担当，成为推动乡村文化建设、乡风文明建设的一股强劲力量。

新安小学：《寻访老街　传承“心安”文化》

新安小学坐落在鸡笼山下，周边的老街历史悠久，为引导孩子们主动参与到保护与传承老街文化中来，在总课题组“构建乡土生活场景下全新育人新样态”指导下，新安小学开启了《传承老街文化，当老街“时代新人”》项目研究活动。新小教师引领学生围绕“童眼看老街”“童言说老街”“童心护老街”三方面寻根“老街文化”，感悟老街居民的民风习俗、饮食文化、名人事迹，唤醒乡村孩子成长自信，自觉做老街文化的传承者、建设者。

一个个生动的研究案例让课题研究工作以更加鲜活而生动的姿态走入大家的心中，也让参训者从不同角度感受课题研究的魅力。

其他报告展示

郭家海老师主持的省“十四五”教科规划重点课题《“自能”思想关照下中小学积极反馈作文教学实践研究》，由局前街小学高羽佳老师代表课题组做开题报告。高老师从已有研究基础、对课题核心概念的认识与理解、研究的目标与内容、研究计划四个方面进行阐述。

依托常州市名班主任王俊工作室确立的省“十四五”教科规划重点课题《双减背景下中学生课余生活德育活动的设计与实施》由领衔人王俊老师做了开题报告。王老师围绕课题缘起、核心概念、研究价值、研究目标、内容与重点、研究思路、过程与方法、主要观点与可能创新之处这八个方面做详细而且务实的介绍。课题组积极探索学生课余生活德育活动的设计和实施，并不断总结，努力为双减政策落地，落实学校精细化管理，聚和资源赋能，形成可推广的经验。

常州市有三项课题被立项为省“十四五”叶研会专项重点课题，局前街小学高羽佳老师代表课题组围绕郭家海老师主持的重点课题《“自能”思想关照下中小学积极反馈作文教学实践研究》作开题报告；领衔人王俊老师作了《双减背景下中学生课余生活德育活动的设计与实施》的开题报告。

点评与指导

江苏省政协文史委副主任、民进江苏省委副主委、江苏省叶圣陶研究会会长刘锋，东南大学人文学院教授、历史系主任王华宝，南京师范大学教育科学学院教授项贤明及南京市玄武区教师发展中心、玄武区教科所所长杨向红就五项重点课题做现场点评。四位专家均对课题表示了充分肯定：第一，课题的实践基础充实，理念深厚；第二，课题的时代性和可操作性强，具有深远的文化意义和政治意义；第三，课题的研究方向新颖，具备解决真实问题的特质；第四，课题的研究成果可期，应用价值突出。同时，专家们也对课题的进一步推进活动提出了宝贵的意见。

活动最后，江苏省教育学会副会长陆志平强调要传承叶圣陶先生的家国情怀、教育思想、人格风范。江苏省政协副秘书长、民进江苏省委专职副主委朱毅民作总结发言。朱主委表示：五项课题都有深远的研究意义和价值，希望大家继续扎根课题，做真研究，解决真实问题，结出丰硕的果实，为江苏教育、全国教育作出突出贡献。

美丽乡村，资源丰硕；乡村教育，星河灿烂。叶圣陶研究会项目成员扎根乡土，踔厉奋发，叶圣陶思想的种子定会汲取力量在这片沃野中乘风而长，长成一棵树，形成一片林。

（江苏省叶圣陶研究会系叶圣陶研究会单位会员）

2022 海峡两岸中华传统文化与现代化研讨会举行

■ 民进中央宣传部

2022 年 6 月 11 日，由中国民主促进会中央委员会、叶圣陶研究会、四川大学共同主办的 2022 海峡两岸中华传统文化与现代化研讨会举行。本次研讨会采取现场出席和网络视频出席相结合的方式进行，设北京会场和成都会场。研讨会的主题是“丝路沿线的文明互鉴、遗产保护和文化传承”。全国人大常委会副委员长、民进中央主席、叶圣陶研究会会长蔡达峰出席开幕会并讲话。

全国人大常委会委员、民进中央副主席兼秘书长高友东，四川省政协主席、中共四川省委统战部部长田向利，四川大学校长李言荣，民进四川省委会主委、四川大学常务副校长许唯临，民进四川省委会副主委、成都市委会主委杨建德出席开幕会。开幕会由高友东主持。

蔡达峰代表主办单位向与会的两岸嘉宾表示热烈欢迎。他说，中国民主促进会以教育、文化、出版传媒为主要界别，从民进老一辈的文化大家，到今天活跃在文化领域的广大民进会员，始终以传承和推动中华文化发展为己任，作出了积极贡献，发挥了重要作用，赢得了广泛影响，叶圣陶先生就是

全国人大常委会副委员长、民进中央主席、叶圣陶研究会会长蔡达峰出席开幕会并讲话

其中的杰出代表。叶圣陶研究会自 1989 年成立以来，致力于整理、研究、宣传和实践叶圣陶思想，积极推动大陆与台港澳，尤其是两岸教育、文化、出版界的学术交流交往。二十年前，民进中央和叶圣陶研究会共同创办了“海峡两岸中华传统文化与现代化研讨会”，在两岸朋友、学界同仁和各举办单位的共同培育和热情参与下，研讨会连续举办了十九届，已成为两岸学者开展文化交流、弘扬中华文化、促进专业精进、增进彼此感情的一个重要平台。

蔡达峰指出，中华传统文化源远流长，博大精深，具有兼容并蓄、多元一体、融合发展的特质，各美其美、美人之美、美美与共、天下大同是其重要内涵。古丝绸之路延续千年，沟通中西，造福各方，铸就了和平合作、开放包容、互学互鉴、互利共赢的丝路精神。“一带一路”面向全球，顺应时代，为各国各地共同发展提供了公共产品和合作平台，生动体现中华传统文化的生命力和感召力。近几年，在大家的共同倡议下，研讨会围绕古丝绸之路与“一带一路”建设，多次开展研讨交流。今年的主题是“丝路沿线的文明互鉴、遗产保护和文化传承”，这是现代化进程中的重要课题。我们期待各位专家、各位学者发表真知灼见，充分研讨交流，共同分享古代南方丝路文化的成就和四川成都文化遗产保护的经验，共同推动中华文化的学术合作和创新发展。

蔡达峰强调，海峡两岸同根同源，同文同种，血脉相连，心心相印。今年是两岸开启交流三十五周年，两岸文化交流的成就来之不易，文化交流的任务依然繁重。愿我们不懈努力，共同守护我们的文化财富，为弘扬和发展中华文化作出新的贡献。

田向利、李言荣在开幕会上致辞。

北京大学历史学系暨中国古代史研究中心教授朱玉麒作了题为“丝绸之路上的诗和远方——丝路考古工地与唐诗创作现场”的主旨报告。

因为疫情防控的需要，部分大陆学者和所有的台湾学者通过线上方式参加研讨会。来自浙江大学、厦门大学、台湾政治大学、台湾师范大学等高校和有关机构的二十一位专家学者，围绕研讨会主题，进行了三场主题演讲交流。研讨会由民进四川省委会和成都市委会协办。

民进中央研究室副主任、叶圣陶研究会副秘书长朱一多，中共中央统战部、四川省委统战部，四川大学，民进四川省委会和成都市委会有关同志参加开幕会。

据悉，2002 年民进中央创建了“海峡两岸中华传统文化与现代化研讨会”的交流平台，先后就地域特色文化、学科领域文化、民俗文化等议题交流研讨，对推动两岸文化交流、促进中华文化传播发挥了积极作用。

丝绸之路上的诗和远方

——2022 海峡两岸中华传统文化与现代化研讨会剪影

■ 吕　巍

中华传统文化源远流长，博大精深，具有兼容并蓄、多元一体、融合发展的特质。古丝绸之路延续千年，沟通中西，铸就了和平合作、开放包容、互学互鉴、互利共赢的丝路精神。“一带一路”面向全球，顺应时代，为各国各地共同发展提供了公共产品和合作平台，生动体现中华传统文化的生命力和感召力。

日前，在由中国民主促进会中央委员会、叶圣陶研究会、四川大学共同主办的 2022 海峡两岸中华传统文化与现代化研讨会上，来自海峡两岸的专家、学者采取现场出席和网络视频出席相结合的方式围绕“丝路沿线的文明互鉴、遗产保护和文化传承”主题发表真知灼见，共同分享古代南方丝路文化的成就和四川成都文化遗产保护的经验，共同推动中华文化的学术合作和创新发展。

南方丝绸之路：让历史照进现实

南方丝绸之路以四川成都为起点，经邛崃、雅安、芦山、西昌、攀枝花到云南的昭通、曲靖、大理、保山、腾冲，从德宏出境，进入缅甸、泰国，最后到达印度和中东，是中国古代的国际通道。

“古老的南方丝绸之路既是一条商贸通道，也是一条体现我国与周边国家交流融合的友好之路、文化之路。”四川大学国际关系学院副院长兼四川大学巴基斯坦研究中心主任宋志辉说，南方丝绸之路最引人注目的，不仅在于它在缺乏国际机制和组织框架的情况下延续了较长时间，还在于它通过和平的手段，实现并扩大了跨国商贸活动和跨种族文化交流。

“建设丝绸之路经济带就是要把欧亚大陆的不同区域连接起来，把不同国家的利益融合起来，充分实现优势互补，共享机遇，共同发展。从这个意义上来讲，南方丝绸之路也是一条合作之路。”宋志辉认为。

历史上，丝绸之路是由众人共同走出来的一条路，它并不属于某一个国家。丝绸之路这一提法，更多体现的也是和平合作、互学互鉴、互利共赢的精神。

因此，宋志辉提出，丝绸之路未来的发展，要以经济合作为主轴，以人文合作为重要支撑，开放、包容、自愿，不断丰富丝绸之路经济带的理念、构想和规划。

新闻出版业：助力丝路文化传承

传承丝路文化，首先要弄懂丝路文化的要义，这需要从丝路历史中去找寻。

“古代丝绸之路已被知识界、广大民众广泛认知，这归功于专业学者孜孜不倦、兢兢业业的研究，也与新闻出版及相关媒体的工作分不开。”研讨会上，生活·读书·新知三联书店大众出版分社编辑张龙表示。

他认为，“一带一路”的提出，不是对原有概念的继承，而是顺应时代发展的创新，所体现的丝路文化正是合作的文化、共赢的文化。

在他看来，出版工作，要服务于国家大局，在“一带一路”的宣传阐释方面，应该积极高效策划高质量选题，让“一带一路”倡议深入人心，从而更好地为国家的经济社会建设服务。

他还提出，文化传承需要物质载体，也需要精神载体，“丝路人”就是传承丝路精神的载体，他们的经历就是生动鲜活的丝路故事。

“‘丝路人’是一个范围广泛的人群，包括行走于古丝路上的使者、商人、僧人、艺术家等，也包括为新丝路作出贡献的各界人士。”张龙认为，应用“丝路人”的视角去观察记录丝路沿线国家、地区的历史与现实，出版人文纪实类作品；用“丝路人”的事迹为素材，创作传承丝路精神、鼓舞人心的文学作品；提炼“丝路人”在经济合作、文化保护等方面的经验，为相关政策制定提供现实依据。

丝路文物保护：有赖法律实践支持

丝绸之路自古至今都是文化与经济的重要枢纽，相关文物及遗址丰富，但也正是因为文物遗址数量多，使得与文物有关的犯罪行为或法律纠纷不时发生。

“如要发挥丝路串联多文化、多国家、多语言的特殊性来建设国际性都市或带动地方发展，文物及遗址的保护是首要工作之一。”广东石油化工学院副教授张峯硕表示。

以陕西为例，八处世界文化遗产中，七处属于丝绸之路世界文化遗产。陕西省公安部门在办案过程中发现，盗掘文物者的设备精良、计划缜密，加上文物和遗址的特殊性，让张峯硕越来越觉得文物的保护不能只靠公安部门，需要文物鉴定、考古学等专业人士的参与，才能有效地采集犯罪证据以及追回流失文物。

“丝路文物其他的代表地，如新疆、西藏、内蒙古等，还要考虑其独特的气候以及地理环境对文物保护带来的挑战，相关的维护需要资金以及人才。另外因为涉及世界文化遗产，除了文物或遗址本身的保护，相关的知识产权、专利知识等因隐含庞大商业利益，相关法律知识普及以及权益维护也是许多学者关注的议题。”张峯硕说，因此，丝路文化的保护或宣扬传承，除了文物保护与观光产业发展的互补，更有赖于法律的具体实践支持，有赖于增进法律或相关政策的可行性。

（原载《人民政协报》2022 年 7 月 15 日）

喜迎党的二十大

——庆祝第38个教师节暨2022年江西省教育改革创新研讨会在南昌召开

■ 民进江西省委会

为迎接党的二十大，助力“模范机关建设”，引导广大团员青年和群众跟党走、感党恩、永奋进，2022年9月8日下午，由江西省叶圣陶研究会、共青团江西省委、江西日报社、民进江西省委会、江西省教育学会、江西省教育厅教学教材研究室联合举办，江西高校出版社、江西《报刊精粹》杂志社承办，江西当代中学生报刊社有限公司、江西杏坛教育科技有限公司协办的“喜迎党的二十大——庆祝第38个教师节暨2022年江西省教育改革创新研讨会”在南昌隆重召开。省政协副主席汤建人，民进省委会主委、省住建厅厅长卢天锡，江西日报社总编辑张天清，省社联党组成员、副主席汤水清，民进省委会专职副主委崔传鹏，省教育学会会长汤赛南，民进省委会一级巡视员、省叶圣陶研究会秘书长陈洪萍，省教育厅教学教材研究室主任喻金水，省教育评估监测研究院副院长宋发庆，江西教育传媒集团总经理、省叶圣陶研究会常务副秘书长万明华等领导出席活动。参加研讨会的还有省社联、民进江西省委会、共青团江西省委、江西日报社、江西省教育学会、江西省叶

圣陶研究会、江西省教育厅教学教材研究室、江西高校出版社等有关部门同志、民进省直部分基层组织负责人、中小学校长代表以及在昌获奖教师代表等共计一百余人。

汤建人在研讨会作了讲话，向全省民进界别的教师会员们及广大教师朋友们提前致以节日的问候！向所有获奖作者表示由衷的祝贺，向为此次活动提供大力支持的中共江西省委统战部、中共江西省委教育工委（江西省教育厅）、江西省社联、江西省社会组织管理局等单位致以衷心感谢。他指出，十四年来，“江西教育改革创新研讨会”持续关注我省教育领域焦点、热点，不断深化研讨，产生了良好的社会反响，积极助推我省教育强省建设，得到了全省广大教育工作者和学生的关注支持。他充分肯定“喜迎党的二十大”主题征文活动取得的成效，又高度赞赏赣鄱儿女在强国复兴路上紧跟党走、昂扬向上的精神风貌和教师朋友们对江西教育事业的执着与热爱以及广大人民群众对建设美丽江西和美好中国的责任感和使命感。希望各位教育工作者鼓足干劲、勇于探讨，进一步增强“做示范、勇争先”的使命感和责任感，为江西教育改革创新发展献计出力。

汤水清代表江西省社联对此次研讨会的召开表示热烈的祝贺，向从事叶圣陶教育思想研究的各位专家以及广大教育研究工作者致以崇高的敬意。他指出，省社联将一如既往地支持教育改革创新研讨会的各项工作，并充分利用自身力量和各种平台使各种学会的活动开展得更加丰富多彩！

随后，获奖代表江西现代职业技术学院周俭老师、万载县岭东乡兰田小学张靓老师、南昌市青山湖学校林岚老师、南昌市育新学校红谷滩分校徐菁老师、南昌市第二十七中学陈立辉老师、南昌市洪都小学水榭校区王钰老师等六位获奖代表先后在会上作了研讨交流。

据悉，为迎接党的二十大，助力“模范机关建设”，引导广大团员青年和群众跟党走、感党恩、永奋进，江西省叶圣陶研究会、共青团江西省委、江西日报社、民进江西省委会、江西省教育学会、江西省教育厅教学教材研究室联合举办主题征文活动，希望作者们用笔记录生活的美好故事，挖掘身边的感人事迹，展现新时代的伟大成就，讴歌伟大的中国共产党和伟大的中国人民。江西省叶圣陶研究会会员、江西省教育学会会员，全省各级各类学校教师或者其他教育工作者，全省团员青年、少先队员、少先队辅导员，全省大中小学生积极投稿，围绕“喜迎二十大，永远跟党走，奋进新征程”“保护生态　绿色发展”“培育公益精神，走向共同富裕”“研学旅行——行走的课堂”“培根铸魂、启智润心，以优异成绩迎接党的二十大”“作示范　勇争先——双减背景下，对回归教育本真的理论研究与实践创新”等六个主题积极撰文。

本次研讨会的征文活动成效显著。截至 8 月 1 日，本次征文活动共收到投稿 7849 篇，其中文章类 6470 篇，书画类作品 753 篇，视频类作品 626 篇。主办单位邀请省内专家进行初审和复审，经过对文章主题、篇幅、质量及重复率的筛选，共评选出成人组文章类获奖作品 619 篇，其中一等奖获奖 131 篇，二等奖获奖 193 篇，三等奖获奖 295 篇。

（江西省叶圣陶研究会系叶圣陶研究会单位会员）

暖暖教师节，浓浓尊师情

——记苏州叶圣陶实验小学教师节庆祝活动

■ 苏州叶圣陶实验小学

身披熹微晨光，
早早打开教室的窗
为孩子们送进清晨的风
手执粉笔教本
一笔一画写“天地人、你我他”
为孩子们翻开璀璨文化
头顶点点星光
在深夜忙碌
只为让孩子们遇见更好的明天
孩子们茁壮成长的身影
家长们工作中的大力支持
职业生涯中自我价值的实现
都是他们前行的动力
在这个特殊而难忘的日子里，他们选择这样过——

一枝一叶总关情

又是一年秋意浓，正遇一度桃李香，第38个教师节已踏着轻盈的脚步翩然而至。2022年9月9日早晨，伴随着秋日的微风，叶圣陶实验小学的邹文珍校长和工会沈雪明主席，向当天负责核酸采样的十二位志愿者老师献上鲜花，对他们的辛勤工作表示感谢。我校组织了69位志愿者老师，负责全校四千多名师生和员工的日常核酸采样，他们克服了种种困难，保质保量地做好每天的采样工作，无怨无悔地奉献着。

腹有诗书气自华

叶去花不落，春来香如故，叶圣陶先生不止一次说过，他真正的教育生涯和文学创作就是从甪直开始的。叶先生已经成为甪直的一张文化名片，一百多年来，他的教育思想在这块土地上早已生根发芽，枝繁叶茂，“像叶圣陶那样做老师”已成为叶圣陶实验小学每位教育者的崇高追求。在这个特殊的日子里，邹校长向每个年级送上叶圣陶先生的教育书籍，鼓励老师们在辛勤工作的同时，不断加强自身学习，提高教书育人的本领。

涓滴之水成海洋

中华民族历来具有扶贫济困、乐善好施、助人为乐的优良传统，美德的传承与弘扬，不仅仅需要宣传，更要通过不断亲历实践才能真正实现。为帮助困难群众创造更美好的明天，我校工会积极响应号召，组织全体教职工参加吴中区 2022 年“同在蓝天下，慈善一日捐”活动，为吴中区的困境人群献出自己的一份爱心。短短几天，学校爱心捐款总额达到两万多元。

培根铸魂育新人

9 月 9 日下午，邹校长参加了吴中区庆祝第 38 个教师节座谈会，在下午的校行政例会上，邹校长传达了座谈会会议精神：奋力写好立德树人的政治答卷；奋力写好人民满意的发展答卷；奋力写好安全稳定的平安答卷。邹校长还结合学校实际情况，向老师们提出了殷殷期盼：筑梦教育，赢在教师，作为一所百年老校，叶圣陶先生是我们的引路人，每位老师都要在自己的岗位上思索，该如何脚踏实地地践行“像叶圣陶那样做老师”，每天努力一点点，努力一点点去改变、去进步、去攀登。

三尺讲台，三千桃李
十年树木，百年树人
斗转星移，转眼又是一轮春秋
回顾过去，征程万里风正劲
展望未来，重任千钧再扬帆

带着这份暖暖真情，这份浓浓心意，全体叶圣陶实验小学的同人们将不忘初心，坚定信念，砥砺奋进，再续华章！

（苏州叶圣陶实验小学系叶圣陶研究会单位会员）

“纪念叶圣陶先生从教 110 周年学术研讨会”在人教社召开

■ 胡兰江

2022 年 10 月 25 日，在叶圣陶先生诞辰 128 周年前夕，“纪念叶圣陶先生从教 110 周年学术研讨会”在人民教育出版社举行。会议由叶圣陶研究会叶圣陶教育思想专业委员会、中国地方教育史志研究会学术交流分会主办，人教社教育理论编辑室、民进人教社支部、《教育史研究》编辑部联合承办。全国人大常委会副委员长、民进中央主席、叶圣陶研究会会长蔡达峰以书信方式向会议召开表示热烈祝贺。叶圣陶研究会副会长、北京大学中文系教授商金林，叶圣陶研究会副会长、人教社研究员郭戈，叶圣陶研究会秘书长、民进中央副秘书长左延珠出席会议。叶圣陶研究会副秘书长兼叶圣陶教育思想专业委员会主任、人教社教育理论编辑室资深编辑刘立德代表主办单位致开幕辞。叶圣陶研究会理事、人教社教育理论编辑室主任任长松主持会议并作会议总结。来自叶圣陶研究会、北京大学、人教社等机构和单位的专家学者二十余人参加了会议。

叶圣陶先生（1894—1988）是我国现代著名的文学家、教育家、编辑出版家和社会活动家。1912 年春，叶圣陶先生从中学毕业后在苏州言子庙初等小学担任二年级级任教师，开始了他的教育生涯。作为从小学走出的大教育家，叶圣陶先生从事教育工作近 80 个春秋，对教育充满挚爱，形成了以“教是为了达到不需要教”为核心的博大精深的教育思想体系，被称为中国现代教育的一代宗师。

左延珠先生宣读了蔡达峰主席的贺信。蔡达峰主席在贺信中指出：“叶圣陶先生是我国著名的教育家，他的教育思想相当丰富，内涵深刻，是中华民族教育发展史上的宝贵财富，需要我们不断学习，勤勉践行，发扬光大。希望各位会员和同志们以叶圣陶先生为榜样，秉持求真务实严谨的精神，认真学习、研究和实践他的教育思想，为新征程上办好人民满意的教育作出更大贡献！”

郭戈研究员做了题为“叶圣陶改‘国语’‘国文’为‘语文’考述”的主

题发言。他围绕“语文”一词的演化，从官方文件、权威出版机构出版物和叶圣陶自身日记中寻找脉络，指出“语文”一词出现在正式文件中是1950年7月教育部和出版总署联合发布的秋季图书目录，以及1950年8月发布的课程标准。但叶圣陶本人在1949年的日记中就已多次使用“语文”一词。叶圣陶先生对“语文”一词成为学科名称作出了重大贡献，对我国语文教育事业和人教社语文教材事业作出了重大贡献。

商金林教授以“作为教育家的叶圣陶”为题做了主题发言。他认为，作为教育家的叶圣陶，在三个方面表现最为突出：一是有“教育救国”的使命感，忠于职守，勤奋工作，自觉地承担起作为教师的责任；二是把教育的使命感落实到教学实践中，真正做到胸中有书，心里有人，教无止境，学永不怠；三是眼光远大，胸怀博大，认定教育的目的是“育人”，把“使醇醇诸稚展发神辉”作为生命中唯一的乐趣。叶圣陶先生反反复复地说过“教育工作者的全部工作就是为人师表”，“教师本身的行为就是标准和规范”，编辑工作也是教育工作，编辑也是人类灵魂的工程师。我们纪念圣陶先生，就要有一种承上启下、承前启后的使命感，像圣陶先生那样不断地充实自己，“倒出一杯水，得要储备一桶水”，永不懈怠，行稳致远。

刘立德编审做了题为“同声相应　同气相求——叶圣陶和陶行知为民主进步教育事业共同奋斗”的主题发言。他指出，叶圣陶与陶行知是我国近代爱国民主进步的文教事业的伟大战士，他们一生亲历沧桑巨变，心灵相通，与时俱进，始终走在时代的前列，站在历史的正确一边。他们在上海共同参与文教界民权保障事业，携手推动大众语运动和新文字运动，在四川一起在文教界开展抗战活动、呼吁和平、反对内战，从四川回到上海后又为反对国民党反动派的独裁统治而团结奋斗。叶圣陶和陶行知在文教大变革潮流中始终站在人民立场上，成为交相辉映的两面鲜艳的旗帜，至今仍激励着我们为致力于实现中华民族伟大复兴的中国梦而努力奋斗。

主题发言结束后，叶圣陶研究会会员韩涵、杨燕，人教社教育理论室副主任韩华球，人教社博士后工作站博士后张玲莉等与会专家围绕叶圣陶的劳动教育思想、叶圣陶对儿童人际关系的观察与思考、叶圣陶与中华优秀传统文化教育传承等进行了阐释。大家认为：叶圣陶重视劳动教育，他的劳动教育观念一直自觉或不自觉渗透在教学实践中、文学创作中和个人生活中；叶圣陶重视儿童交往；叶圣陶重视用课本等手段传承中华优秀传统文化。叶圣陶的教育思想和贡献值得我们去深入研究和发扬光大。

本次会议主题发言和自由发言相结合，内容丰富，气氛热烈，既回顾了叶圣陶先生从事教育事业的光辉历程和伟大成就，又深刻阐发了叶圣陶先生关于教育教学的远见卓识和对我国教育事业的重大影响。与会专家一致表示，要进一步传承与发扬叶圣陶献身教育事业的精神，进一步系统总结、全面探讨叶圣陶深邃的教育思想，为持续传播与大力践行叶圣陶的教育思想而不懈努力！

（人民教育出版社系叶圣陶研究会单位会员）

叶圣陶研究会大事记(2021年)

叶圣陶研究会大事记（2021 年）

★1 月，在新春佳节来临之际向台港澳友人寄送电子贺卡、《叶圣陶研究年刊（2020 卷)》并附问候卡片，进一步加强与台港澳人士的联络。

★1 月 19 日，叶圣陶研究会秘书长、换届工作领导小组办公室主任左延珠主持召开换届工作领导小组办公室第一次会议。会议提出了叶圣陶研究会新一届负责人及理事拟任人选的基本组成原则和初步建议，对 2021 年第一季度要完成的筹备工作包括重新核实登记叶圣陶研究会个人会员和单位会员等事项作了安排。

★4 月，推进换届工作，初步完成重新核实登记叶圣陶研究会个人会员和单位会员工作。

★4 月，叶圣陶教育思想专业委员会重点项目《中国教育名著丛书 · 叶圣陶教育名篇选》由人民教育出版社正式出版发行。

★4 月 12 日，左延珠秘书长赴开明出版社开展走访调研。座谈了解叶圣陶编辑出版方面的成果，研讨未来五年工作规划。

★4 月 12 日，叶圣陶研究会秘书长、换届工作领导小组办公室主任左延珠主持召开叶圣陶研究会换届工作领导小组办公室第二次会议，听取了换届工作筹备进展情况，对下一步工作作了安排，研究了章程修订工作、第五次会员代表大会出列席人员推荐名单（草案)、第五届理事会第八次会议方案(草案)、第六届理事会领导机构推荐名单（草案)。

★4 月 18 日至 19 日，由中国民主促进会中央委员会和叶圣陶研究会主办，以“海洋文化与 21 世纪海上丝绸之路建设”为主题的 2021 海峡两岸中华传统文化与现代化研讨会在福建莆田举行。国际古迹遗址理事会(ICOMOS）副主席、中国古迹遗址保护协会副理事长姜波作了题为“跨海和声——古代中国人的海洋世界”的主旨报告。来自海峡两岸近 30 位专家学者，围绕研讨主题畅所欲言、各抒己见，分享了成果，增进了友谊。

★5 月，就《关于修改〈叶圣陶研究会章程〉的说明（草案)》和《叶圣陶研究会章程修正案（草案)》征求理事意见。

★5 月，根据《教育部办公厅关于做好社会团体 2020 年度检查工作的通知》，填写完成 2020 年度年检材料，按要求报送教育部社团办。

★5 月，整理叶圣陶研究会有关叶圣陶思想研究书籍的库存情况，并根据会员提出的实际需求，陆续寄送给有关中小学，供其教学参考使用，宣传推广叶圣陶学术思想。

★7 月 2 日，召开换届工作专题会，研究换届工作相关事项和有关会议文件，安排部署下一阶段换届工作。叶圣陶研究会常务副会长、换届工作领导小组副组长刘新成出席会议，叶圣陶研究会秘书长、换届工作领导小组办公室主任左延珠主持会议。

★7 月 14 日，常务副会长刘新成赴商务印书馆调研并座谈。座谈围绕出版领域参政议政、加强民进会史研究、共同推进叶圣陶研究会工作等方面进行了研讨交流。

★7 月 22 日，叶圣陶研究会会长、换届工作领导小组组长蔡达峰主持召开叶圣陶研究会换届工作领导小组会议，研究换届工作相关事项和审议有关会议文件，安排部署下一阶段换届工作。

★7 月 23 日至 29 日，叶圣陶研究会第五届理事会第八次会议以通讯形式召开。会议通报第五次会员代表大会暨理事会换届方案和出列席人员建议名单，预审拟提交第五次会员代表大会审议的相关文件，提出关于叶圣陶研究会 2021 年至 2025 年工作规划的建议（草案），审议叶圣陶研究会会员登记工作报告，全体理事同意所有审议表决事项内容。

★7 月 30 日，向民政部提交叶圣陶研究会章程修订预审。

★9 月 3 日，根据新冠肺炎疫情防控要求，经教育部社团办批准，叶圣陶研究会第五次会员代表大会以视频会议形式召开，会议全程进行书面记录和视频记录。会议由左延珠同志主持。新当选会长蔡达峰同志作重要讲话。会议听取和审议了第五届理事会工作报告；审议通过了《叶圣陶研究会章程修正案》；听取了开展党建工作的报告；选举了第六届理事会；选举了第六届理事会会长、副会长、秘书长；审议通过了《第六届理事会第一次会议建议方案》。

★9 月 3 日，新当选会长蔡达峰主持召开叶圣陶研究会第六届理事会第一次会议。会议任命了副秘书长和专业委员会主任；审议通过了《叶圣陶研究年刊》编委会名单；讨论通过了《叶圣陶研究会 2021 年至 2025 年工作规划》。

★10 月 13 日，朱一多副秘书长赴单位会员北京神墨文化传播有限公司开展走访调研，神墨教育创始人、总校长、叶圣陶研究会理事李绵军会见了调研组一行。

★10 月 21 日，民政部下发《关于叶圣陶研究会章程核准的通知书》。叶圣陶研究会完成章程核准手续。

★10 月 28 日，《叶圣陶论教材》阅读分享会暨“叶圣陶与中国共产党教材事业”专题研讨会在人民教育出版社召开。专家学者和教师代表三十余人参加了会议。与会人员围绕叶圣陶先生在中国共产党教材事业发展上的主要成就、贡献和学术风范，并结合自己的人生经历和工作、生活实际，回忆和缅怀了叶老深刻的教材思想和卓著的丰功伟绩，并就《叶圣陶论教材》一书出版的学术价值和现实意义分享了各自的切身感受和丰硕收获，总结与提炼了叶老致力于乐教乐学、编排系统有序、坚持生活本位、体现学生需求等的教材编辑出版思想，并对继承与发扬叶老的教材思想，以指导教材编写过程中的选篇、活动设计、教材内容的整合等具体问题作了深入交流和讨论。

★11 月，根据《教育部办公厅关于配合开展清理整治部业务主管社会组织违规评选评奖工作的通知》进行自查，无违规情况，并按通知要求分别于 6 月 1 日、9 月 1 日、12 月 1 日前完成《教育部主管社会组织评比达标表彰摸排及清理整治情况表》共三次报送。

★12 月 8 日，民政部下发《关于准予叶圣陶研究会负责人备案的通知书》。至此，叶圣陶研究会完成社团换届所有手续。

★12 月，按照民政部、教育部的要求，顺利完成叶圣陶研究会年检工作，2020 年度年检合格。

编后记

今年是叶圣陶先生从教 110 周年，叶圣陶研究会举办了多项活动纪念圣陶先生为我国教育事业作出的贡献。蔡达峰主席为系列活动致辞：“最重要的是要像叶圣陶先生那样，对‘教师’和‘教育工作’有个明确的定位，把‘教书育人’作为箴言铭刻在心里。”与蔡达峰主席的要求相呼应，本期年刊开设了“纪念叶圣陶从教 110 周年”“教育思想研究”“教育思想实践研究”专栏，阐释圣陶先生教育思想和业绩。“希望各位会员、各位同志以叶圣陶先生为楷模，坚守初心，坚持理想，传承先进教育理念，提升教书育人本领，为努力办好人民满意的教育、加快推进教育现代化作出更大贡献。”蔡达峰主席在致辞中说的这些话，也是本刊的期望。

新冠疫情之下，教育事业受到了直接的冲击，传统的教学秩序被打乱，无论学校、师生还是家长都面临着巨大的挑战，也引发了社会各界对教育的反思。此时，重新认识圣陶先生“教是为了达到不需要教”教育思想具有深远的社会意义和启示作用。《如何实现“教是为了不教”》引导教师关注如何在“不教”“少教”的预设下引导学生自主学习，“将枯燥的应试内容改造得生动、鲜活，把不易理解的知识变得容易掌握，从而调动学生的兴趣和积极性”，收到良好的教育效果。《叶圣陶论家庭教育的主要内容》从子女的人生观教育、行为习惯的养成、情感的激发等方面论述了叶圣陶对家庭教育的认识，对如何当好家长极具示范意义。

1932 年，叶圣陶、夏丏尊等人在《中学生》杂志上初创了“文章病院”栏目，引起文化界、教育界很大反响，各类报刊争相效仿。侯倩、李成晴的《文章病院：近代写作教育史上的文病诊治思潮》回溯了这一绵亘了八十余年的“文病诊治”思潮，为当下的写作教育提供启示。李云龙的《语言认识与文字改革——叶圣陶编审新中国初期教科书时读改思想与实践》，借助叶圣陶日记，还原圣陶先生及教科书编辑同人当时编辑工作的艰辛，对于了解圣陶先生的教材编辑思想和文字改革精神有重要的意义。

本期“文学思想研究”栏目则重点介绍《文心》和《开明国语课本》，这两部作品鲜少被当作文学作品来研究，尤其是后者。《文心》享有“天下之至文”的美誉，在《〈文心〉的读解与欣赏》一文中，商金林教授带领我们从特定的时代和创作背景出发，跟随书中的几个小主人公重新上了一堂堂别开生面的语文课。《开明国语课本》一直被当作教材来研究，可圣陶先生一直将之作为自己的儿童文学作品来看待，叶小沫《爷爷和儿童文学》中娓娓道出圣陶先生心中的珍爱和自豪。《〈开明国语课本〉中的儿童文学》从学术研究的角度分析课本中鲜明的韵律、清浅的语言、鲜明的情感、丰富的想象、纯真的童趣和蕴含其中的审美意蕴，正是圣陶先生作为教师、作家和编辑的多重身份使得《开明国语课本》具有语文教科书和个人创作的双重属性和价值。

叶圣陶先生一生从未离开过教育，弘扬叶圣陶先生的教育思想，育人育己，坚守初心，是叶研会的重大使命，欢迎广大会员踊跃投稿。

来稿请寄：《叶圣陶研究年刊》编辑部
地址：北京市海淀区西三环北路 25 号青政大厦 604 室
邮编：100089
电话：010-88818060　　电子邮箱：cbsl@263.net

《叶圣陶研究年刊》编辑部
2022 年 12 月

图书在版编目（CIP）数据

叶圣陶研究年刊. 2022年/左延珠主编. --北京：开明出版社，2022.12
ISBN 978-7-5131-7781-8

Ⅰ.①叶… Ⅱ.①左… Ⅲ.①叶圣陶（1894~1988）—人物研究—2022—年刊 Ⅳ.①K825.6-54

中国版本图书馆CIP数据核字（2022）第220696号

出 版 人：陈滨滨
责任编辑：卓 玥 张慧明

叶圣陶研究年刊（2022年）
主 编：左延珠
出 版：开明出版社
（北京海淀区西三环北路25号 邮编100089）
印 刷：保定市中画美凯印刷有限公司
开 本：710×1000 1/16
印 张：29
字 数：520千字
版 次：2022年12月第1版
印 次：2022年12月第1次印刷
定 价：70.00元